Kyra Sänger, Christian Sänger

FOTOGRAFIEREN FÜR EINSTEIGER

Vierfarben

Wir hoffen, dass Sie Freude an diesem Buch haben und sich Ihre Erwartungen erfüllen. Ihre Anregungen und Kommentare sind uns jederzeit willkommen. Bitte bewerten Sie doch das Buch auf unserer Website unter **www.rheinwerk-verlag.de/feedback**.

An diesem Buch haben viele mitgewirkt, insbesondere:

Lektorat Annette Graeber
Korrektorat Annette Lennartz, Bonn
Herstellung Vera Brauner
Typografie und Layout Christine Netzker
Einbandgestaltung Lisa Kirsch
Coverbilder Vorderseite: Shutterstock: 1419040733 © Benno Hoff, 2021210366 © Zmrzlinar, 2115207914 © Cast Of Thousands, 604429178 © Africa Studio; iStock: 1059650734 © Prystai; Unsplash: Raphael Biscaldi; Rückseite: Unsplash © Aaron_Burden; Unsplash © Anton_Lochov; Unsplash © Brina_Blum; Unsplash © Valentin_Salja
Bildnachweis Alle Bilder stammen von den Autoren, Ausnahmen sind an den Bildern vermerkt.
Satz Christine Netzker
Druck Firmengruppe Appl, Wemding

Dieses Buch wurde gesetzt aus der Calibri light (10,5 pt/15 pt) in Adobe InDesign.

Gedruckt wurde dieses Buch mit mineralölfreien Farben auf matt gestrichenem, FSC®-zertifiziertem Bilderdruckpapier (135 g/m^2).

Hergestellt in Deutschland.

Bibliografische Information der Deutschen Nationalbibliothek:
Die Deutsche Nationalbibliothek verzeichnet diese Publikation in der Deutschen Nationalbibliografie; detaillierte bibliografische Daten sind im Internet über *http://dnb.dnb.de* abrufbar.

ISBN 978-3-8421-0970-4

3., aktualisierte und überarbeitete Auflage 2023, 1. Nachdruck 2024

Vierfarben ist eine Marke des Rheinwerk Verlags. Der Name Vierfarben spielt an auf den Vierfarbdruck, eine Technik zur Erstellung farbiger Bücher. Der Name steht für die Kunst, die Dinge einfach zu machen, um aus dem Einfachen das Ganze lebendig zur Anschauung zu bringen.

Informationen zu unserem Verlag und Kontaktmöglichkeiten finden Sie auf unserer Verlagswebsite **www.rheinwerk-verlag.de**. Dort können Sie sich auch umfassend über unser aktuelles Programm informieren und unsere Bücher und E-Books bestellen.

Liebe Leserin, lieber Leser,

es gibt viele gute Gründe, um mit dem Fotografieren anzufangen. Mit der Kamera lassen sich Erinnerungen ganz individuell festhalten. Die Fotografie lockt uns vor die Tür, macht uns neugierig auf das, was es dort zu entdecken gibt. Sie schult den Blick für Details, Perspektiven und besondere Lichtstimmungen. Und beim Fotografieren kann man seiner Kreativität freien Lauf lassen.

Damit Sie mit Freude und den nötigen Erfolgserlebnissen Ihren Weg in der Fotografie gehen können, haben Kyra und Christian Sänger dieses Buch für Sie geschrieben. Die beiden geben seit vielen Jahren ihr Wissen, ihre Erfahrung und ihre Leidenschaft für die Fotografie an Einsteiger wie Fortgeschrittene weiter. Für diesen Fotokurs haben sie fotografisches Grundwissen, praktische Tipps und ganz konkrete Schrittanleitungen in kleine Portionen verpackt. So können Sie immer wieder ein wenig weiterlesen und das Gelernte bei nächster Gelegenheit direkt ausprobieren.

Das Buch spannt einen weiten Bogen: von den technischen Grundlagen über das, was eine gekonnte Bildgestaltung ausmacht und wie man verschiedene Motive ansprechend in Szene setzt, bis hin zur Nachbearbeitung Ihrer Fotos. Auch bei den Motiven hoffen wir, dass für jede und jeden von Ihnen etwas dabei ist: Städte, Landschaften, Porträts, Tier- oder Actionfotografie. So sind Sie gut gerüstet für den nächsten Urlaub, die Familienfeier oder einen Abend unterwegs in der Stadt. Was auch immer Sie mit der Kamera vorhaben und was Ihre Motivation ist – ich wünsche Ihnen viel Freude dabei!

Falls Sie Lob, Fragen oder konstruktive Kritik zu diesem Buch haben, freue ich mich, wenn Sie mir schreiben.

Ihre Annette Graeber
Lektorat Rheinwerk Fotografie

annette.graeber@rheinwerk-verlag.de
www.rheinwerk-verlag.de
Rheinwerk Verlag • Rheinwerkallee 4 • 53227 Bonn

Inhalt

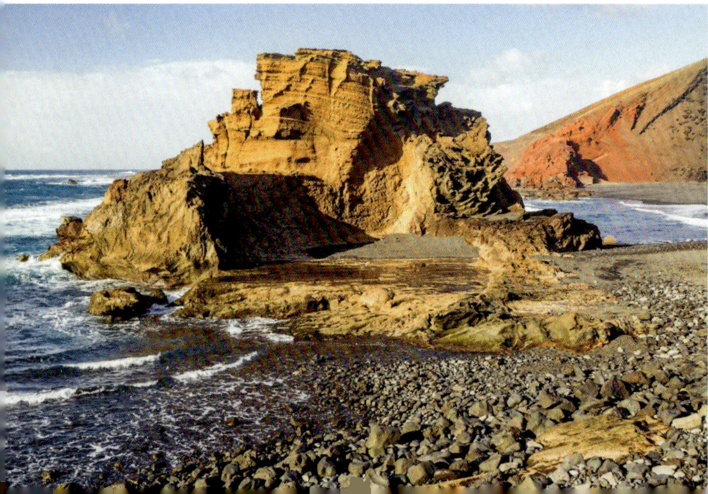
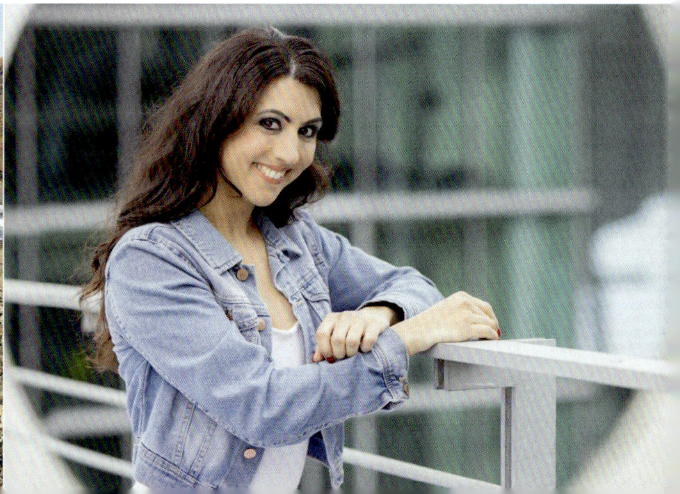

Kapitel 3

Richtig belichten

Kapitel 4

Schärfe und Unschärfe gekonnt anwenden

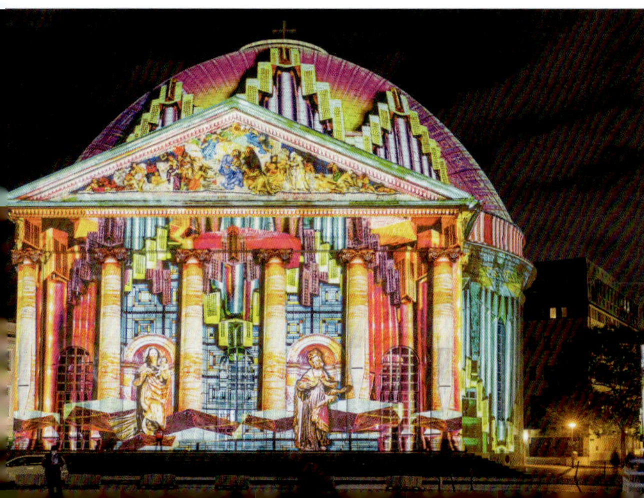

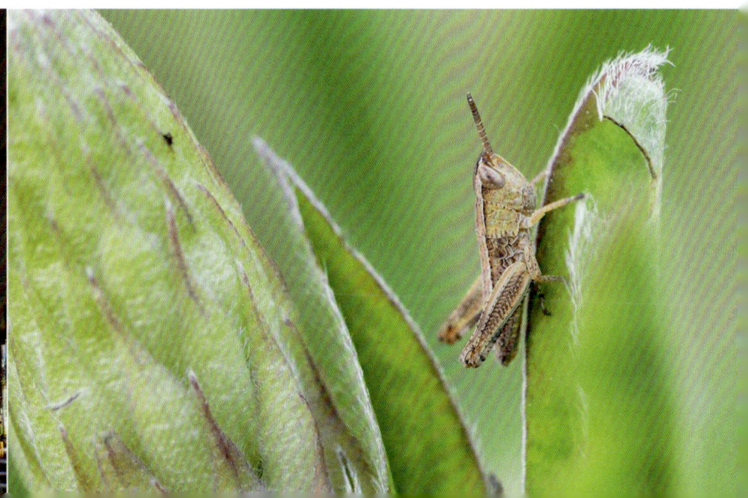

Kapitel 5

Perfekt blitzen

Kapitel 6

Richtig gut fotografieren

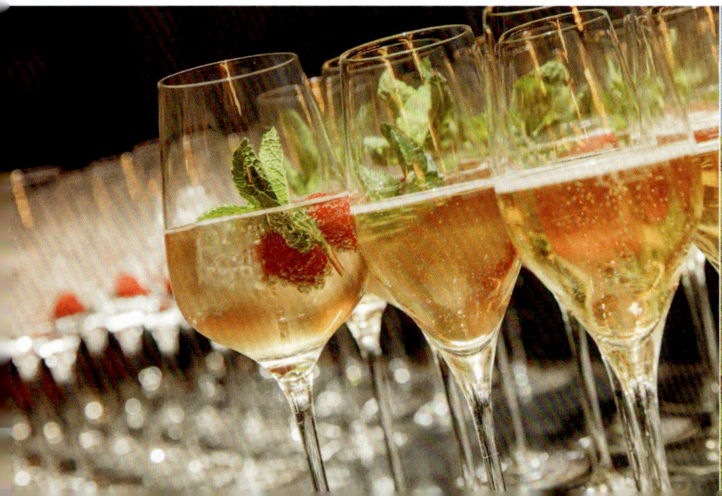

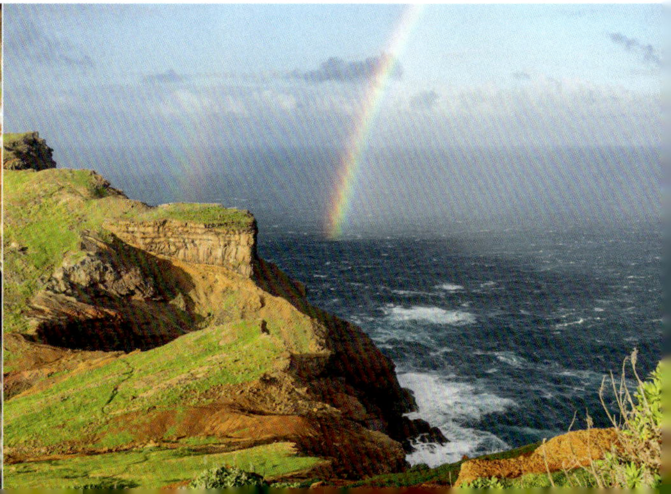

Kapitel 7

Bilder nachbearbeiten

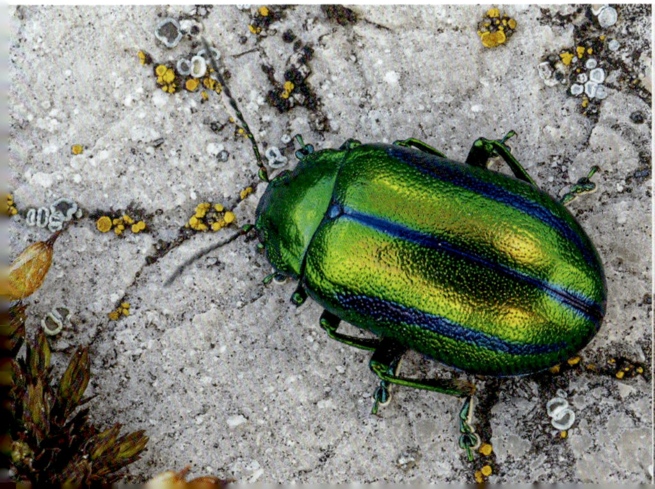

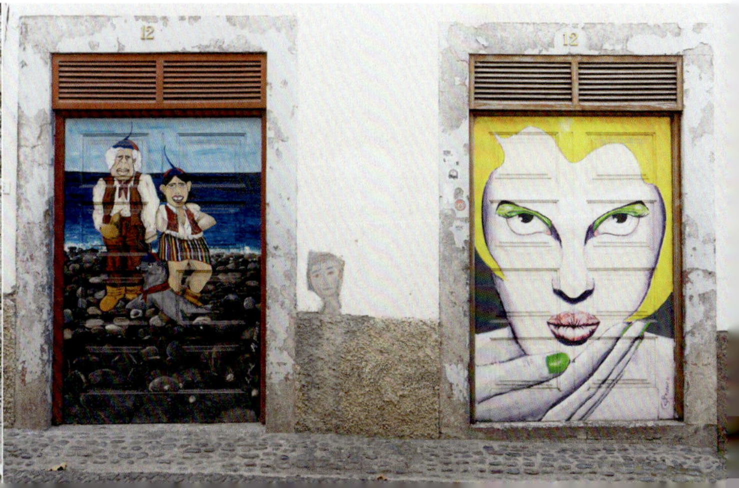

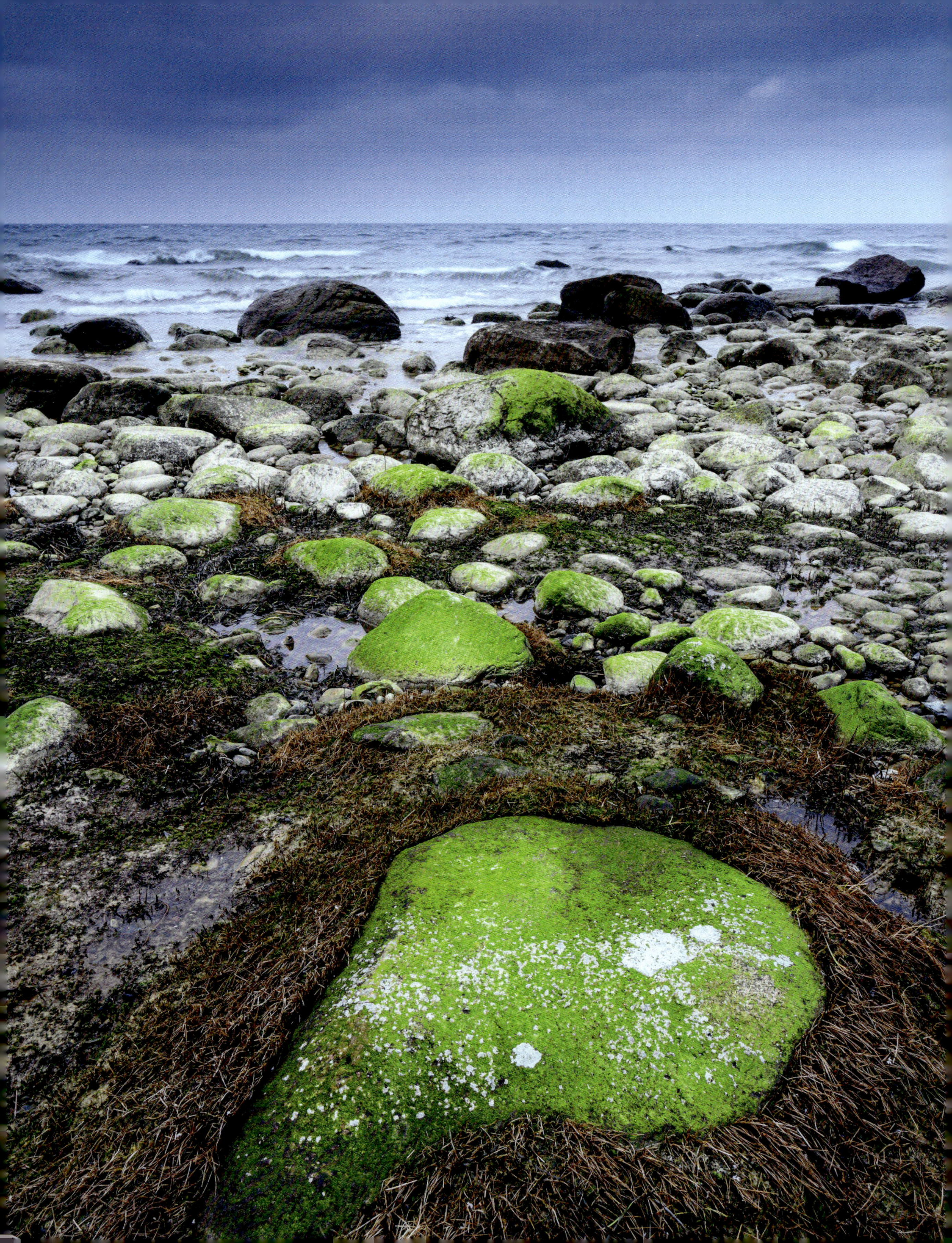

Vorwort

Mit diesem Buch halten Sie »Fotografieren für Einsteiger« in der dritten, von uns frisch überarbeiteten Auflage in der Hand. Dabei haben wir behutsam das ein oder andere erneuert, aber auch Bewährtes beibehalten.

Wir möchten allen, die mehr über den Weg vom interessanten Motiv zum eindrucksvollen Bild erfahren wollen, ein Stückchen den Weg in die faszinierende Welt der Fotografie ebnen. Bei den Projekt- und den Praxiskapiteln haben wir uns peu à peu an das gewünschte Bildergebnis herangepirscht und jeden relevanten Schritt bildlich dokumentiert, in der Hoffnung, dass sich alles als gut nachvollziehbar erweist.

Überdies war es uns ein Anliegen, ein möglichst breites Spektrum der Fotografie so darzustellen, dass Sie, liebe Leserinnen und Leser, hier oder da Feuer fangen und mehr wollen. Egal, ob People-, Tier-, Landschafts-, Makro- oder Actionfotografie: Machen Sie sich Ihre Lieblingsthemen zu eigen, seien Sie kreativ, legen Sie los! Und lassen Sie sich durch ein paar misslungene Aufnahmen bloß nicht entmutigen, denn die kommen auch bei uns immer wieder vor. Dann heißt es eben, so lange an den Einstellungen zu schrauben und neue Blickwinkel auszuprobieren, bis alles passt.

In einem unserer letzten Fotokurse hatten wir eine Teilnehmerin, die unglaubliche 97 Jahre zählte. Sie hatte jahrzehntelang als Berufsfotografin gearbeitet und jenseits der 80 noch begonnen, sich mit digitaler Fotografie zu beschäftigen. Sie scheute auch nicht davor zurück, sich noch die aktuellsten Entwicklungen in der Kameratechnik und Bildbearbeitung anzueignen, denn wie sie sagte: »In der Fotografie lernt man nie wirklich aus.« In diesem Sinne empfehlen wir Ihnen, Ihre intuitive Erfahrung, fotografische Neugier und die in diesem Buch erworbenen Infos zu kombinieren. Dann kann eigentlich nichts mehr schiefgehen.

Bedanken möchten wir uns bei unserer Lektorin Annette Graeber für ihr großartiges Engagement, ohne das dieses Buch nicht hätte entstehen können, aber auch beim kompletten Team des Rheinwerk Verlags für die ausgezeichnete Zusammenarbeit!

Wir wünschen Ihnen viel Spaß mit diesem Buch. Es würde uns so richtig freuen, wenn Sie damit Ihre Leidenschaft für die Fotografie entdecken und weiterentwickeln.

Herzlichst Ihre
Kyra & Christian Sänger

www.saenger-photography.com
www.facebook.com/Saenger.Photography
www.instagram.com/saenger.photography

Einführung in das Buch

»Fotografieren für Einsteiger« lauten Titel und Motto dieses Buches. Wir wollen Sie dabei unterstützen, mit mehr Wissen mehr Spaß bei der Fotografie zu haben und bessere Bilder zu machen! Für die Beispiele sind Kameras verschiedener Hersteller zum Einsatz gekommen, aber die grundsätzliche Bedienung ist sehr ähnlich. Und unsere Empfehlungen zur Fotografie sind sowieso systemunabhängig.

Die Piktogramme

Im Buch, aber natürlich auch im Umgang mit Ihrer Kamera, werden Ihnen immer wieder bestimmte Piktogramme begegnen, die Sie hier exemplarisch im Überblick sehen. Sie sind über die Kamerasysteme hinweg und herstellerübergreifend gleich oder sehr ähnlich.

Aufnahme-Modi

P	Programmautomatik
A/Av	Blendenvorwahl
S/Tv	Zeitvorwahl
M	Manueller Modus

Belichtung

	Brennweite
	Blendenöffnung
	Belichtungszeit
ISO	ISO-Wert

Messmethoden

*	Mehrfeld-/Matrix-/Multimessung
*	Mittenbetonte Integralmessung/Mitte
	Selektivmessung
	Spotmessung

* Von oben nach unten: Canon, Nikon, Sony

Weißabgleich

AWB	Automatik
	Tageslicht
	Schatten
	Wolken
	Kunstlicht
	Leuchtstoff
	Blitz
	Manuell

In drei Schritten zum Ziel: Wissen, Praxis, Projekt

WISSEN

Ein solides »Wissen« über Kamerafunktionen, Ausrüstung, digitale Technik und die fotografischen Genres ist wichtig. Wir haben die Grundlagen auf das Wesentliche eingedampft, damit Sie nicht viel lesen müssen, aber dennoch eine gute Basis haben.

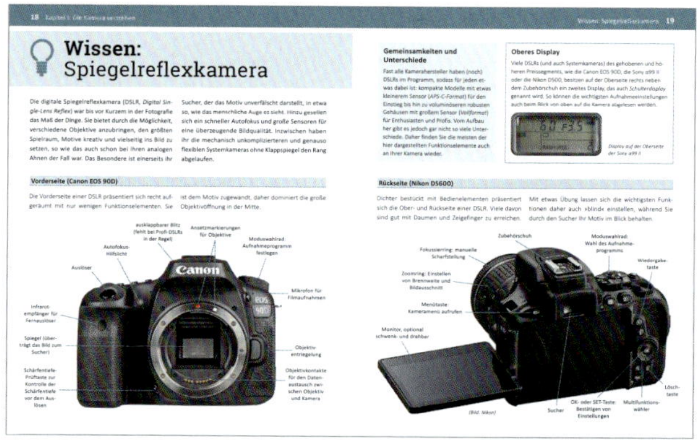

Details, die Ihnen das Lernen leichter machen

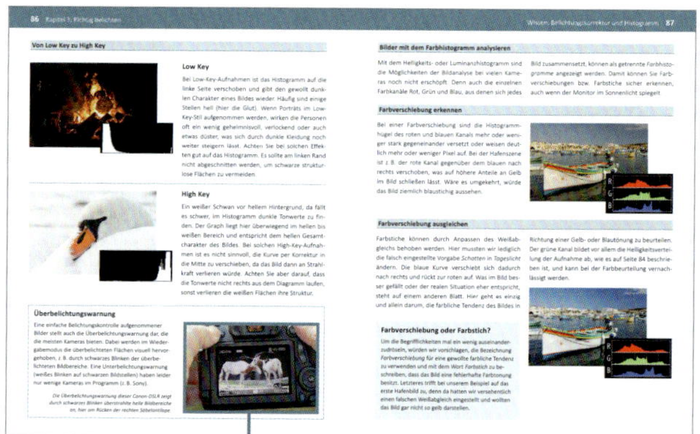

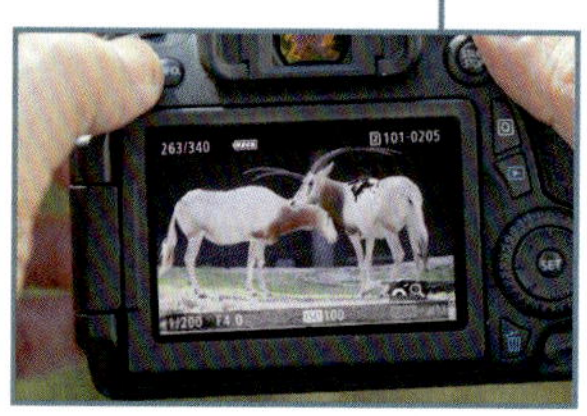

Detailaufnahmen Bilder sagen mehr als Worte, daher finden Sie vor allem in den Schritt-Anleitungen Nahaufnahmen von typischen Kamerabedienelementen und Menüeinstellungen.

PRAXIS

Sie sollten Ihre Kamera kennen und verstehen, aber Sie müssen sie auch in der »Praxis« nutzen können. Von der richtigen Haltung über den Einsatz verschiedener Brennweiten bis hin zur Gestaltung eines Landschaftsfotos – sehen und lesen Sie, wie es geht.

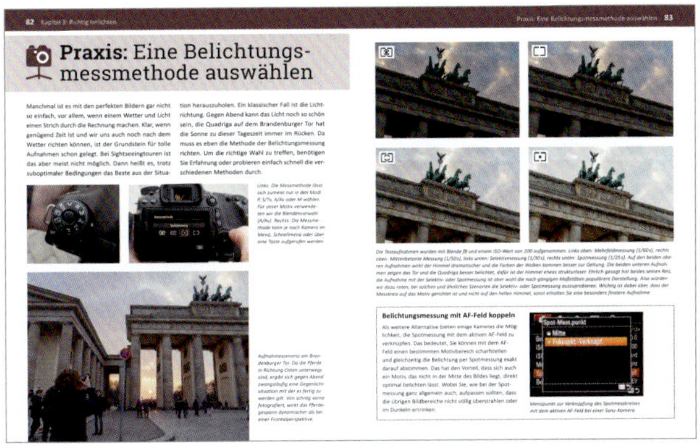

PROJEKT

Grau bleibt alle Theorie, wenn Sie sie nicht erproben, am besten in einem kleinen »Projekt«. Nehmen Sie also Ihre Kamera und folgen Sie unseren Schritt-Anleitungen. Oder lassen Sie sich gleich zu eigenen Motivideen inspirieren. Legen Sie einfach los, und lernen Sie dabei!

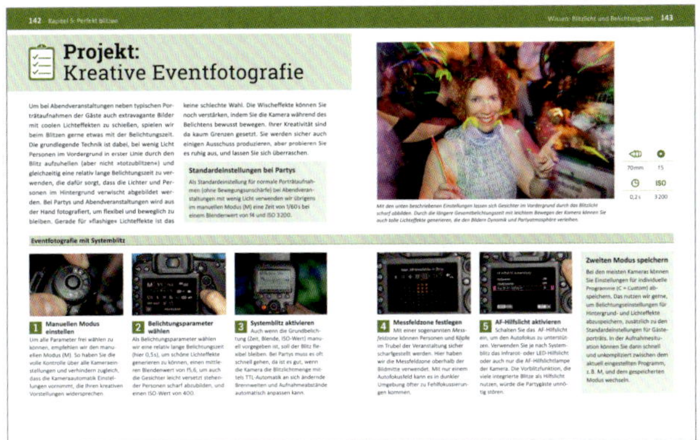

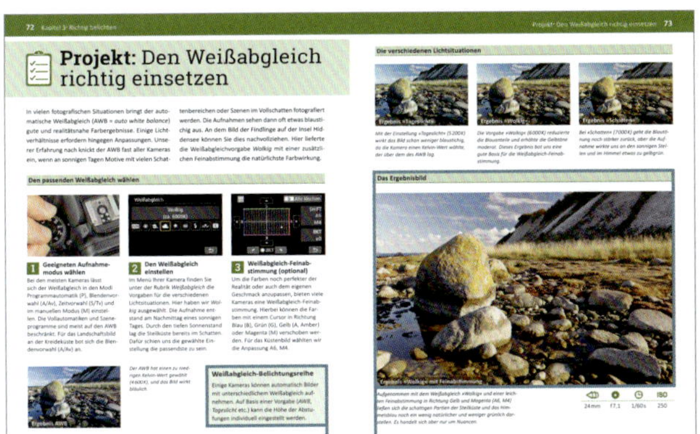

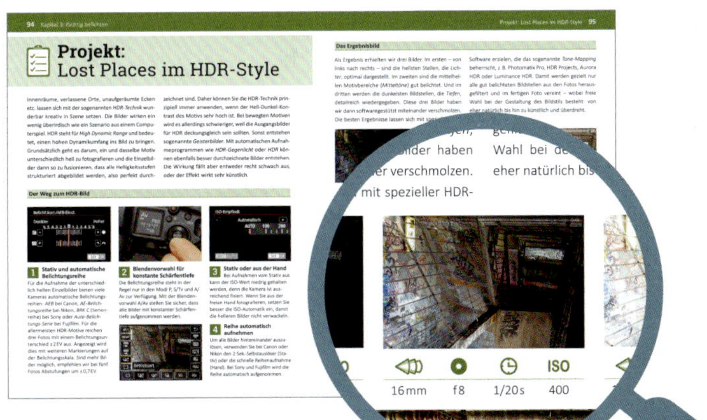

Infokästen Diese Textkästen bieten weiterführende Informationen sowie praktische Tipps, damit Sie schneller zum Ziel kommen oder alternative Wege gehen können.

Das Ergebnisbild Das gelungene Ergebnisbild wird groß gezeigt, damit Sie es genau studieren können. Wir erläutern Ihnen, was besonders ist und worauf wir geachtet haben.

Kameraeinstellungen Zu vielen Bildern finden Sie übersichtlich die wesentlichen Kameraeinstellungen wie Brennweite, Blendenöffnung, Belichtungszeit und ISO-Wert.

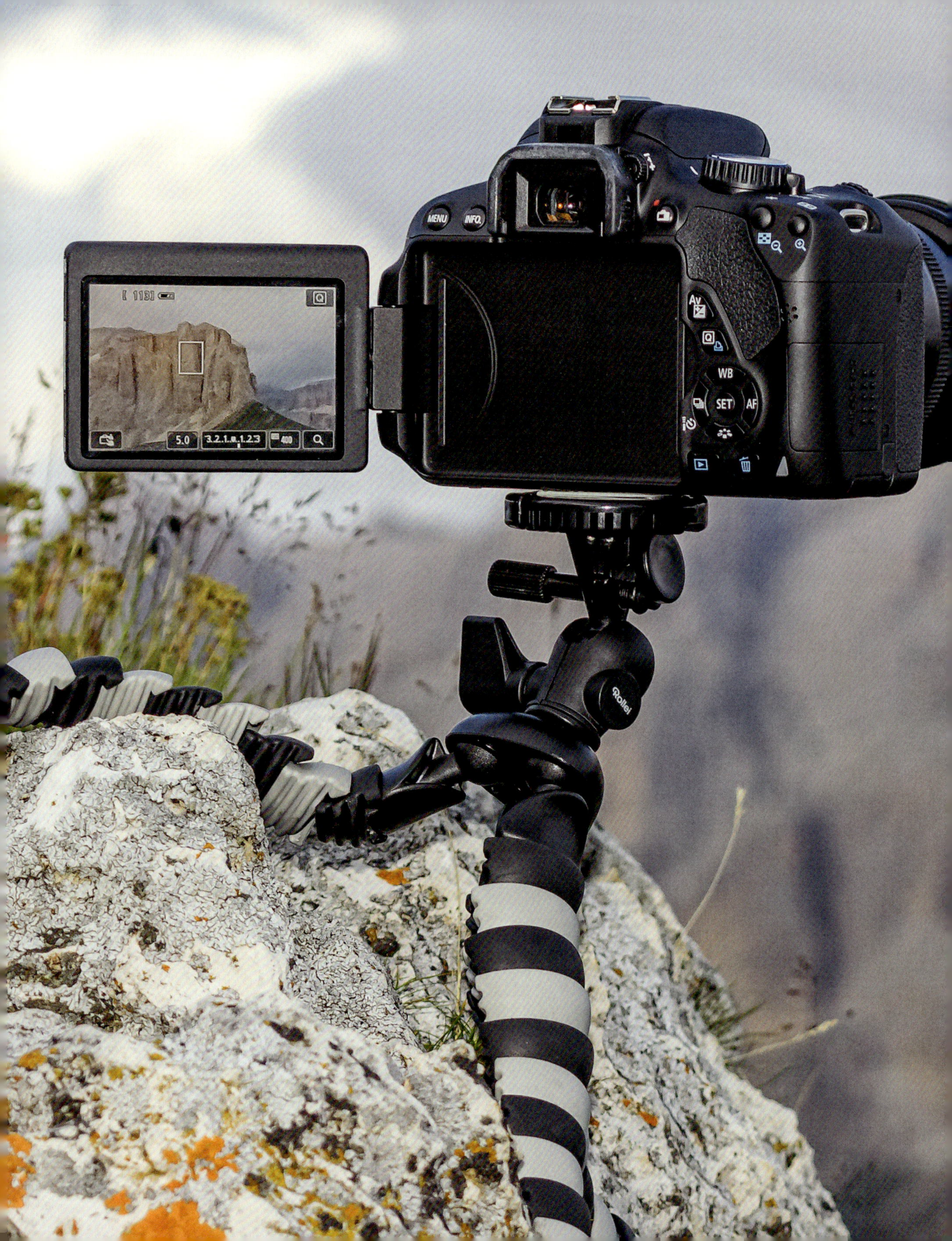
MENU
INFO.
WB
SET
AF
Rollei

Kapitel 1

Die Kamera verstehen

Nach der Entscheidung, sich eingehender mit dem Thema Fotografie zu beschäftigen, wollen Sie sicher zunächst einmal das Arbeitsgerät und alles, was damit zusammenhängt, besser verstehen. Im ersten Kapitel erfahren Sie die wichtigsten fotografischen Begriffe, welches Zubehör sich am Anfang rentiert, und Sie unternehmen erste praktische Schritte ins fantastische Reich der Fotografie.

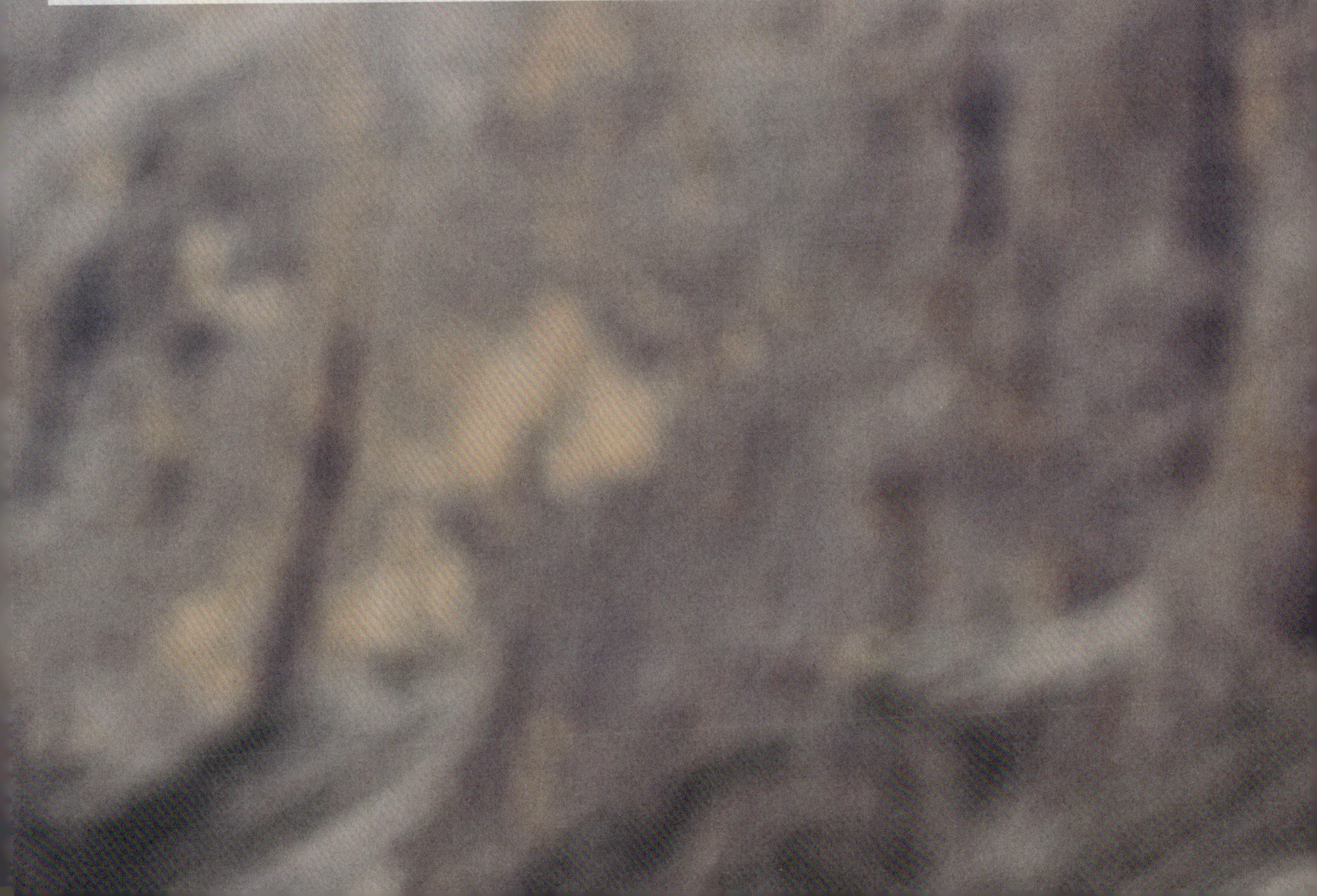

Wissen: So funktioniert eine Digitalkamera

Welche Kamera eignet sich wofür? Darauf und auf die Vor- und Nachteile der verschiedenen Kameratypen gehen wir im Folgenden ein. Die Unterschiede liegen dabei oft im Detail, denn die grundlegenden Prinzipien sind bei allen Kameras gleich oder zumindest ähnlich. Gerade daher ist es wichtig, sie zu kennen, damit Sie in fotografischen Alltagssituationen das Beste aus Ihren Motiven herausholen – egal, mit welcher Kamera.

Wie die Belichtung bei einer Digitalkamera zustande kommt

»Fotografie« ist das Abbilden realer Objekte mit Licht. Bei Kompaktkameras und bei spiegellosen Systemkameras (DSLM, *Digital Single-Lens Mirrorless*) gelangt das Licht durch die Linse direkt auf den Sensor. Im Zuge der Aufnahme öffnet sich ein *Schlitzverschluss*, oder es wird ein elektronisches Startsignal gesendet (elektronischer Verschluss), und die Signale der Sensordioden werden ausgelesen. Bei Spiegelreflexkameras (DSLR, *Digital Single-Lens Reflex*) wird das Licht vor der Aufnahme in zwei Richtungen gelenkt: Der größere Anteil gelangt über den (teildurchlässigen) Rückschwingspiegel und ein Prisma in den Sucher, damit Sie den Bildausschnitt einrichten können. Eine kleinere Menge wird über einen Hilfsspiegel auf ein Autofokus-Sensormodul geleitet, das für die Scharfstellung verantwortlich ist. Während der Aufnahme klappt der Rückschwingspiegel nach oben, der Schlitzverschluss öffnet sich, und das gesamte Licht kann auf den Sensor treffen, dessen Diodensignale ausgelesen werden.

Systemkamera: Der Weg des Lichts

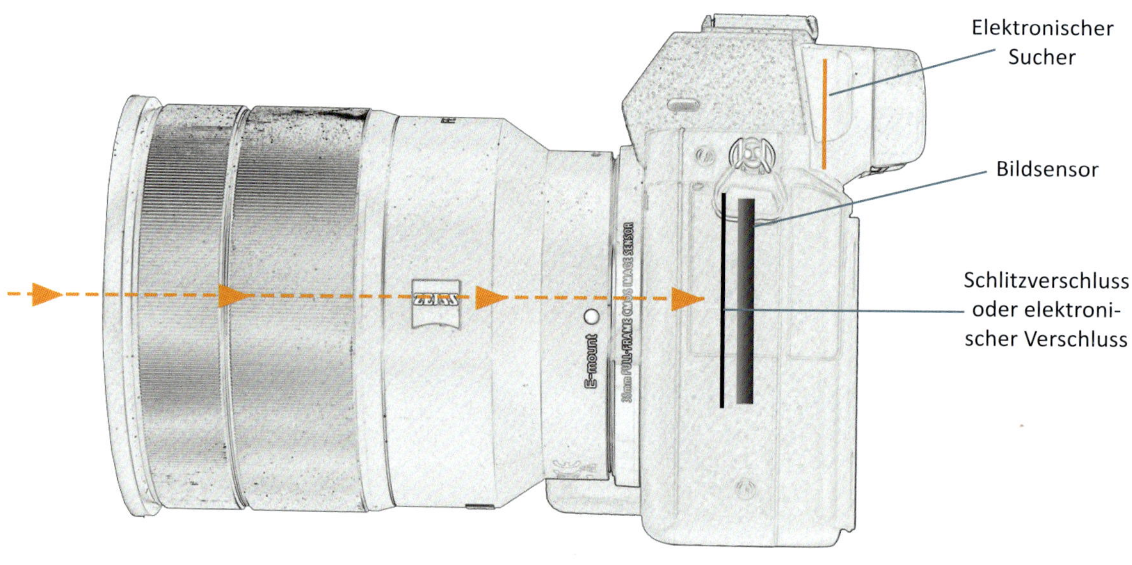

Scharfstellen

Neben der Belichtung ist das Scharfstellen auf ein Motiv, das sogenannte *Fokussieren*, ein weiterer grundlegender Aspekt in der Fotografie. Dabei wird das einfallende Licht durch die im Objektiv befindlichen Linsen so gebündelt, dass es scharf auf dem Sensor abgebildet wird. Gesteuert wird dies in der Regel vom Autofokus, der das Motiv punktgenau scharfstellt.

Die Abbildung des Lamakopfes zeigt, wie wichtig eine gute Scharfstellung ist. Das Bild mit der Schärfe auf dem Auge wirkt viel attraktiver als das Bild mit dem Fokus auf der Nase.

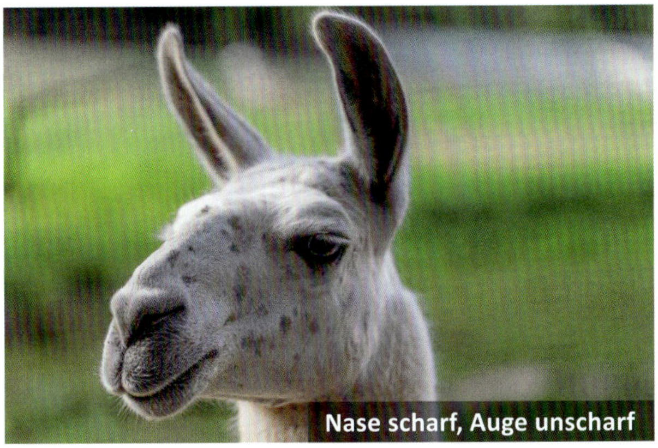

Nase scharf, Auge unscharf

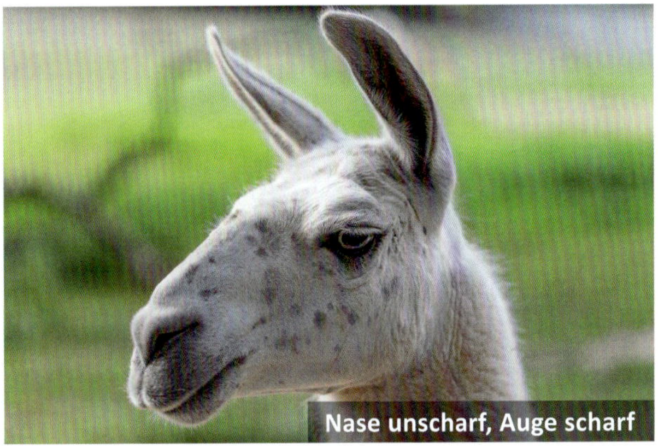

Nase unscharf, Auge scharf

Belichtung

Bei allen Kameratypen wird die Bildhelligkeit durch drei Faktoren bestimmt: Belichtungszeit, Blende und Lichtempfindlichkeit des Sensors. Das gezielte Zusammenwirken dieser drei Parameter führt zu korrekt belichteten Bildern. In den meisten Belichtungsmodi passt die Kamera die Werte automatisch an; sie können aber auch manuell eingestellt werden.

Spiegelreflexkamera: Der Weg des Lichts

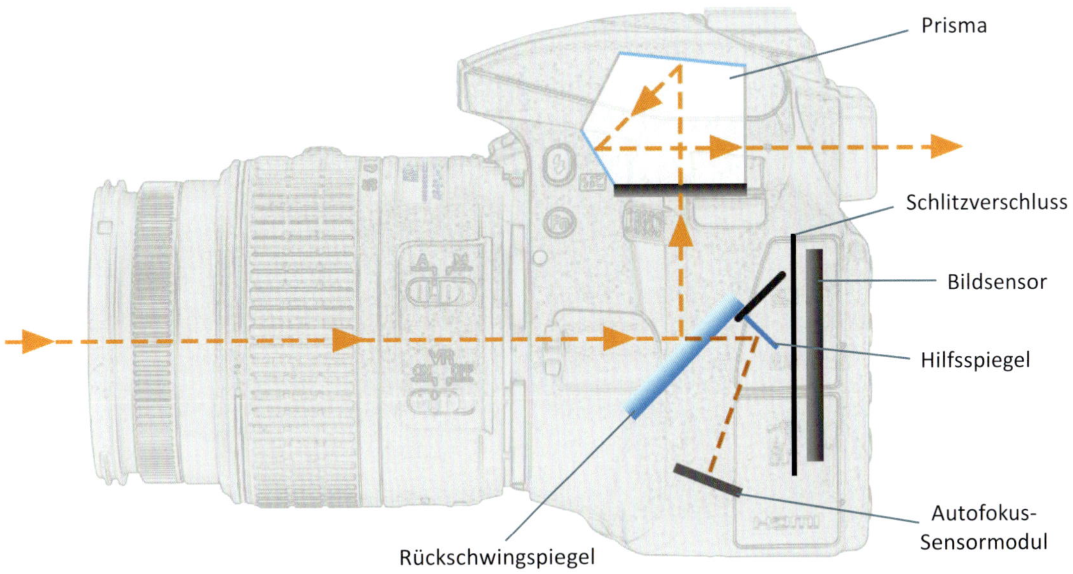

Wissen: Kompaktkamera

Als Kompaktkamera werden Geräte bezeichnet, die ein fest in das Gehäuse eingebautes Objektiv besitzen. Wie der Name schon andeutet, handelt es sich dabei meistens um nicht allzu große, handliche Kameras. Wobei das Spektrum von günstigen Einsteigermodellen für wenige hundert Euro bis hin zu Edelkompakten (wie gezeigt) reicht, die in Design und Technik höchste Ansprüche erfüllen, aber dann auch bis deutlich über 1 000 € kosten können. Wenn Sie also eine leichte Kamera suchen, die in fast jede Tasche passt und dennoch höchsten Bedienkomfort und beste Bildqualität bietet, liegen Sie mit einer Kompakten garantiert nicht verkehrt, solange Sie bereit sind, auf größere Telebrennweiten zu verzichten.

Vorderseite (Canon G5 X Mark II)

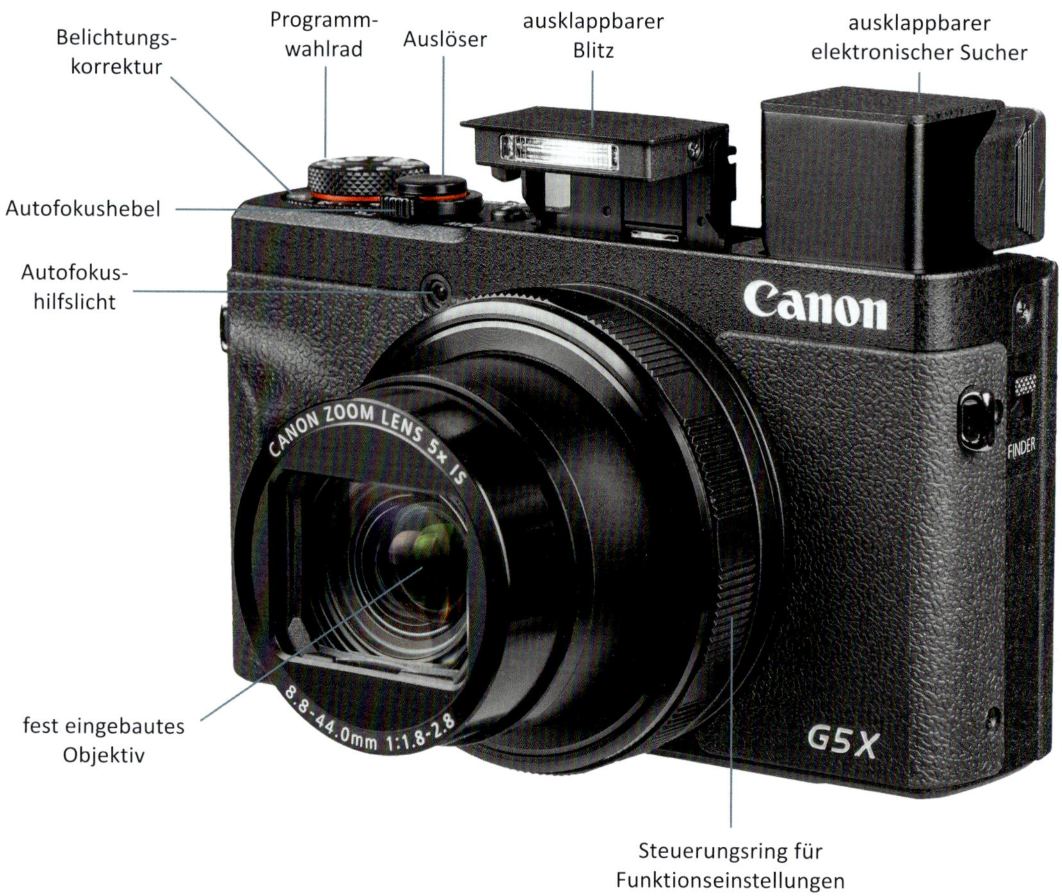

Bridgekameras, die nicht ganz so kompakten Kompaktkameras

Eine Sonderstellung unter den Kompaktkameras nehmen die sogenannten *Bridgekameras* ein. Sie weisen alle Merkmale einer Kompakten auf, decken aber einen enormen Brennweitenbereich ab. Da dieser nur durch den Einsatz entsprechend aufwendiger Linsenkombinationen erreicht werden kann, sind Bridgekameras von Größe, Gewicht und Erscheinungsbild her eher mit Spiegelreflex- oder Systemkameras vergleichbar, aber eben mit dem entscheidenden Unterschied, dass die Optik hier, wie bei den handlicheren Kompakten, fest verbaut ist.

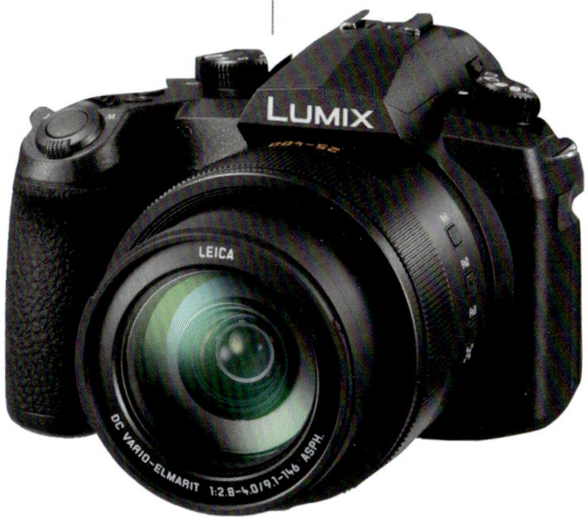

Panasonic LUMIX FZ1000 II (Bild: Panasonic)

Rückseite (Canon G5 X Mark II)

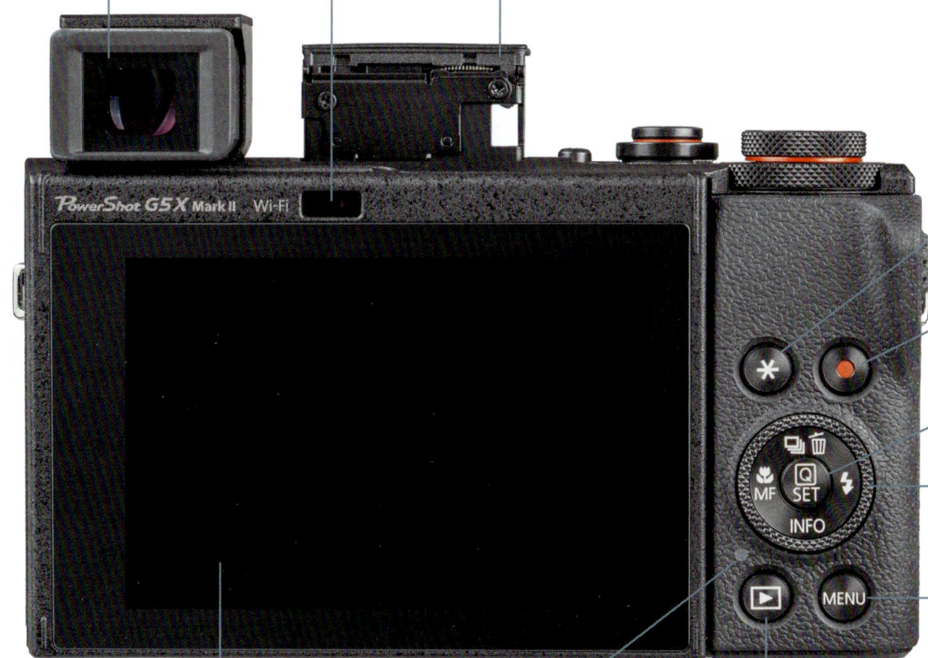

Wissen: Spiegelreflexkamera

Die digitale Spiegelreflexkamera (DSLR, *Digital Single-Lens Reflex*) war bis vor Kurzem in der Fotografie das Maß der Dinge. Sie bietet durch die Möglichkeit, verschiedene Objektive anzubringen, den größten Spielraum, Motive kreativ und vielseitig ins Bild zu setzen, so wie das auch schon bei ihren analogen Ahnen der Fall war. Das Besondere ist einerseits ihr Sucher, der das Motiv unverfälscht darstellt, in etwa so, wie das menschliche Auge es sieht. Hinzu gesellen sich ein schneller Autofokus und große Sensoren für eine überzeugende Bildqualität. Inzwischen haben ihr die mechanisch unkomplizierteren und genauso flexiblen Systemkameras ohne Klappspiegel den Rang abgelaufen.

Vorderseite (Canon EOS 90D)

Die Vorderseite einer DSLR präsentiert sich recht aufgeräumt mit nur wenigen Funktionselementen. Sie ist dem Motiv zugewandt, daher dominiert die große Objektivöffnung in der Mitte.

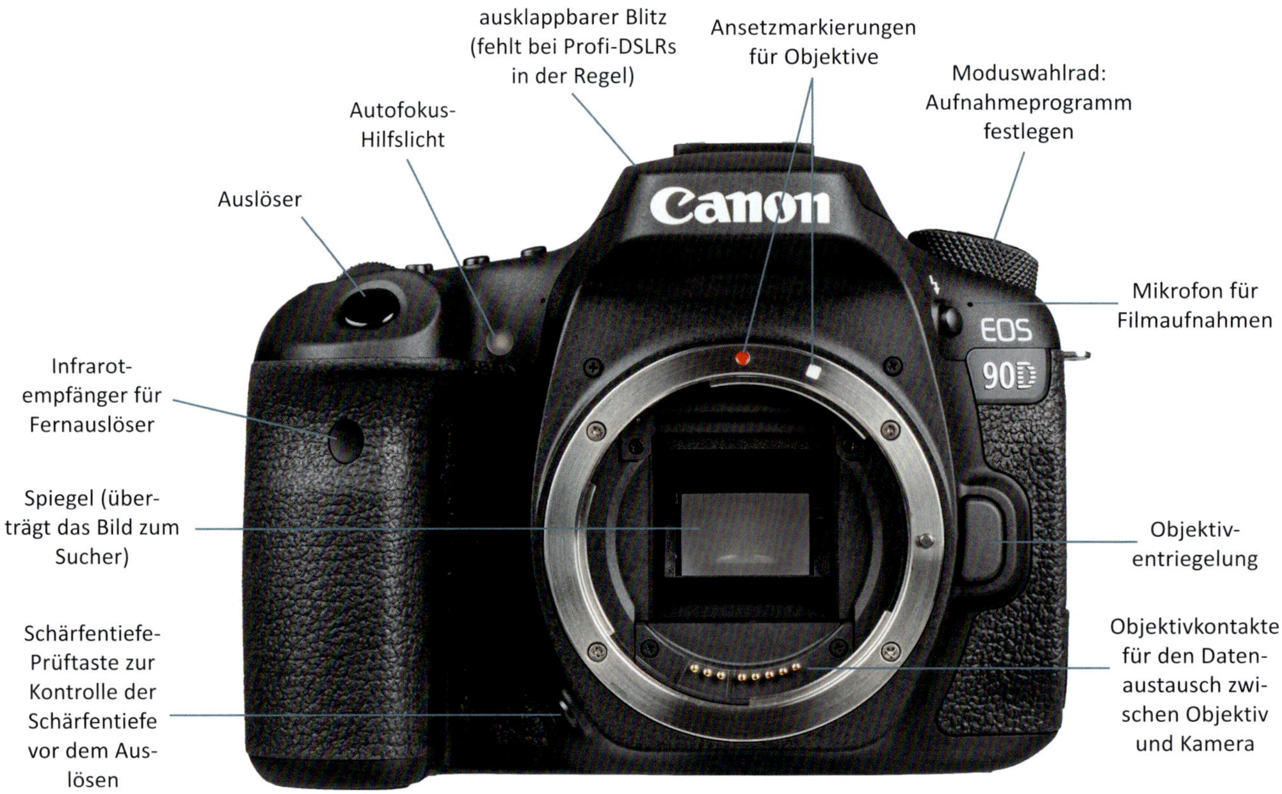

Gemeinsamkeiten und Unterschiede

Fast alle Kamerahersteller haben (noch) DSLRs im Programm, sodass für jeden etwas dabei ist: kompakte Modelle mit etwas kleinerem Sensor (*APS-C-Format*) für den Einstieg bis hin zu voluminöseren robusten Gehäusen mit großem Sensor (*Vollformat*) für Enthusiasten und Profis. Vom Aufbau her gibt es jedoch gar nicht so viele Unterschiede. Daher finden Sie die meisten der hier dargestellten Funktionselemente auch an Ihrer Kamera wieder.

Oberes Display

Viele DSLRs (und auch Systemkameras) des gehobenen und höheren Preissegments, wie die Canon EOS 90D, die Sony α99 II oder die Nikon D500, besitzen auf der Oberseite rechts neben dem Zubehörschuh ein zweites Display, das auch *Schulterdisplay* genannt wird. So können die wichtigsten Aufnahmeeinstellungen auch beim Blick von oben auf die Kamera abgelesen werden.

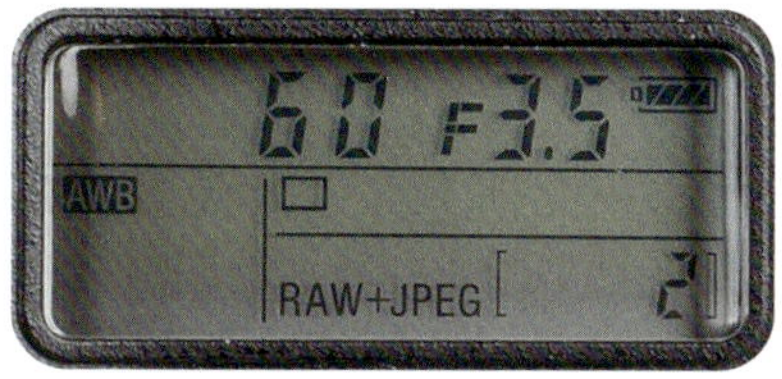

Display auf der Oberseite der Sony α99 II

Rückseite (Nikon D5600)

Dichter bestückt mit Bedienelementen präsentiert sich die Ober- und Rückseite einer DSLR. Viele davon sind gut mit Daumen und Zeigefinger zu erreichen. Mit etwas Übung lassen sich die wichtigsten Funktionen daher auch »blind« einstellen, während Sie durch den Sucher Ihr Motiv im Blick behalten.

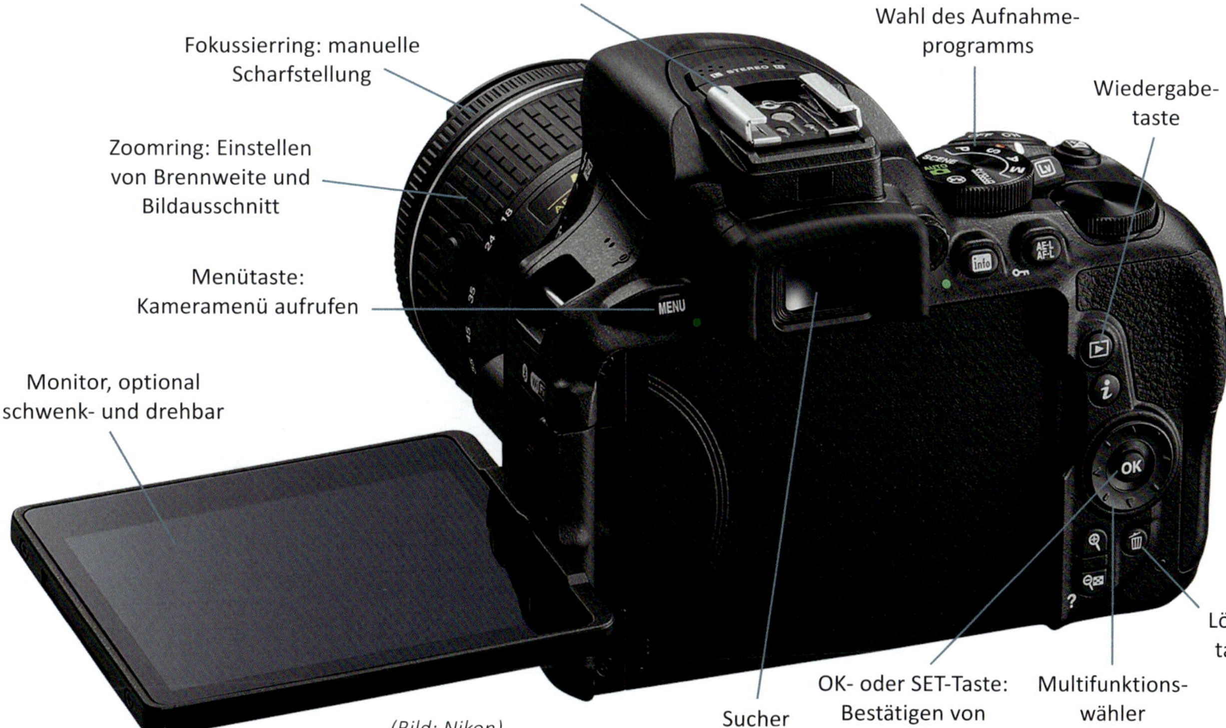

(Bild: Nikon)

Wissen: Systemkamera

Vor Kurzem waren sie noch die Newcomer unter den Kameratypen, inzwischen haben sie sich am Markt etabliert und sind vollwertige Alternativen zu den DSLRs: Gemeint sind spiegellose Systemkameras. Vor allem die Spitzenmodelle von Canon, Fujifilm, Nikon, Panasonic und Sony sind bis in den High-End-Bereich vorgedrungen und erfüllen ohne Weiteres professionelle Ansprüche. Im Sensorbereich ist vom Micro-Four-Thirds-System (Olympus, Panasonic) über APS-C (Canon, Fujifilm, Sony) bis hin zum Vollformatsensor (Canon, Nikon, Panasonic, Sony) alles erhältlich, was der Markt so an Sensorgrößen bereithält. Wenn Sie noch eine Kamera suchen: Systemkameras sind die Kameras der Zukunft.

Vorderseite (Fujifilm X-T30)

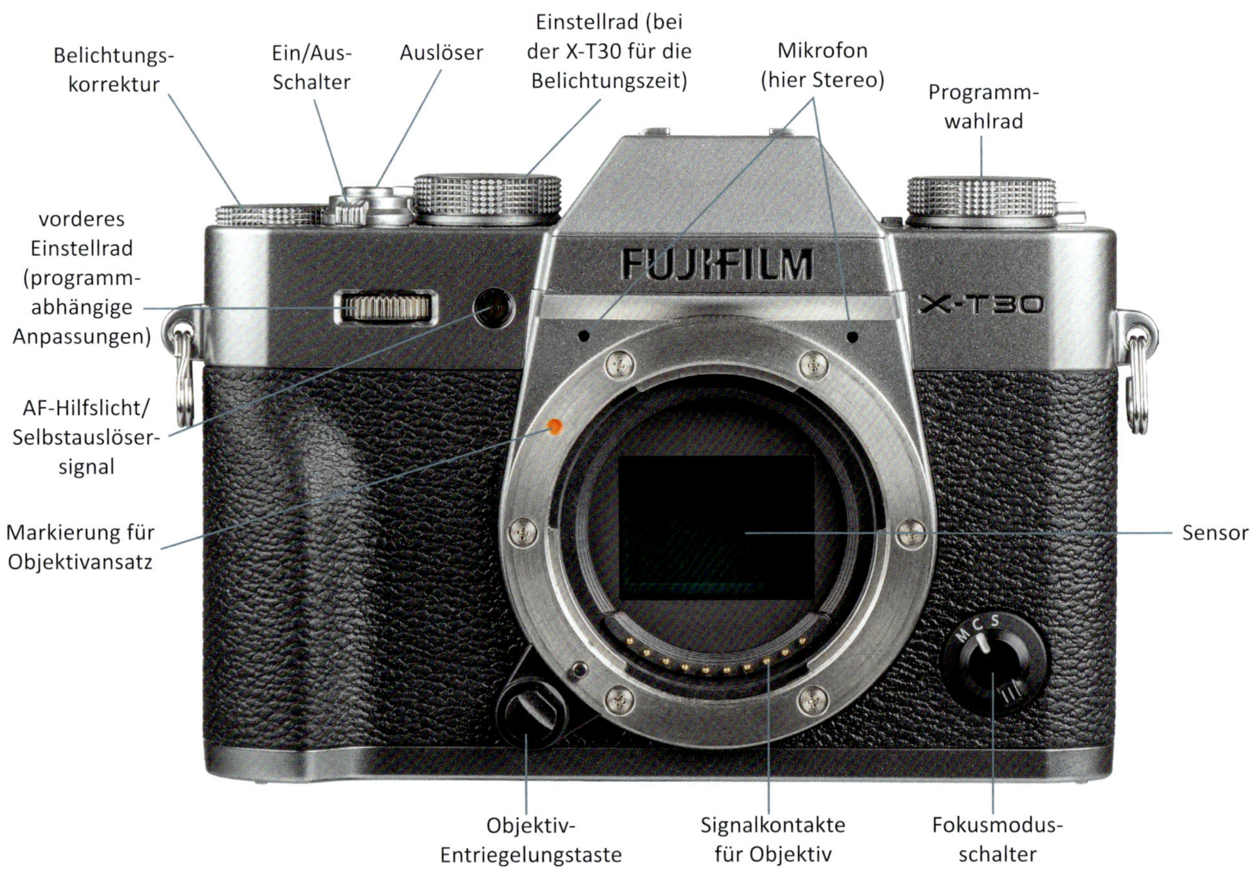

Besonderheiten von Systemkameras

Systemkameras funktionieren vereinfacht gesagt wie Spiegelreflexkameras ohne Rückschwingspiegel. Das Licht wird bei geöffnetem Verschluss direkt auf den Sensor geleitet. Dort befinden sich auch die Sensoren für die Autofokussteuerung. Zum Anpeilen des Motivs wird in vielen Modellen, zusätzlich zum Bildschirm auf der Rückseite der Kamera, ein elektronischer Sucher (EVF, *Electronic View Finder*) verwendet, der sowohl das Livebild als auch die erstellten Aufnahmen darstellen kann. Da Systemkameragehäuse meist etwas kleiner als DSLRs sind, sind sie etwas handlicher, zumindest solange ein einigermaßen kompaktes Objektiv verwendet wird.

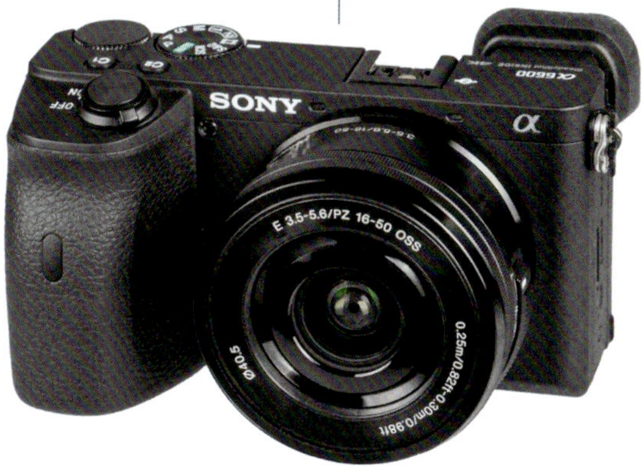

Rückseite (Fujifilm X-T30)

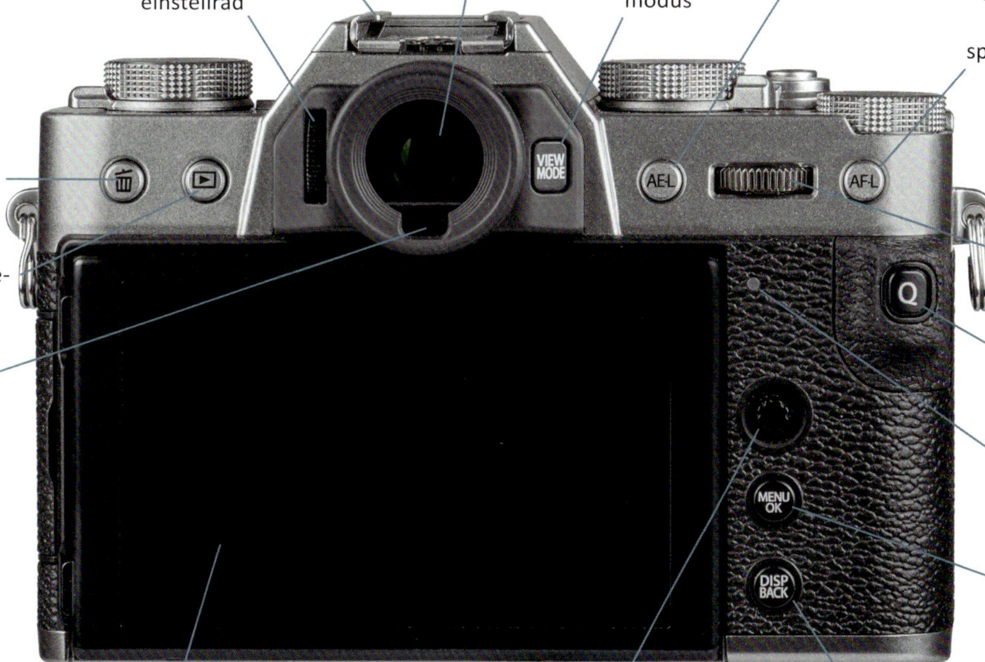

Blick durch den Sucher

Durch den Sucher sehen Sie das Motiv in Echtzeit und können zudem die wichtigsten Aufnahmeinformationen ablesen. Je nach Kameramodell finden sich im Sucher (hier Canon) noch zusätzliche Angaben zum Status weiterer Kamerafunktionen. Bei den meisten Spiegelreflexkameras wird das Sucherbild optisch mithilfe von Spiegeln oder Prismen erzeugt. Im Fall von Kompakt-, Bridge- oder Systemkameras wird das Sucherbild elektronisch erzeugt. Dies wird als *EVF* (*Electroniv View Finder*) bezeichnet. Dazu zeigt ein kleiner LCD-Monitor das Livebild, das er direkt vom Sensor erhält, wie einen laufenden Film an. Sucher sind vorteilhaft, wenn starkes Licht oder Spiegelungen auf dem Monitor die Bildbeurteilung stören. Im EVF können Sie zudem die Wiedergabeansicht aufrufen und die Aufnahme ungestört prüfen.

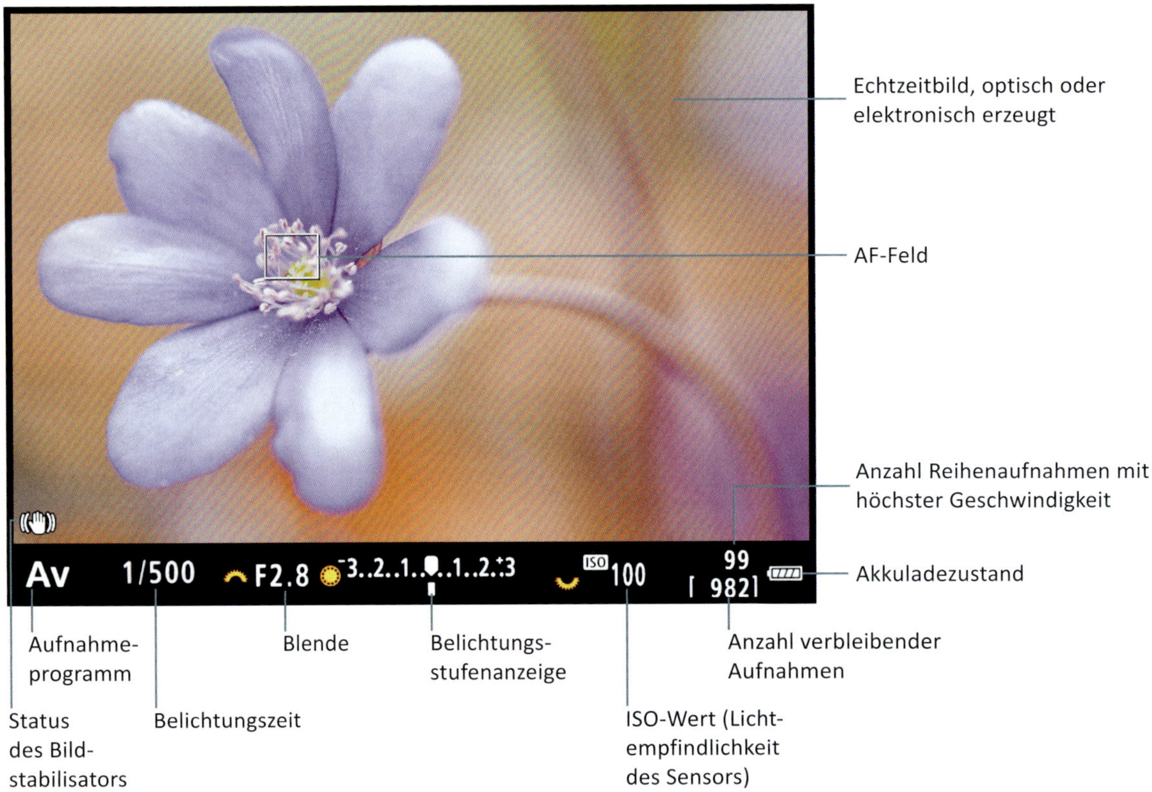

Direktzugriff durch Funktionstasten

Die meisten Kameras besitzen Funktionstasten, mit denen ganz bestimmte Funktionen direkt aufgerufen werden können (C- oder Fn-Tasten). Oft lassen sie sich mit einer ganzen Reihe anderer Funktionen belegen, sodass Sie Ihre Lieblingsfunktionen für den schnellen Direktzugriff dort abspeichern können.

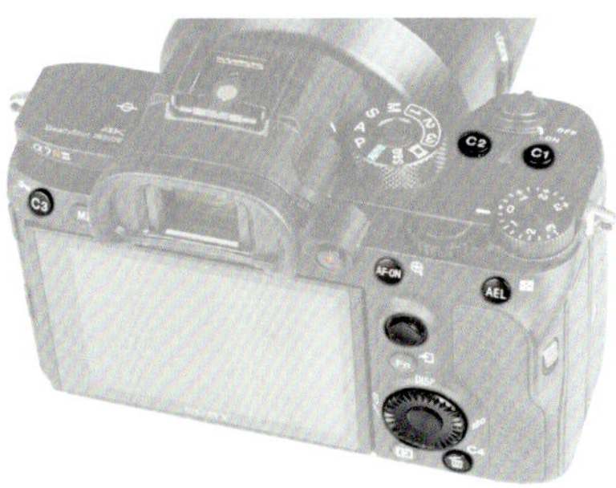

Der LCD-Monitor informiert

Das wichtigste Informationszentrum einer Digitalkamera ist der LCD-Monitor auf der Rückseite. Er ist entweder fest eingebaut oder kann, je nach Hersteller, mehr oder weniger flexibel ausgeklappt und verdreht werden. Im Aufnahmemodus lassen sich die meisten relevanten Kamerainformationen anzeigen und viele davon auch aktiv verändern. Meist geschieht das über das Drücken einer Schnellmenütaste und das Ansteuern des zu verstellenden Parameters mit den zur Verfügung stehenden Steuerelementen. Bei einigen Modellen ist das auch direkt per Touch-Funktion möglich. Hier haben wir beispielhaft den Bildschirm einer Nikon-Systemkamera im Modus Programmautomatik (P) abgebildet.

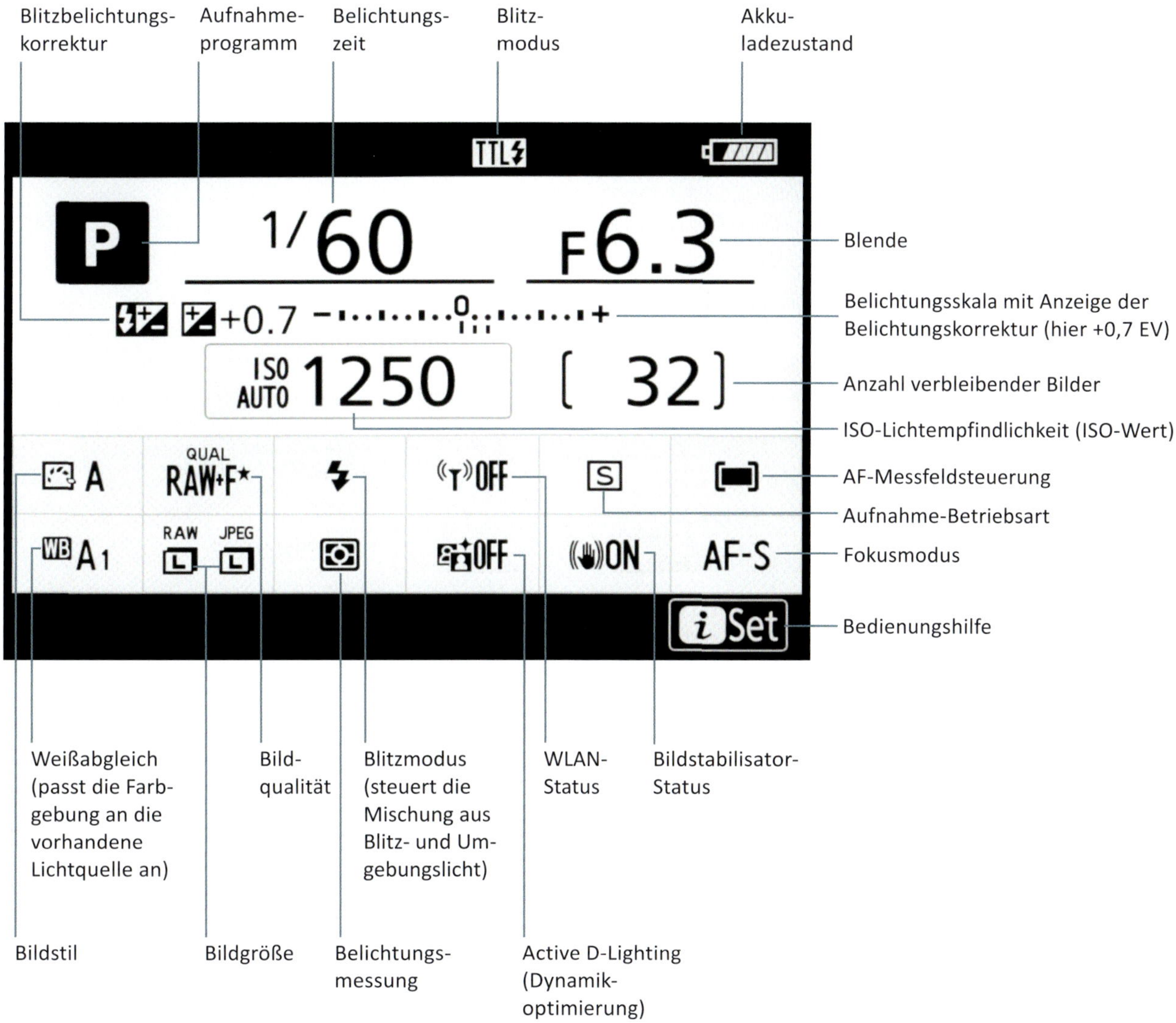

Wissen: Die Kamera startklar machen

Egal, für welches Kameramodell Sie sich schlussendlich entschieden haben, bevor es mit dem Fotografieren losgeht, gibt es noch ein paar grundlegende Dinge zu tun. Da wäre zum einen der Akku der Kamera, der zuerst geladen und dann in das Akkufach der Kamera eingelegt werden muss. Zum anderen gilt es, eine passende Speicherkarte in dem dafür vorgesehenen Schacht zu platzieren.

Akkus – Strom für Ihre Kamera

Jeder neu erworbenen Kamera liegen normalerweise ein Akku und das entsprechende Ladegerät bei. Nach dem Anschließen des Ladegeräts an die Steckdose kann der Akku in das Gerät eingelegt werden. Meist sind Markierungen an Akku und Ladegerät angebracht, anhand derer Sie die korrekte Einlegerichtung erkennen können. Üblicherweise befindet sich an den Ladegeräten der verschiedenen Hersteller eine Leuchtdiode, die entweder dauerhaft grün leuchtet oder die sich abschaltet, wenn der Ladeprozess beendet ist.

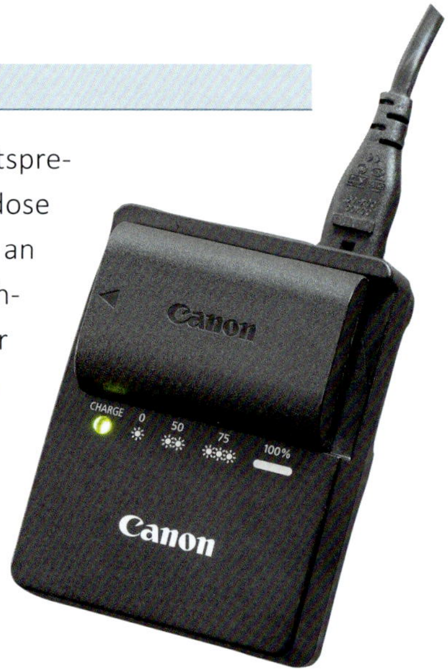

Ladegerät mit eingelegtem Akku einer Canon-DSLR. Das grüne Licht signalisiert den Ladezustand »voll«.

Akkus von Fremdherstellern

Wenn Sie sich einen zusätzlichen Akku zulegen möchten, werden Sie schnell feststellen, dass die originalen Herstellerakkus alles andere als preiswert sind, und es bei Weitem günstigere Nachbauten von Fremdherstellern gibt. Trotzdem plädieren wir dafür, auf die Originale zu setzen. Bei den Nachbauten kann es vorkommen, dass sie von der Kamera nicht akzeptiert werden, dass die Akkuanzeige nicht richtig funktioniert oder, schlimmstenfalls, ganz billige Modelle der Kamera Schäden zufügen, die dann zu Problemen mit den Garantieansprüchen führen können.

Akkus richtig laden und einsetzen

Um den Akku möglichst lange fit zu halten, nehmen Sie ihn nach dem Aufladen am besten gleich wieder aus dem Ladegerät heraus, da längeres unnötiges Laden sich langfristig negativ auf die Leistung des Energiespeichers auswirken kann. Lassen Sie den Akku möglichst auch nicht fast oder vollständig leerlaufen. Auch das verkürzt die Lebensdauer.

Ist der Akku geladen, kann er in das dafür vorgesehene Akkufach der Kamera geschoben werden. Dazu ist meist an der Kameraunterseite eine Klappe zu entriegeln und der Akku mit den Kontakten richtig herum im Schacht zu platzieren. Der Akku sollte mit einem leichten Klick einrasten. Achten Sie darauf, den Energiespeicher nicht seitenverkehrt einzusetzen. Wenn der Akku klemmt oder nicht ganz in das Fach hineinpasst, ist er vermutlich seitenverkehrt eingesetzt und muss umgedreht werden. Manche Akkus, wie z. B. viele der höherwertigen DSLRs oder Systemkameras, sind so geformt, dass ein verkehrtes Einlegen praktisch unmöglich ist.

Speicherkarten – Platz für Ihre Aufnahmen

Als Speicherkarten für moderne Digitalkameras gibt es verschiedene Typen: die ältere große CompactFlash-Karte (CF), die weitverbreitete SD-Karte (SD = *Secure Digital*) und die baugleichen XQD- und CFexpress-Karten. Letztere bieten die höchsten Datenübertragungsgeschwindigkeiten und kommen vor allem im gehobenen Systemkamerasegment zum Einsatz. Die bei Mobiltelefonen oft verwendeten Micro-SD-Karten können mittels eines SD-Karten-Adapters auch in Digitalkameras eingelegt werden. Eine solche Konstruktion ist aber nicht gefeit vor Wackelkontakten. Mit Speicherkarten von SanDisk, Sony, Toshiba, Transcend, Wise oder Prograde können Sie eigentlich nichts falsch machen. Mit einer Speicherkartenkapazität von 35, 64 oder 128 GB sollten Sie für einen längeren Fototag genügend Reserven haben. Wählen Sie zudem am besten die höchste Geschwindigkeitsklasse, die Ihre Kamera unterstützt, bei SD-Karten z. B. UHS-I oder UHS-II. Dann wird die Kamera nicht durch eine langsame Datenübertragung ausgebremst.

Je nach Kameramodell befindet sich das Kartenfach an der Unterseite oder auf der rechten Seite der Kamera. Manche Profimodelle besitzen sogar zwei Kartenfächer für eine erweiterte Kapazität oder um Daten doppelt speichern zu können.

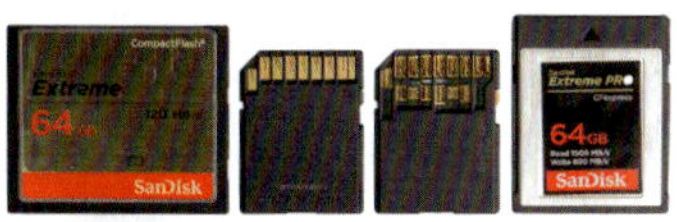

Von links nach rechts: CF-Karte, SD-Karte (UHS-I), SD-Karte (UHS-II) und CFexpress-Karte

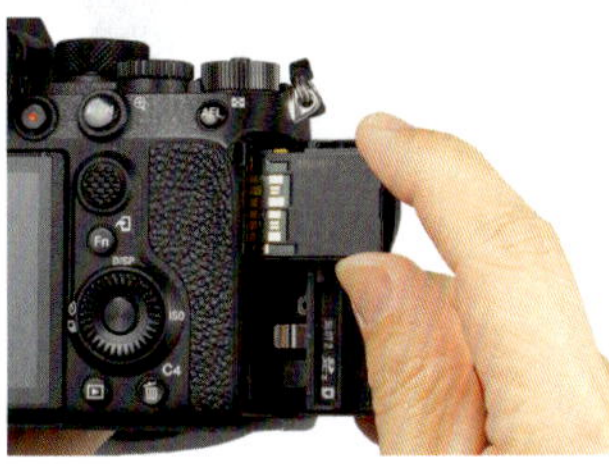

Kartenfach an der Seite einer Sony A7R IV

Formatieren

Bevor Sie neue Speicherkarten in Ihrer Kamera verwenden, ist es sinnvoll, diese zu formatieren. Wählen Sie dazu im Menü Ihrer Kamera den entsprechenden Eintrag *Formatieren*. Aber Achtung: Auf bereits bespielten Karten werden alle Daten gelöscht! Das Formatieren ist auch empfehlenswert, wenn die Karte zuvor in einer anderen Kamera verwendet wurde oder Sie sie an andere weitergeben möchten.

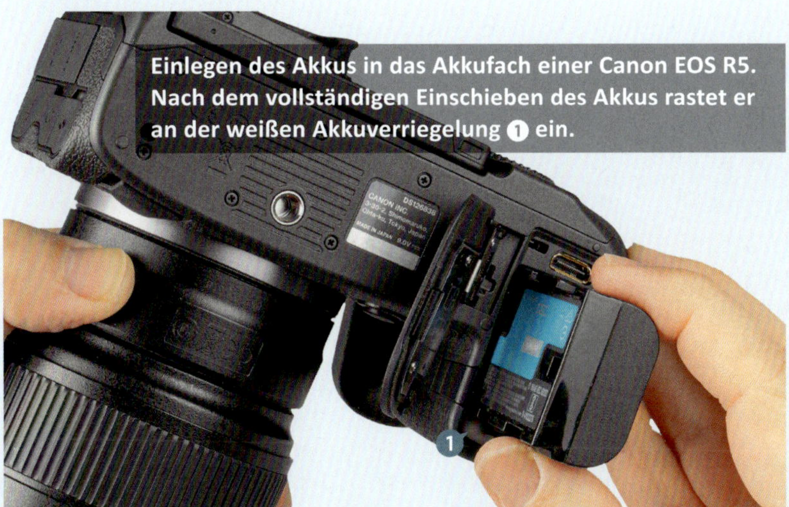

Einlegen des Akkus in das Akkufach einer Canon EOS R5. Nach dem vollständigen Einschieben des Akkus rastet er an der weißen Akkuverriegelung ❶ ein.

Energiesparfunktionen

Sie kennen das vermutlich von Ihrem Smartphone: Der Akku leert sich schneller, als einem lieb ist. Das kann Ihnen auch mit einer Kamera passieren. Um während des Betriebs Energie zu sparen, haben die Hersteller den Kameras einige Energiesparoptionen mit auf den Weg gegeben. Dabei ist es meist möglich, im Menü individuell festzulegen, ob und ab wann beispielsweise der Bildschirm automatisch ausgeschaltet wird.

Praxis: Die Kamera richtig halten

Unscharfe Bilder hat wohl jeder schon einmal produziert, das geht Einsteigern genauso wie eingefleischten Profis. Manchmal ist ein wenig Unschärfe im Bild sogar explizit erwünscht, aber meistens ist sie ein Graus für alle, die die Schärfequalität der verwendeten Ausrüstung auch im Bild wiederfinden möchten. Dabei liegt es oft gar nicht an den Kameraeinstellungen, sondern an der eigenen Körperhaltung, warum sich das erhoffte Maß an Schärfe einfach nicht einfinden will. Achten Sie einmal darauf, wie Sie, ganz intuitiv, Ihre Kamera in der Aufnahmesituation halten. Vielleicht gibt es ja noch ein wenig Optimierungspotenzial. In diesem Abschnitt geben wir Ihnen einige Hinweise zur korrekten Kamerahaltung.

Optimale Kamerahaltung für Aufnahmen im Querformat und im Hochformat

Die richtige Pose hinter der Kamera ist also gefragt. Aber wie stellt man das am besten an? Schauen Sie es sich einfach an den Bildern ab, dann kann nicht mehr viel schiefgehen:

- Halten Sie die Kamera mit der rechten Hand am dafür vorgesehenen Handgriff. Dieser ist bei DSLRs und DSLMs meist angenehm groß dimensioniert.
- Halten Sie die Kamera sicher, aber nicht krampfhaft fest, der Zeigefinger liegt locker auf dem Auslöser.
- Noch stabiler wird es, wenn Sie das Objektiv auf die linke Hand legen. Wieder: nicht zu fest. Die Finger müssen noch in der Lage sein, den Zoom- oder Scharfstellring zu drehen.
- Halten Sie die Arme dicht am Körper, spreizen Sie die Ellenbogen *nicht* seitlich ab. Das Kameragewicht wird so zusätzlich vom Oberkörper abgestützt.
- Atmen Sie vor der Aufnahme aus, und halten Sie kurz die Luft an ... klick, schon ist das scharfe Bild im Kasten!

Die richtige Haltung für ...

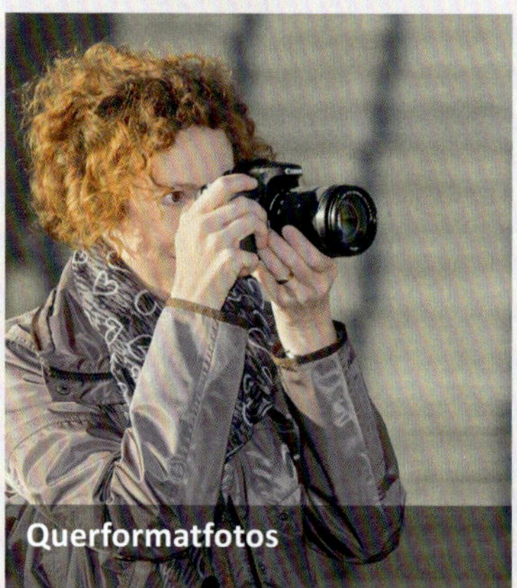

Querformatfotos

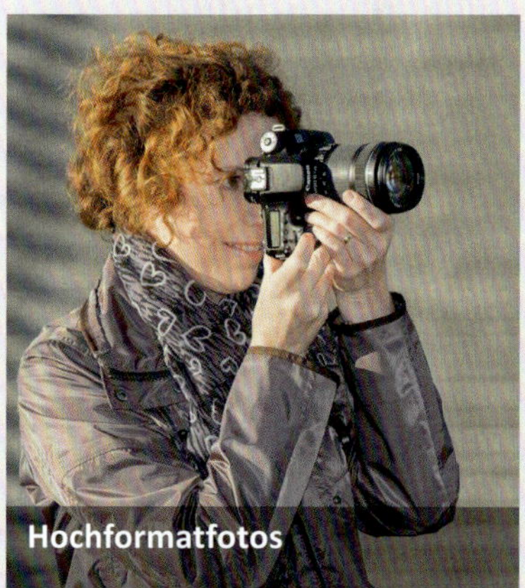

Hochformatfotos

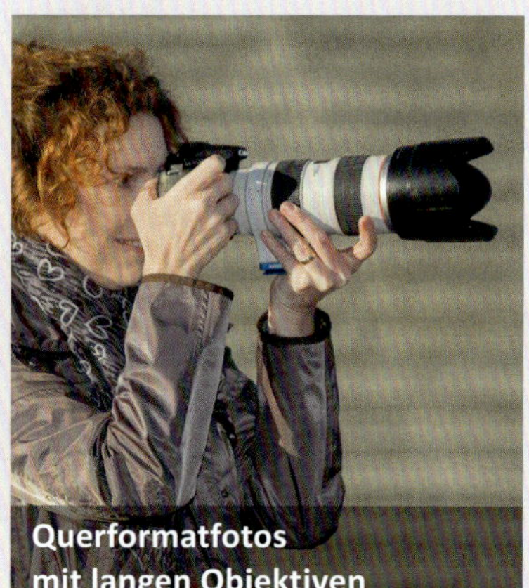

Querformatfotos mit langen Objektiven

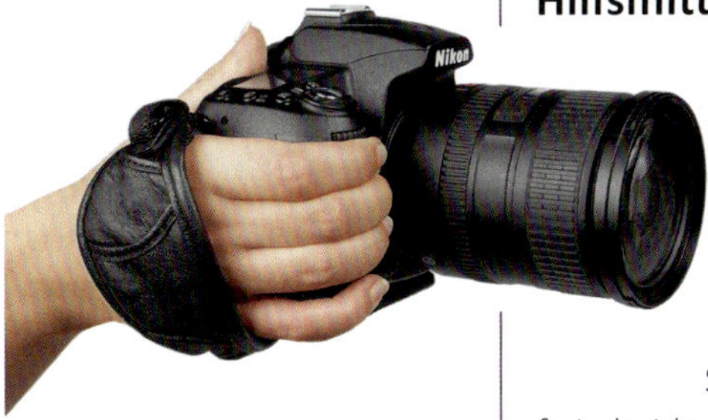

Kamera-Handschlaufe PRO
(Bild: Kaiser Fototechnik)

Hilfsmittel Handschlaufe

Je kompakter die Kamera, desto geringer dimensioniert ist oft auch der Handgriff. Die Kamera lässt sich dadurch eventuell nicht optimal greifen. In solchen Fällen können Sie sich mit einer ergonomischen Handschlaufe mehr Stabilität verschaffen. Die Schlaufe wird an der rechten Öse des Gehäuses und am unten eingelassenen Stativgewinde angebracht. Achten Sie darauf, dass das Modell das Anbringen von Stativplatten erlaubt. Und halten Sie die Kamera auch mit Handschlaufe in beiden Händen. Die Schlaufe verleiht zwar das Gefühl, die Kamera einhändig ziehen zu können – wie ein Cowboy seinen Colt –, aber das täuscht.

Die richtige Kamerahaltung in jeder Lage

Das Halten der Kamera ist das eine, die Körperhaltung das andere:

- Stehen Sie fest und stabil, mit den Füßen etwa schulterbreit auseinander. Mit eng geschlossenen Beinen schwankt man leichter, und die Haltung verkrampft zunehmend.
- Nehmen Sie Ihr Motiv frontal ins Visier. Ein seitliches Verdrehen des Oberkörpers ist nur bei Panoramaaufnahmen sinnvoll, verringert aber generell die Stabilität.
- Wenn Sie für einen tieferen Standpunkt in die Hocke gehen, achten Sie darauf, beide Ellenbogen auf den angewinkelten Beinen oder Knien abzustützen.
- Für spannende Perspektiven und eine wirklich stabile Kamerahaltung knapp über dem Erdboden legen Sie sich am besten flach auf den Bauch. Stützen Sie die Kamera mit angewinkelten Armen auf den Ellenbogen ab; ansonsten bleibt die Kamerahaltung wie gehabt: Das Objektiv liegt locker in der linken Hand und die Kamera halten Sie rechts am Handgriff.

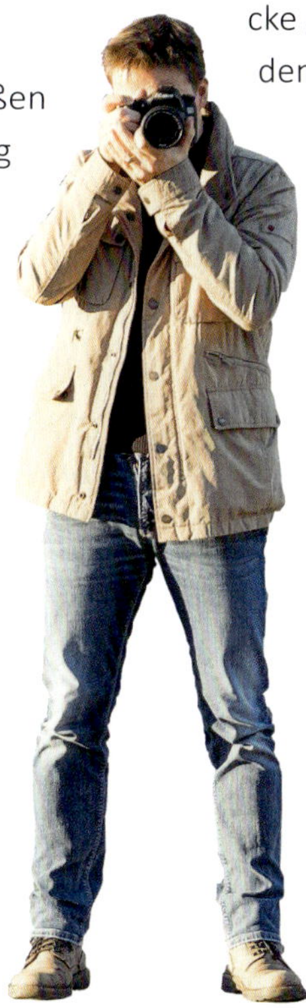

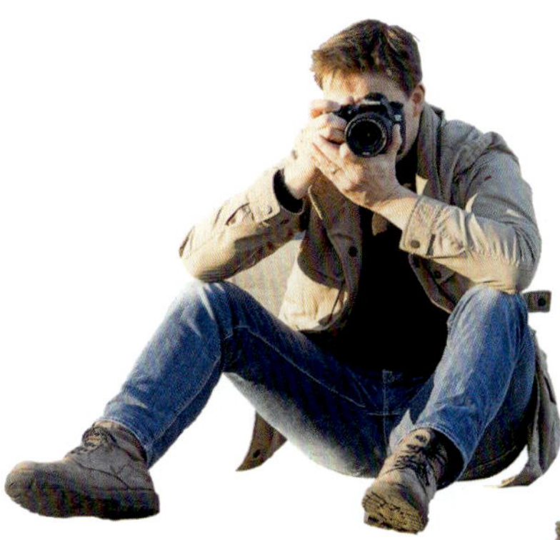

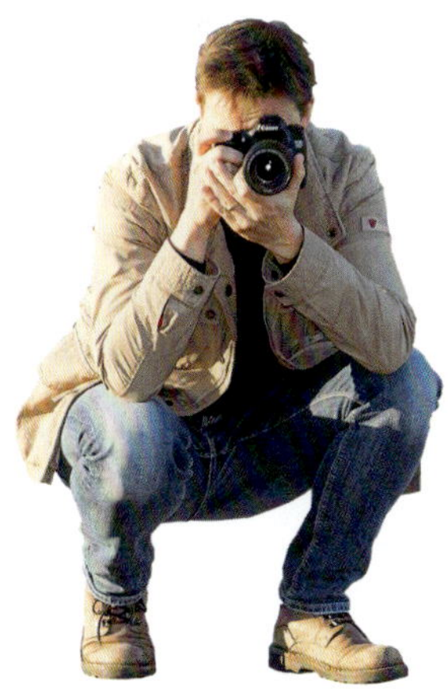

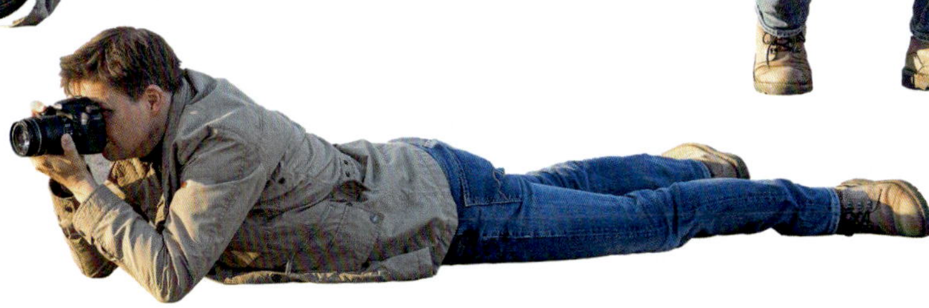

Optimale Körperhaltung für Aufnahmen im Stehen, im Sitzen, aus der Hocke oder der liegenden Position heraus

Praxis: Vollautomatisch zum guten Foto

Wenn Sie Ihre Kamera gleich einmal völlig unkompliziert und ohne weiter hinten im Buch geblättert zu haben, einsetzen möchten, sind Sie hier genau richtig. Legen Sie einfach mal los, denn der Hunger auf mehr kommt beim Fotografieren. Und praktisch lernt es sich am besten. Für den Anfang reicht es, einfach den Automatikmodus einzustellen. Diesen finden Sie bei fast allen Kameras am Wahlrad auf der Kameraoberseite (AUTO, A+ oder iA). Und schon kann es losgehen. Die folgenden Bildgestaltungstipps sind auch ohne besonderes fotografisches Know-how ganz einfach zu realisieren.

Das Bild aufräumen

Was ist hier nun genau mit Aufräumen gemeint? Ganz einfach, es geht darum, störende Elemente aus dem Bild herauszuhalten. Nehmen wir die Sambatänzerin, die Ihnen so oder ähnlich auch beim Karneval über den Weg schweben könnte. Auch hier können Sie ohne Weiteres den Automatikmodus verwenden, und, wenn Sie die Tänzerin so treffen wie auf dem linken Bild, gratulieren wir schon mal, denn an sich hätten Sie im perfekten Moment den Auslöser gedrückt und den Motivausschnitt super getroffen. Nur die Ampel und die nicht gerade stimmig gekleideten Personen im Hintergrund passen nicht so richtig ins Bild. Also, näher ran, etwas vor der Dame in die Knie gehen, und schon sind alle störenden Elemente eliminiert. So ist es dann auch völlig okay, den goldenen Umhang zu beschneiden. Die Sambatänzerin steht im Mittelpunkt, nichts lenkt von ihr ab. Dass der Kopf der Tänzerin genau vor dem blauen Himmel zwischen den Bäumen landet, ist auch kein Zufall und das i-Tüpfelchen bei der Aufnahme. Versuchen Sie also einfach mal, die Perspektive zu wechseln, es lohnt sich.

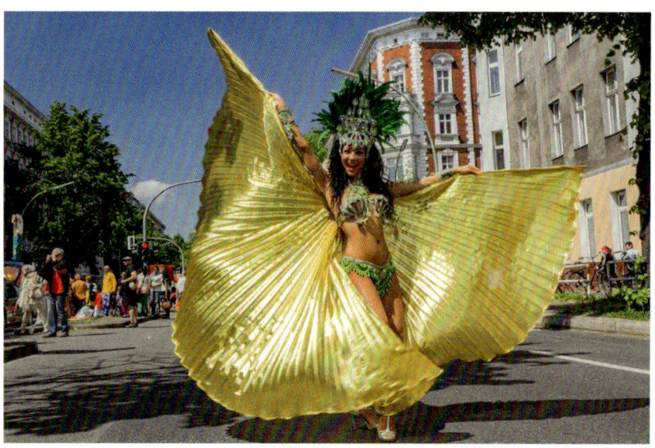

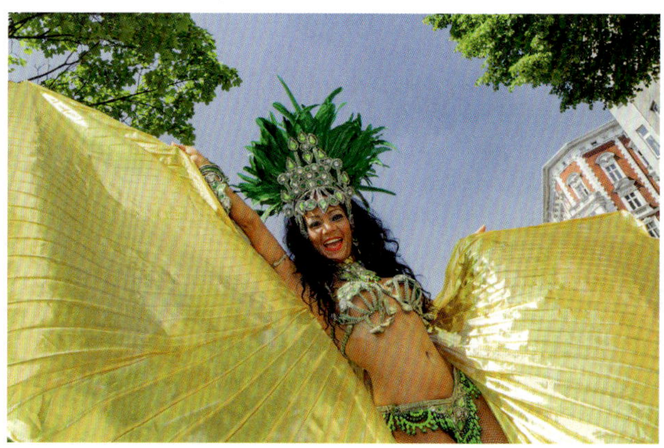

			ISO
18 mm	f18	1/50 s	400

Den Bildausschnitt kurz zurechtrücken

Beim Sightseeing im Urlaub ein schönes Motiv entdeckt? Zum Beispiel das bekannte Kloster St. Bartholomä am Königssee? Vom Boot aus flugs den Automatikmodus eingestellt, und schon landet das Bild im Kasten. Denken Sie aber daran, den Bildausschnitt passend zum Motiv zu wählen, denn das kann die Kamera Ihnen nicht abnehmen. Setzen Sie die Kirche also nicht zu weit in die Bildmitte, sondern rücken Sie sie etwas zur Seite, hier am besten auf den Kreuzugspunkt der linken und unteren Drittellinie des Bildes. Also: Vor dem Auslösen kurz im Sucher oder am Monitor einen schönen Bildausschnitt wählen. Geht ganz schnell, und die Bilder sehen auf Instagram, Facebook oder auf Papier gebracht einfach beeindruckender aus.

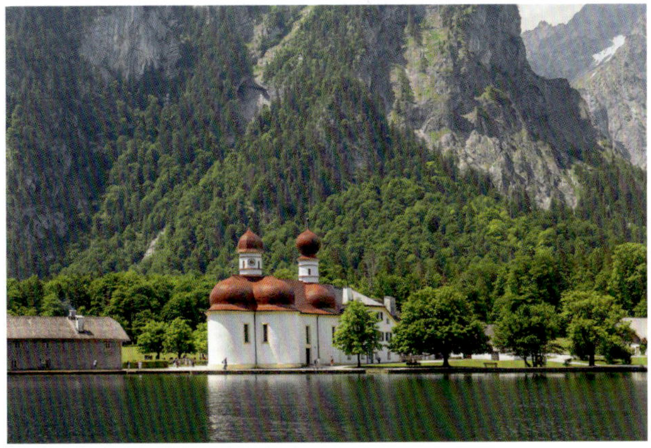

Oben: Schon ganz ansehnlich, aber wenn Sie die Kamera etwas nach rechts schwenken, bekommen Sie ein noch stimmigeres Bild (siehe unten).

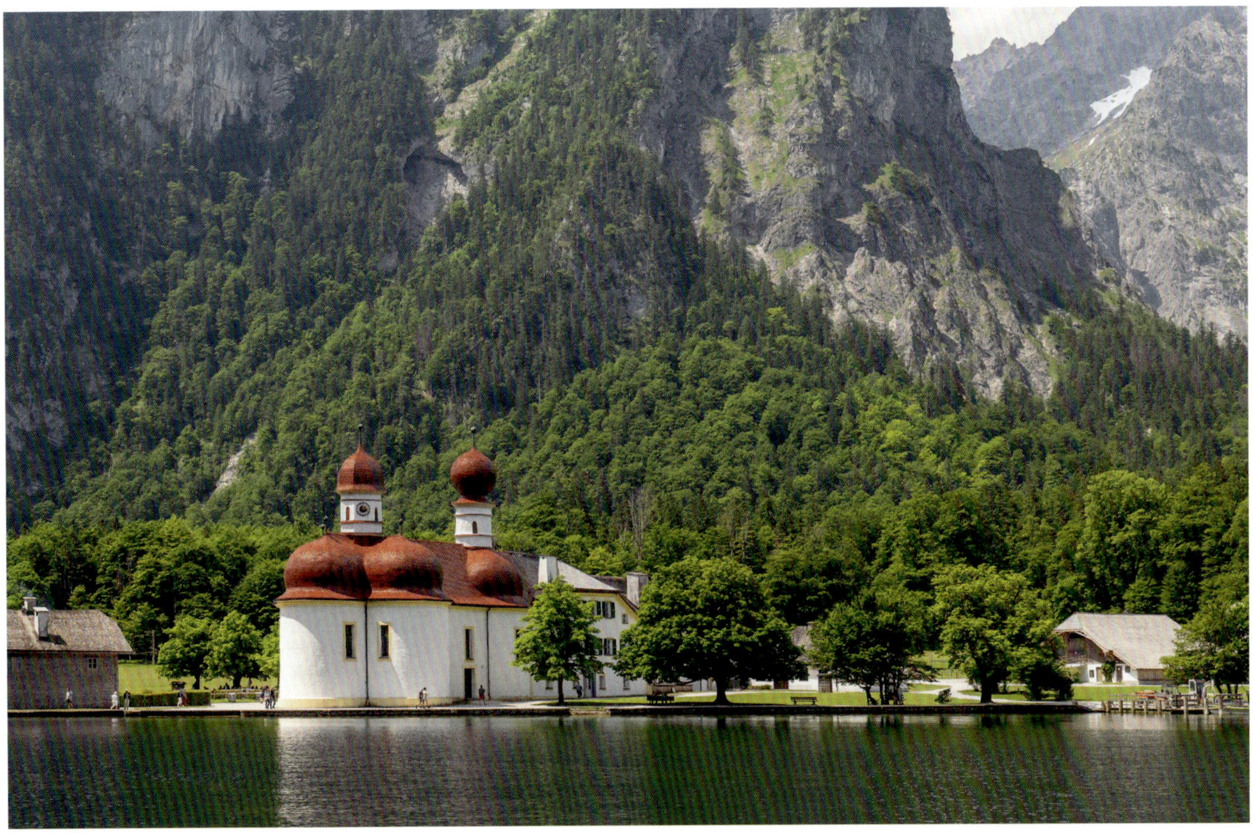

			ISO
60 mm	f8	1/640 s	1600

Den Horizont ansprechend platzieren

Am Meer unterwegs oder einen weiten Horizont vor Augen – auch hier werden Sie mit der Automatik fürs Erste gut zurechtkommen. Denken Sie lediglich daran, auch die Horizontlinie im Bild attraktiv zu positionieren. Die mittige Anordnung sieht bei Wasserspiegelungen zwar oft gut aus, ist aber sonst bestenfalls langweilig. Gönnen Sie Ihrem Bild etwas mehr Himmel oder mehr Vordergrund, indem Sie die Horizontlinie weiter oben oder unten anordnen, fertig. Zeigen Sie im Bild entweder mehr vom Himmel (Mitte) oder mehr vom Vordergrund (unten), je nachdem, was interessanter aussieht. Bei dem Felsen auf Lanzarote kommen die Wolken im ersten Fall zwar besser zur Geltung, doch uns persönlich gefällt die höher angeordnete Meereslinie aufgrund der Linienführung besser. Hier ist also beides möglich, der eigene Geschmack entscheidet. Häufig werden Sie aber feststellen, dass eine der beiden Varianten besser geeignet ist, aus einem bestimmten Motiv optisch mehr herauszuholen. Ach ja, und denken Sie daran, den Horizont gerade ins Bild zu nehmen, sonst läuft das Meer aus dem Bild.

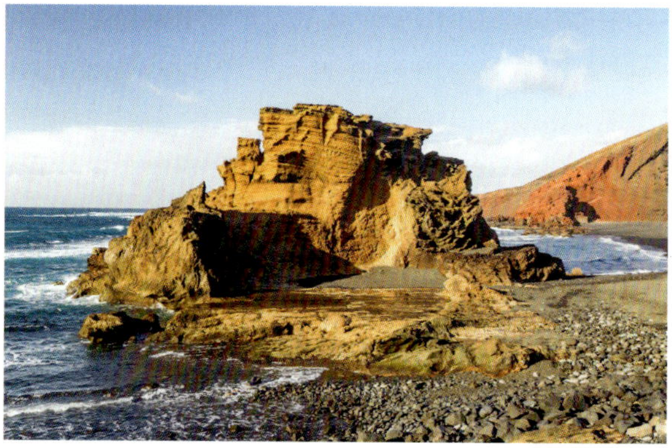

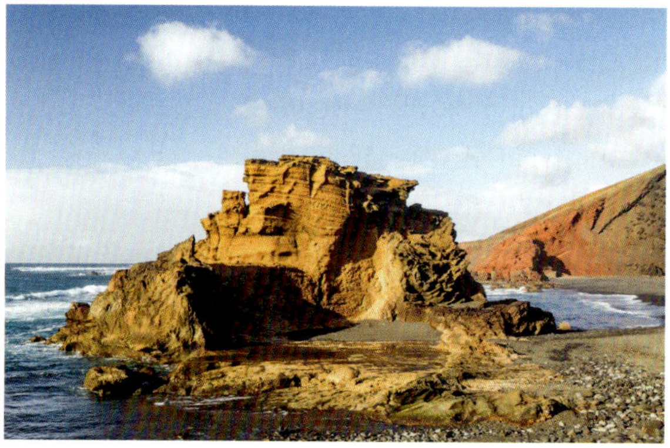

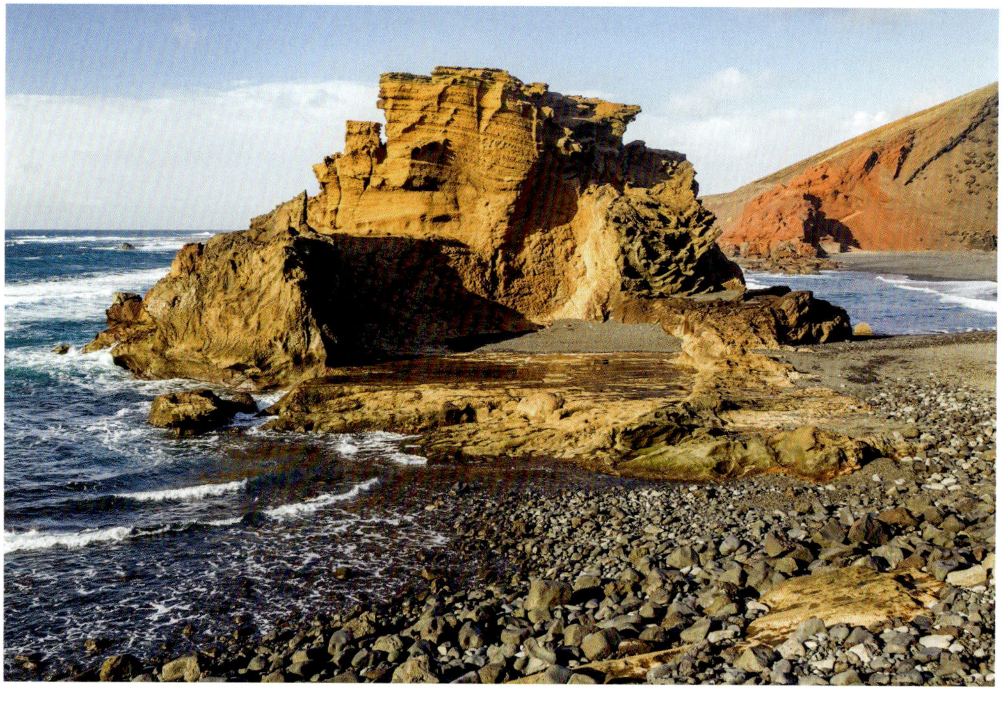

18 mm | f9

1/60 s | ISO 100

Das Motiv vor dem Hintergrund freistellen

Mal schnell ein Porträt von der Begleitung zu schießen ist mit der Automatik ebenfalls kein Zauberwerk. Beachten Sie lediglich, das Gesicht passend in Szene zu setzen, also den Bildausschnitt groß genug zu wählen, damit der Blick des Gegenübers richtig zur Geltung kommt. Üblicherweise wird man ja auch nicht gleich zurückfotografiert, und beide Augen sind zu sehen. Machen Sie dann auch besser gleich drei Bilder hintereinander. Denn es kommt gerne mal vor, dass Ihr Model bei der ersten Aufnahme gerade blinzelt. Was unterscheidet nun die beiden Bilder voneinander? Es ist ganz einfach der Abstand zwischen Fotograf und Model. Beim Bild rechts stand der Fotograf näher am Model, beim Bild unten weiter weg. Halten Sie, wenn möglich, lieber etwas mehr Abstand, und zoomen Sie das Gesicht so heran, dass es wieder groß genug im Bild ist. Die Aufnahme unten zeigt, dass der Hintergrund dann unschärfer und die Fotografin damit besser hervorgehoben wird.

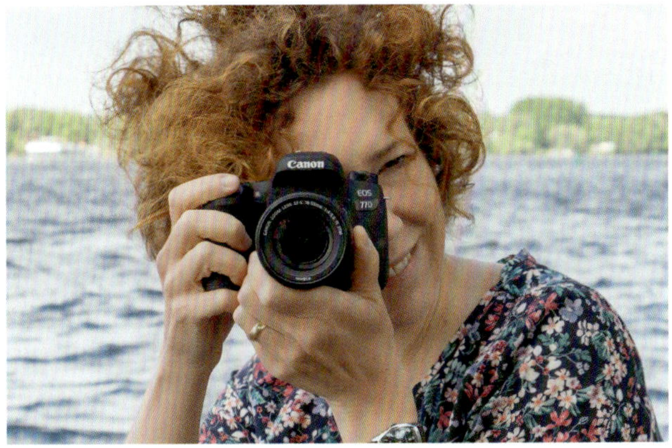

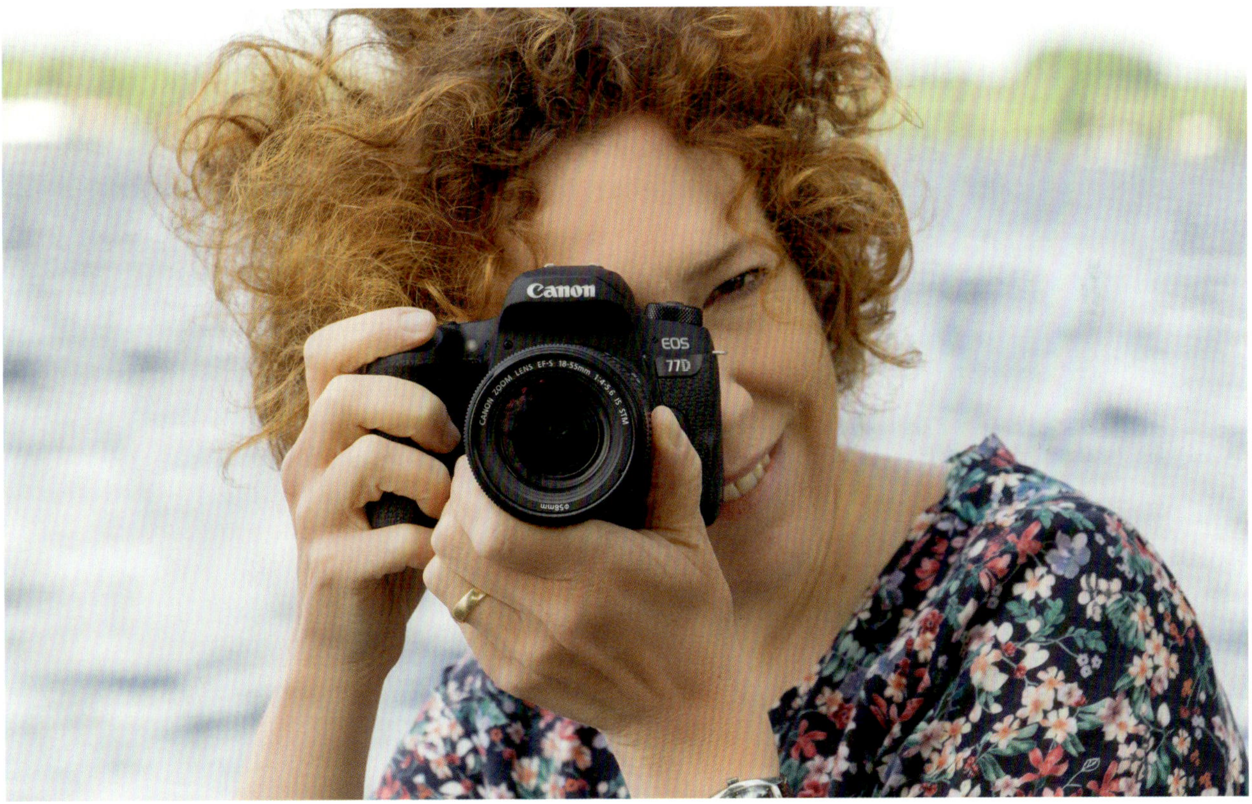

			ISO
101 mm	f 7,1	1/250 s	100

Wissen: Praktisches Fotozubehör

Um erfolgreich Fotografie zu betreiben, ist außer einer brauchbaren Kamera und dem passenden Objektiv auch noch das ein oder andere Zusatzequipment von Vorteil. Dem Thema Objektive widmen wir uns im nächsten Kapitel ausführlich, hier geht es um Stative, Reflektoren, Fernauslöser & Co. Sie brauchen für den Start in die Fotografie nicht alles und nicht alles sofort. Aber es ist gut zu wissen, was es alles gibt und wie es Ihnen zu besseren Bildern verhelfen oder auch ganz neue Motive ermöglichen kann.

Stativ

Dank aufwendiger Bildstabilisierung in den Objektiven und im Kameragehäuse sind bei modernen Digitalkameras die Möglichkeiten, aus der Hand mit längeren Belichtungszeiten zu fotografieren, um einiges erweitert worden. Dennoch ist es so, dass bei Belichtungszeiten kürzer als 1/15 s auch bei Fotografen mit wirklich ruhigem Händchen oft keine verwacklungsfreien Aufnahmen mehr möglich sind. Wenn das Licht also schwächer wird und auch ein hoher ISO-Wert nichts mehr rettet, schlägt die Stunde des Stativs, das wie eh und je für eine absolut bewegungsfreie Kamera bei stabilem Stand sorgt.

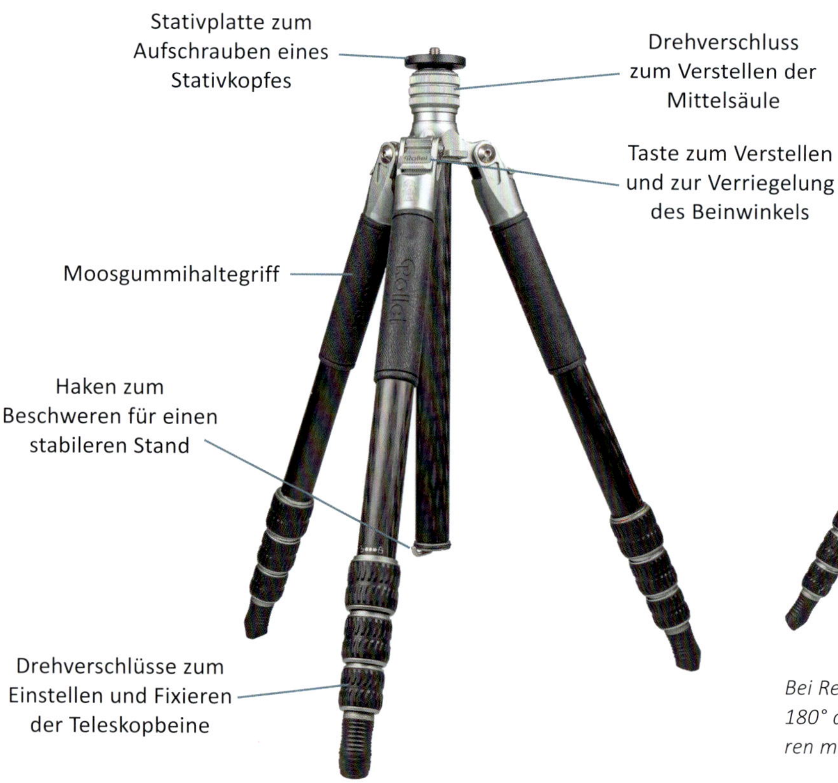

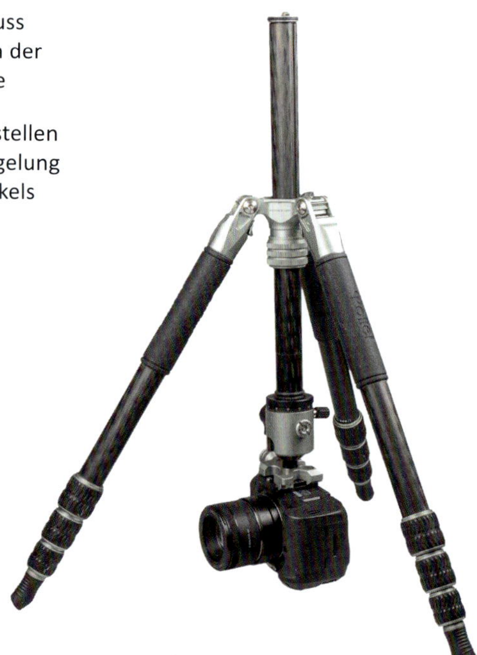

Bei Reisestativen lassen sich die Beine um 180° drehen. Dies ermöglicht das Fotografieren mit bodennaher Aufnahmeposition.

Klemmstative

Vor allem für leichtere Kameras sind Klemmstative mit flexiblen und biegbaren Beinen gedacht, wie z. B. das Rollei Monkey Pod oder das Joby GorillaPod 3K (Traglast 3 kg). Sie lassen sich prima an Geländern, Ästen, Fahrrädern o. Ä. befestigen und bieten so eine sehr flexible Montage der Kamera auch für ungewöhnliche Perspektiven an. Zugegeben, die Kamera hält damit nicht immer so bombenfest wie mit einem gängigen Stativ, wenn Sie aber mit dem Selbst- oder Fernauslöser fotografieren, verwackelt trotzdem nichts.

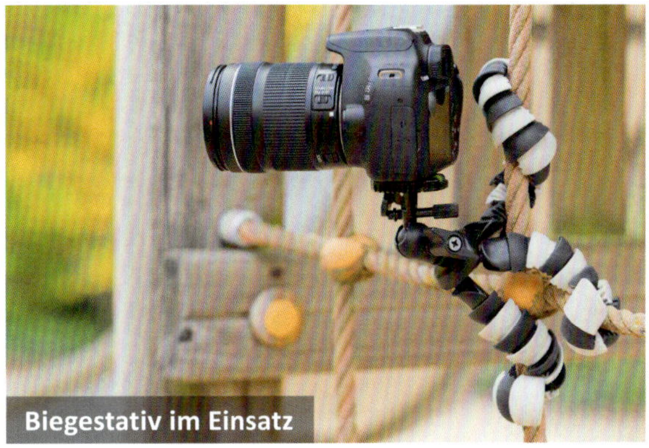

Biegestativ im Einsatz

Stativkopf

Wer A sagt, muss auch B sagen, was im Fall der Kamerastabilisierung bedeutet, dass ein Stativ auch einen passenden Stativkopf benötigt. Dieser stellt die Verbindung zwischen Kamera und Standbeinen her und kann je nach Modell noch weitere hilfreiche Funktionen haben. Für die meisten fotografischen Aktivitäten ist sicherlich ein stabiler Kugelkopf mit Schnellwechselplatte am besten geeignet. Ein Allrounder, der maximale Flexibilität mit genügend Stabilität verbindet. Mit der in alle Richtungen drehbaren Kugel lässt sich die Kamera unkompliziert mit einem Handgriff verschwenken, was Ihnen erlaubt, sehr schnell zu reagieren. Die Schnellkupplung ermöglicht es, die Kamera in Windeseile auf dem Kugelkopf zu befestigen und genauso schnell wieder abzunehmen. Wir empfehlen Schnellkupplungen mit Schwalbenschwanzklemmung, die das Montieren von Komponenten verschiedener Hersteller zulassen.

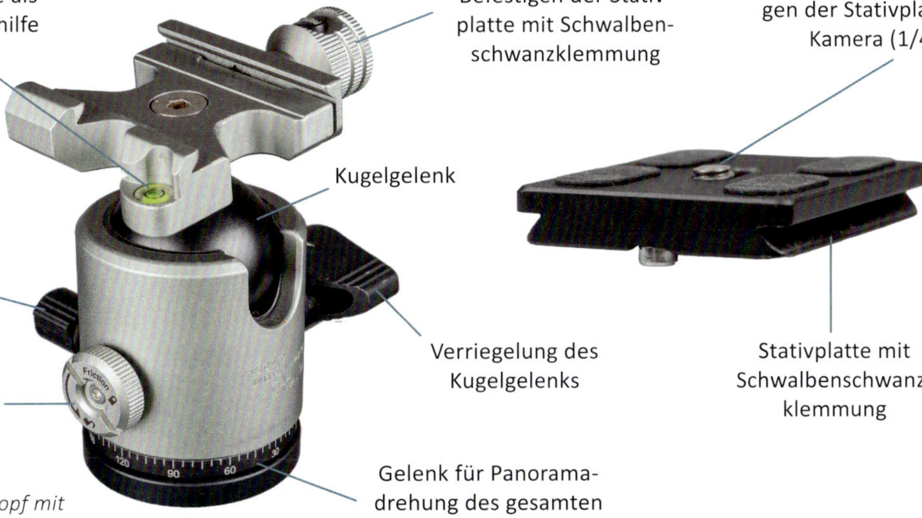

Typischer Kugelstativkopf mit Schwalbenschwanzklemmung

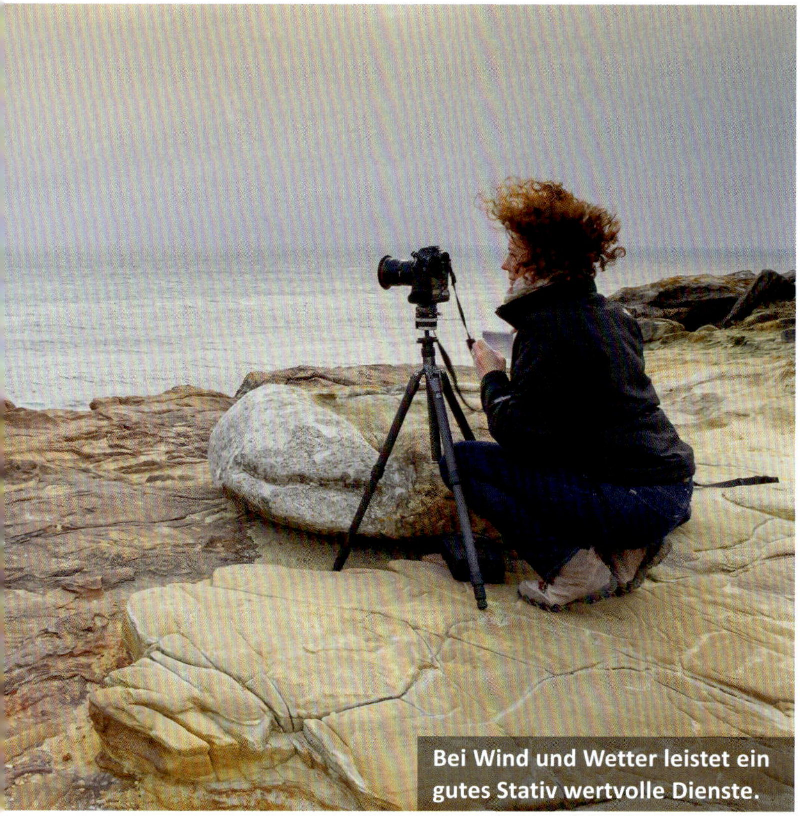

Bei Wind und Wetter leistet ein gutes Stativ wertvolle Dienste.

Nutzlast berücksichtigen

Denken Sie bei der Entscheidung für ein Stativ auch an das Gewicht Ihrer Kamera in Kombination mit dem schwersten zur Verfügung stehenden Objektiv und eventuell auch noch einem Systemblitz. Wir empfehlen als Faustregel, dass die Nutzlast des Stativs und des Stativkopfes mindestens doppelt so hoch sein sollte wie die Kamera-Objektiv-Kombination. Falls Sie damit liebäugeln, sich zukünftig ein schwereres Objektiv zuzulegen, z. B. ein Teleobjektiv mit großer Brennweite oder ein Superzoom, greifen Sie bei der Nutzlast lieber gleich etwas höher. Die meisten Hersteller bieten Kombinationen aus Stativ und Stativkopf zum Kauf an, was den Vorteil hat, dass die Kombinationen aufeinander abgestimmt sind, was meistens auch noch einen Preisvorteil mit sich bringt. Für höhere Ansprüche kann es aber sinnvoller sein, sich eine eigene Kombination zusammenzustellen.

Reflektoren und Diffusoren

Um ein Motiv besonders stimmungsvoll oder interessant auszuleuchten, ist nicht unbedingt ein Blitzgerät notwendig. Egal, ob natürliche oder künstliche Lichtquelle, mit Reflektoren und Diffusoren ist es möglich, Richtung, Tönung und Intensität des vorhandenen Lichts im Sinne einer perfekten Motivausleuchtung zu modulieren. Das heißt aber nicht, dass Lichtformer nicht auch genauso mit Blitzlicht funktionieren. Im Gegenteil, gerade in der Fotografie mit Studioblitzen spielen sie eine wichtige Rolle, und auch für Systemblitze gibt es entsprechende Aufsätze wie Reflektoren und Mini-Softboxen, mit denen das Licht entsprechend den Anforderungen verändert und umgeleitet werden kann.

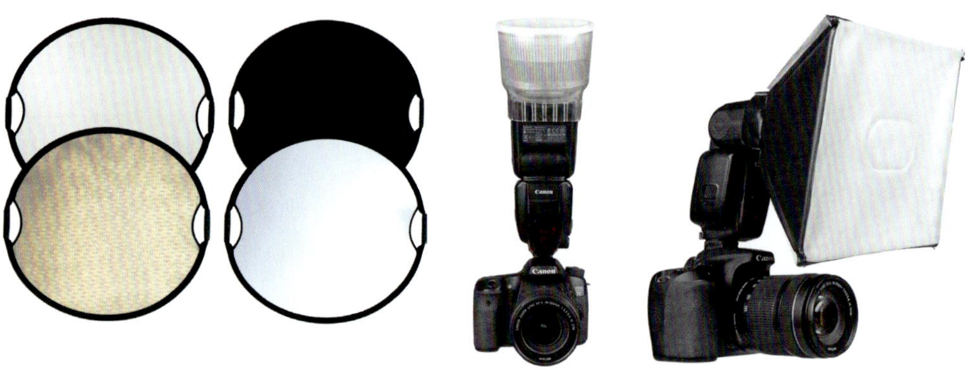

Links: Reflektoren und Diffusoren (Bild: California Sunbounce), Mitte: Blitzreflektor, rechts: Blitzsoftbox

Videoneiger

Speziell für das Aufnehmen von Filmen sind Videoneiger gedacht, die es ermöglichen, eine ruckelfreie, weiche Schwenkbewegung durchzuführen. Der integrierte Hebelarm erlaubt es, die Kamerabewegungen besonders gefühlvoll auszuführen. Manche Modelle bieten dafür sogar eine sogenannte *Fluiddämpfung*. Hierbei gleiten die Achsen auf einem dünnen Öl- oder Fettfilm, und Kameraschwenks lassen sich butterweich ausführen. Ebenfalls hilfreich sind die oft verbauten Einstellmöglichkeiten, um den Drehwiderstand auf verschiedene Kameragewichte und Schwenkgeschwindigkeiten einzustellen. Videoneiger eignen sich auch für das Verfolgen bewegter Motive bei Fotoaufnahmen. Achten Sie auf ausreichend Traglast des Videoneigers für schwerere Teleobjektive.

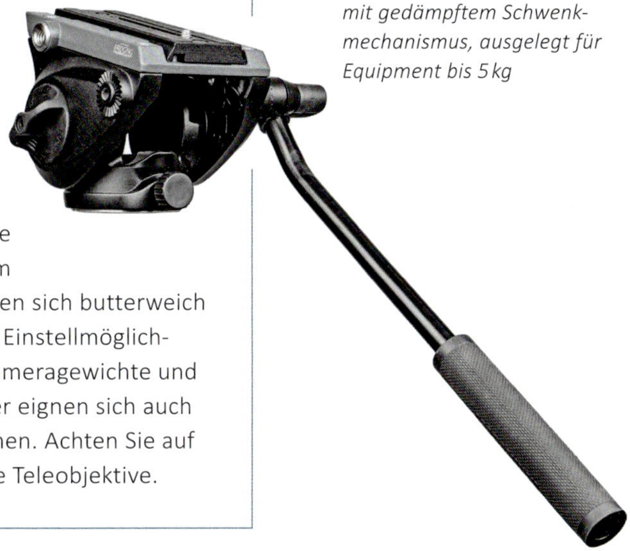

Videoneiger MVH500AH mit gedämpftem Schwenkmechanismus, ausgelegt für Equipment bis 5 kg

Fernauslöser

Um eine auf einem Stativ montierte Kamera bei Belichtungszeiten von weniger als 1/30 s völlig verwacklungsfrei auszulösen, empfiehlt sich der Einsatz eines Fernauslösers. Damit vermeiden Sie auch die Vibrationen, die durch das Drücken des Auslösers am Kameragehäuse verursacht werden. Außerdem lassen sich bei Verwendung eines kabellosen Auslösers Kameras auch an Stellen positionieren, an denen Sie beim Fotografieren eher Abstand halten sollten, wie z. B. in der Sicherheitszone einer Motorsportveranstaltung. Und dann wären da noch die Gruppenbilder oder Making-of-Szenen für Social Media, auf denen Sie auch gerne mit von der Partie sein möchten und sich das Wettrennen mit dem Selbstauslöser ersparen wollen. Fernauslöser gibt es ganz klassisch mit Kabel oder kabellos, wobei es Varianten mit Infrarot, Funk und Bluetooth gibt.

Infrarot- und Bluetooth-Auslöser bieten normalerweise eine Reichweite von um die 5 Meter, wobei die Infrarottechnik Sichtkontakt zur Kamera benötigt. Der Bluetooth-Auslöser hingegen funktioniert auch prima durch Wände und Türen hindurch, Voraussetzung ist allerdings, dass die Kamera einen Bluetooth-Empfänger besitzt. Große Reichweiten von bis zu 100 Metern und mehr lassen sich per Funkfernauslöser überbrücken, der sich ebenfalls nicht durch Hindernisse in der Funktion einschränken lässt.

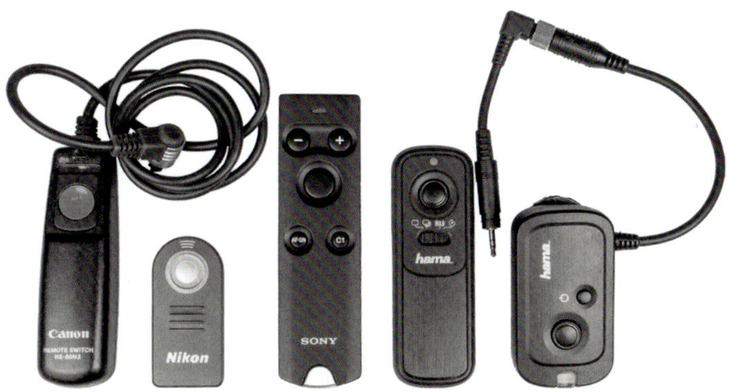

Fernauslöser mit verschiedenen Auslösetechniken (von links nach rechts): Kabelfernauslöser, Infrarotfernauslöser, Bluetooth-Fernauslöser, Funkfernauslöser mit Sender/Empfänger

Vorsatzfilter

Auch in Zeiten von Photoshop & Co. sind optische Vorsatzfilter, die Sie direkt auf Ihr Kameraobjektiv schrauben oder in einen Halter vor das Objektiv setzen, nicht überflüssig. Zwei Filter sind besonders wichtig: der zirkulare Polfilter und der Graufilter (auch *Neutraldichtefilter* oder *ND-Filter* genannt).

Zirkularpolfilter

Ein Zirkularpolfilter verbessert den Bildkontrast bei Landschafts- oder Architekturaufnahmen. Drehen Sie den Filter, bis die gewünschte Wirkung entsteht: Dunkeln Sie das Himmelsblau ab, sodass sich die Wolken besser davon abheben. Verringern Sie Reflexionen auf Blättern, die dadurch intensiver grün dargestellt werden. Oder intensivieren oder reduzieren Sie Spiegelungen auf Scheiben und Glasfassaden. Für eine gute Polfilterwirkung muss das Sonnenlicht von der Seite oder von schräg hinten auf das Motiv treffen.

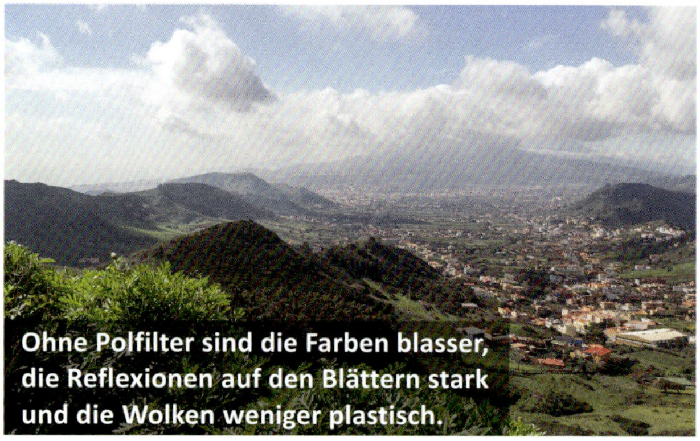

Ohne Polfilter sind die Farben blasser, die Reflexionen auf den Blättern stark und die Wolken weniger plastisch.

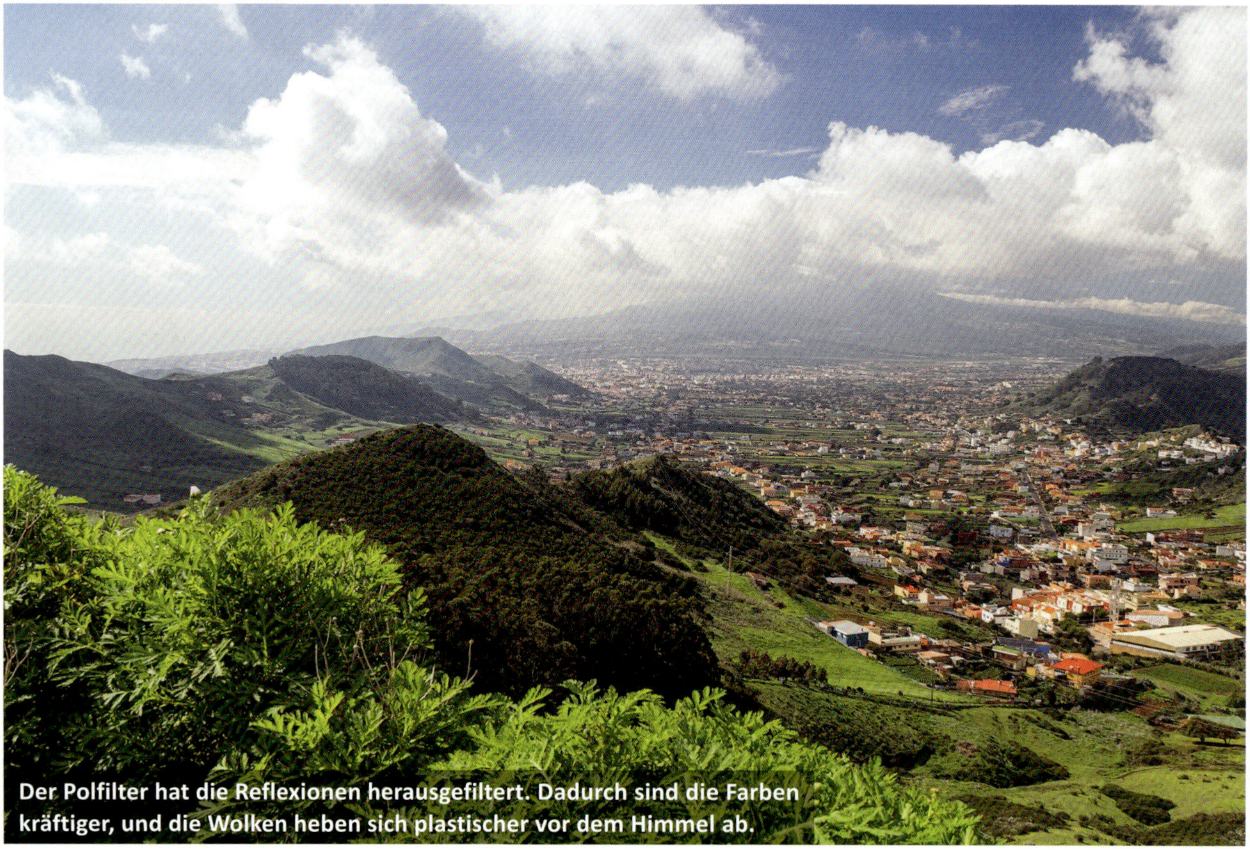

Der Polfilter hat die Reflexionen herausgefiltert. Dadurch sind die Farben kräftiger, und die Wolken heben sich plastischer vor dem Himmel ab.

Graufilter

Graufilter schlucken Licht und werden dazu verwendet, bei hellen Lichtbedingungen eine längere Belichtungszeit zu ermöglichen, wenn der niedrigste ISO-Wert und eine kleine Blendenöffnung nicht ausreichen. Das findet vor allem Anwendung, wenn Bewegungen durch eine lange Belichtungszeit fließend dargestellt werden sollen. Graufilter gibt es in verschiedenen Stärken von zwei bis zu zehn Stufen Verlängerung der Belichtungszeit. Damit sind auch am hellen Tag sekundenlange Belichtungszeiten möglich. Verwenden Sie ein Stativ, damit die scharfen, unbewegten Motivstellen nicht verwackeln.

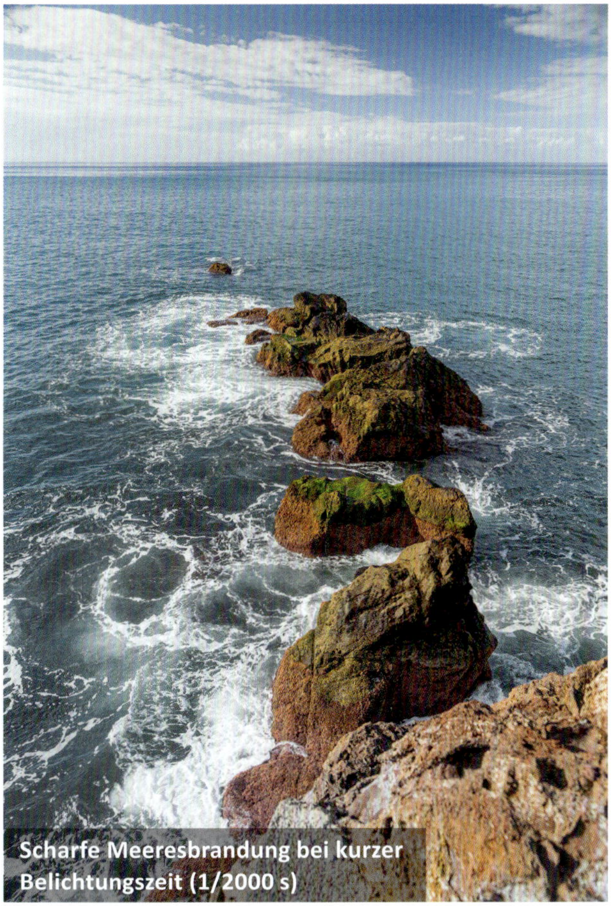
Scharfe Meeresbrandung bei kurzer Belichtungszeit (1/2000 s)

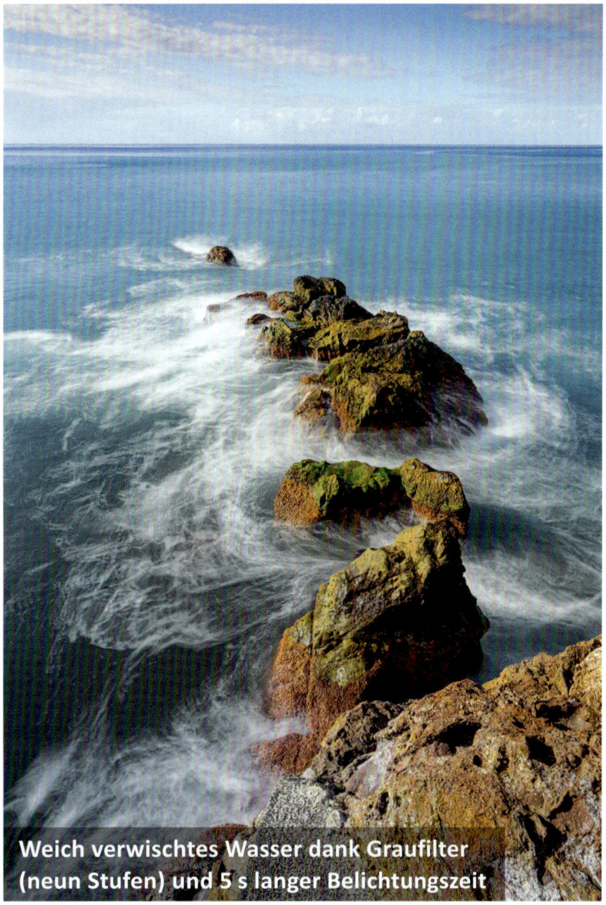
Weich verwischtes Wasser dank Graufilter (neun Stufen) und 5 s langer Belichtungszeit

Filtergrößen

Die optischen Vorsatzfilter gibt es in verschiedenen Größen für alle gängigen Objektivdurchmesser. Mit zunehmendem Durchmesser steigt, wie fast immer, wenn es um Glaslinsen geht, allerdings auch der Preis deutlich an. Daher verwenden wir gerne einen Filter für alle Objektive und nutzen dazu die für Filterhaltersysteme vorgesehenen 100-mm-Einschubfilter. Diese lassen sich auch einfach vor das Objektiv halten und so auch bei Kameras verwenden, deren Objektiv kein Filtergewinde besitzt. Positionieren Sie den Filter plan und dicht am Objektiv, ohne es zu berühren. So vermeiden Sie Verwacklungen und störende Reflexionen.

Wissen: Das digitale Einmaleins

Die Digitalfotografie hat ihre Besonderheiten, und moderne Kameras erinnern an vielen Stellen eher an Computer als an ihre mechanischen Vorfahren. Letztlich ist das digitale Einmaleins aber nicht schwierig zu erlernen. An dieser Stelle möchten wir Ihnen Begriffe vorstellen, von denen Sie sicher schon einmal gehört haben, die aber immer wieder Anlass zu Erklärungen geben: Was hat es mit der Sensorauflösung auf sich, und wie gut muss sie sein? Was ist der Cropfaktor, und wie stellen Sie die Bildqualität ein?

Pixel und Sensorauflösung

Es wird immer davon gesprochen, dass der Sensor einer Kamera so und so viel Millionen Pixel (Megapixel) hat. Was bedeutet das? Nun, Pixel sind die Bildpunkte, die vom Sensor generiert werden und im Digitalbild die kleinste Untereinheit darstellen, wie an den herausvergrößerten Bildpunkten des Adlerauges zu sehen ist. Die Sensorauflösung ergibt sich aus der Anzahl an Pixeln pro Sensorfläche.

Die einzelnen Bildpunkte werden von Fotodioden auf dem Sensor erzeugt, die das Licht in Zusammenarbeit mit winzigen Linsen und Farbfiltern aufnehmen und an den Prozessor zwecks Digitalisierung weiterleiten. Grundsätzlich ist es für die Bildqualität von Vorteil, wenn die Sensorpixel groß sind und der Abstand zwischen den Pixeln nicht zu gering ist. Größere Sensoren bieten daher üblicherweise eine bessere Performance und die meisten Verwendungsmöglichkeiten.

Für die Bildbetrachtung auf digitalen Bildschirmen reichen 18–24 Megapixel locker aus, denn jedes Sensorpixel kann nur von *einem* Monitorpixel dargestellt werden. 4K-Monitore bilden etwa 8 Megapixel ab (3840 × 2160 Pixel), bei 8K sind es etwa 33 Megapixel (7680 × 4320 Pixel). Beim Drucken definiert die Gesamtzahl der verfügbaren Pixel, wie groß ein Bild in guter Qualität auf Papier gebracht werden kann. Wenn Sie also Bilder im Posterformat und größer ausdrucken möchten, kann die Zahl der Pixel eigentlich nicht hoch genug sein.

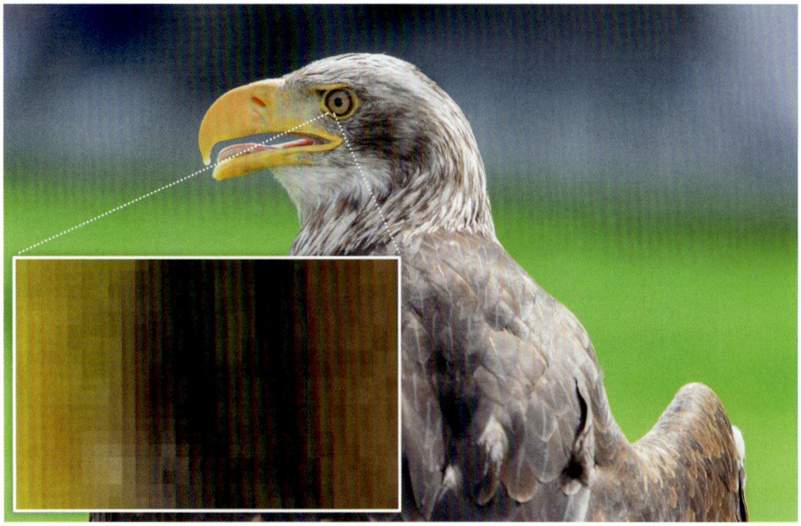

Zudem bieten höher aufgelöste Bilder auch mehr Reserven für die Bildbearbeitung in der digitalen Dunkelkammer und können, unter Erhalt eines ausreichend großen Bildes, stärker beschnitten werden.

Sensorgröße und Cropfaktor

Die Größe des Sensors spielt für die Bildqualität eine wichtige Rolle. Als Referenzgröße dient der Vollformatsensor, der die gleiche Größe wie ein analoges Kleinbildnegativ oder -dia hat (36 × 24 mm). Kleinere Sensoren bilden bei gleicher Brennweite und gleichem Abstand nur einen Teil des Motivs ab, so als würde der Bildrand abgeschnitten. Ein am Computer auf APS-C-Größe beschnittenes Vollformatbild würde somit den gleichen Ausschnitt liefern wie das Bild aus der APS-C-Kamera. Beschrieben wird der Größenunterschied mit dem Crop- oder Formatfaktor, der angibt, um das Wievielfache die lange Seite des betreffenden Sensors kleiner oder größer ist als der Vollformatsensor.

Cropfaktor	Sensor
Cropfaktor 1	Vollformatsensor (36 × 24 mm)
Cropfaktor 1,5	APS-C-Sensor Fujifilm/Nikon/Sony (23,5 × 15,6 mm)
Cropfaktor 1,6	APS-C-Sensor Canon (22,3 × 14,8 mm)
Cropfaktor 2	Micro-Four-Thirds-Sensor Olympus/Panasonic (17,3 × 13 mm)
Cropfaktor 2,7	1-Zoll-Sensor, viele Kompaktkameras (13,2 × 8,8 mm)

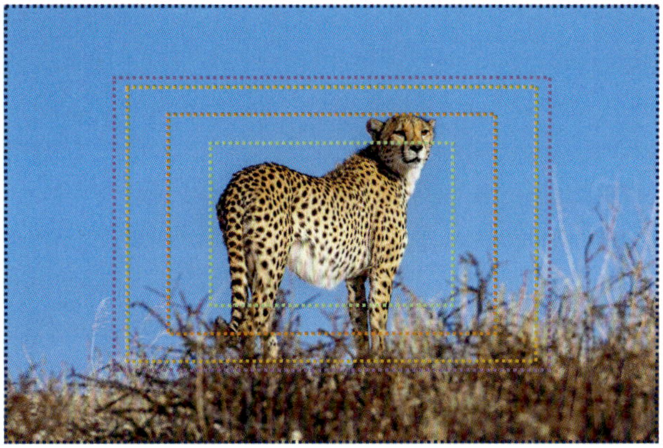

Die farbigen Rahmen zeigen den je nach Cropfaktor unterschiedlichen Bildausschnitt. Mit dem Cropfaktor 1 einer Vollformatkamera hätten Sie den Geparden hier komplett im Bild. Bei gleicher Entfernung zum Motiv und bei gleicher Objektivbrennweite hätte eine Kamera mit 1-Zoll-Sensor (Cropfaktor 2,7) wesentliche Teile vom Kopf und von den Beinen abgeschnitten.

Sensorgröße verschiedener Kameratypen

In Spiegelreflexkameras werden in der Regel Vollformat- oder APS-C-Sensoren verwendet, wobei für Vollformatkameras der Geldbeutel meist deutlich weiter geöffnet werden muss. Bei spiegellosen Systemkameras reicht die Spanne vom Vollformat über APS-C bis hin zu Micro Four Thirds. Aber Achtung: Nicht alle Hersteller setzen auf die gleichen Cropfaktoren. Canon verbaut ein APS-C-Format mit 1,6-fachem Cropfaktor. Fujifilm, Nikon und Sony nutzen bei APS-C einen Cropfaktor von 1,5, und Olympus wie auch Panasonic verwenden das kleinere Micro-Four-Thirds-Format mit Cropfaktor 2. Bei Bridge- und Kompaktkameras sind oft 1-Zoll-Sensoren zu finden, die aber in Verbindung mit einem entsprechend leistungsstarken Prozessor und anderen hochwertigen Komponenten auch überzeugende Bildergebnisse liefern.

LiveView

Mittels LiveView können Sie das vom Sensor generierte Bild direkt auf dem Kameramonitor betrachten. In Kombination mit einem Klappmonitor kann das z. B. beim Fotografieren in Bodennähe hilfreich sein. Bei spiegellosen Kameras ist das LiveView-Bild auch das Sucherbild. Negativ sind der hohe Stromverbrauch und dass bei ausgeschalteter Kamera kein Sucherbild zu sehen ist.

Dateiformat und Bildqualität

In der Digitalfotografie gibt es zwei bestimmende Dateiformate, die der Speicherung von Bildern dienen: JPEG und Raw. Während das JPEG-Format bei allen Digitalkameras Standard ist, lassen sich Raw-Daten (engl. *raw* für »roh«) nur bei System-, Spiegelreflexkameras und einigen hochwertigeren Kompaktkameras speichern. Beim Neukauf einer Kamera empfehlen wir, sich nach Möglichkeit für ein Modell mit Raw-Option zu entscheiden, denn dieses Format bietet einige interessante Vorteile.

Während das Bild bei JPEG-Aufnahmen schon in der Kamera bearbeitet und dann komprimiert abgespeichert wird, werden Raw-Dateien unbearbeitet und mit deutlich mehr Bildinformationen abgelegt. Raw-Bilder benötigen daher mehr Speicherplatz. Außerdem müssen sie aufgrund des kameraspezifischen Formats, z. B. CR3 bei Canon, NEF bei Nikon oder ARW bei Sony, auch immer zuerst mit einem Raw-Konverter entwickelt werden, bevor das Foto in anderen Anwendungen betrachtet oder weitergegeben werden kann. Im Rahmen dieser Raw-Entwicklung können Sie die Bildfarben (Weißabgleich), die Helligkeit, den Kontrast, die Schärfe und viele weitere Parameter erheblich verbessern. Ein entwickeltes Raw-Bild kann daher ein JPEG-Bild in der Qualität und Wirkung um einiges übertreffen. Zusammengefasst heißt das, Sie erhalten beim Raw-Format mehr Bildqualität im Tausch gegen mehr belegten Speicherplatz und etwas mehr Arbeit am Computer.

Kompression

Raw-Dateien wurden ursprünglich nur unkomprimiert gespeichert. Inzwischen bieten immer mehr Kameras eine komprimierte Raw-Variante an, deren Verwendung meist auch empfehlenswert ist. Bei JPEG gibt es oft zwei bis drei Kompressionsstufen, z. B. Normal, Fein und Superfein. Mit der höchsten JPEG-Qualität (hier »Superfein«) erhalten Sie die besten Resultate und mehr Reserven für die Nachbearbeitung. Verkleinert werden können die Bilder bei Bedarf am Computer oder oft auch in der Kamera. Maximale Flexibilität bietet die parallele Speicherung von Raw und JPEG. Raw bietet die Option der besten Nachbearbeitung, und JPEGs sind beispielsweise praktisch für das direkte Hochladen in die sozialen Netzwerke.

Bildgröße und Pixelzahl

Je nach Kameramodell sind unterschiedliche Bildgrößen und Seitenverhältnisse wählbar, wie z. B. 3 : 2 (Vollformat), 4 : 3 (Standard bei Micro Four Thirds und vielen Kompaktkameras), 1 : 1 (quadratisches Bild) und 16 : 9 (Breitbildformat wie bei Videofilmen). Die maximale Bildgröße, oft *L* (engl. *large* für »groß«) genannt, entspricht der Gesamtzahl aller verfügbaren Sensorpixel. Auch Raw-Dateien werden in der Regel mit der maximalen Pixelzahl aufgenommen. Kleinere Bildgrößen, die meist mit *M* oder *S* bezeichnet werden, setzen hingegen nur noch die Hälfte oder noch weniger Pixel ein, um kleinere Dateigrößen zu ermöglichen, was aber zu einer eingeschränkten Verwendbarkeit führt. Generell empfehlen wir, mit der maximalen Bildgröße zu fotografieren, um die bestmögliche Qualität zu sichern und sich alle Möglichkeiten offenzuhalten.

Bildgröße	Benötigte Pixelzahl
10 × 15 cm	1181 × 1772 (300 dpi)
13 × 18 cm	1535 × 2126 (300 dpi)
20 × 30 cm	2362 × 3543 (300 dpi)
40 × 60 cm	2362 × 3543 (150 dpi)
60 × 90 cm	3543 × 5315 (150 dpi)

Aus der Tabelle können Sie ablesen, wie viele Bildpixel benötigt werden, um Fotoausdrucke mit einer hohen Qualität zu erstellen (Druckauflösung 300 dpi = 300 Druckpunkte pro Inch). Für größere Wandposter reichen meist 150 dpi aus, da diese aus einem größeren Abstand betrachtet werden.

Die Bildqualität einstellen

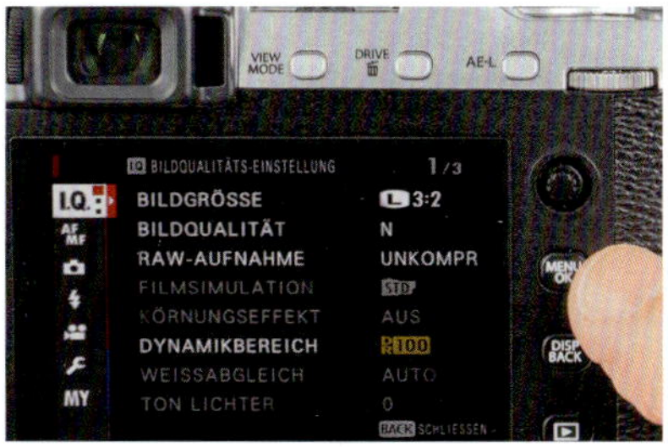

1 Menü öffnen

Digitalkameras bieten im Menü die Möglichkeit, die Bildqualität flexibel einzustellen. Das Raw-Format ist aber oft nicht in allen Programmen verfügbar. Wählen Sie daher einen geeigneten Aufnahmemodus, z.B. die Programmautomatik (P).

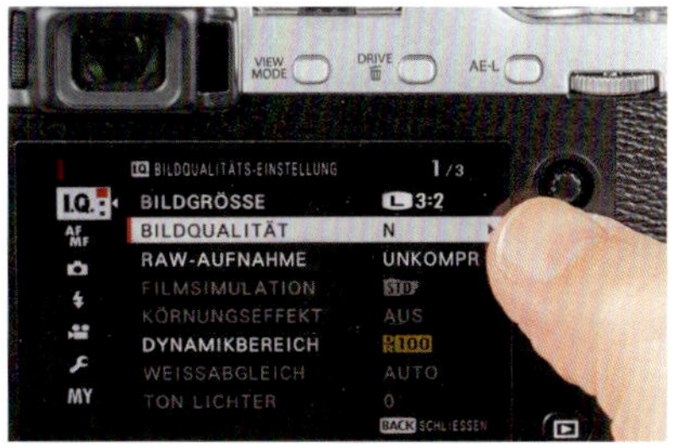

2 Bildqualität aufrufen

Die Bildqualität (manchmal auch als *Qualität* bezeichnet) lässt sich in der Regel im Menü einstellen. Bei einigen Kameras findet sich die Funktion zusätzlich im Schnellmenü oder kann auf eine Benutzertaste gelegt werden.

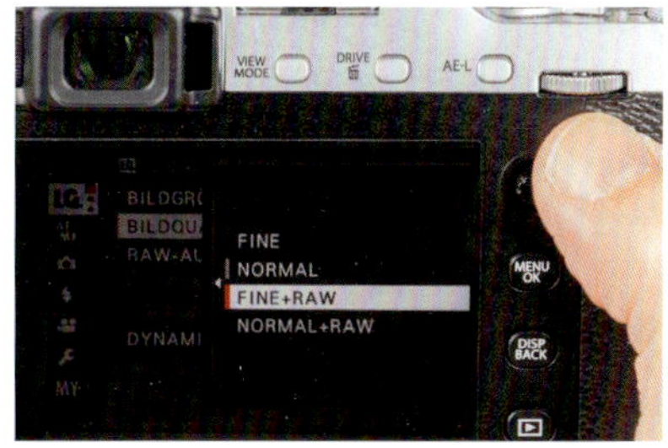

3 Bildqualität einstellen

Wählen Sie die Bildqualität aus, indem Sie eines der JPEG-Formate, hier FINE oder NORMAL, einstellen, das Raw-Format wählen oder eine Kombination aus beiden Formaten einstellen.

Bildqualitäten im Vergleich

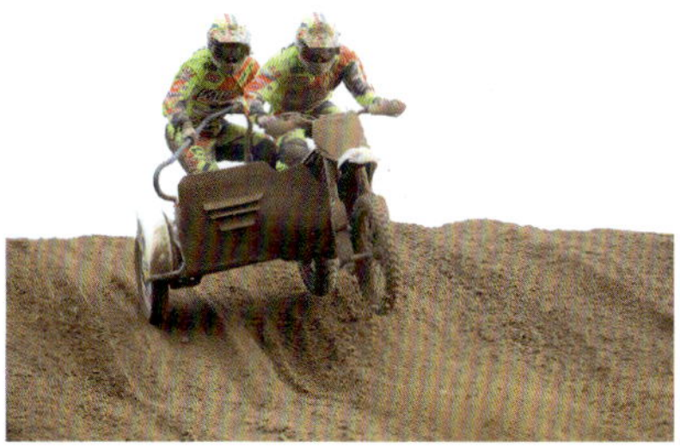

1 JPEG, unbearbeitet

Bei dem direkt aus der Kamera stammenden JPEG (oben) ist der Himmel unstrukturiert, und die Farben werden etwas blass dargestellt. Das gesamte Bild weist eine erheblich zu geringe Qualität hinsichtlich Struktur und Farbgebung auf.

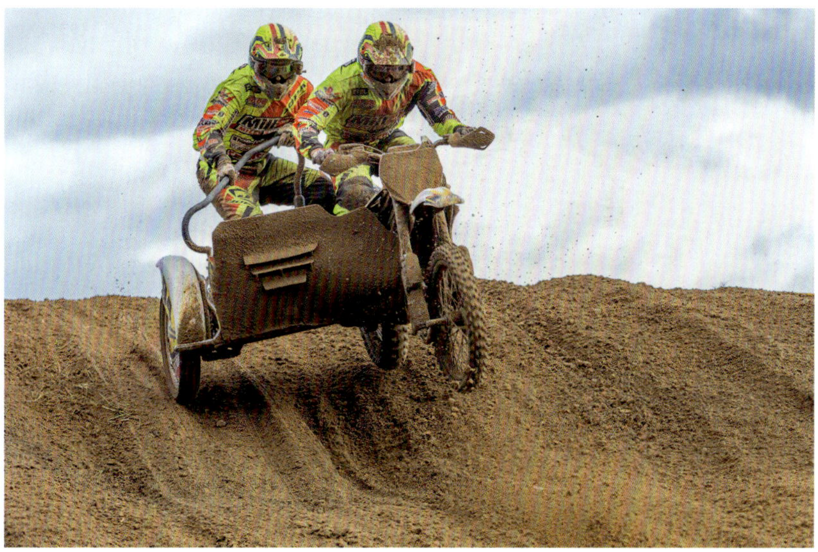

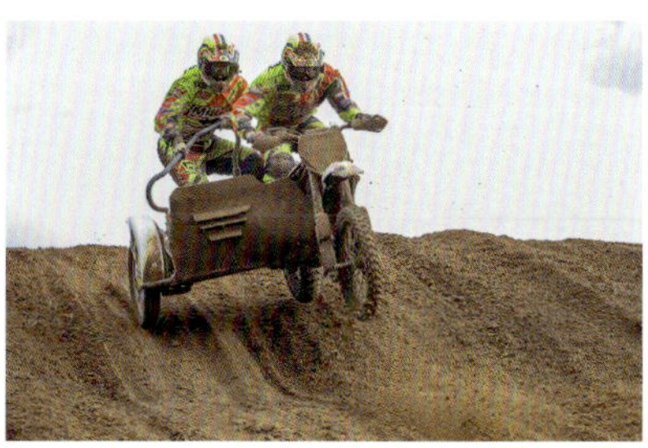

2 JPEG, bearbeitet

Bei dem am Computer nachbearbeiteten JPEG-Bild (links) bleibt der Himmel strukturlos hell und an den Wolkenübergängen treten Farbabrisse auf. JPEG-Bilder besitzen für stärkere Kontrastkorrekturen zu wenig Reserven.

3 Entwickelte Raw-Datei

Die parallel gespeicherte Raw-Datei (oben) wurde in der Software Adobe Lightroom bearbeitet. Der Himmel ließ sich in diesem Raw-Konverter in nuancierten Farben und detailreicheren Strukturen entwickeln und ohne Bildfehler darstellen.

Praxis: Gruppenfoto mit der Vollautomatik

Wenn wir unsere Kameras dabeihaben, werden wir auf Reisen hin und wieder gefragt, ob wir nicht mal ein Bild machen können. Genau das ist uns in Marrakesch passiert, als wir ein paar Jungs beim Fußballspielen zugesehen haben. Kaum waren sie mit Spielen fertig, hatten wir schon den Auftrag, mal schnell ein Gruppenbild zu machen. Da die Jungs recht aufgedreht waren und wir schon annahmen, dass das alles sehr fix gehen muss, wählten wir den einfachsten Weg und stellten an der Kamera die Vollautomatik ein. Aber auch dann, insbesondere wenn es schnell gehen muss, sind ein paar Grundregeln zu beachten. Damit die Aufnahme gelingt, sollten Sie auch auf das Motiv und das Licht achten.

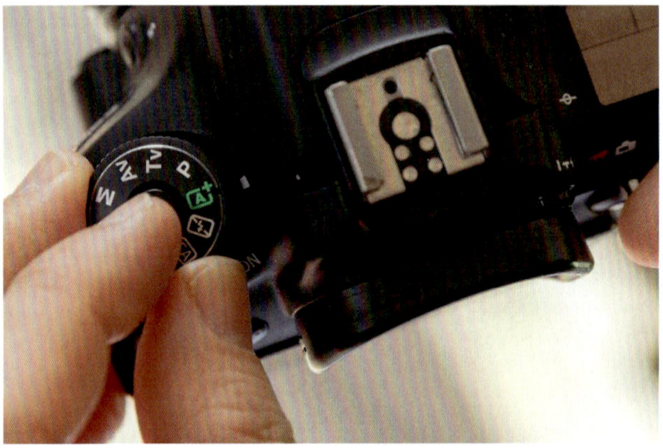

Einstellen der Vollautomatik, die bei Canon mit A+ symbolisiert ist.

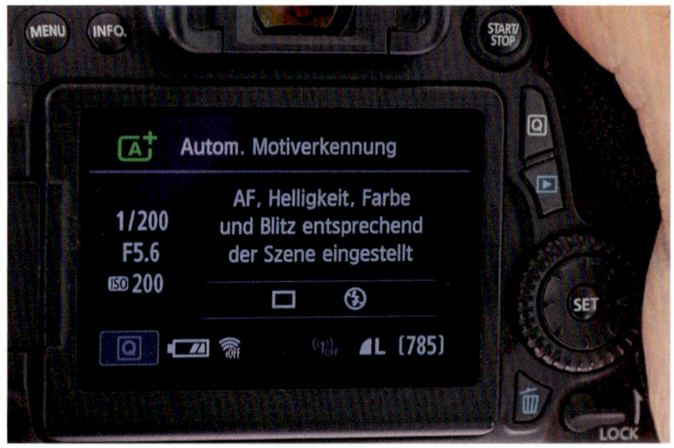

Die Vollautomatik stellt alle relevanten Belichtungswerte automatisch ein.

Ort und Hintergrund	Licht	Entfernung
Denken Sie bei der Wahl des Standortes daran, dass auch der Hintergrund fotogen sein sollte. Und geben Sie der Gruppe etwas Raum nach hinten, das sieht fast immer besser aus. Wir haben ein Mäuerchen gewählt, auf dem sich die Truppe spontan gut positionieren ließ.	Das Licht sollte nicht frontal auf Ihre Gruppe scheinen, sonst bekommen Sie zusammengekniffene Augen oder ständiges Blinzeln und unschöne Glanzstellen auf der Haut. Hier kommt das Licht leicht von hinten und rechts oben. Der helle Boden reflektierte das Licht und hellte so die Gesichter auf.	Halten Sie etwas Abstand zur Gruppe, sonst kann es passieren, dass die Personen wegen des Weitwinkels an den beiden Seiten links und rechts verzerrt abgebildet werden. Wir konnten für unser Bild nicht weiter zurück, da sich hinter uns ein Wasserbecken befand. Daher haben wir eine 18-mm-Brennweite mit einer APS-C-Kamera verwendet, also mit Cropfaktor knapp 30mm auf das Vollformat bezogen, und darauf geachtet, dass auf allen Seiten noch ein gutes Stück Luft zum Bildrand bleibt.

Das Ergebnisbild

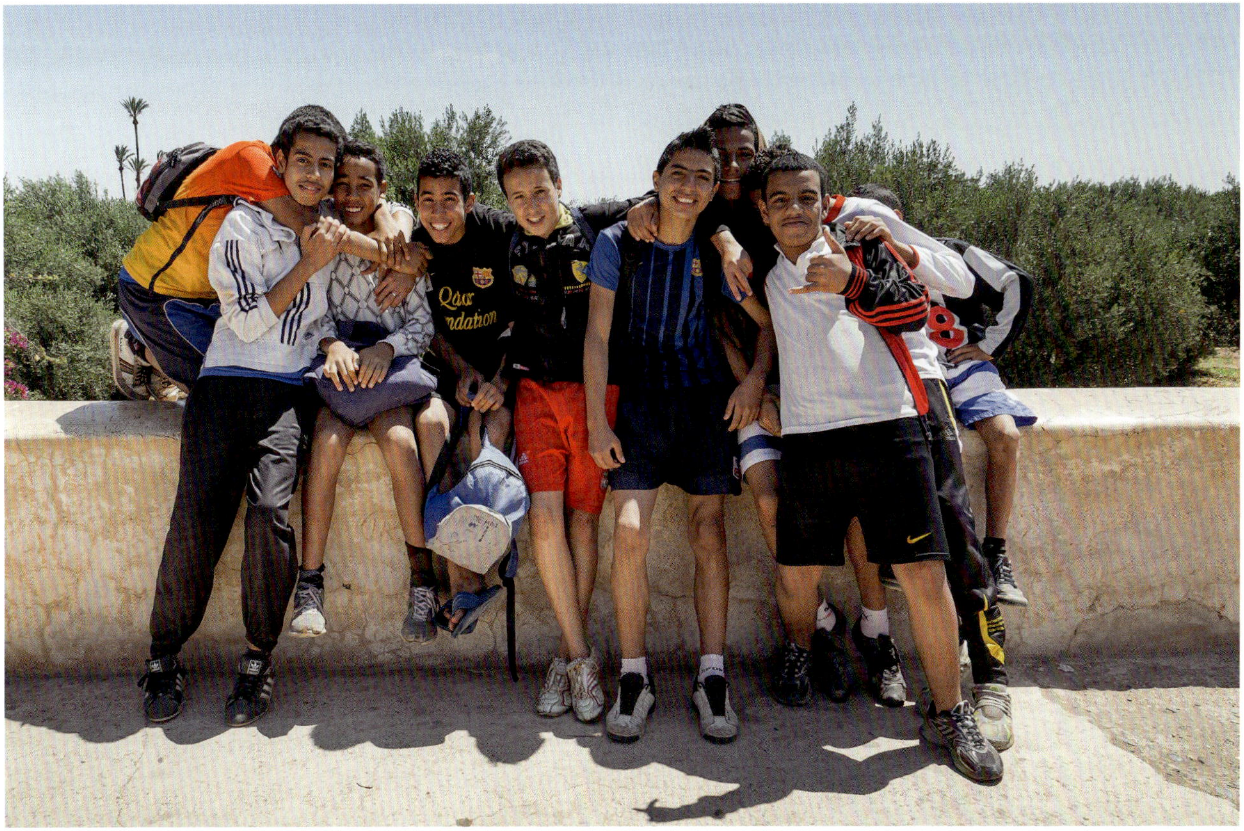

Die Fußballtruppe aus Marrakesch hatte sichtlich Spaß bei der Sache, aber wir hatten nur die Gelegenheit zu einem einzigen Bild, dann hatte sich die Gruppe auf dem Mäuerchen auch schon wieder aufgelöst.

Brennweite	Blende	Belichtungszeit	ISO
18 mm	f5,6	1/200 s	200

Perspektive	Kommunikation mit der Gruppe
Bei kleineren Gruppen, bei denen alle Personen in einer Reihe nebeneinanderstehen, wählen wir gerne eine Augenhöheposition, das bringt die Personen am besten zur Geltung. In unserem Bild steht die gesamte Gruppe leicht nach links verrückt, das wirkt insgesamt lockerer als eine zentrierte Position. Bei formellen Bildern würden wir die Gruppe eher mittig positionieren. Bei Gruppen in mehreren Reihen sollten Sie die Kamera höher positionieren (Leiter, Treppe), um auch die Gesichter weiter hinten mit auf das Bild zu bekommen.	Die Kommunikation war in unserem Beispielfall schwierig, aber wir haben es mit Französisch, Händen und Füßen hinbekommen. Bei Gruppen ist es wichtig, den Personen klarzumachen, dass alle gleichzeitig in die Kamera sehen sollen. Halten Sie Ihre Models also bei der Stange, fuchteln Sie, sprechen Sie sie an, und bringen Sie alle miteinander dazu, in die Kamera zu sehen. Wir sind da manchmal auch richtig albern, denn das funktioniert oft am besten. Das Auslösen mehrerer Aufnahmen hintereinander erhöht die Chance auf ein Bild, bei dem alle Augen offen sind.

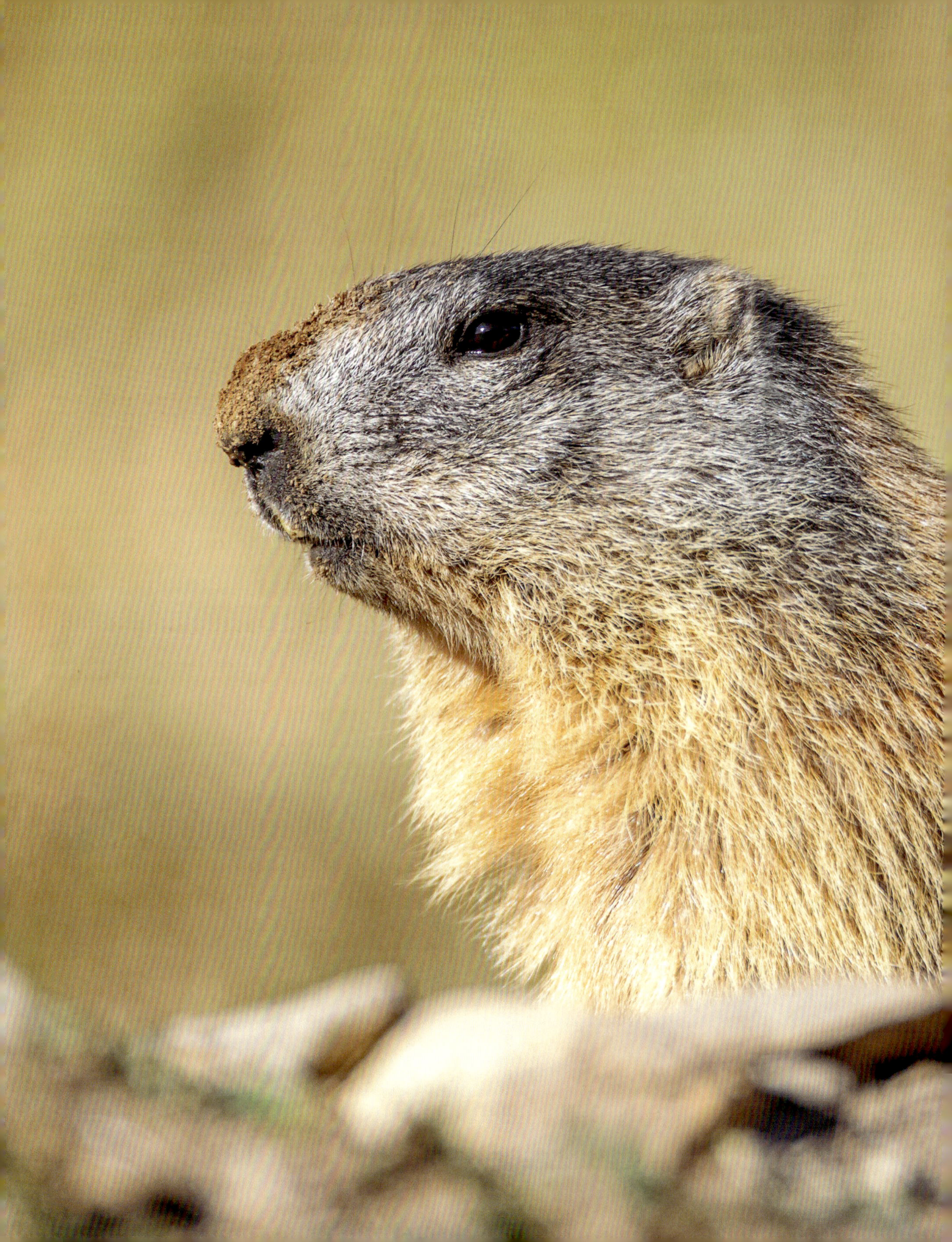

Kapitel 2

Objektive einsetzen

Was dem Menschen das Auge, ist der Kamera das Objektiv. Ohne diese optische Verbindung zur Außenwelt wäre eine Bildaufnahme schlichtweg nicht möglich. Um Ihnen einen Überblick zu verschaffen und für die eigenen fotografischen Vorlieben das geeignete Modell zu finden, stellen wir Ihnen in diesem Kapitel die wichtigsten Objektivkategorien inklusive der zugehörigen Einsatzgebiete vor.

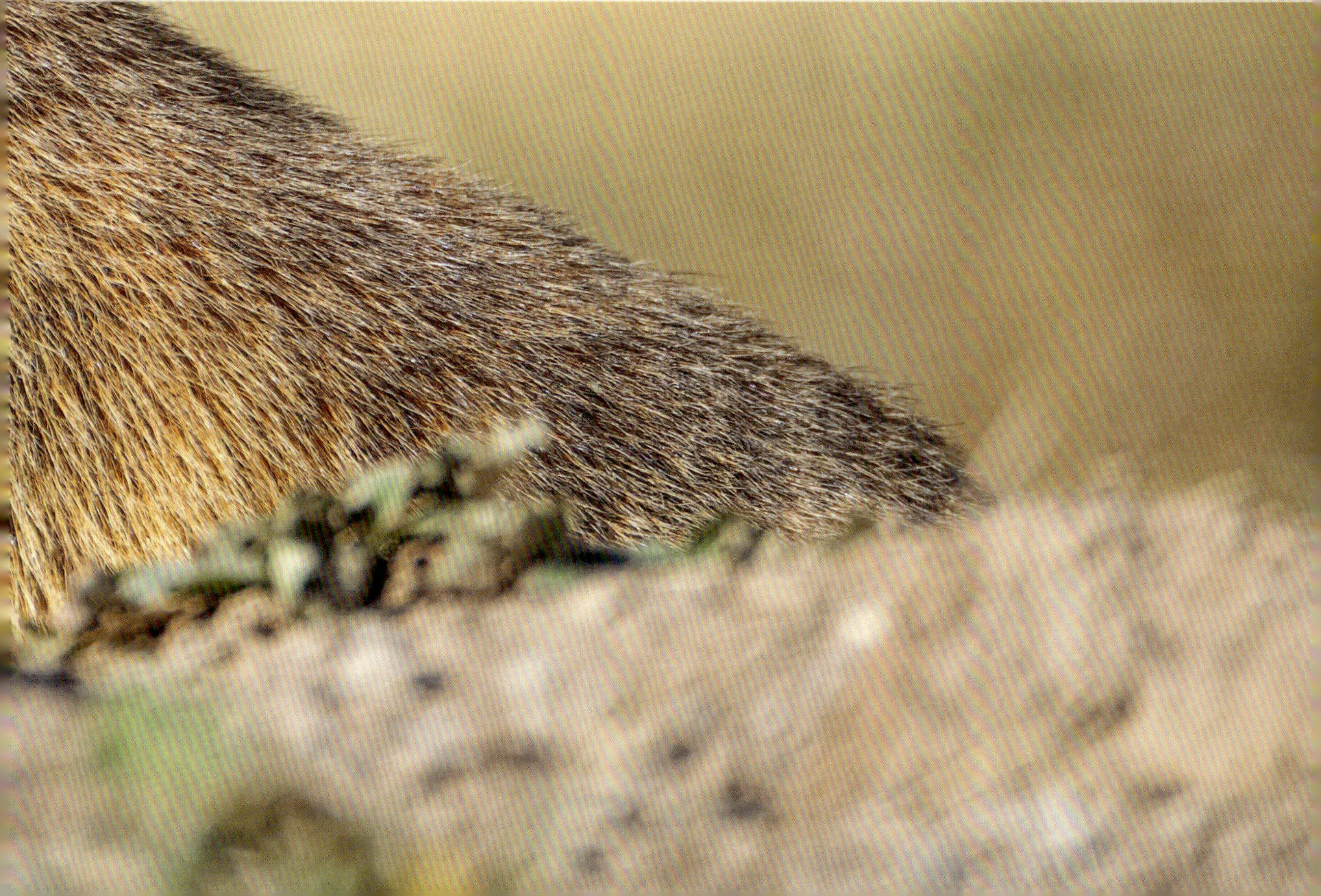

Wissen: Brennweite

Eine wichtige Kennzahl bei Objektiven ist die Brennweite. Diese definiert, welchen Bildwinkel das Objektiv erfasst und ob damit ein Szenario in voller Breite abgebildet wird oder ein vergrößerter Bildausschnitt zu sehen ist. Die Spannweite reicht von sogenannten *Fischaugenobjektiven* bis hin zu Superteleobjektiven. Objektive besitzen entweder eine feste Brennweite, diese werden dann als Festbrennweite bezeichnet, oder sind in der Brennweite innerhalb eines bestimmten Bereichs variabel, dann handelt es sich um Zoomobjektive. Kompaktkameras sind in der Regel mit einem fest eingebauten Zoomobjektiv ausgestattet. Je nach Art der Fotografie spielen unterschiedliche Brennweiten eine wichtige Rolle. Je kürzer die Brennweite, desto größer ist der erzielbare Bildwinkel. Landschaftsaufnahmen werden also bevorzugt mit kurzen Brennweiten aufgenommen, weit entfernte Motive mit langen Brennweiten.

Der Zusammenhang von Brennweite und Bildwinkel

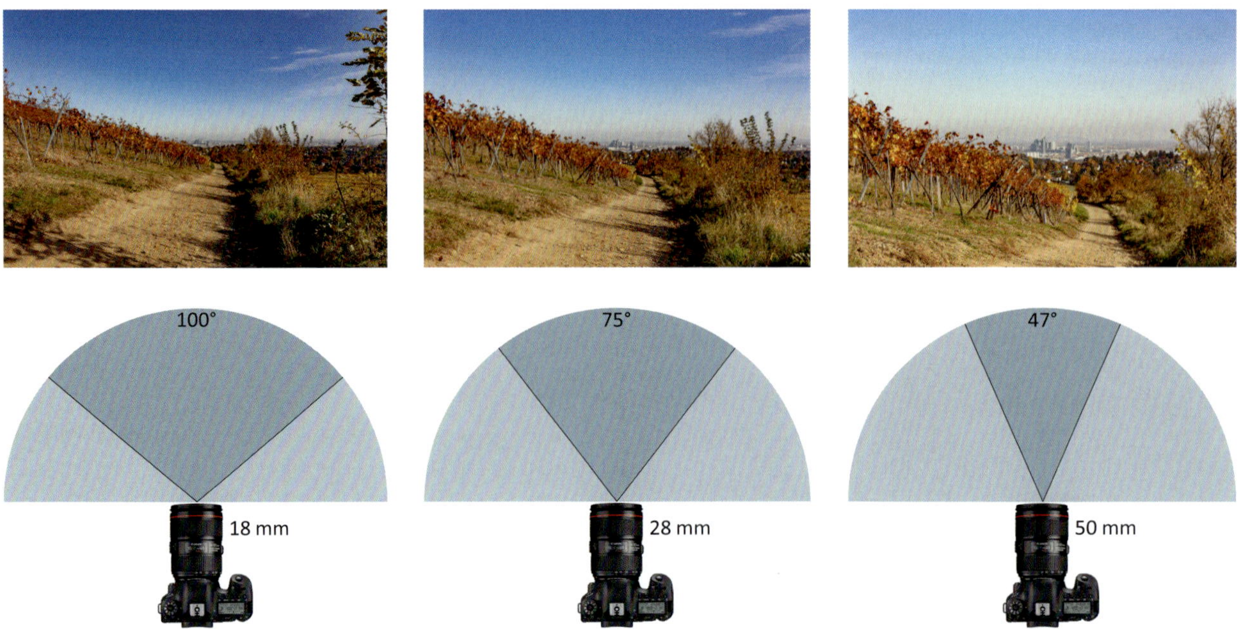

Ultraweitwinkeleinstellung **Weitwinkeleinstellung** **Normalbrennweite**

Mit zunehmender Brennweite wird der Bildwinkel kleiner. Der Motivausschnitt wird daher enger, weshalb das Objekt im Bild vergrößert dargestellt wird.

Brennweite am Objektiv

Rechts sehen Sie ein Objektiv mit 18–150 mm Brennweite. Die Brennweite bzw. bei Zoomobjektiven der Brennweitenbereich kann bei den meisten Objektiven auf der Vorderseite abgelesen werden. Dort finden Sie in der Regel auch weitere nützliche Angaben zum Objektiv. Dazu zählen meist die Lichtstärke (hier 1:3,5–6,3), die Antriebsart (STM = *Stepping Motor*) und das Vorhandensein eines optischen Bildstabilisators (IS = *Image Stabilizer*). Die Kennzeichnung des Durchmessers des Objektivgewindes (hier 55 mm) wird für die Auswahl und das Anbringen von Filtern benötigt. Vervollständigt werden die Angaben in der Regel noch durch Informationen zum Objektivbajonett (hier EF-M von Canon) und weitere kryptische Hinweise zu herstellerspezifischen Objektiveigenschaften. Am kameraseitigen Objektivende befindet sich seitlich oft auch noch eine Angabe zum kürzesten Aufnahmeabstand (Naheinstellgrenze).

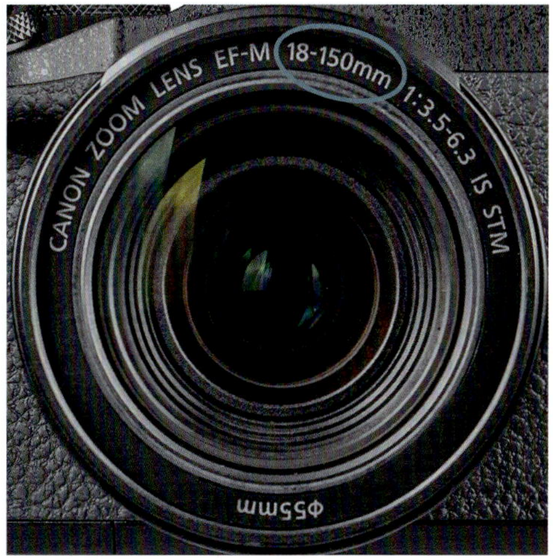

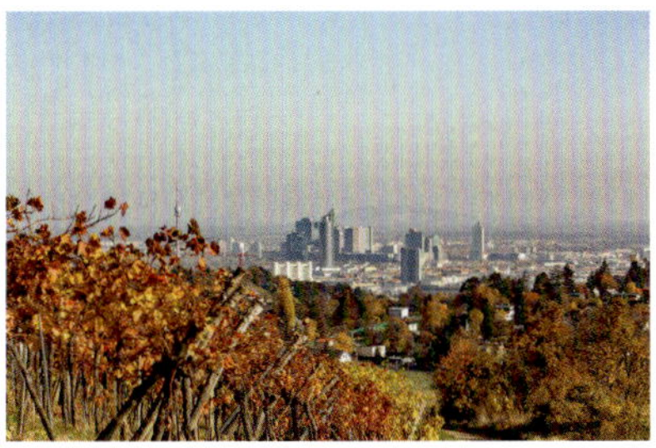

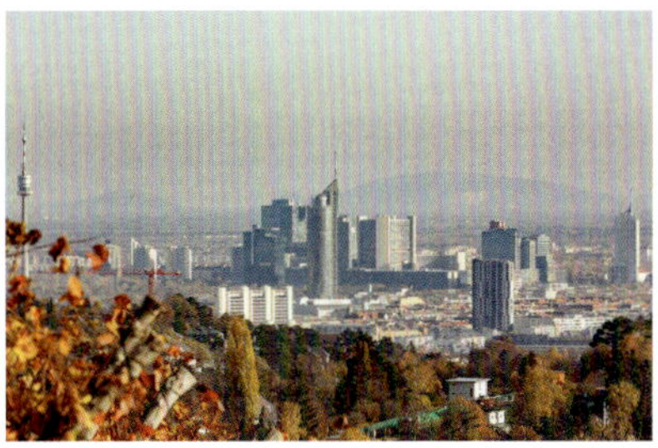

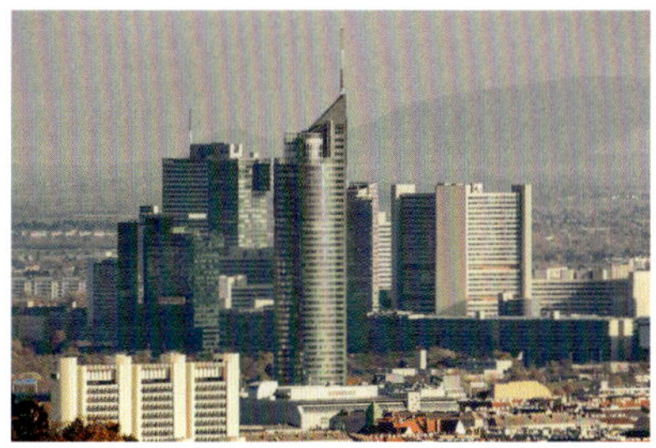

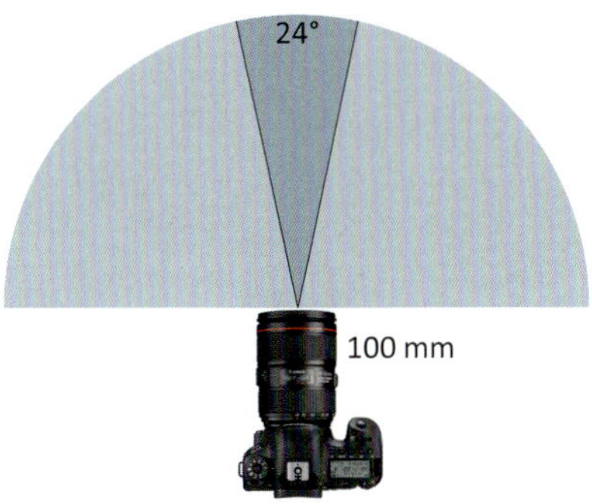

Leichte Teleeinstellung

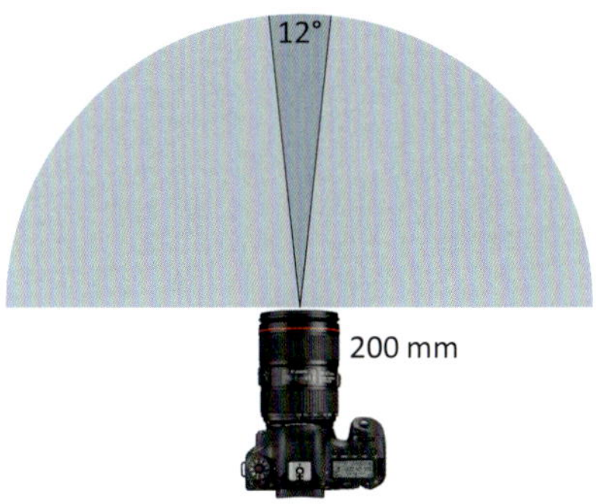

Stärkere Teleeinstellung

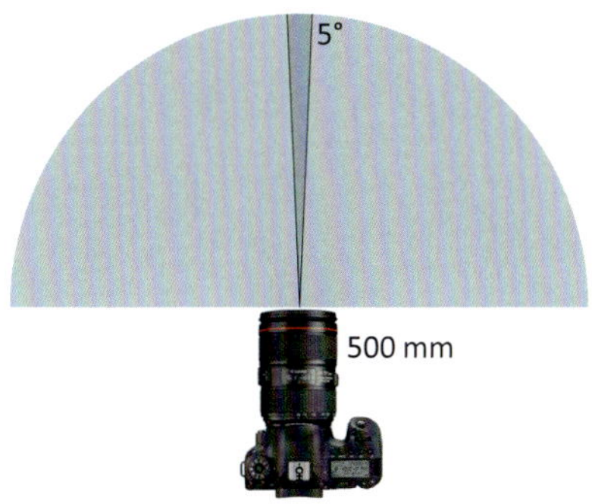

Superteleeinstellung

Wissen: Zoomobjektiv oder Festbrennweite?

Grob unterteilt gibt es zwei Objektivtypen: Festbrennweiten und Zoomobjektive. Erstere besitzen eine unveränderbare Brennweite. Bei Zoomobjektiven kann die Brennweite hingegen innerhalb eines definierten Bereichs stufenlos variiert werden, sodass sich vom gleichen Standort aus Bilder mit unterschiedlichem Ausschnitt aufnehmen lassen. Letztlich besitzt natürlich jedes Objektiv seine individuellen Abbildungscharakteristika. Oft steigt bei beiden Typen die Anzahl an Linsen und das Gewicht proportional zur Abbildungsqualität. Aber grundlegend erzeugen Festbrennweiten meist weniger bauartbedingte Bildfehler und bieten oft höhere Lichtstärken. Sie sind daher in der Landschafts-, Porträt- und Sport-/Tierfotografie sehr beliebt. Der große Trumpf des Zoomobjektivs ist seine Variabilität.

Porträtobjektiv

In der Porträtfotografie werden häufig Festbrennweiten zwischen 50 mm und 90 mm eingesetzt, da der Abstand zum Motiv vorab gut festgelegt werden kann und die Körperproportionen im Bild sehr natürlich wirken. Außerdem ermöglichen die bei solchen Objektiven üblichen Lichtstärken von f1,2 bis f1,8 eine äußerst geringe Schärfentiefe und damit eine optimale Freistellung des Models vor dem Hintergrund. Solche Objektive sind allerdings auch teuer.

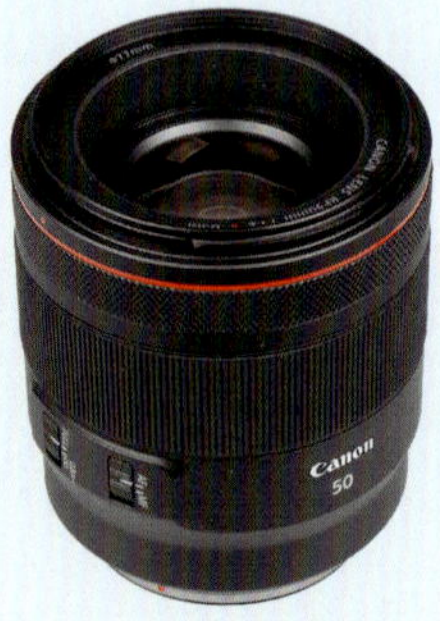

50-mm-Festbrennweite mit einer Lichtstärke von f1,2

Vignettierung

Als *Vignettierung* werden Abbildungsfehler von Objektiven bezeichnet, die sich vor allem bei niedrigen Blendenwerten in Abschattungen zum Bildrand hin äußern. Bei Porträts kann dies als Stilelement willkommen sein, ist ansonsten aber meist unerwünscht.

Vignettierung vermeiden

Sollten Sie bei Ihren Bildern eine Vignettierung feststellen, können Sie diese auf dem fotografischen Weg reduzieren, indem Sie den Blendenwert einfach um ein bis zwei Stufen anheben (*abblenden*). Es sei aber erwähnt, dass sich diese Abschattungen auch problemlos in der Bildbearbeitung eliminieren lassen.

Randunschärfe

Wenn ein Objektiv eine Randunschärfe erzeugt, wird das Motiv von der Mitte zu den äußeren Ecken immer unschärfer abgebildet. Dies ist vor allem bei Zoomobjektiven eine häufige Objektivschwäche. Sie äußert sich besonders deutlich in den äußersten Weitwinkel- und Teleeinstellungen und ist bei starken Zoomobjektiven meist auch stärker ausgeprägt als bei Modellen mit kleinerem Brennweitenbereich. Auch in diesem Fall hilft es, etwas abzublenden. Festbrennweiten schlagen sich hier oft besser.

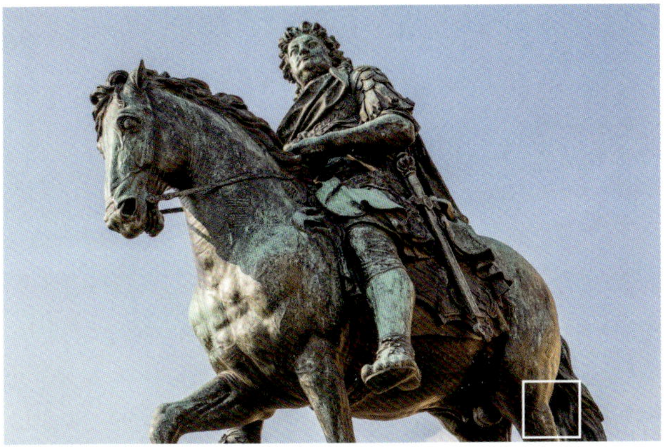

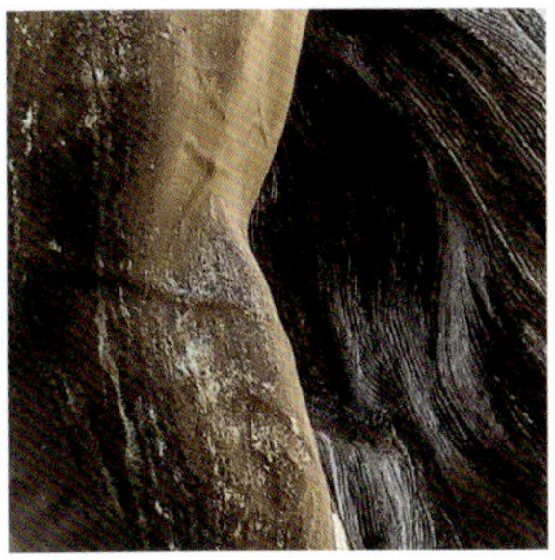

Das 100-mm-Festbrennweitenobjektiv erzeugte keine Vignettierung und bildet das Motiv bis in die Ränder hin scharf ab.

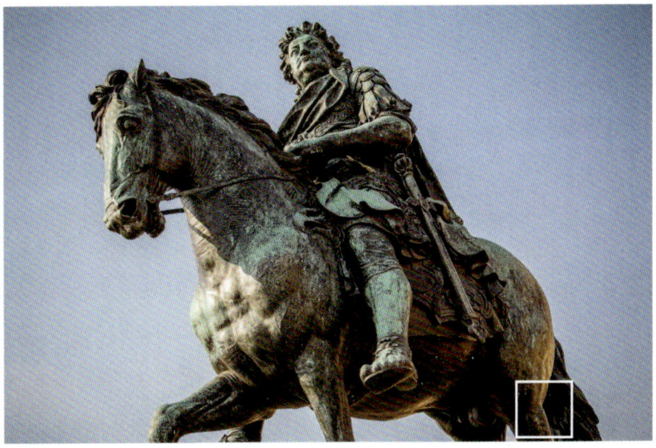

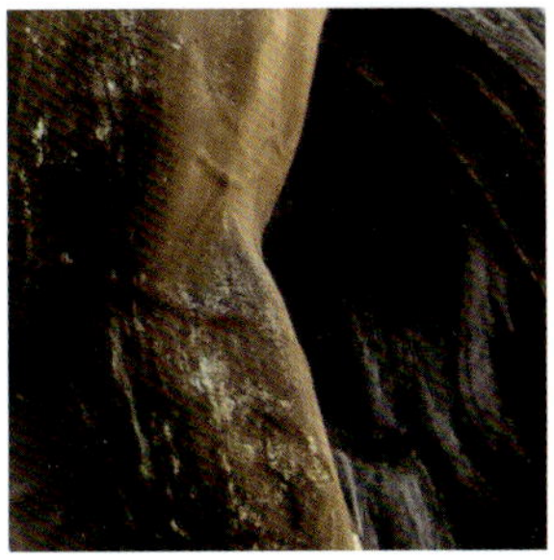

Mit dem 18–135-mm-Zoomobjektiv bei Brennweite 100 mm sind die Bildecken durch Vignettierung abgedunkelt, und die Bildränder weisen Randunschärfe auf.

Schärfentiefe

Je kleiner der Blendenwert (je offener die Blende), desto geringer fällt die Schärfentiefe aus. Da Festbrennweiten oftmals lichtstärker sind als ihre Zoomkollegen, eignen sie sich noch besser zum Freistellen von Motiven vor einem angenehm unscharfen Hintergrund. Es gibt aber auch sehr lichtstarke Zoomobjektive, deren Lichtstärke sich allerdings im hohen Preis widerspiegelt.

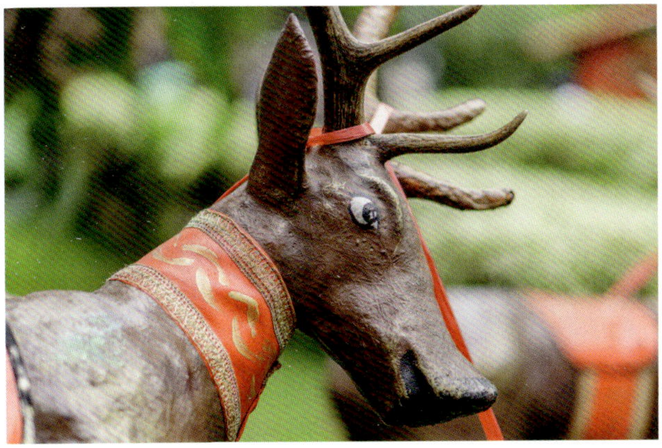

Mit der 85-mm-Festbrennweite konnte die Rentierfigur bei Blende f1,4 deutlicher vor dem unruhigen Parkhintergrund freigestellt werden.

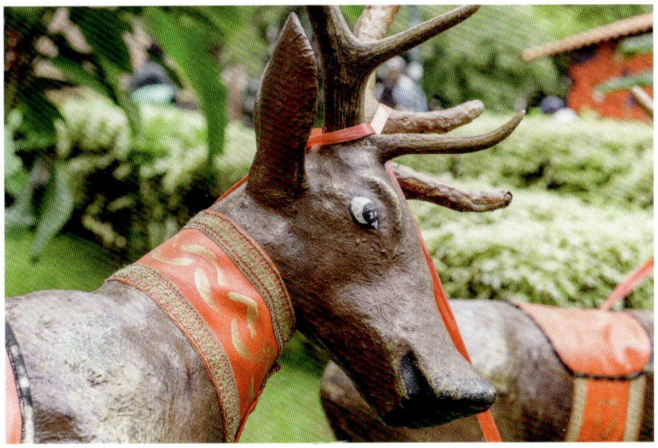

Mit dem 18–135-mm-Zoomobjektiv bei 85 mm Brennweite war maximal eine Blende von f5,6 möglich. Die Freistellung ist weniger ausgeprägt.

Chromatische Aberration

Manche Objektive neigen im Weitwinkelbereich zu chromatischer Aberration. Das heißt, Licht unterschiedlicher Wellenlänge oder Farbe wird verschieden stark gebrochen und verursacht Farbsäume, vor allem an Motivrändern und bei Hell-Dunkel-Übergängen. Heutzutage lassen sich diese Störenfriede entweder kameraintern oder in der Bildbearbeitung und Raw-Konvertierung gut entfernen.

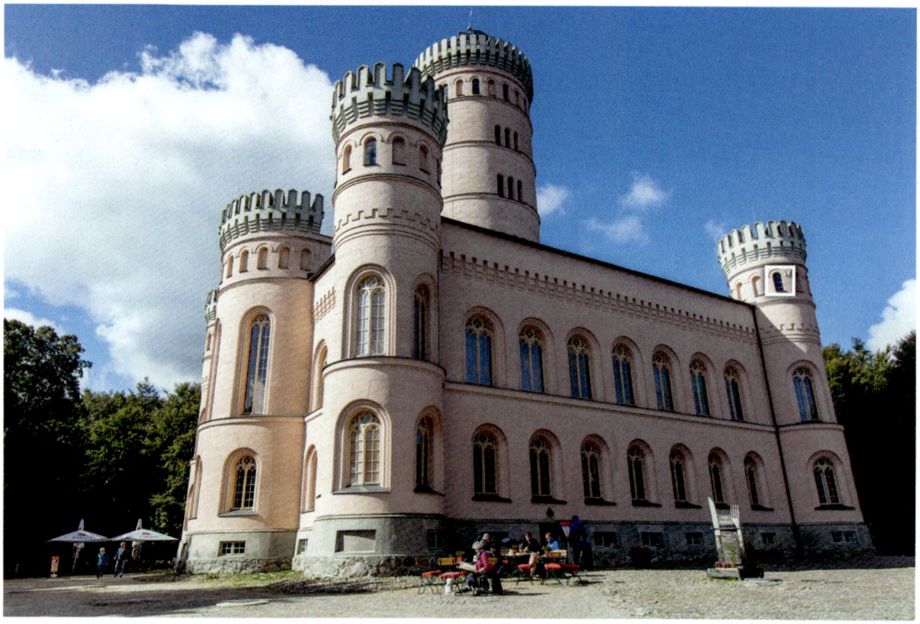

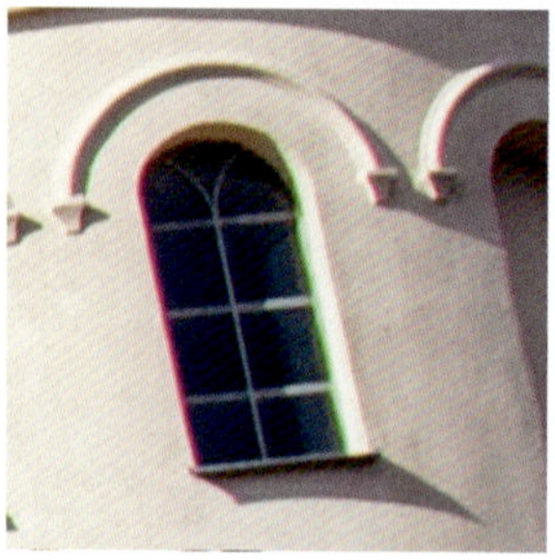

Aufnahme mit einem 16–35-mm-Zoomobjektiv bei einer eingestellten Brennweite von 24 mm, an den Motivkanten sind deutliche Farbsäume zu erkennen.

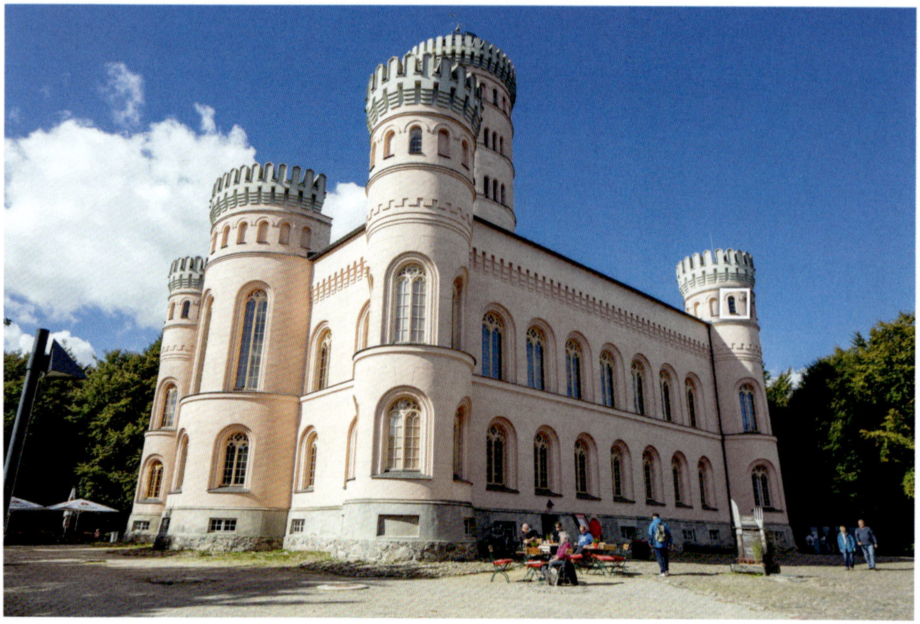

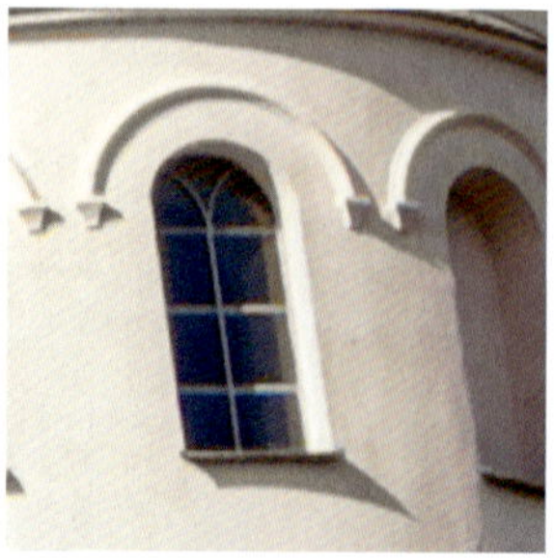

Aufnahme mit einer 24-mm-Festbrennweite ohne Farbsäume

Bokeh

Nachdem wir nun über unerwünschte Abbildungsfehler geschrieben haben, kommen wir zu einem durchaus erwünschten Effekt, dem Bokeh. Der Begriff kommt aus dem Japanischen und heißt so viel wie unscharf oder verschwommen. In der Fotografie wird damit die Qualität der unscharf dargestellten Motivbereiche im Bildvorder- oder -hintergrund beschrieben. Häufig bezieht sich dies auf Kreise oder kreisähnliche Strukturen, die durch punktuelle Lichtreflexionen oder Lichtquellen hervorgerufen werden.

Wie das Bokeh ausfällt, hängt außer von der Lichtquelle sehr stark vom verwendeten Objektiv ab. Meistens sind Festbrennweiten dabei im Vorteil, weil deren Blende oft mehr Lamellen besitzt und daher eine rundere Öffnung erzeugt wird und weil die Linsen ebenmäßigere Lichtstrukturen schaffen. Wenn wir uns ein neues Objektiv zulegen möchten, testen wir immer auch das Bokeh, denn das ist bei jedem Objektiv sehr individuell ausgeprägt. Für viele ist es ein wichtiges Kaufkriterium.

	f5,6	**f2,8**
100-mm-Festbrennweite	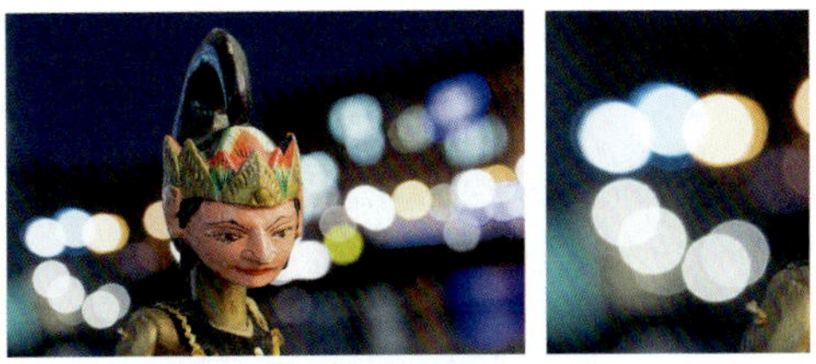	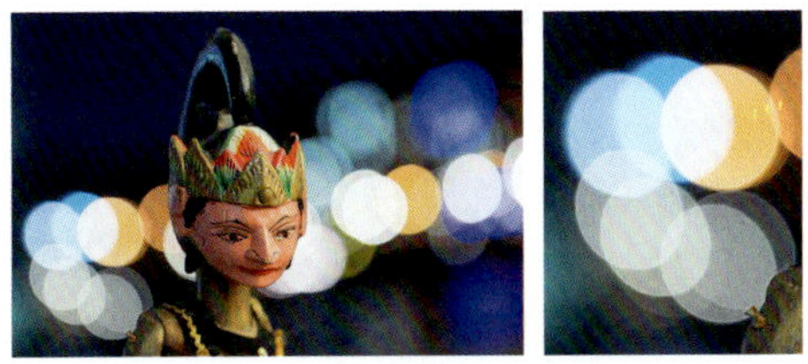
70–200-mm-Zoomobjektiv	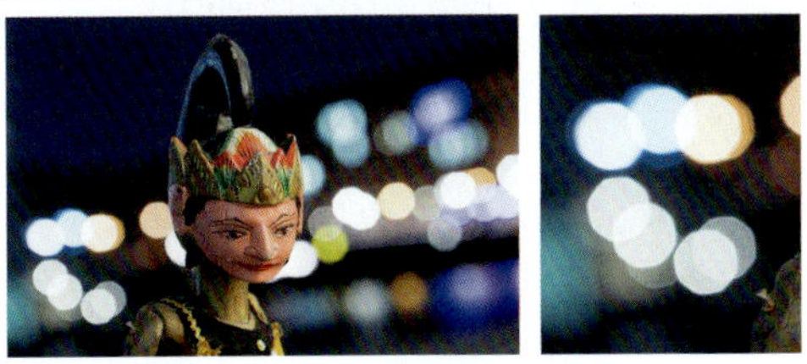	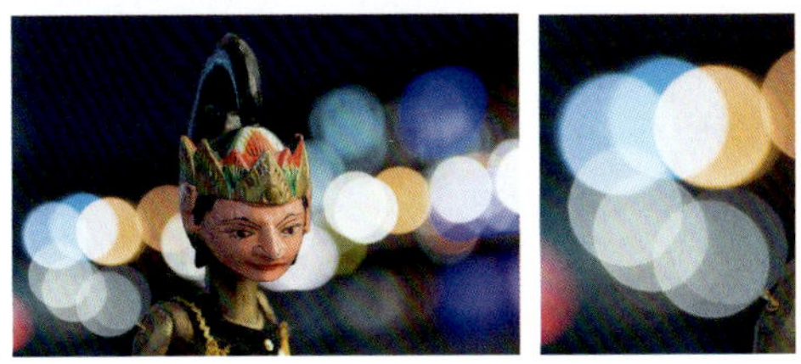
18–135-mm-Zoomobjektiv	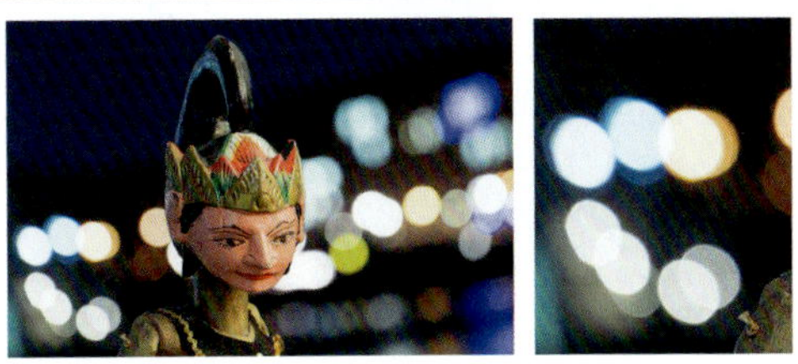	
	Das Bokeh der 100-mm-Festbrennweite ist rund und gleichmäßig (neun Blendenlamellen), während beim hochwertigen 70–200-mm-Zoomobjektiv in den Bokehkreisen Ecken zu erkennen sind (acht Blendenlamellen). Beim Bokeh des 18–135-mm-Zoomobjektivs fallen die Lichter vor allem links von der Figur leicht elliptisch aus. Insgesamt würden wir hier der Festbrennweite den Vorzug geben.	Bei einer Blende von f2,8 fallen die Bokehkreise deutlich größer aus. In diesem Fall zeigen hier beide Objektive eine ähnlich gute Performance, da bei weit geöffneter Blende die Lamellenstruktur kaum mehr eine Rolle spielt. (Das 18–135-mm-Zoomobjektiv erreicht keine Blende von f2,8.)

Wissen: Weitwinkelobjektive

Weitwinkelobjektive sind Optiken, deren Brennweite unterhalb von 40 mm (Vollformatkamera) bzw. 25 mm (APS-C-Kamera) liegt. Objektive mit weniger als 24 mm bzw. 16 mm Brennweite werden als *Superweitwinkel* bezeichnet. Mit diesen Objektiven lassen sich breite Bildwinkel sehr gut erfassen, und vor allem für Landschafts- und Architekturaufnahmen sind sie gut geeignet. Mit den kurzen Brennweiten sind aufgrund der großen Schärfentiefe durchgängig scharfe Aufnahmen problemlos möglich, wohingegen Personen und Objekte nur relativ schlecht vor einem unruhigen Hintergrund freigestellt werden können.

Stärken und Schwächen

Weitwinkelobjektive haben den Charme, dass sich Motivelemente, die sich im Vordergrund dicht vor der Kamera befinden, noch mit in das Bild einbeziehen lassen. Durch die entstehende räumliche Weite erhalten die Aufnahmen eine starke dreidimensionale Wirkung. Vorsicht geboten ist allerdings bei Architekturaufnahmen. Wird das Weitwinkelobjektiv nach oben oder unten gekippt, werden senkrechte Linien im Bild geneigt dargestellt, und diese sogenannten *stürzenden Linien* sind nicht immer ein gewünschter Effekt. Auch werden gerade Motivlinien oft nach außen gewölbt, also tonnenförmig verzerrt, abgebildet. Beides lässt sich aber in der Bildbearbeitung recht gut korrigieren.

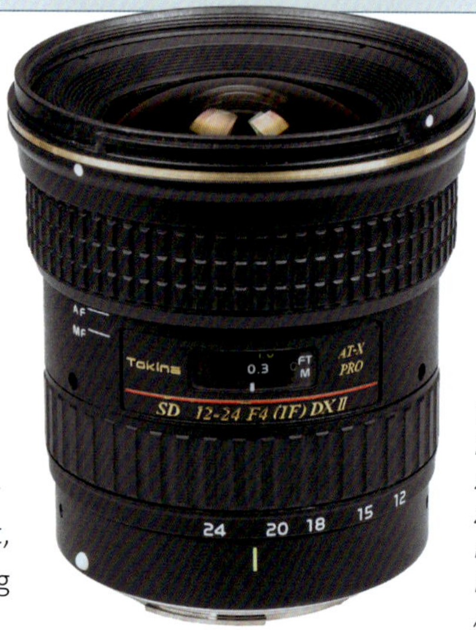

Für Vollformatkameras besitzen Weitwinkel-Zoomobjektive meist ±16–35 mm Brennweite und für APS-C ±12–24 mm.

Fisheye-Objektiv

Fischaugenobjektive besitzen eine extreme Weitwinkelbrennweite von 10 mm oder weniger. Alle geraden Linien, die nicht durch die Mitte laufen, werden beim Fischaugenobjektiv gekrümmt abgebildet, sodass eine hemisphärische Darstellung des Motivs entsteht. Generell unterscheidet man zwei Typen: das zirkulare Fischauge, das ein Rundumbild entstehen lässt, und das Vollformat-Fischauge, mit dem sich tonnenförmig verzeichnete Bildausschnitte von üblicherweise 180 Grad anfertigen lassen. Letztere lassen sich gut in der Panoramafotografie einsetzen.

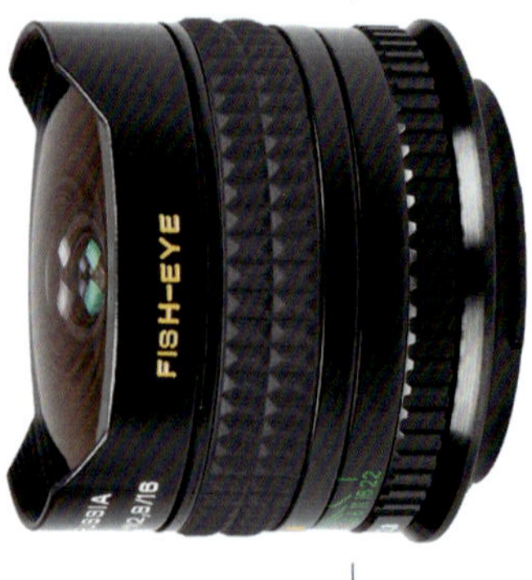

Beispielhaftes Fisheye-Objektiv mit gewölbter Frontlinse.

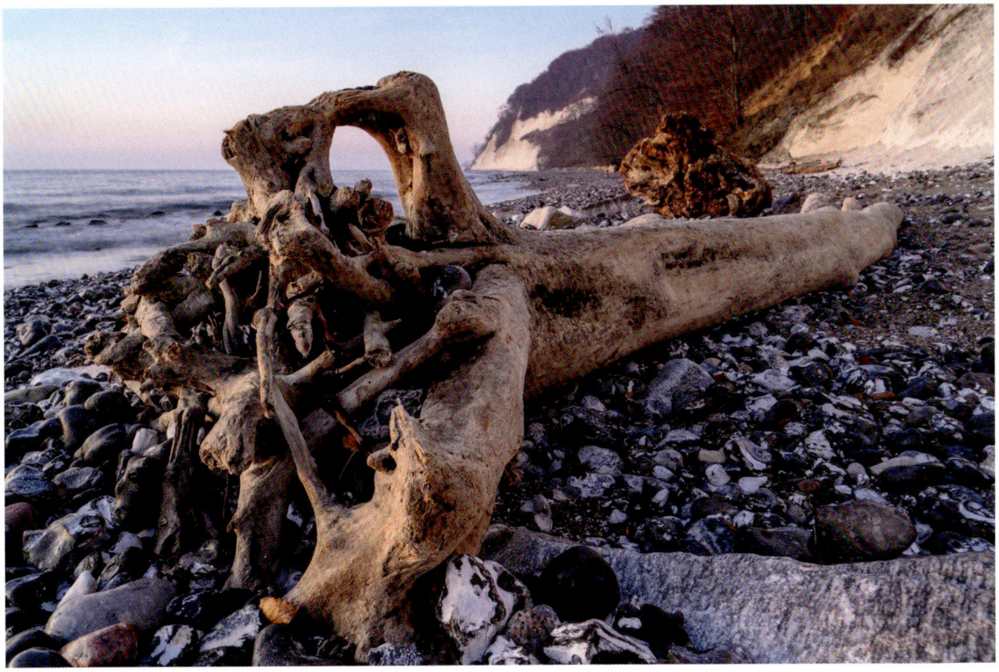

24 mm	f11
1 s	ISO 50

Weitwinkelobjektive liefern interessante Perspektiven, wenn die Kamera dicht über dem Boden und nahe an Vordergrundobjekten positioniert wird.

Typische Aufnahmesituationen für Weitwinkelobjektive

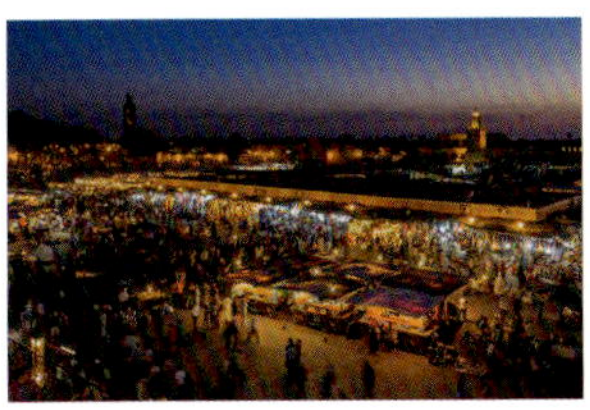

Um ausladende Szenerien gänzlich zu erfassen, sind Weitwinkelobjektive hervorragend geeignet. Da die Schärfentiefe generell recht hoch ist, lässt sich vom Vorder- bis zum Hintergrund alles detailliert und scharf abbilden, wie hier der nächtlich beleuchtete Djemaa el Fna in Marrakesch aus der Vogelperspektive.

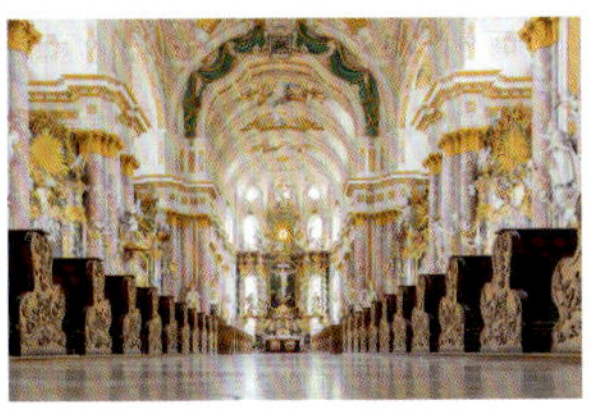

Um Innenräume eindrucksvoll zu präsentieren, ist es notwendig, den Betrachtern ein Gefühl für den Raum zu verschaffen, wie wir es hier bei der Klosterkirche in Fürstenfeld mit einem Weitwinkelobjektiv bewerkstelligt haben. Leicht nach oben fotografiert, wirken solche Räume noch eindrucksvoller.

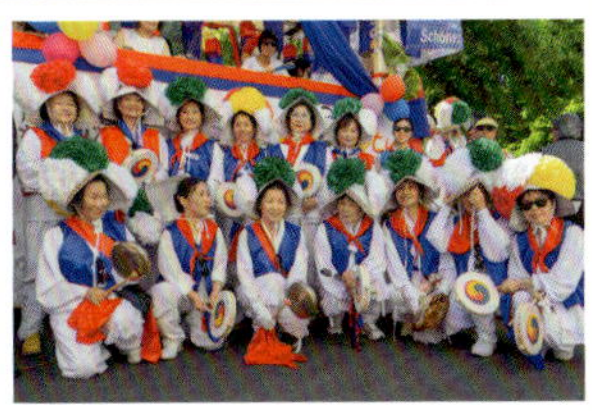

Ein Weitwinkelobjektiv kann auch sinnvoll für Gruppenaufnahmen sein, wenn kein Platz ist, um viel Abstand zum Motiv zu halten, wie es hier im Gedränge beim Karneval der Kulturen in Berlin der Fall war. Die hohe Schärfentiefe der geringen Brennweiten kommt hier der scharfen Abbildung der gesamten Gruppe zugute.

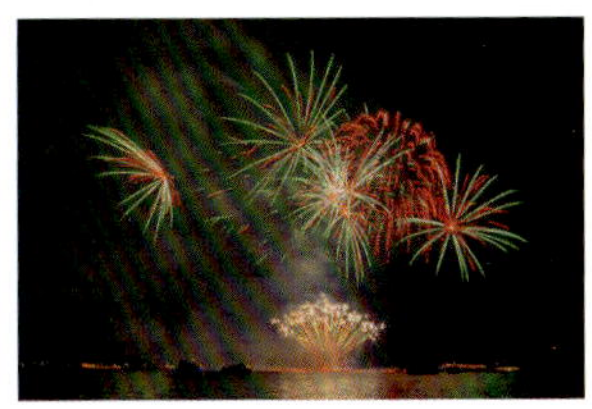

Um den Nachthimmel mit dem Feuerwerk möglichst breit abgebildet zu bekommen, haben wir eine Superweitwinkelbrennweite von 12 mm an einer APS-C-Kamera verwendet, mit Cropfaktor also ca. 18 mm. Zur Belichtung vom Stativ aus ist hier übrigens der Modus Langzeitbelichtung (Bulb) perfekt geeignet.

Wissen: Normalobjektive

Als Normalobjektive werden Optiken bezeichnet, die eine Brennweite von 50 mm (Vollformatsensor) bzw. 35 mm (APS-C-Sensor) besitzen. Das können Festbrennweitenobjektive sein oder Zoomobjektive, die die entsprechende Brennweite abdecken. Kennzeichnend für die Normalbrennweite ist, dass der Bildwinkel ungefähr dem des menschlichen Auges entspricht. Die aufgenommenen Motive werden daher perspektivisch besonders natürlich wahrgenommen. Passend dazu neigen Normalobjektive auch weniger zu Verzerrung. Gerade Motivlinien verlaufen auch im Bild gerade und ohne unnatürliche Wölbungen, wie sie bei Weitwinkeloptiken oft zu sehen sind. Denken Sie bei Porträts, Produktfotos, aber auch in der Landschafts- und Architekturfotografie an die Vorteile der Normalbrennweite.

Standardzoomobjektiv

Falls Sie Ihre Kamera im Set erworben haben, liegt in der Regel ein Standardzoomobjektiv bei, sodass Sie auch die klassische 50-mm-Brennweite im Repertoire haben. Häufig wird dabei ein Brennweitenbereich von 24–70mm (Vollformatkamera), 18–55mm (APS-C-Kamera) oder 12–35mm (MFT-Kamera) abgedeckt. Der Brennweitenbereich von Standardzooms ermöglicht zwar nicht den Vorstoß in die Extreme, deckt aber als toller Allrounder einen sehr großen Bereich fotografischer Möglichkeiten ab. Damit steht Ihnen ein äußerst breites Betätigungsfeld für fotografische Experimente offen.

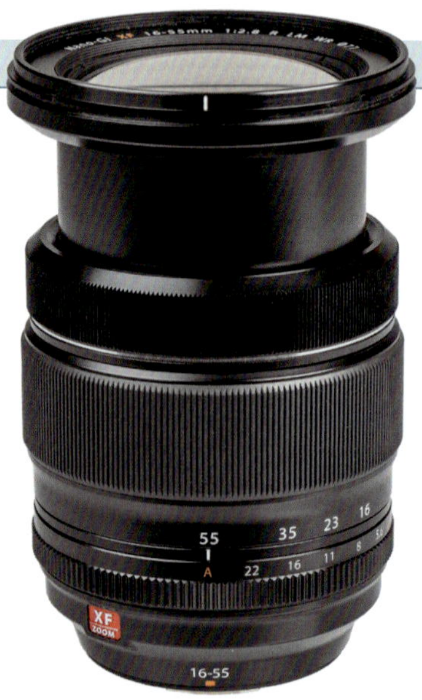

16–55-mm-Standardzoom für APS-C: Besonders hochwertige Modelle bieten eine durchgehende Lichtstärke von f2,8.

Festbrennweite

Festbrennweiten mit Normalbrennweite sind oft lichtstark, sprich, die Blendenöffnung ist beim niedrigsten Blendenwert sehr groß. So lassen sich Motive besonders gut vor dem Hintergrund hervorheben oder Bewegungen auch bei wenig Licht noch mit kurzen Belichtungszeiten scharf abbilden. Die meisten Porträtfotografen haben eine lichtstarke Normalbrennweite in ihrem Objektivsortiment.

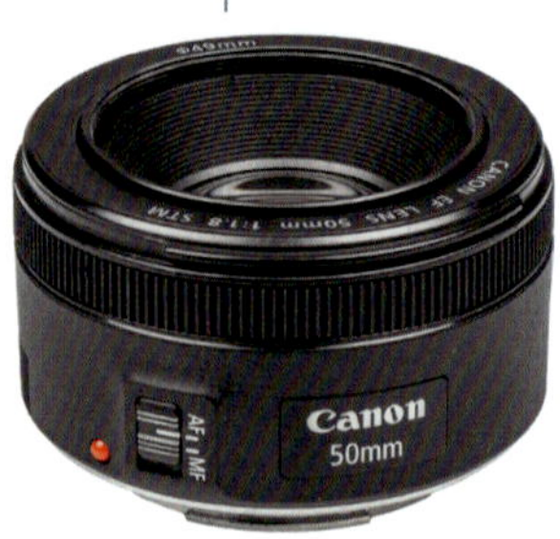

50-mm-Festbrennweite mit Lichtstärke f1,8

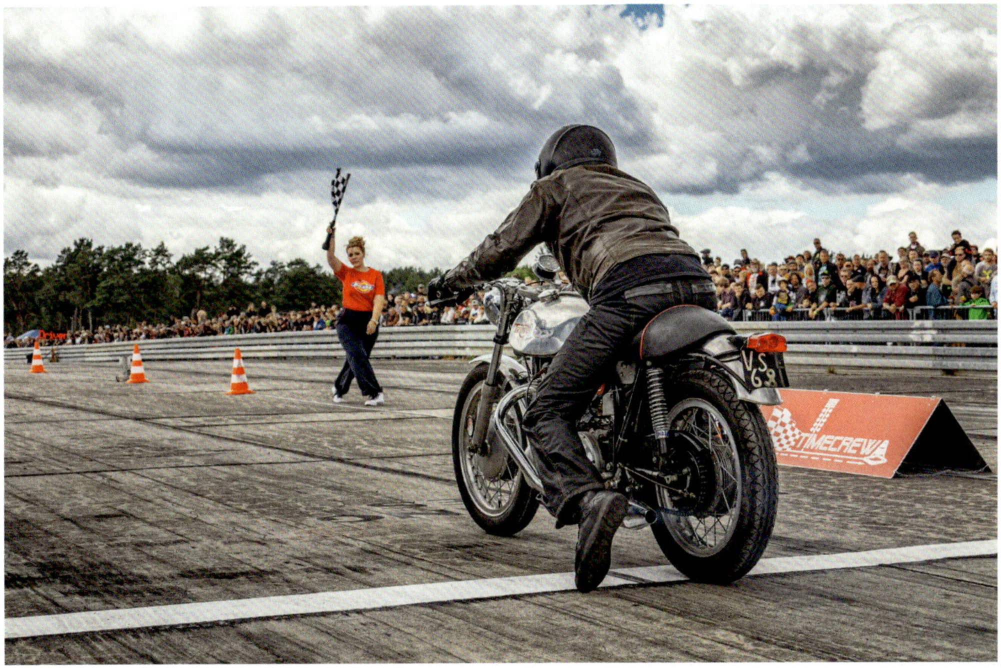

Brennweite	Blende
40 mm	f5,6
Belichtungszeit	**ISO**
1/800 s	160

Schnelle Bewegungen im Sport können mit lichtstarken Normalobjektiven auch noch bei relativ wenig Licht scharf aufgenommen werden. Die Bildqualität bleibt gewahrt, weil die Lichtempfindlichkeit nicht so hoch sein muss, um die kurzen Belichtungszeiten zu erreichen.

Motive für die Normalbrennweite

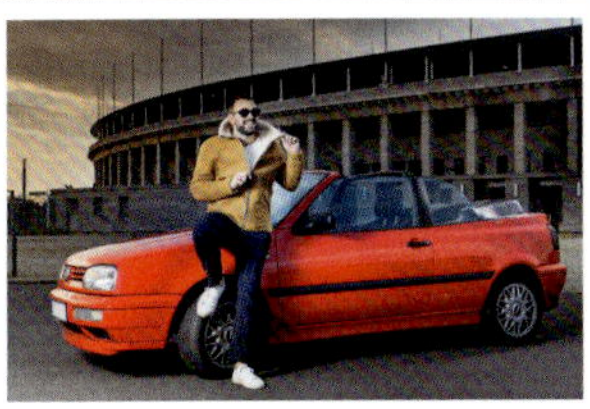	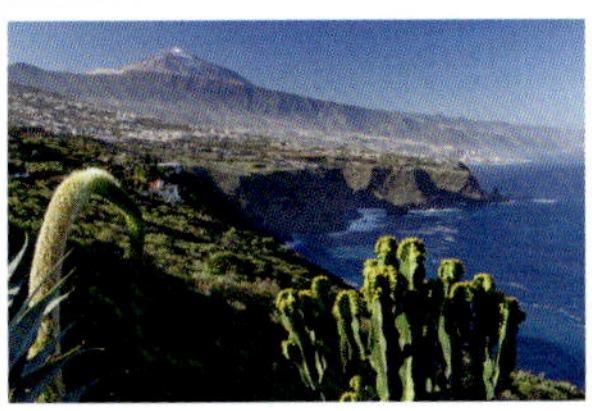	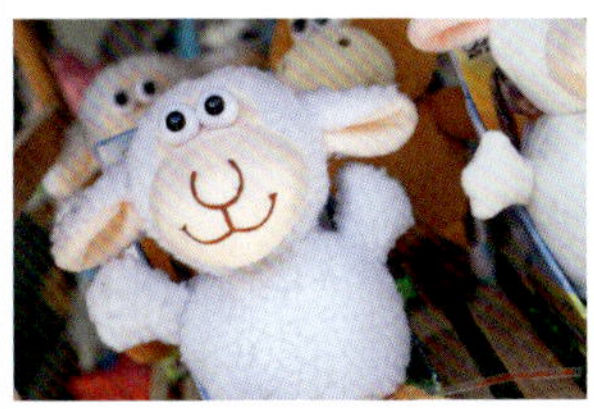	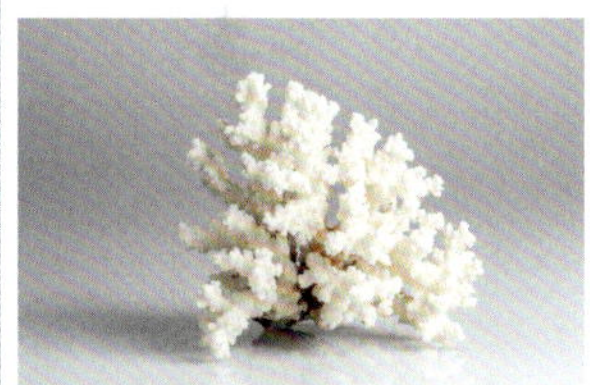
Für Ganzkörperporträts ist 50 mm eine ideale Brennweite. Durch den relativ geringen Motivabstand und die in der Regel sehr offene Blende weist der Hintergrund schon eine gewisse Unschärfe auf, ist aber zugleich noch gut erkennbar.	Auf das menschliche Auge besonders natürlich wirkende Landschaftsaufnahmen sind ebenfalls eine Domäne der Normalbrennweite. Solche Aufnahmen überzeugen durch ihre harmonischen Proportionen, da die Motive unverzerrt und realitätsnah dargestellt werden können.	Mit der Normalbrennweite lassen sich auch lustige Spontanaufnahmen machen und authentische Details prima in Szene setzen. Solche Motive finden Sie auf Reisen, bei Veranstaltungen, im Museum oder bei selbst gestalteten Stillleben.	Für qualitativ hochwertige Aufnahmen von kleinen bis mittelgroßen Objekten mit unverfälschter Perspektivwirkung ist die 50-mm-Brennweite ebenfalls gut geeignet. Daher werden Normalobjektive auch gerne in der Produktfotografie verwendet.

Wissen: Teleobjektive

Teleobjektive bestechen durch ihr Vermögen, weit entfernte Objekte näher heranzuholen, um sie im Bild größer darzustellen. Der Telebereich beginnt nach klassischer Definition eigentlich schon oberhalb von 50 mm. Viele Teleobjektive mit fester Brennweite starten aber erst bei 85 mm, und Telezoomobjektive bieten meist einen Brennweitenbereich von 70–200 mm oder 70–300 mm. Lichtstarke Telezoomobjektive mit einer Offenblende von f2,8 gehören zu den Klassikern und werden gerne von Porträt-, Reportage- und Sportfotografen verwendet. Große Telebrennweiten sind typische Optiken für die Wildtierfotografie.

Teleobjektive

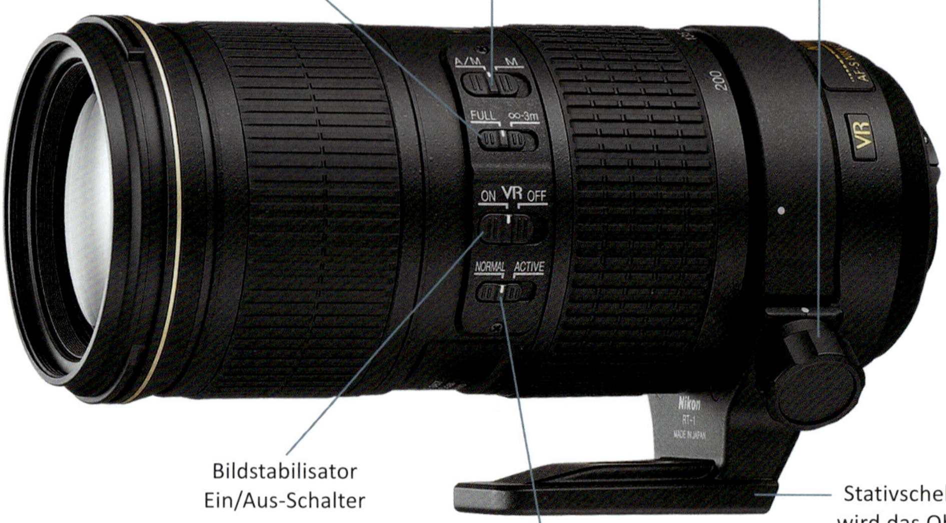

Telezoomobjektiv mit 70–200 mm Brennweite und Lichtstärke f4 (Bild: Nikon)

Superteleobjektive und Telekonverter

In der Tier- und Sportfotografie werden häufig Superteleobjektive eingesetzt, die Brennweiten von 500 mm oder mehr aufweisen. Damit ist es möglich, weit entfernte Motive, etwa beim Fußball, oder scheue Tiere auf den Sensor zu bannen. Viele Kamerahersteller bieten zudem Telekonverter an (bei Canon *Extender* genannt), mit denen sich die Brennweite von Objektiven erweitern lässt. Diese werden zwischen Kameragehäuse und (Zoom-)Objektiv montiert, wobei das Objektiv dafür kompatibel sein muss.

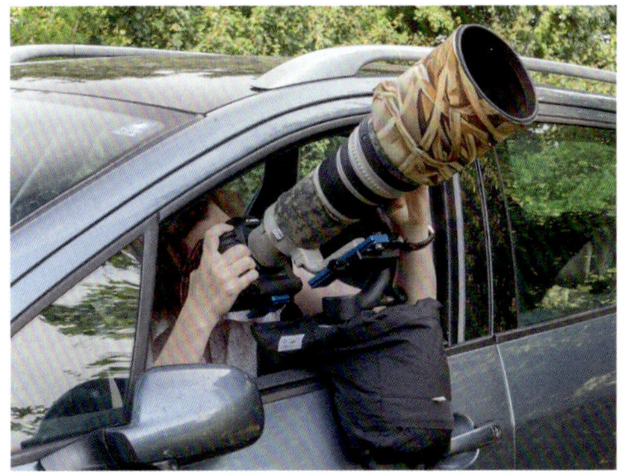

Für ein 500-mm-Objektiv braucht es eine feste Auflage, z. B. eine Autotür oder ein sehr stabiles Stativ.

Typische Aufnahmesituationen für Teleobjektive

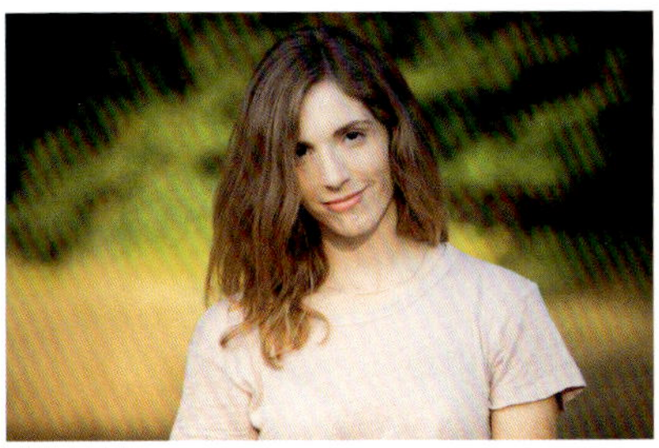

Für Halbfigur- oder Kopfporträts wird oft die klassische Telebrennweite von 85 mm eingesetzt, um die Person prägnant vor dem Hintergrund hervorzuheben.

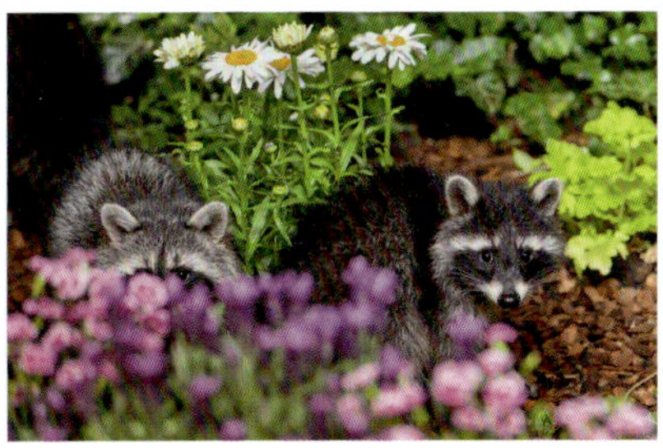

Auch für Fotos scheuer Tiere wie der Waschbären sind Telebrennweiten bestens geeignet. Aufgrund der geringen Schärfentiefe lassen sich die Motive zudem attraktiv freistellen.

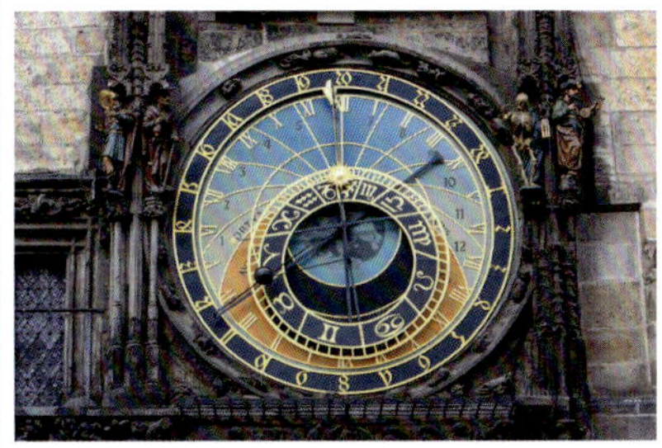

Um bei der Tour durch die City etwas weiter entfernt liegende Details aufzunehmen und je nach Entfernung und Größe flexibel zu bleiben, ist ein Telezoomobjektiv perfekt geeignet.

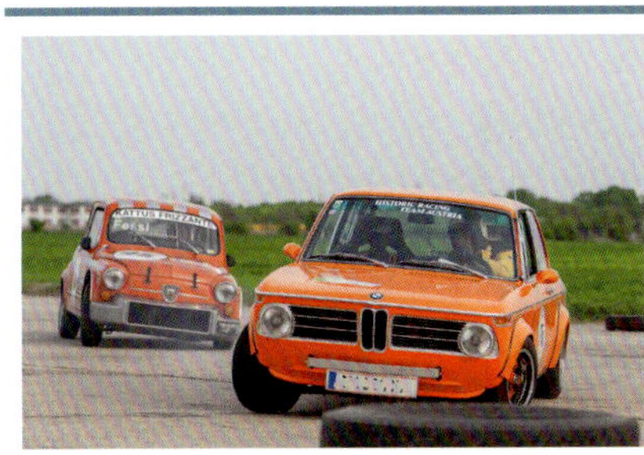

In der Sportfotografie sind Telezoomobjektive häufig im Einsatz, da man sonst oft nicht nahe genug an die Akteure herankommt.

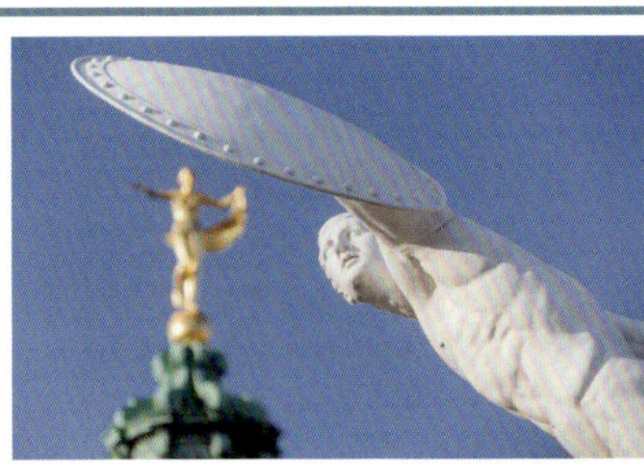

Teleobjektive verdichten die Perspektive, sprich, eigentlich weiter entfernte Objekte rücken im Bild dichter zusammen.

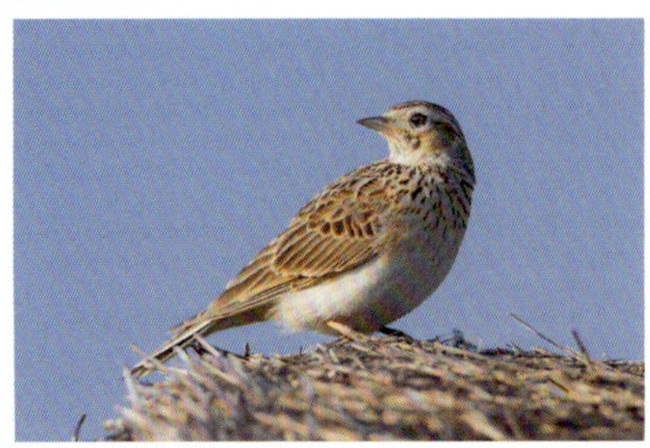

Mit Superteleobjektiven lassen sich auch kleine und scheue Vögel wie die hier gezeigte Feldlerche prima porträtieren.

Wissen: Makroobjektive

Um kleine und kleinste Strukturen perfekt abzubilden, sind Makroobjektive die erste Wahl. Mit ihnen lassen sich Vergrößerungen bis zu einem Abbildungsmaßstab von 1 : 1 und mehr erzielen. Aber auch als knackscharfe Porträtobjektive können sie hervorragend eingesetzt werden. Makroobjektive sind in der Regel Festbrennweiten, wobei es Brennweiten von unter 50 mm bis hin zu 200 mm gibt. Empfehlenswert sind Brennweiten um die 100 mm (da variieren die Hersteller etwas), die einen guten Kompromiss aus Lichtstärke, Gewicht und Abbildungsleistung darstellen. Makroobjektive mit großer Brennweite sind dafür geeignet, kleine Motive mit möglichst viel Abstand zu fotografieren, was beim Ablichten von scheuen Insekten von Vorteil sein kann. Allerdings sind sie auch größer und schwerer, also unhandlicher.

Autofokus oder manuell scharfstellen

Das Scharfstellen kann bei Makroobjektiven etwas länger dauern, da die Verstellwege bei den kurzen Aufnahmedistanzen recht groß sind. Auch ist es oft schwierig, die filigranen Motivstrukturen perfekt mit dem Autofokus scharfzustellen. Makroobjektive haben daher in der Regel einen exakten und gut zu bedienenden Fokussierring ❶ für das manuelle Scharfstellen. Denken Sie bei unbewegten, feinen Motivstrukturen an diese besonders präzise Fokusoption. Für bewegte oder leicht zu fokussierende Motive ist der Autofokus hingegen oft die bessere Wahl.

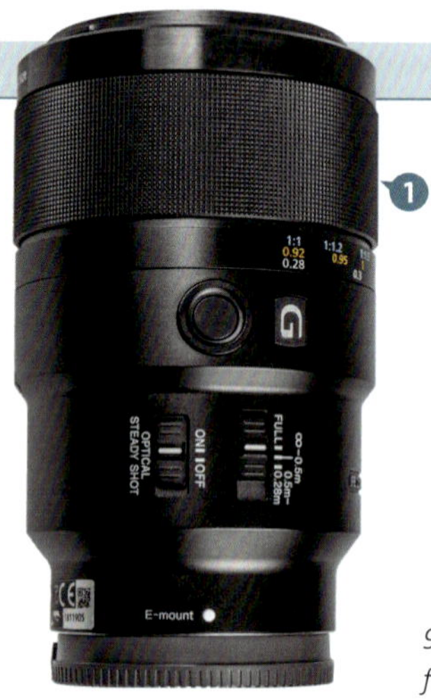

90-mm-Makroobjektiv für Sony-E-Mount

Vorsatzlinsen und Zwischenringe

Eine relativ günstige Möglichkeit, in die Makrofotografie einzusteigen, stellen Nahvorsatzlinsen und Zwischenringe dar. Sie ermöglichen es, dichter an das Motiv heranzurücken, was eine stärkere Vergrößerung zur Folge hat. Lesen Sie mehr zum Einsatz dieses günstigen Einstiegsequipments in die Makrofotografie ab Seite 169.

Einstellschlitten

Bei der Verwendung eines Stativs können Sie sich das Scharfstellen mit einem Einstellschlitten erleichtern. Mit dieser Vorrichtung kann die Kamera auf einer Schiene sehr präzise vor- und zurückbewegt werden. Eine sehr hilfreiche Sache, wenn sich aufgrund leichter Luftbewegungen die Position der anvisierten Blüte verändert hat oder der Abstand zum Motiv aus bildgestalterischer Sicht noch einmal variiert werden soll. Gerade bei Aufnahmen im Maßstab 1 : 1 oder größer geht es um millimetergenaue Kamerapositionierungen. Das ist über ein Verschieben des gesamten Stativs äußerst umständlich.

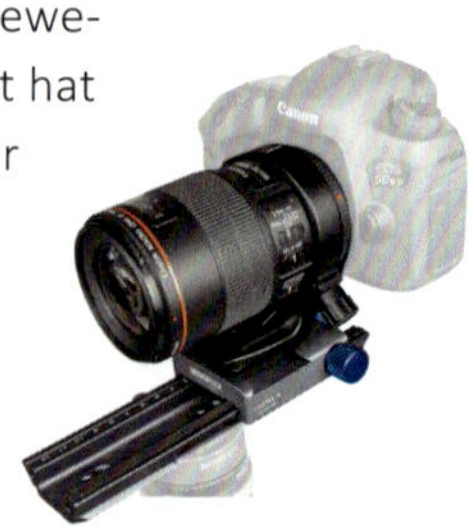

Makroobjektive lassen sich vielfältig einsetzen

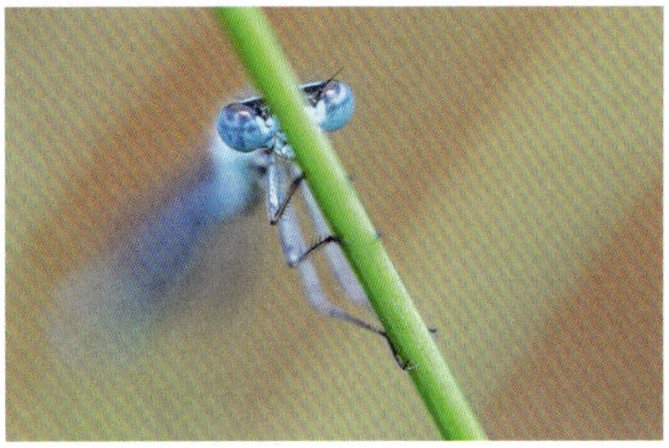

Insekten und andere kleine Lebewesen lassen sich mit dem Makroobjektiv perfekt abbilden. Um den teils schreckhaften Gesellen nicht zu nah auf die Pelle rücken zu müssen, empfehlen wir eine Brennweite von 100mm oder mehr. Mit relativ geschlossener Blende lässt sich die Schärfentiefe etwas erhöhen. Wenn die Tierchen sich gerade ausruhen, können Sie dafür auch ruhig die Belichtungszeit etwas erhöhen.

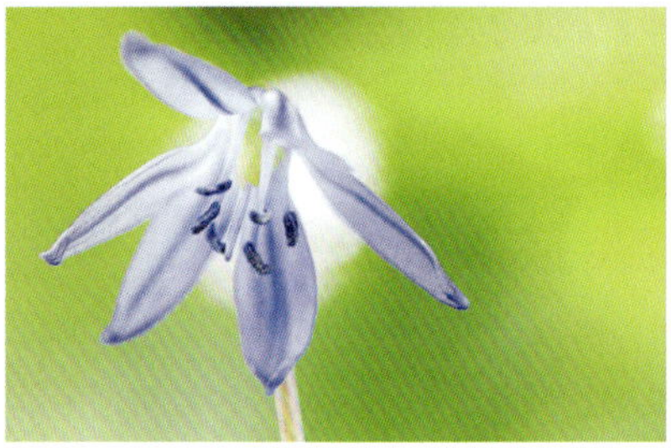

Attraktive Blüten sind ebenfalls ein beliebtes Motiv in der Makrofotografie. Um den eher unruhigen Hintergrund etwas unschärfer zu gestalten, haben wir hier die Blende geöffnet, was eine geringere Schärfentiefe und bessere Freistellung der Blüte zur Folge hat. Blätter, Pilze und allerlei Grünzeug lassen sich übrigens ebenfalls wunderbar im Ganzen oder auch sehenswert en détail ablichten.

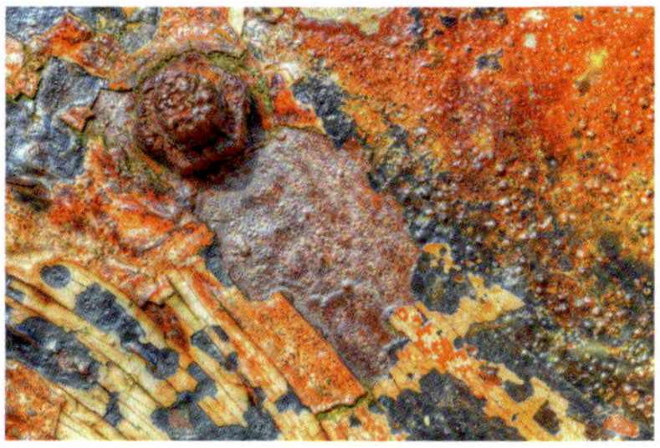

Interessante Ergebnisse lassen sich mit dem Makroobjektiv auch bei abstrakten Strukturen erzielen. Wie bei dem Bild der rostigen Schraube kommt es dabei oft auf einen passend gewählten Bildausschnitt an. Auch natürliche Strukturen wie die von Flechten oder Steinen oder andere ansonsten eher unscheinbare Oberflächen lassen sich mit dem Makroobjektiv attraktiv in Szene setzen.

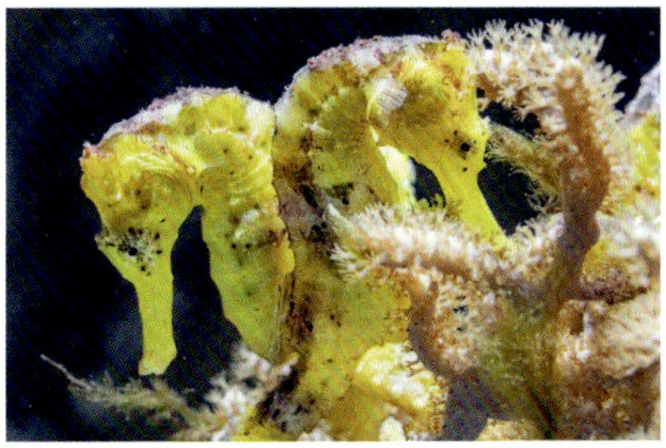

Das Makroobjektiv eignet sich auch für Aufnahmen kleinerer Fische wie der Seepferdchen. Achten Sie hier besonders darauf, die Frontlinse möglichst plan und senkrecht auf der Aquarienscheibe zu platzieren. Gehen Sie so nahe wie möglich an die Scheibe heran, um störende Reflexionen und sichtbare Kratzer und Schlieren im Bild zu vermeiden. Das Motiv sollte mindestens 20cm von der Scheibe entfernt sein.

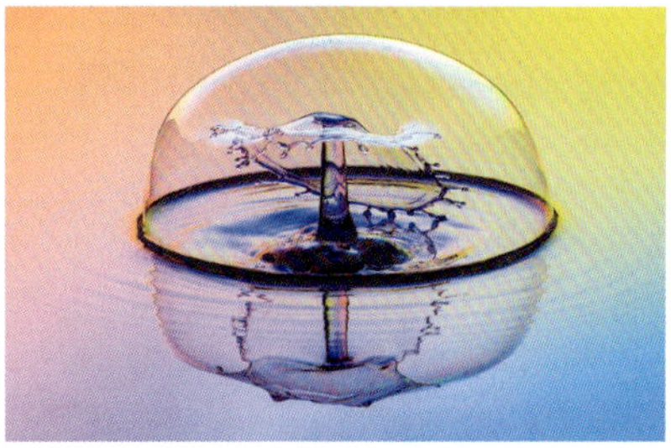

Auch experimentelle Fotografie lässt sich mit dem Makroobjektiv ohne Weiteres realisieren, z.B. spannende Aufnahmen von Wassertropfen, die nach dem Auftreffen auf die Wasseroberfläche bizarre Flüssigkeitsskulpturen bilden. Das erfordert mit Lichtschranke und Farbfiltern durchaus Aufwand und große Präzision. Man macht das nicht im Vorübergehen, erhält dafür aber faszinierende Wasserskulpturen.

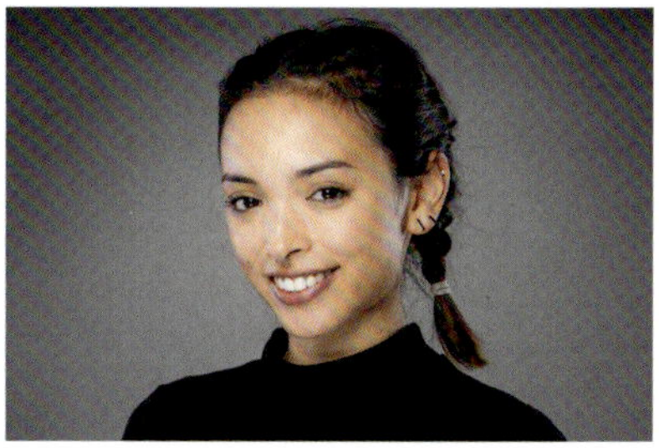

Makroobjektive eignen sich nicht nur für kleine Dinge: Wegen ihrer hervorragenden Abbildungsqualität lassen sie sich mit Brennweiten zwischen 80 und 200mm auch ideal für Porträtaufnahmen in ausgezeichneter Qualität einsetzen. Manche Makroobjektive bilden so detailreich ab, dass es dem ein oder anderen Model fast schon etwas zu weit geht. Achten Sie also auf eine reine Haut oder gutes Make-up und weiches Licht.

Projekt: Verschiedene Brennweiten einsetzen

Wird ein Motiv vom gleichen Aufnahmestandort aus mit verschiedenen Brennweiten fotografiert, wie im Abschnitt »Wissen: Brennweite« auf Seite 46 zu sehen ist, fahren Sie quasi wie mit einer Filmkamera immer weiter in die Szene hinein. Hierbei ändert sich aber nur die Größe des Bildausschnitts, die Perspektive bleibt indes gleich. Etwas anderes ist es, das Objekt im Bild immer gleich groß darzustellen und dies durch Anpassen des Aufnahmeabstandes zu erreichen. In diesem Fall ändern sich die Perspektive und die Bildwirkung sehr deutlich. Hier ein praktisches Beispiel anhand einer Luchsskulptur am Königssee.

Das Vorgehen für den Brennweitenvergleich

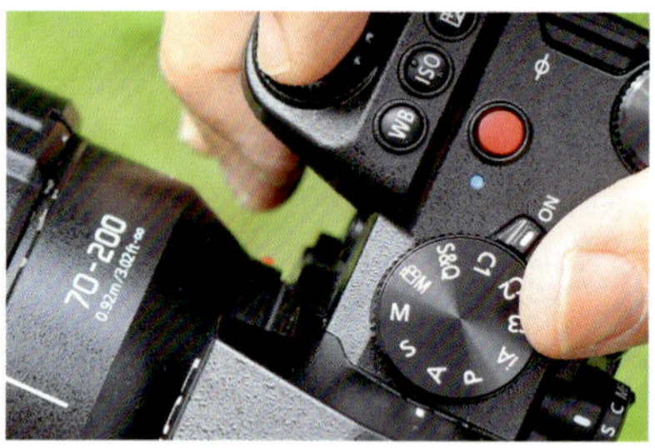

1 Blendenvorwahl aktivieren

Der Blendenwert sollte bei allen Bildern gleich sein, um den Effekt von Brennweite und Aufnahmeabstand darstellen zu können. Wählen Sie daher die Blendenvorwahl (A/Av).

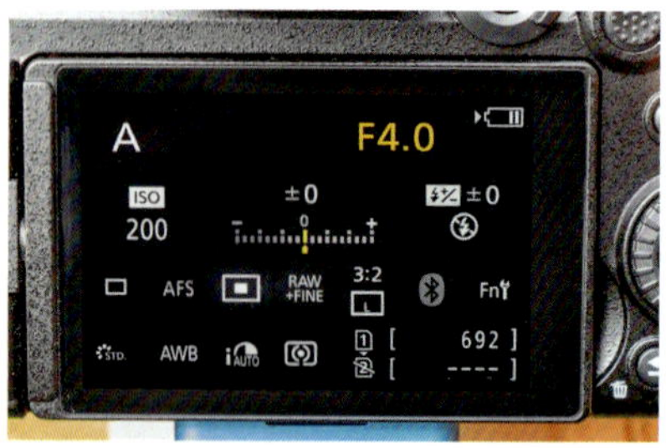

2 Blende und ISO wählen

Bei der Luchsskulptur haben wir für eine schöne Freistellung mit f4 eine offene Blende gewählt und die Lichtempfindlichkeit für eine gute Bildqualität auf ISO 200 eingestellt.

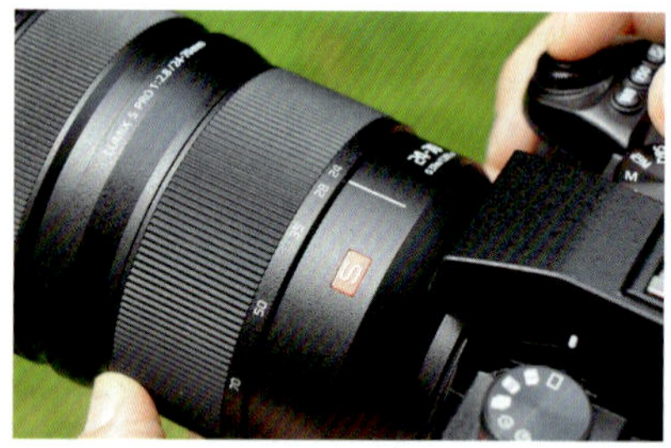

3 Brennweite 24–70 mm

Als Objektiv für die niedrigeren Brennweiten haben wir ein hochwertiges Zoomobjektiv mit durchgehender Lichtstärke verwendet, sodass alle Bilder mit einem Blendenwert von f4 aufgenommen werden konnten.

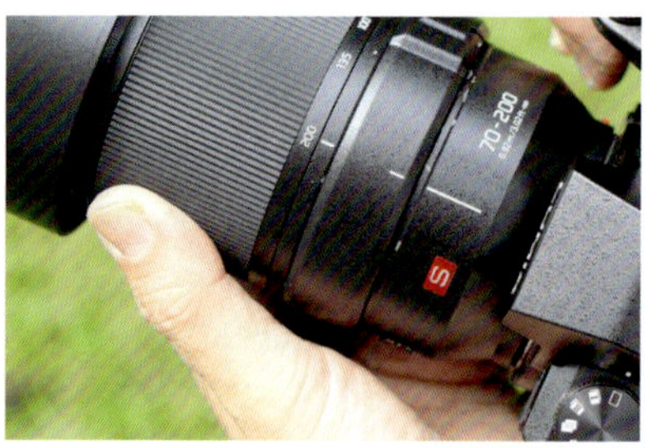

4 Brennweite 70–200 mm

Für die längeren Brennweiten kam ein 70–200-mm-Telezoomobjektiv zum Einsatz.

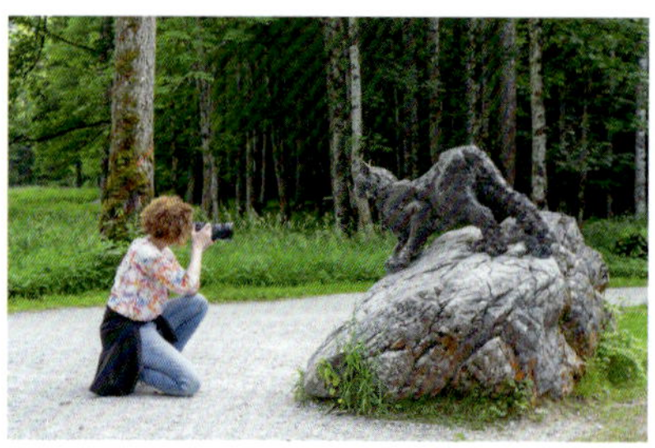

5 Abstand mit Weitwinkel

Für das Foto mit der Weitwinkeleinstellung (24 mm) waren wir ziemlich dicht am Luchs dran.

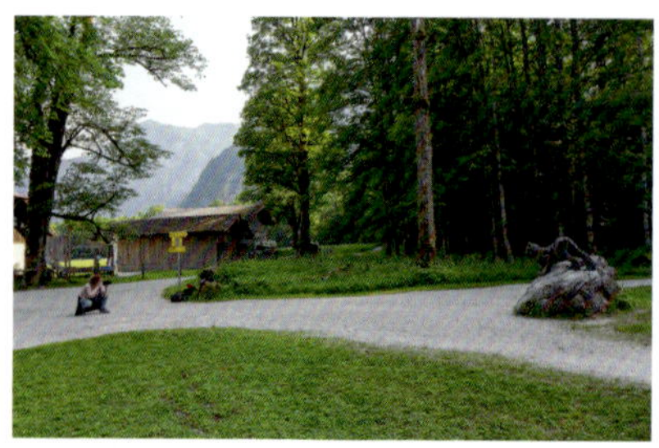

6 Abstand mit Teleobjektiv

Bei 200 mm Brennweite sah das anders aus, die Fotografin musste recht weit zurücktreten.

Das Hauptmotiv bleibt gleich, Hintergrundschärfe und Perspektive ändern sich

Mit zunehmender Brennweite wird der Hintergrund unschärfer und der Bildausschnitt des Hintergrundes enger, die Luchsskulptur wird besser davor freigestellt und wirkt dadurch prägnanter.

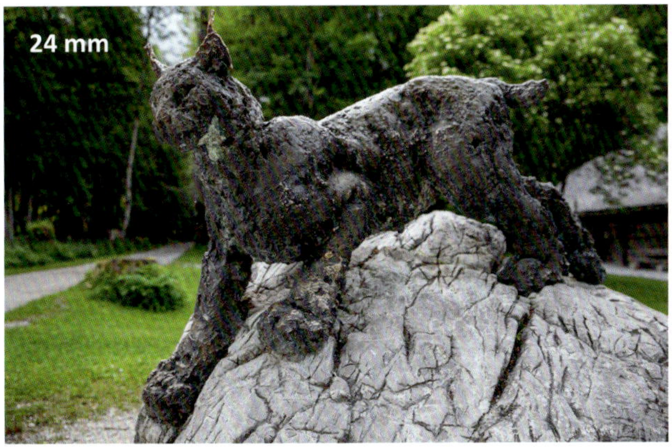

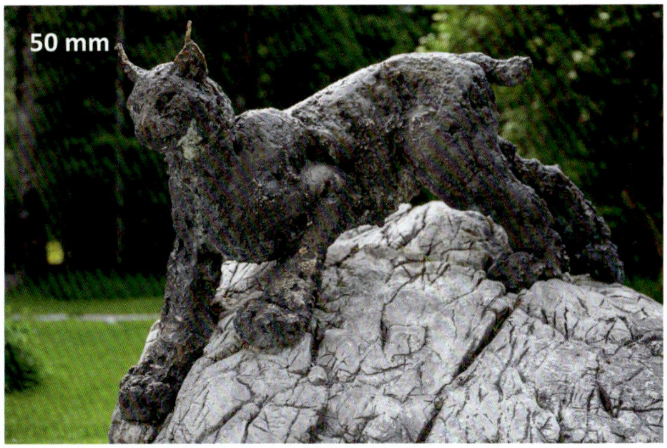

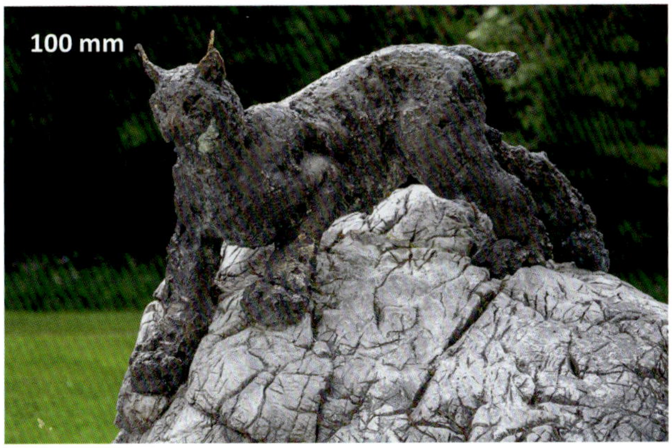

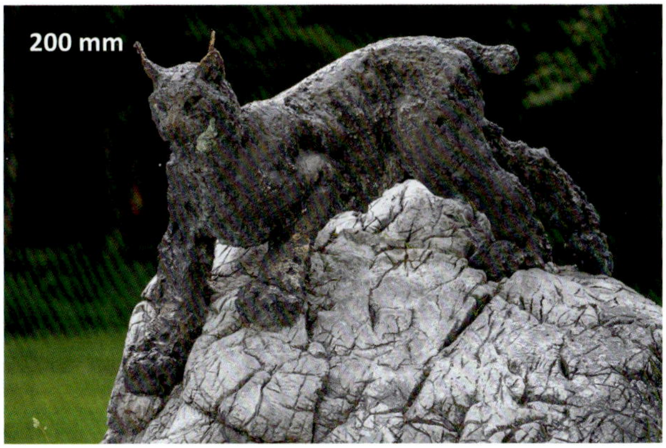

Erst die Perspektive, dann die Brennweite wählen!

Um die passende Perspektive für ein Motiv zu finden, müssen Sie nicht unbedingt gleich die Kamera in die Hand nehmen. Schauen Sie sich das Motiv erst einmal an, indem Sie mit Ihren Daumen und Zeigefingern einen Bildausschnitt formen, ein Auge schließen und mit dem anderen Auge durch den Ausschnitt blicken. Gehen Sie nahe ans Objekt heran oder weiter weg, halten Sie den »Bildausschnitt« näher ans Gesicht (weitwinklige Perspektive), oder halten Sie ihn weiter weg (Teleeinstellung). Ist die passende Perspektive gefunden, können Sie die geeignete Objektivbrennweite wählen und die Kamera entsprechend Ihrer Idee ausrichten. Auf diese Weise lässt sich so manch umständliche und zeitraubende Auf- und Abschrauberei von Objektiven vermeiden. Und Sie bleiben länger bei Ihrer Idee und lassen sich nicht gleich von der Technik »ablenken«.

Motive freistellen

Wenn genügend Platz vorhanden ist, erzielen Sie mit längeren Brennweiten und entsprechend mehr Abstand zum Motiv eine besonders gute Freistellung mit unscharfem Hintergrund. Daher verwenden wir bei Porträtshootings im Freien gerne lichtstarke Telezoomobjektive mit 70–200 mm Brennweite. Damit können wir den Aufnahmeabstand flexibel wählen.

Projekt: Schönes Porträt gestalten

Ein Porträt mit frischer, natürlicher Wirkung ist Thema dieses Workshops. In unserem Beispiel haben wir dazu eine Architekturumgebung gewählt, die dem Bild durch die helle kreisförmige Wand mit der Glasfläche einen attraktiven Hintergrund verleiht. Das Geländer war praktisch, um die Arme locker darauf abzulegen und durch die Diagonale eine gewisse Dynamik ins Bild zu bringen. Mit dem lichtstarken 70–200-mm-Zoomobjektiv konnten wir einerseits eine schöne Hintergrundunschärfe erzielen und waren andererseits sehr flexibel in der Wahl des Bildausschnitts.

Der Weg zum Porträt

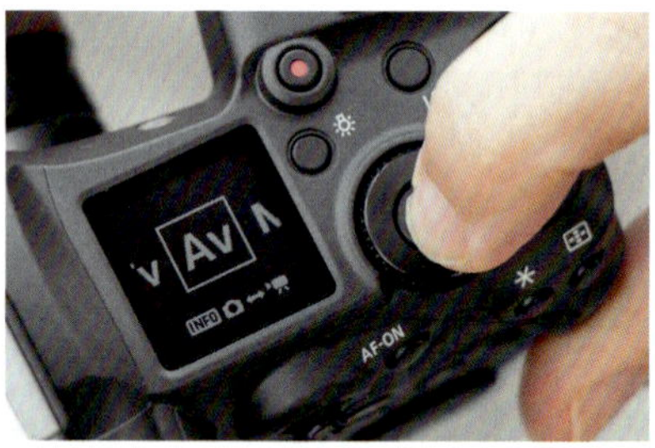

1 Blendenvorwahl wählen Die Schärfentiefe ist hier zu wichtig, um sie der Automatik zu überlassen. Bestimmen Sie sie also selbst, und wählen Sie die Blendenvorwahl A/Av.

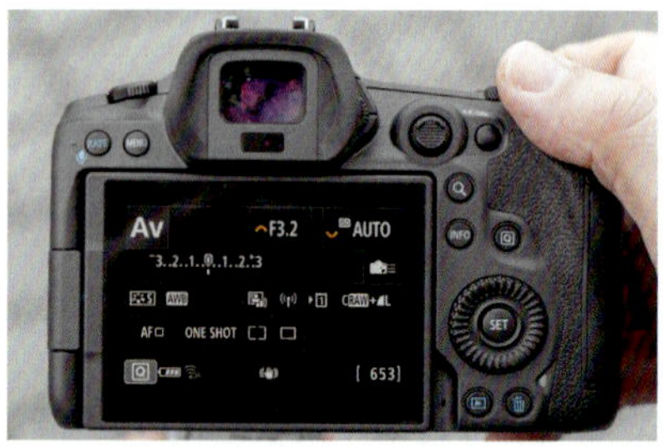

2 Blendenwert einstellen Ein Blendenwert von f3,2 ermöglicht in diesem Beispiel sowohl einen unscharfen Hintergrund als auch genügend Schärfentiefe für das Halbfigurporträt.

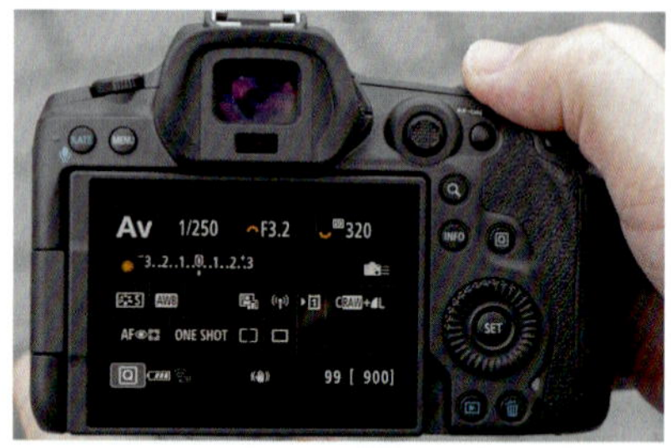

3 ISO-Wert wählen Die Belichtungszeiten sollten kurz genug sein, um Bewegungen einzufrieren. Bei einem ISO-Wert von 320 lagen die Werte hier zwischen 1/250 und 1/320 s.

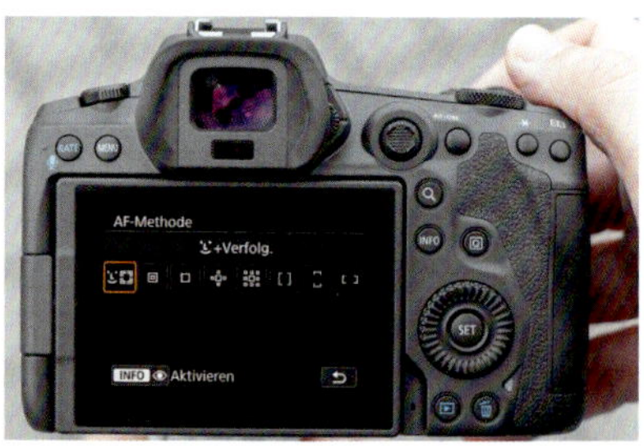

4 AF-Bereich Um die Augen optimal in den Fokus zu bekommen, half uns hier der Autofokus mit Gesichtserkennung. Ein einzelnes AF-Feld auf dem Auge platziert wäre alternativ geeignet.

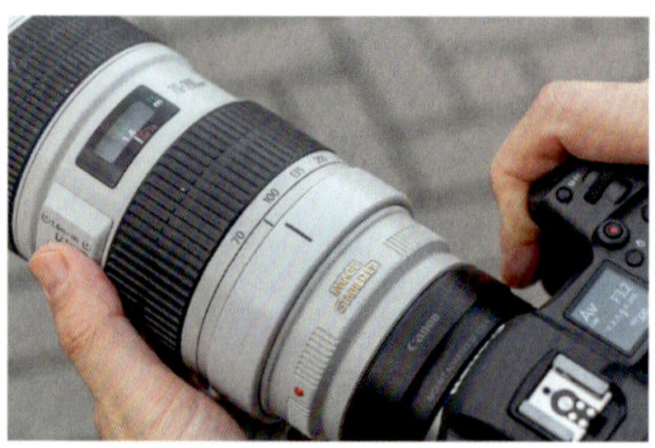

5 Brennweite Ein Zoom macht flexibel. Längere Brennweiten (z. B. 200 mm) eignen sich für Kopfporträts und kürzere (z. B. 70 mm) für Halbfigur- und Ganzkörperaufnahmen.

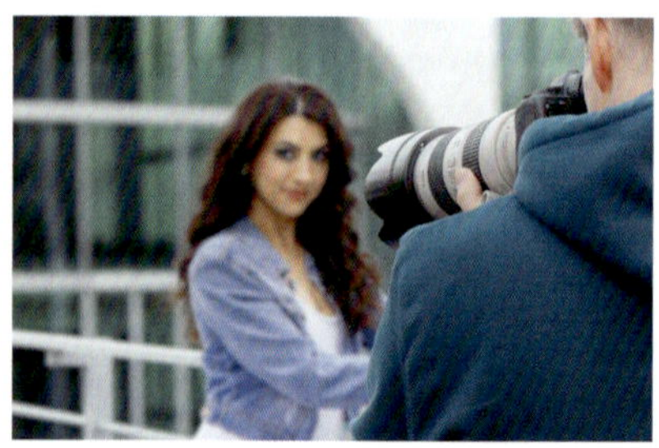

6 Bild aufnehmen Beginnen Sie locker, und »rutschen« Sie dann ins Shooten rein. Die Models sollten in Bewegung bleiben, damit die Aufnahmen natürlich werden und viele Ausdrücke bieten.

Das Ergebnisbild

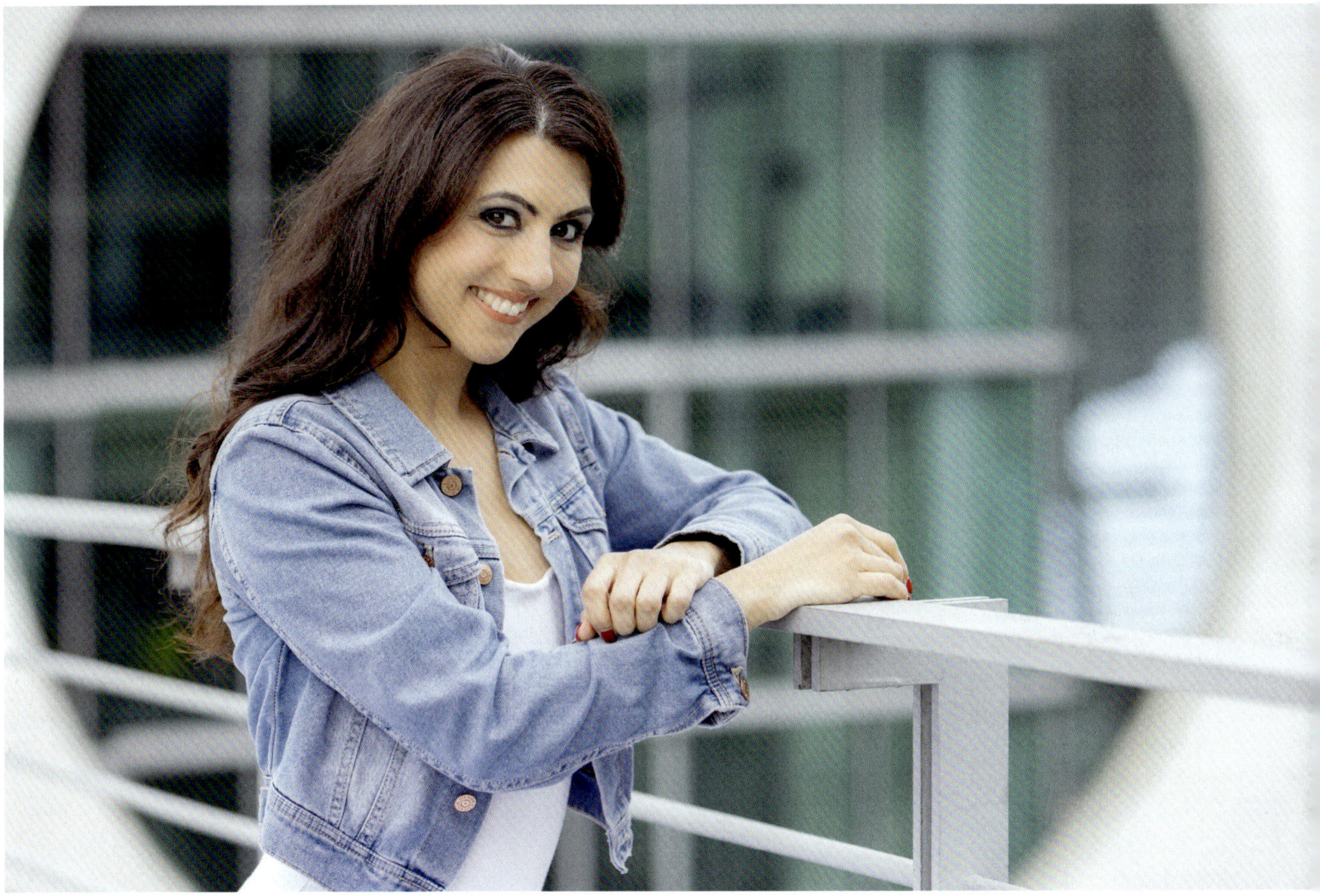

Natürliches Porträt vor moderner Architekturkulisse. Die kühlen Hintergrundfarben harmonieren gut mit dem Look des Models. Durch die leichte Telebrennweite und die relativ offene Blende wird der Hintergrund weich und unscharf abgebildet.

Brennweite	Blende	Belichtungszeit	ISO
85 mm	f3,2	1/250 s	320

Gute Stimmung schaffen

Wenn Sie Personen aufnehmen, spielt die Stimmung am Set eine wichtige Rolle für den Erfolg des Shootings. Eine entspannte Atmosphäre und gute Laune übertragen sich in den meisten Fällen auf die Ausstrahlung der Personen im Bild.

Serienbildfunktion: ja oder nein?

Wir bevorzugen es, bei solchen Shootings im Einzelbildmodus zu fotografieren und im richtigen Moment abzudrücken. Ansonsten steht man nach dem Shooting nicht selten mit endlos vielen Bildern da, aus denen aufwendig die besten herausgesucht werden müssen. Das erfordert aber etwas Selbstvertrauen, denn das Auslösen muss dann auch exakt sitzen, sonst ist der beste Moment im Nu verflogen. Wenn Sie nicht ganz so routiniert sind, empfehlen wir, die Serienbildaufnahme einzustellen, dann ist bei jeder Pose meistens auch etwas dabei.

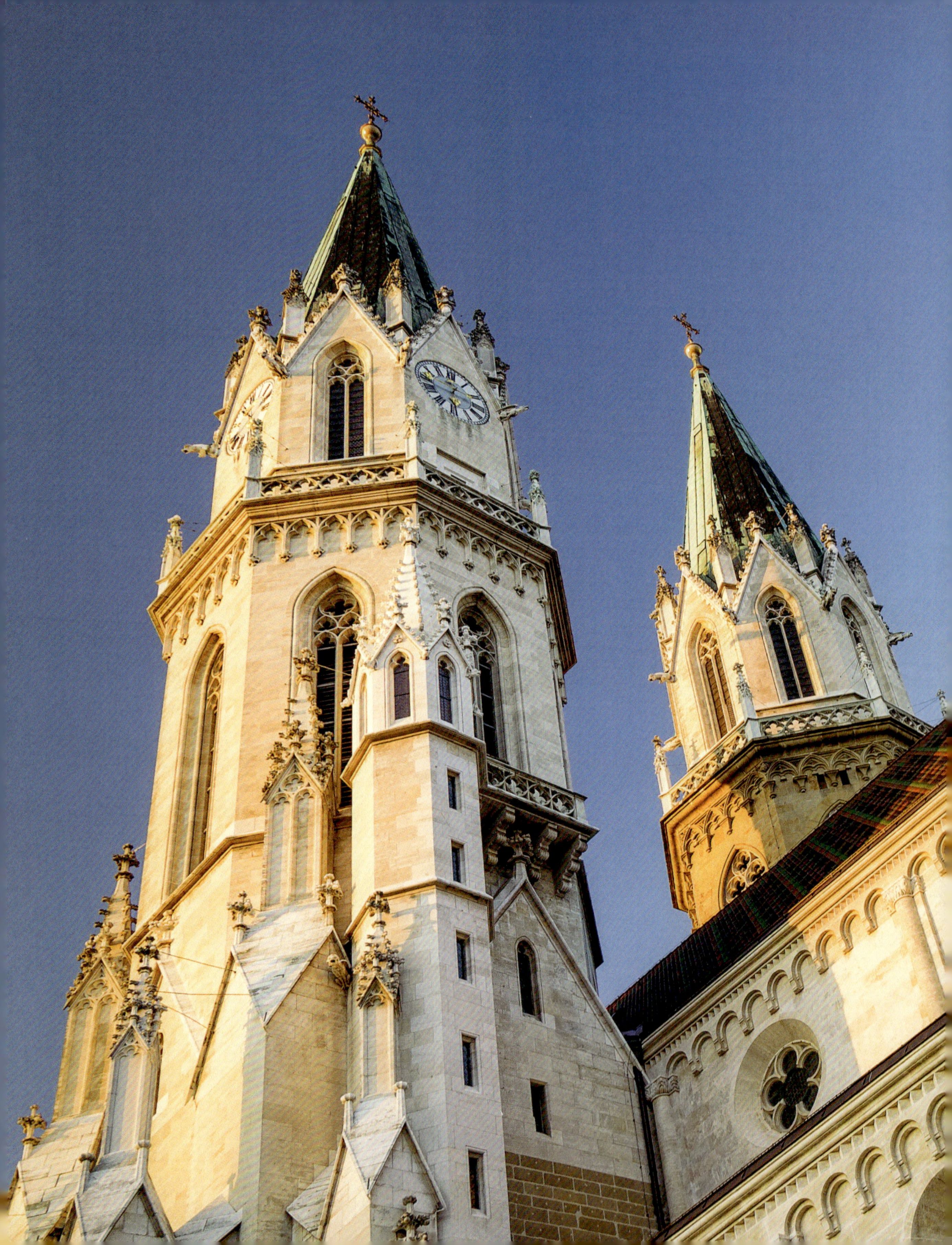

Kapitel 3

Richtig belichten

Die Intensität und die Farbe des Lichts sind die wichtigsten Elemente, mit denen Sie Ihre Bilder zum Leben erwecken. Wie Sie die Belichtungssteuerung Ihrer Kamera am geschicktesten einsetzen, um in jeder Situation ein ausgewogen belichtetes Bild zu bekommen, zeigen wir Ihnen in diesem Kapitel ebenso wie das Farbmanagement Ihrer Aufnahmen mit dem Weißabgleich.

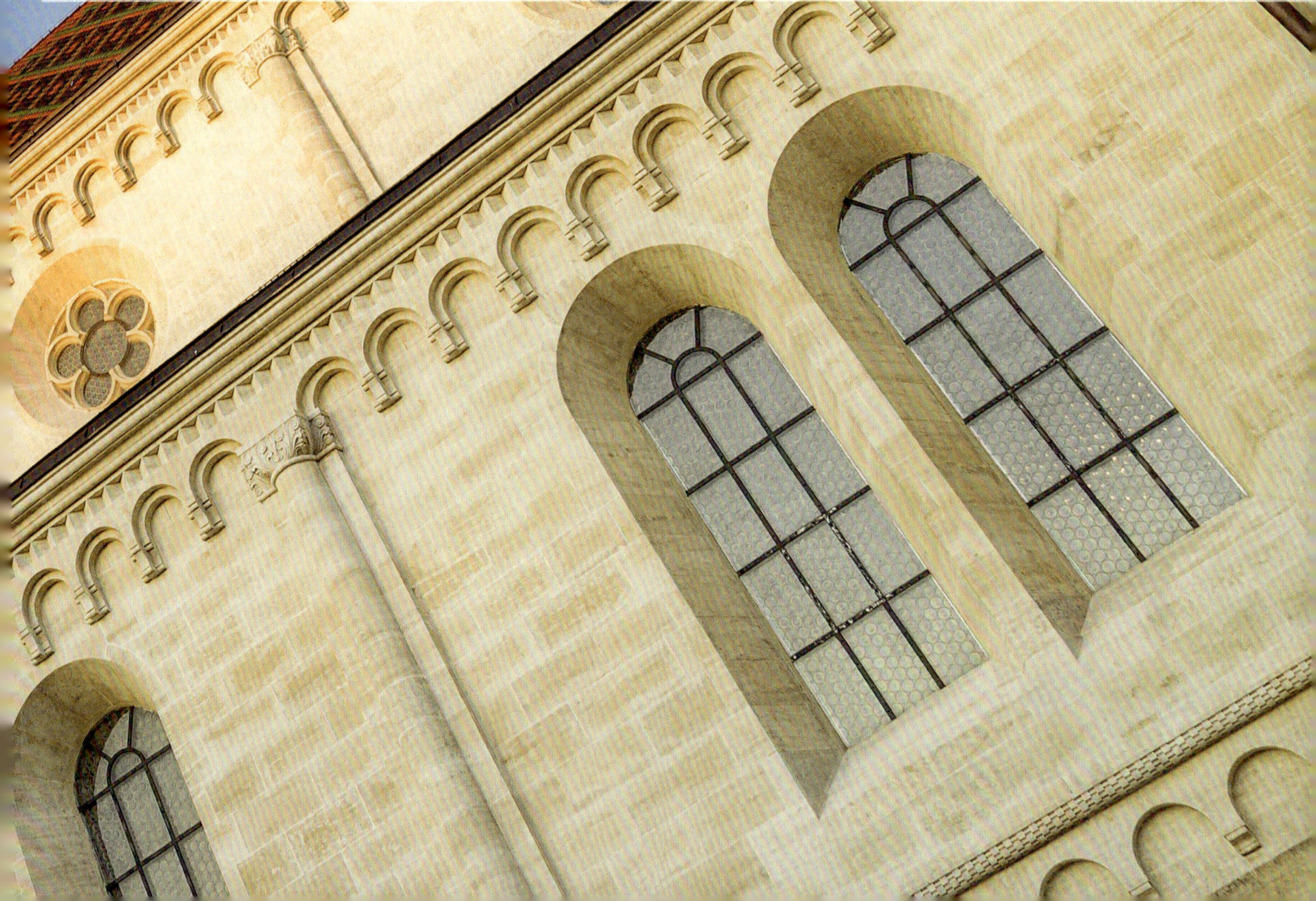

Wissen: Das magische Belichtungstrio

Der Begriff *Licht* taucht schon im Begriff *Photographie* auf (altgriechisch *photos* für »Licht«). Daher ist es kaum verwunderlich, dass für die Belichtung eines Bildes gleich drei zentrale Parameter eine wichtige Rolle spielen. Dabei handelt es sich im Einzelnen um die Belichtungszeit, die Blende und den ISO-Wert (Lichtempfindlichkeit des Sensors). Wenn Sie die richtige Kombination dieser drei Werte beherrschen, werden nicht nur Ihre Aufnahmen bestmöglich belichtet sein, Sie können damit auch bei der Gestaltung der Bilder Ihre Vorstellungen perfekt umsetzen und kreativ zu Werke gehen.

Die passende Belichtung

In vielen Situationen streben wir an, das Bild so zu belichten, dass die Lichtsituation möglichst natürlich wiedergegeben wird, so, wie wir sie empfunden haben. So lässt sich das Gesehene beim Betrachten der Aufnahme authentisch vermitteln und die Belichtung wirkt meist auch angenehm auf das menschliche Auge. Es gibt aber auch Situationen, in denen ein Motiv bewusst heller oder dunkler dargestellt wird, um dem Bild eine besondere Stimmung zu verpassen oder wenn die natürliche Lichtsituation besonders ungünstig ist. Generell wird das Abdunkeln eines Bildes als *Unterbelichten* und das Aufhellen als *Überbelichten* bezeichnet. Fällt die Unter- oder Überbelichtung im Ergebnis zu stark aus, wird von einem unter- oder überbelichteten, also einem nicht optimal belichteten Bild gesprochen. Unten sehen Sie den Effekt.

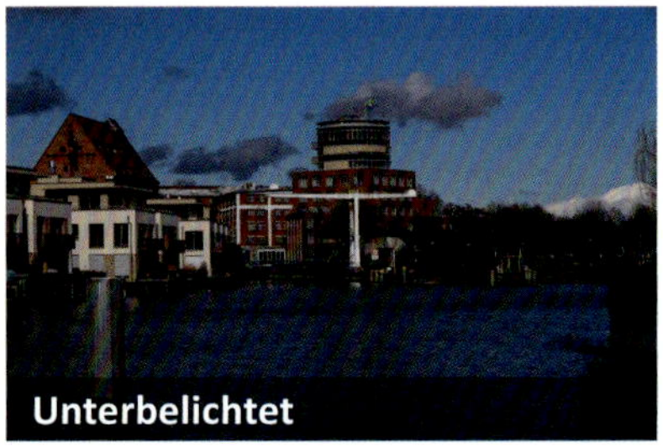

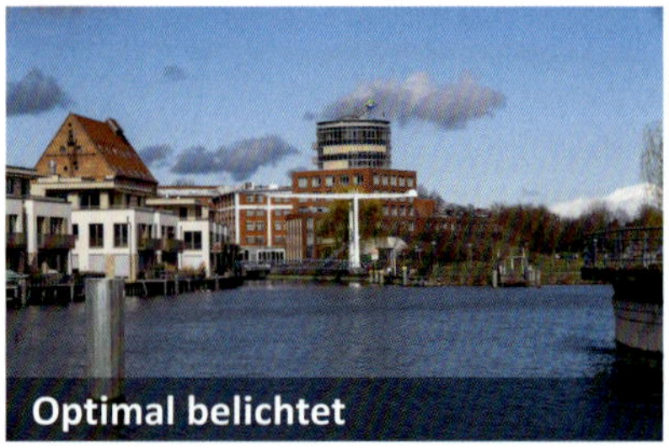

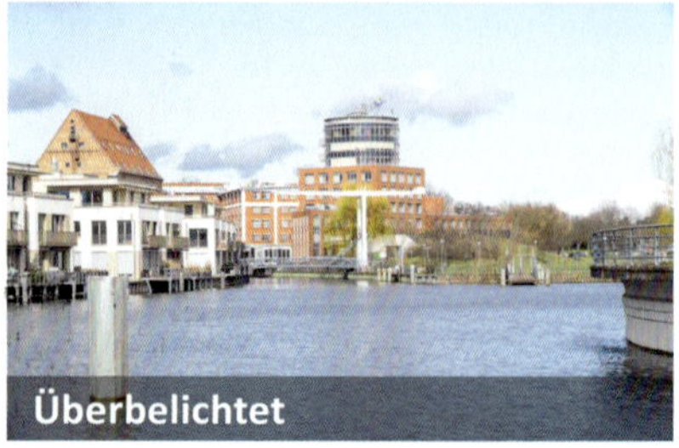

Blendenwerte verstehen

Die Blendenwerte, ihre Benennung und das, was sie in der Fotografie bewirken, können oft etwas verwirrend sein. Merken Sie sich einfach: Je höher der Blendenwert, desto geschlossener ist die Blende. Je niedriger der Blendenwert, desto offener ist die Blende. Je offener die Blende ist, desto mehr Licht kann auf den Sensor gelangen. Wenn die Belichtungszeit und der ISO-Wert unverändert bleiben, fangen Sie also mehr Licht ein, wenn Sie den Blendenwert verringern.

Abhängigkeit

Belichtungszeit, Blende und ISO-Wert sind ein voneinander abhängiges Trio. Wird ein Wert verändert, müssen die anderen mitziehen, sonst entstehen hellere oder dunklere Bilder. Das übernimmt meist die Kameraautomatik.

Das Belichtungstrio im Detail

Man könnte das Belichtungstrio tatsächlich als magisch bezeichnen, denn mit den drei Parametern Belichtungszeit, Blende und ISO-Wert haben Sie die Belichtung Ihrer Bilder immer bestens im Griff.

Belichtungszeit

Die Belichtungszeit oder Verschlusszeit bestimmt die Dauer des Lichteinfalls durch das Objektiv auf den Sensor. Reguliert wird dies bei den meisten System- und Spiegelreflexkameras durch ein mechanisches Freilegen und Verschließen des Sensors mit einem Lamellenvorhang. Viele Kompakt- und Systemkameras besitzen inzwischen aber auch einen halbelektronischen oder vollelektronischen Verschluss, der praktischerweise geräuschärmer oder fast lautlos arbeitet.

Blende

Die Blende befindet sich im Objektiv und besteht aus mehreren Blendenlamellen, die sich öffnen und schließen lassen. Je nach Durchmesser der variablen Öffnung gelangt mehr Licht (niedriger Blendenwert) oder weniger Licht (hoher Blendenwert) in die Kamera.

ISO-Wert

Die Lichtempfindlichkeit des Sensors wird durch den ISO-Wert charakterisiert. Bei den meisten Kameras startet der ISO-Bereich mit einem Wert von 100 und kann bis zu einem Wert von 409 600 und darüber gehen. Je höher der ISO-Wert, desto lichtempfindlicher der Sensor, was durch eine nachgeschaltete Signalverstärkung erzielt wird. Je nach Kamera nimmt die Bildqualität ab einem bestimmten Grenzwert, der oft bei ISO 3 200 liegt, durch Bildrauschen ab.

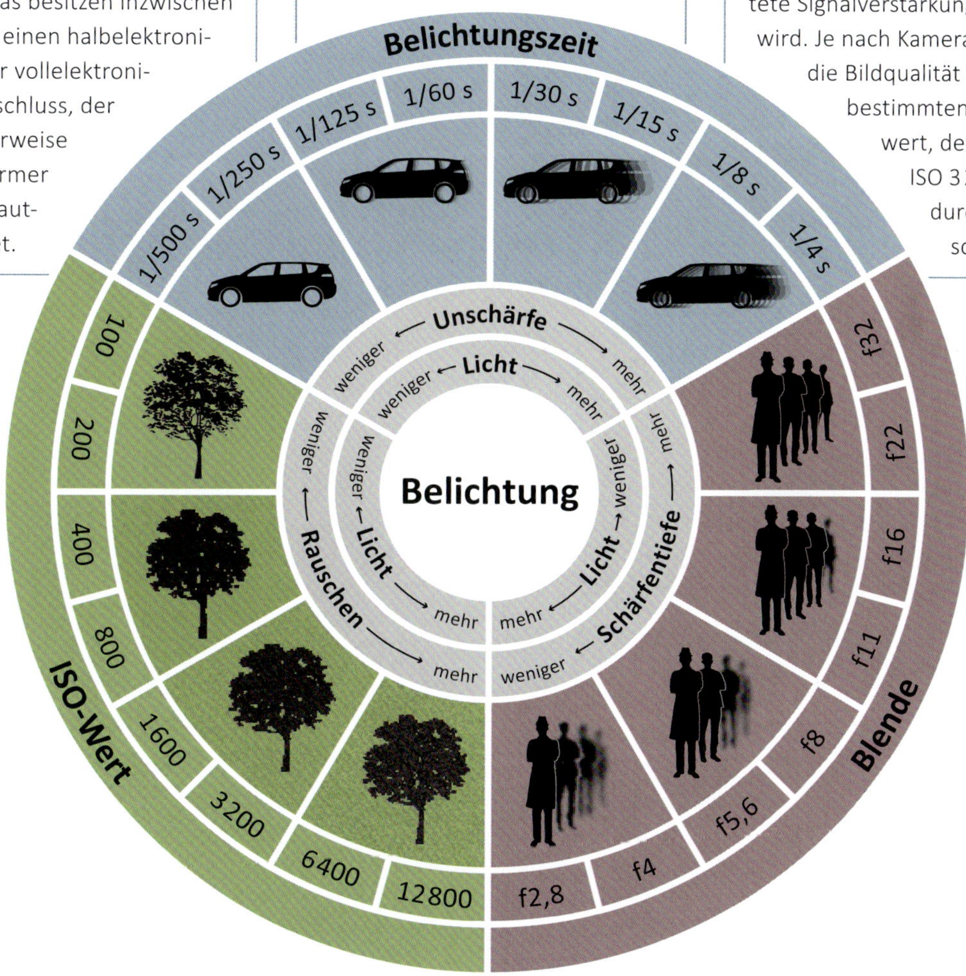

Bedeutung des Lichtwertes

Der Lichtwert LW wird auch mit EV (*Exposure Value*) abgekürzt und ist das Maß für die fotografische Belichtung. Die Kombination aus Belichtungszeit, Blende und ISO-Wert führt zu einer bestimmten Belichtungsstärke. Dabei entspricht bei allen drei Parametern die Veränderung um eine volle Stufe einem EV von 1. Wird also z. B. der ISO-Wert von 100 auf 200 erhöht, die Belichtungszeit von 1/60 s auf 1/30 s verlängert oder die Blende von f8 auf f5,6 geöffnet, steigt der Lichtwert jeweils um 1 EV. Belichtungskorrekturen werden daher auch mit EV-Stufen angegeben, z. B. +1/3 oder −1 EV.

Belichtungszeit und Bewegung

Sobald es darum geht, bewegte Motive aufzunehmen, kommt der Belichtungszeit eine entscheidende Rolle zu. Von der Dauer der Belichtung hängt es ab, ob Sie eine Bewegung einfrieren können, also ob ein scharfes Bild dabei herauskommen soll, oder ob Sie dem Motiv durch Verwischen eine spezielle Dynamik verleihen. Dabei gilt: Je schneller die Bewegung, desto kürzer muss die Belichtungszeit sein, um die Bewegung einzufrieren. Umgekehrt wird für einen dynamisch verwischten Bewegungseffekt eine an die Geschwindigkeit angepasste, etwas längere Belichtungszeit benötigt. Achten Sie auf das Wasser in den Bildern rechts. Eine andere Methode, Dynamik ins Bild zu bringen, ist das Mitziehen mit einer geradlinigen Bewegung bei etwas längerer Belichtungszeit. Das geht prima mit Fahrzeugen, Skifahrern oder Läufern (mehr dazu ab Seite 114).

Rauschunterdrückung

Alle modernen Digitalkameras besitzen eine sogenannte *High-ISO-Rauschreduzierung (*NR = *Noise Reduction).* Bei manchen Modellen lässt sie sich auch in mehreren Stufen einstellen, oder es gibt spezielle Modi, die das Bildrauschen durch Fusionieren mehrerer Bilder noch effizienter unterdrücken (z. B. Multi-Shot-Rauschreduzierung bei Canon, Multiframe-RM bei Sony). Kennzeichnend ist, dass das eher körnige ISO-Rauschen gut unterdrückt wird, dafür aber die Detailauflösung sinkt und infolgedessen die Strukturen bei höheren ISO-Werten etwas verschwimmen. Dennoch haben wir sehr gute Erfahrungen mit der Entrauschung direkt in der Kamera gemacht und empfehlen, diese Funktion standardmäßig zu aktivieren.

Blende und Schärfentiefe

Eine der wichtigsten bildgestalterischen Eigenschaften der Blendenöffnung ist die Möglichkeit zur Steuerung der Schärfentiefe. Das ist der Bereich, der vor und hinter dem scharfgestellten Objekt im Bild noch als scharf wahrgenommen wird. Es ist eigentlich ganz einfach: Wird die Blende geöffnet (kleinerer Blendenwert), verringert sich die Schärfentiefe, wird sie geschlossen (größerer Blendenwert), vergrößert sich die Schärfentiefe. Damit stellt die Blende ein erstklassiges Kreativwerkzeug dar, mit dem sich einiges an der Bildgestaltung bewerkstelligen lässt.

Der ISO-Wert – Segen und Fluch

Der ISO-Wert ist so etwas wie der Joker der Belichtung. Er beeinflusst die Bildgestaltung kaum, vermag es aber, den Sensor quasi lichtempfindlicher zu machen. Sie gehen lediglich einen Pakt mit dem »Rauschmephisto« ein. Die gute Nachricht ist aber, dass Sie bei allen Kameras die Erhöhung einiger ISO-Stufen frei haben, bei denen die Bildqualität sich nicht maßgeblich verschlechtert. Ab welchem ISO-Wert dann sichtbares Bildrauschen anfängt, hängt sehr stark von der Güte der kamerainternen Signalverarbeitung ab. Bei modernen Sensoren ist ein ISO-Wert bis 3200 meist unproblematisch. Genaueres entnehmen Sie bitte Ihrem Kamerahandbuch, oder fertigen Sie selbst eine ISO-Reihe an, wie wir sie hier exemplarisch an einem Schriftdetail zeigen.

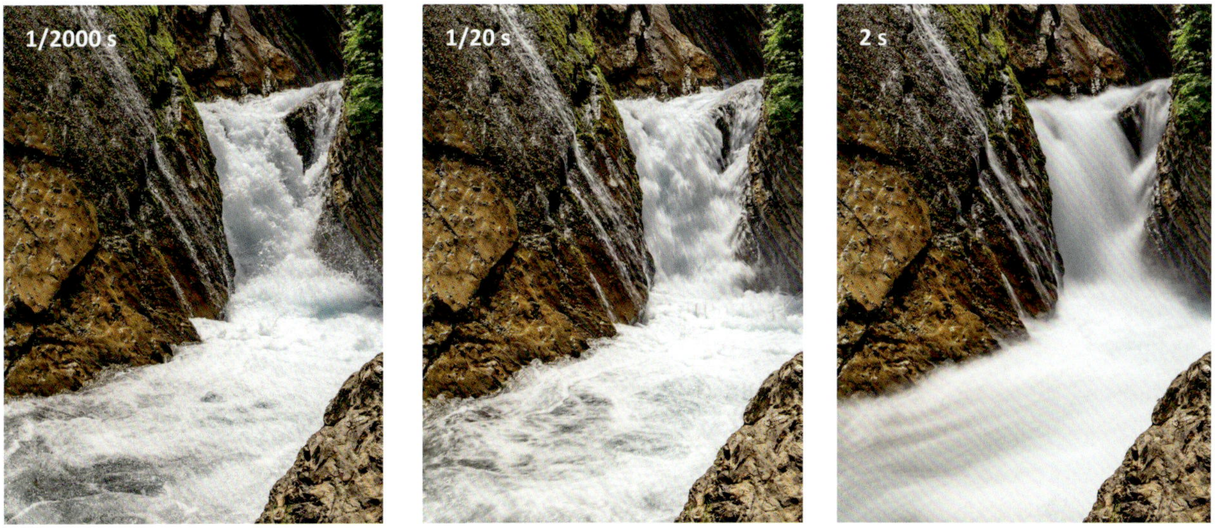
1/2000 s
1/20 s
2 s

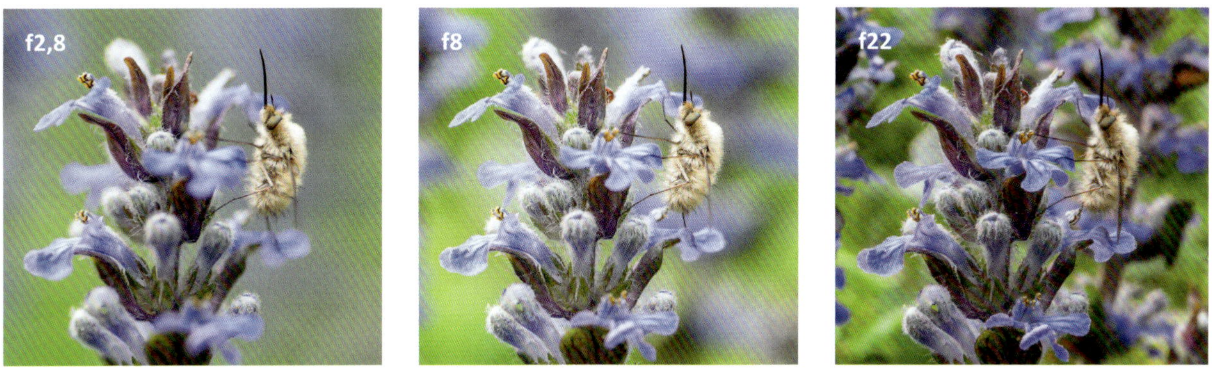
f2,8
f8
f22

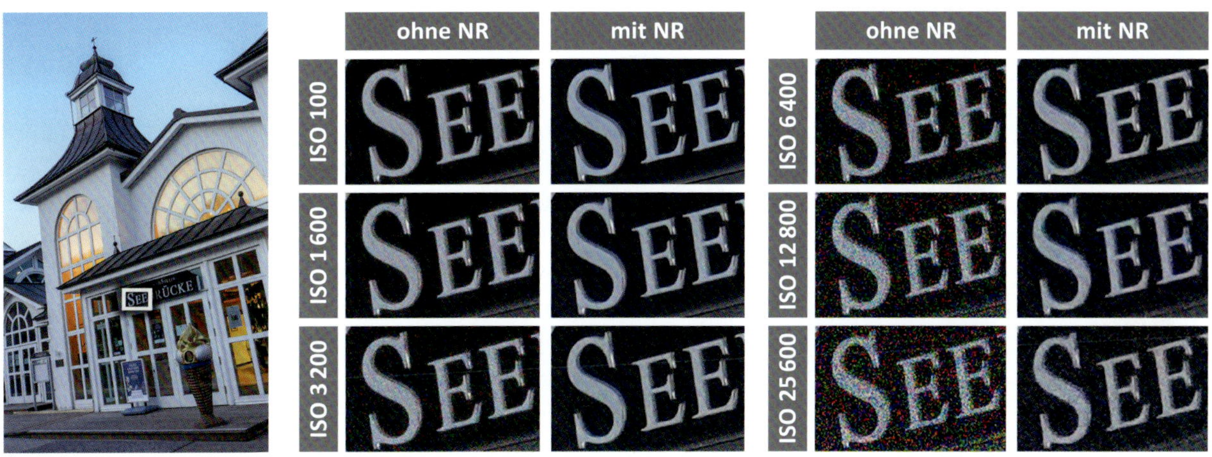
ohne NR
mit NR
ohne NR
mit NR
ISO 100
ISO 1 600
ISO 3 200
ISO 6 400
ISO 12 800
ISO 25 600

Wissen: Farben steuern mit dem Weißabgleich

Licht ist nicht einfach nur weiß oder »durchsichtig«, sondern hat tatsächlich eine Farbe, genauer gesagt eine Farbtemperatur. Diese beschreibt den Energiegehalt des Lichts und die damit verbundenen Farbeigenschaften. Die Farbtemperatur wird in der Einheit Kelvin angegeben. Sonnenlicht hat beispielsweise eine Farbtemperatur von ca. 5 500 Kelvin und wirkt für unsere Augen weißlich. Das Licht einer Glühlampe hingegen hat mit seinen ungefähr 3 000 Kelvin einen gelblichen Touch. Da die Kamera nicht wissen kann, welche Lichtquelle sie vor sich hat, muss ihr die Farbtemperatur mitgeteilt werden. Dazu wird der sogenannte *Weißabgleich* eingestellt. Stimmen die Kelvin-Werte des Lichts und des Weißabgleichs überein, werden neutrale Farben wie Weiß, Grau und Schwarz auch im Bild neutral wiedergegeben und alle anderen Farben entsprechend angepasst. Liegt eine Abweichung vor, erhält das Bild eine mehr oder weniger starke Farbverschiebung. Digitalkameras besitzen einen automatischen Weißabgleich (AWB = *auto white balance*). Dieser passt die Farbgebung selbstständig an die Lichtquelle an – oft funktioniert das gut, aber auch nicht immer. Darum bieten die meisten Kameras zusätzlich Weißabgleichvorgaben für typische Lichtsituationen, die noch präzisere Ergebnisse liefern können.

Den Weißabgleich nachträglich einsetzen

Bei Raw-Bildern lässt sich der Weißabgleich bei der Entwicklung am Computer anpassen. Dennoch sollte er schon annähernd stimmen, sonst kann es beim Anpassen zu erhöhtem Bildrauschen kommen.

Farbtemperaturen des natürlichen Lichts und geeignete Weißabgleichvorgaben

Lichtquelle	Blauer Himmel mittags, mit Schnee	Nebel	Schatten, bedeckter Himmel	Sonnenlicht mittags
Kelvin-Wert	8000–9000K	7000–8000 K	6000–7000K	5500–6500K
Farbtemperatur				
Weißabgleich-Icon in der Kamera				AWB, ☁ oder ☀
Bildergebnis	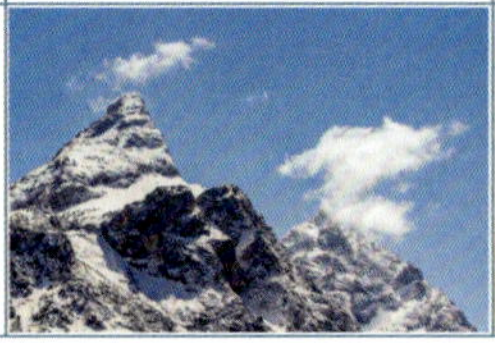	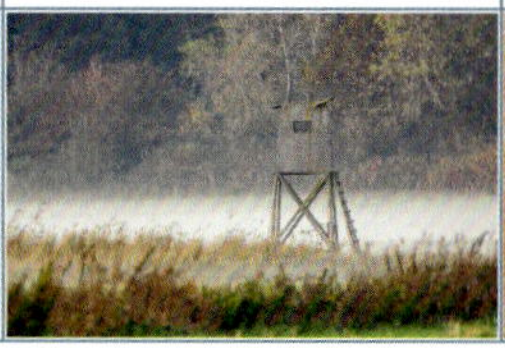	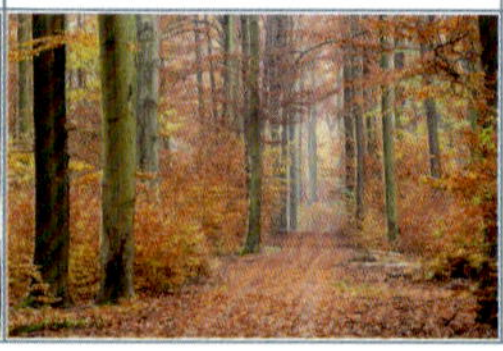	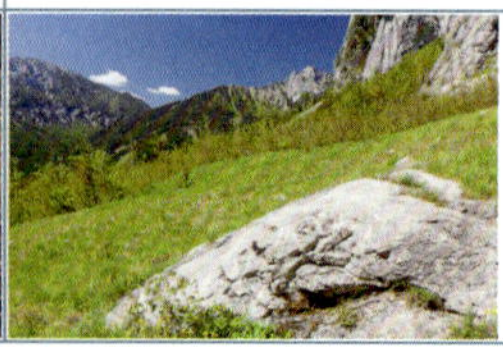

Standardmäßige Weißabgleichvorgaben

AWB	Automatik	Die Kamera entscheidet selbstständig, welcher Weißabgleich am besten zum aktuellen Licht passt. In der Regel funktioniert das sehr gut, in besonderen Situationen sollten Sie aber den Weißabgleich manuell einstellen oder im Raw-Format fotografieren.
	Tageslicht	Am besten geeignet bei Sonnenlicht, kann aber auch bei Sonnenaufgang/Sonnenuntergang oder bei offenem Feuer stimmige Ergebnisse liefern.
	Schatten	Die Vorgabe *Schatten* eignet sich für Motive im Vollschatten, Aufnahmen bei bedecktem Himmel und bei Nebel. Generell führt sie zu wärmeren Bildern.
	Wolken	Eignet sich für Außenaufnahmen bei bewölktem Himmel, kann aber auch eingesetzt werden, wenn die Vorgabe *Schatten* ein zu gelbes Bild liefert.
	Kunstlicht	Für Innenaufnahmen bei Glühlampenlicht oder Außenaufnahmen beleuchteter Gebäude, wenn kaum noch natürliches Licht vorhanden ist.
	Leuchtstoff	Vorgabe für künstliche Lichtquellen, die sich von Glühlampenlicht unterscheiden, wie z. B. Leuchtstoffröhren im Farbton Kalt- oder Warmweiß. Jeder Hersteller bietet hier unterschiedliche Kelvin-Vorgaben, probieren Sie die Einstellungen Ihrer Kamera situationsbezogen aus.
	Blitz	Für Motive, die überwiegend von Blitzlicht ausgeleuchtet sind. Ähnelt der Vorgabe *Tageslicht*, die Hauttöne werden oft etwas natürlicher wiedergegeben.
	Manuell	Abstimmung des Weißabgleichs anhand einer Testaufnahme. Viele Kameras besitzen einen oder mehrere Speicherplätze für den manuellen Weißabgleich.

Blitzlicht	Sonnenlicht vormittags/nachmittags	Mondlicht	Sonnenaufgang/ Sonnenuntergang, Glühlampe	Kerzenlicht/Feuer
5600K	4300–5500K	4100K	2000–3500K	1500–2000K
AWB oder ⚡	AWB oder ☀	AWB	AWB oder ☀	AWB oder ☀
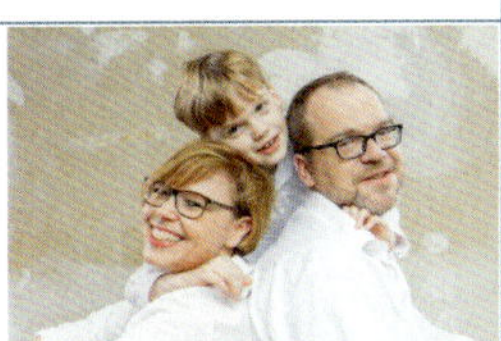	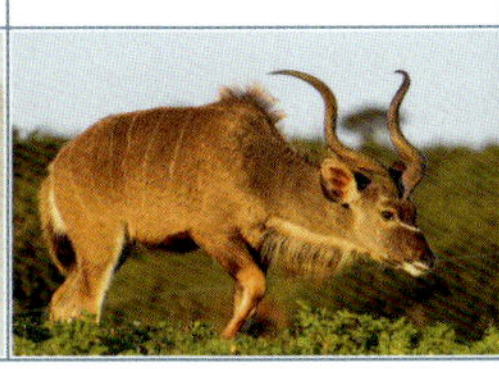	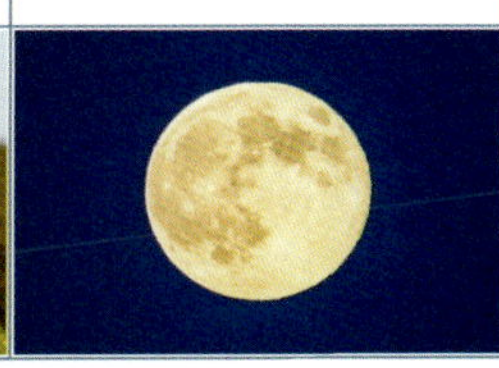	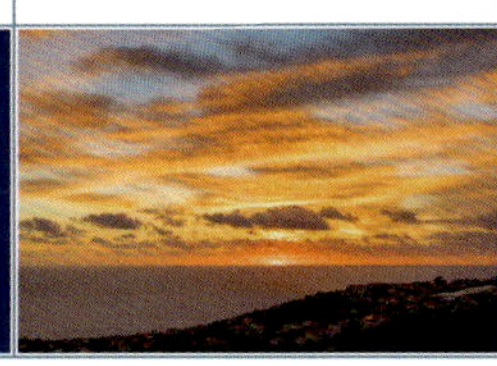	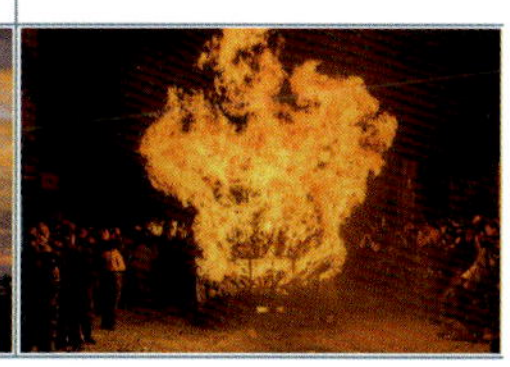

Projekt: Den Weißabgleich richtig einsetzen

In vielen fotografischen Situationen bringt der automatische Weißabgleich (AWB = *auto white balance*) gute und realitätsnahe Farbergebnisse. Einige Lichtverhältnisse erfordern hingegen Anpassungen. Unserer Erfahrung nach knickt der AWB fast aller Kameras ein, wenn an sonnigen Tagen Motive mit vielen Schattenbereichen oder Szenen im Vollschatten fotografiert werden. Die Aufnahmen sehen dann oft etwas blaustichig aus. An dem Bild der Findlinge auf der Insel Hiddensee können Sie dies nachvollziehen. Hier lieferte die Weißabgleichvorgabe *Wolkig* mit einer zusätzlichen Feinabstimmung die natürlichste Farbwirkung.

Den passenden Weißabgleich wählen

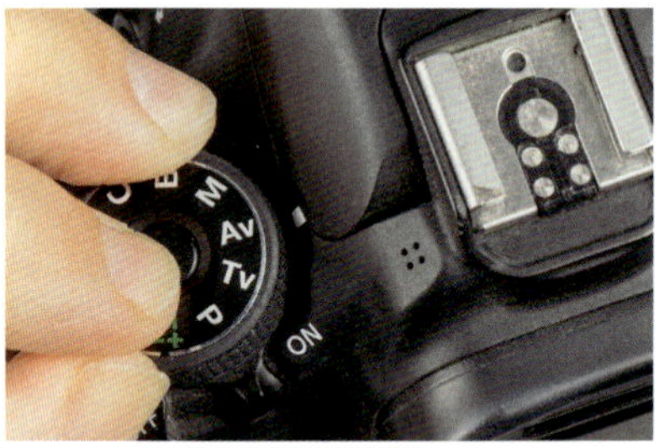

1 Geeigneten Aufnahmemodus wählen

Bei den meisten Kameras lässt sich der Weißabgleich in den Modi Programmautomatik (P), Blendenvorwahl (A/Av), Zeitvorwahl (S/Tv) und im manuellen Modus (M) einstellen. Die Vollautomatiken und Szeneprogramme sind meist auf den AWB beschränkt. Für das Landschaftsbild an der Kreideküste bot sich die Blendenvorwahl (A/Av) an.

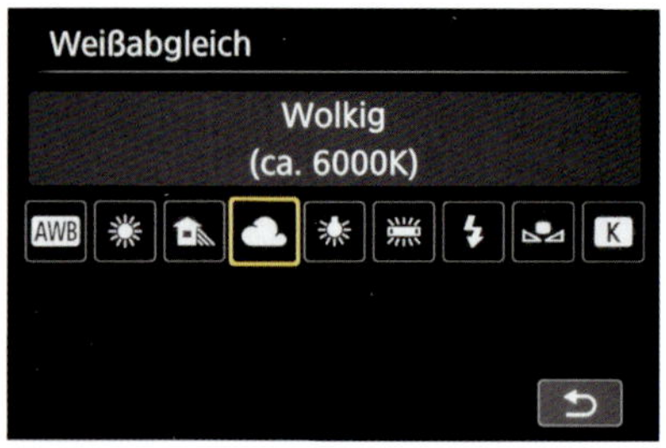

2 Den Weißabgleich einstellen

Im Menü Ihrer Kamera finden Sie unter der Rubrik *Weißabgleich* die Vorgaben für die verschiedenen Lichtsituationen. Hier haben wir *Wolkig* ausgewählt. Die Aufnahme entstand am Nachmittag eines sonnigen Tages. Durch den tiefen Sonnenstand lag die Steilküste bereits im Schatten. Dafür schien uns die gewählte Einstellung die passendste zu sein.

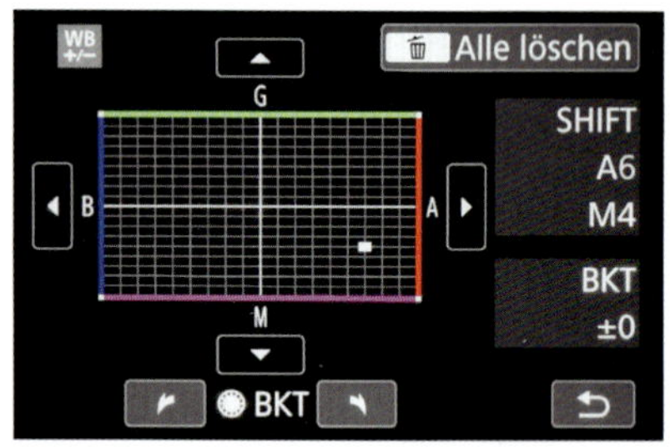

3 Weißabgleich-Feinabstimmung (optional)

Um die Farben noch perfekter der Realität oder auch dem eigenen Geschmack anzupassen, bieten viele Kameras eine Weißabgleich-Feinabstimmung. Hierbei können die Farben mit einem Cursor in Richtung Blau (B), Grün (G), Gelb (A, Amber) oder Magenta (M) verschoben werden. Für das Küstenbild wählten wir die Anpassung A6, M4.

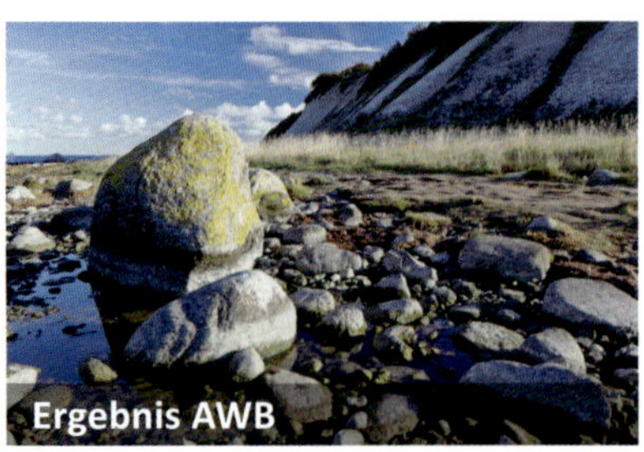

Der AWB hat einen zu niedrigen Kelvin-Wert gewählt (4600K), und das Bild wirkt bläulich.

Weißabgleich-Belichtungsreihe

Einige Kameras können automatisch Bilder mit unterschiedlichem Weißabgleich aufnehmen. Auf Basis einer Vorgabe (*AWB*, *Tageslicht* etc.) kann die Höhe der Abstufungen individuell eingestellt werden.

Die verschiedenen Lichtsituationen

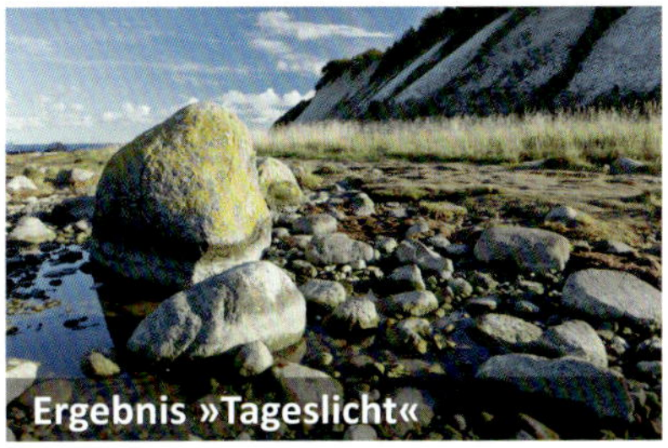

Ergebnis »Tageslicht«

Mit der Einstellung »Tageslicht« (5200K) wirkt das Bild schon weniger blaustichig, da die Kamera einen Kelvin-Wert wählte, der über dem des AWB lag.

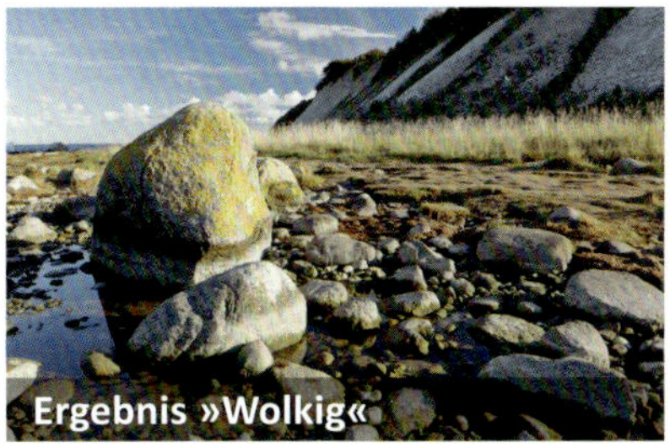

Ergebnis »Wolkig«

Die Vorgabe »Wolkig« (6000K) reduzierte die Blauanteile und erhöhte die Gelbtöne moderat. Dieses Ergebnis bot uns eine gute Basis für die Weißabgleich-Feinabstimmung.

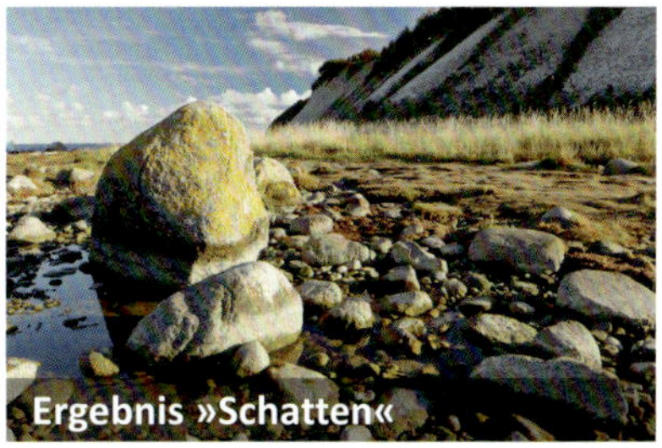

Ergebnis »Schatten«

Bei »Schatten« (7000K) geht die Blautönung noch stärker zurück, aber die Aufnahme wirkte uns an den sonnigen Stellen und im Himmel etwas zu gelbgrün.

Das Ergebnisbild

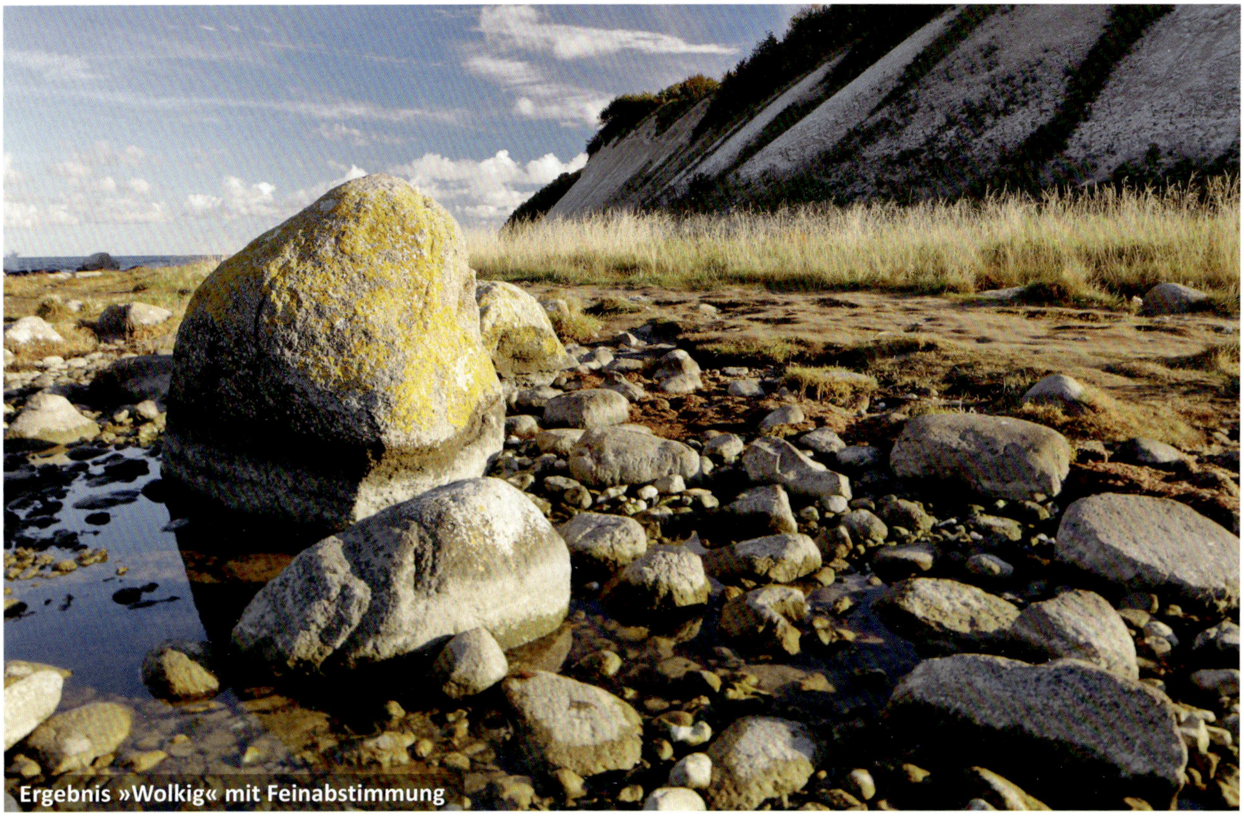

Ergebnis »Wolkig« mit Feinabstimmung

Aufgenommen mit dem Weißabgleich »Wolkig« und einer leichten Feinabstimmung in Richtung Gelb und Magenta (A6, M4) ließen sich die schattigen Partien der Steilküste und das Himmelsblau noch ein wenig natürlicher und weniger grünlich darstellen. Es handelt sich aber nur um Nuancen.

Brennweite	Blende	Belichtungszeit	ISO
24mm	f7,1	1/60s	250

Projekt: Der manuelle Weißabgleich

Wenn weder der automatische Weißabgleich noch die Vorgaben für bestimmte Lichtarten ein befriedigendes Ergebnis liefern, hilft ein manueller Weißabgleich unter Verwendung einer Graukarte. Am ehesten passiert uns das bei Aufnahmen im Schatten oder im Studio mit Glüh- oder Halogenlampenbeleuchtung, so auch bei der hier gezeigten Produktaufnahme einer Holzfigur. Ein manueller Weißabgleich bedeutet kaum Mehraufwand und führt sicher zum passenden Ergebnis. Und wenn Sie im Raw-Format fotografieren, können Sie den Weißabgleich auch nachträglich noch ändern.

Der manuelle Weißabgleich

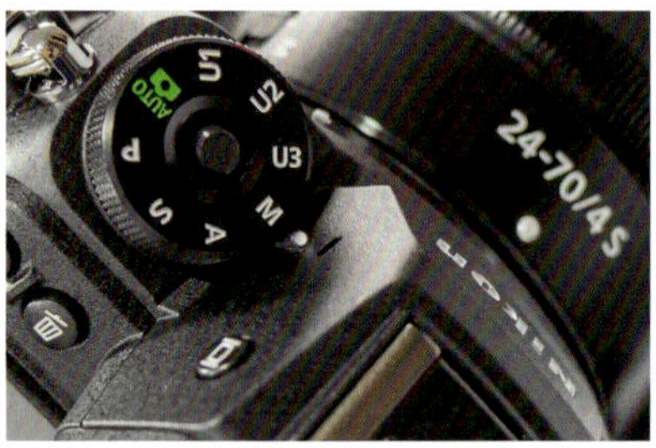

1 Programm M

Um Belichtungszeit, Blende und ISO-Wert frei wählen zu können, eignet sich bei Produktaufnahmen die manuelle Belichtung (M).

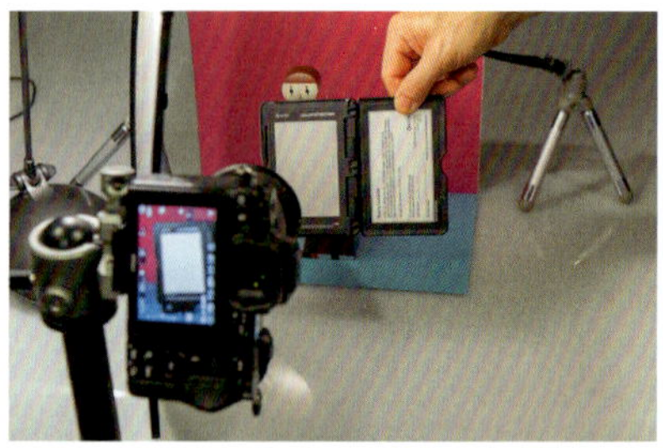

2 Graukarte fotografieren

Halten Sie die Graukarte vor das Motiv und fotografieren Sie sie so ab, dass sie mittelhell abgebildet wird, nicht zu hell, nicht zu dunkel.

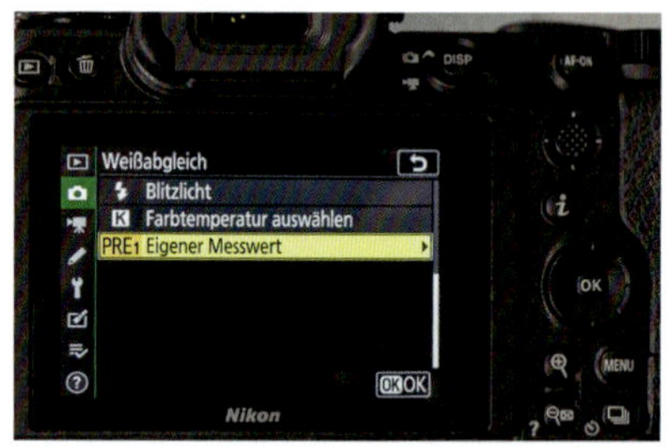

3 Weißabgleichoptionen

Den manuellen Weißabgleich stellen Sie im Kameramenü ein (im Beispiel dieser Nikon-Kamera über die Einstellung *Eigener Messwert*).

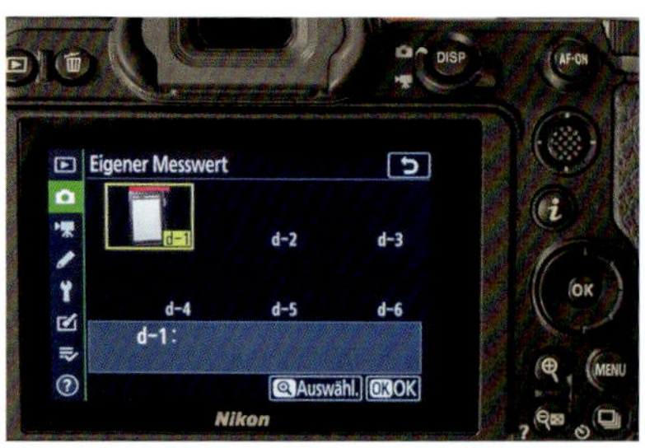

4 Einstellung speichern

Rufen Sie das Bild der Graukarte auf. Nach einer Bestätigung ist das individuelle Weißabgleichprofil gespeichert und kann auf neue Bilder angewendet werden.

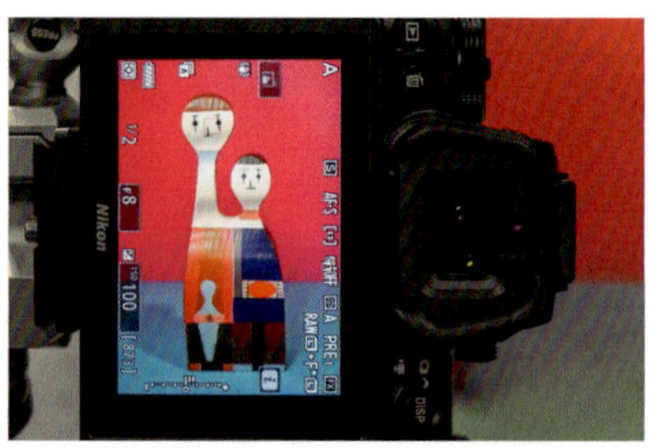

5 Manueller Weißabgleich

Nehmen Sie das Bild mit dem manuellen Weißabgleich auf. Die Farbgebung wird auf Basis der zuvor gespeicherten Graukartenwerte angepasst.

Alternative Vorgehensweise

Bei manchen Kameras wird die Graukarte im Menü des manuellen Weißabgleichs in einem Schritt gemessen und der ermittelte Kelvin-Wert gespeichert. Es gibt oft auch mehrere Speicherplätze, sodass Sie Messwerte für wiederkehrende Situationen speichern können.

Graukarten

Graukarten werden z. B. von X-Rite (ColorChecker), Digital Image Flow (DKG-2) oder Novoflex (ZEBRA) angeboten. Für den Anfang tut es aber auch ein weißes Blatt Papier oder ein Taschentuch, selbst wenn die Ergebnisse damit wegen der darin enthaltenen chemischen Aufheller meist nicht so präzise sind. Alternativ gibt es semitransparente Objektivdeckel: Die Lichtsituation wird mit aufgesetzter Kappe fotografiert und das Bild dann für den manuellen Weißabgleich verwendet.

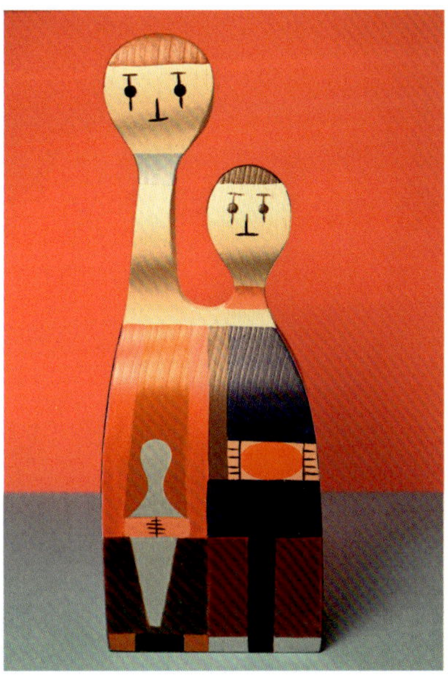

Die Figuren wurden mit dem AWB bei der verwendeten Halogenlampe zu gelb dargestellt.

Das Ergebnisbild

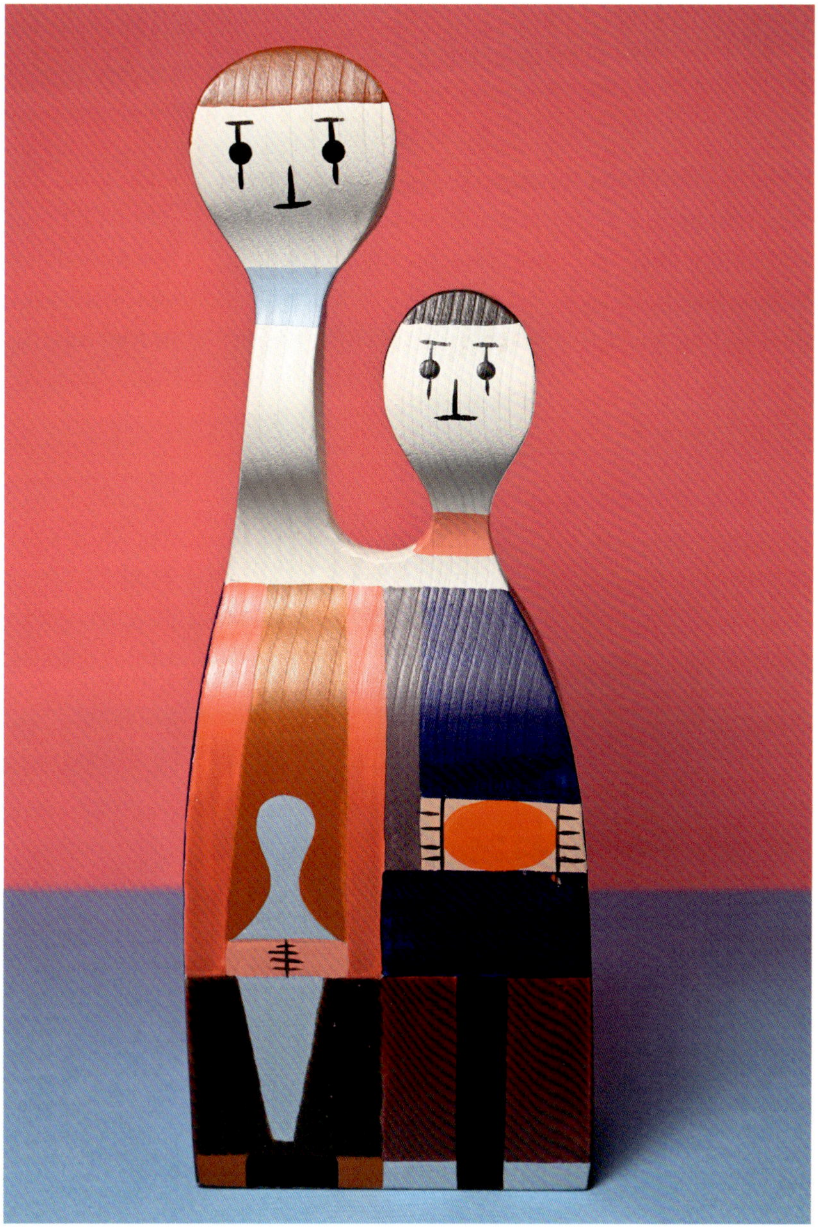

Der manuelle Weißabgleich ermöglichte eine farbrealistische Darstellung der Figuren mit neutraleren Weiß- und Grautönen.

			ISO
64 mm	f8	1/2 s	100

Wissen: Vollautomatisch belichten

Einfach nur auf den Auslöser drücken, und schon ist das gelungene Bild im Kasten. Das ist die einfachste, und häufig auch nicht die schlechteste Methode zu fotografieren. Dazu findet sich bei eigentlich allen Digitalkameras ein Vollautomatikprogramm, das sinnigerweise meistens mit A abgekürzt wird. Zusätzlich gibt es dann auch noch Programme, die auf spezielle Aufnahmesituationen bzw. Motive ausgerichtet sind, die sogenannten *Motiv*- oder *Szeneprogramme*.

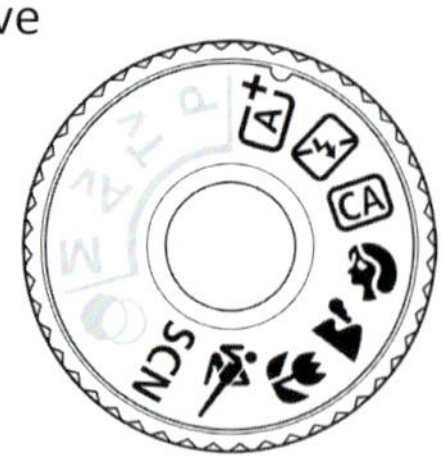

Vollautomatik

Im Automatikmodus, von den meisten Herstellern als AUTO, bei Canon als A+ und von Panasonic als iA bezeichnet, werden alle Einstellungen wie Belichtung, Weißabgleich und andere Parameter von der Kamera selbst festgelegt. Moderne Kameras analysieren hierbei sogar auch die Art des Motivs und passen die Einstellungen situationsbezogen an. Sie nutzen hierfür intelligente Belichtungsmesser und interne Bilddatenbanken. Einflussmöglichkeiten haben Sie wenig bis keine.

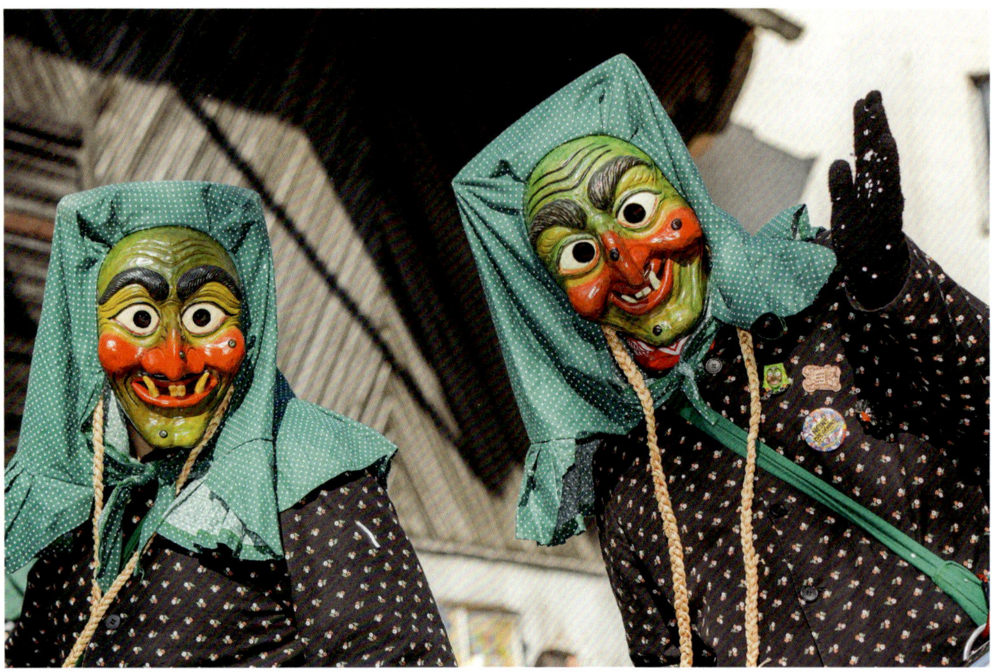

Brennweite	Blende
70 mm	f4,5
Zeit	**ISO**
1/1600 s	400

Stimmige Hexenaufnahme, ganz unkompliziert mit dem Automatikmodus erstellt

Motivprogramme

	Porträt	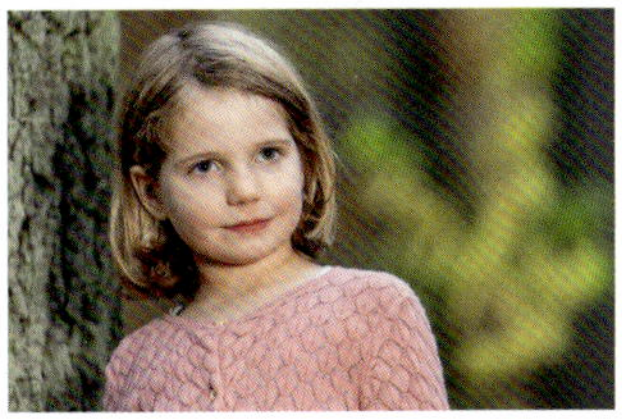	Im Porträtmodus öffnet das Programm die Blende recht weit, um eine gute Freistellung der Person vor dem Hintergrund zu erreichen. Die Farben sind darauf abgestimmt, möglichst natürliche Hauttöne zu erzeugen, und bei wenig Licht schaltet sich automatisch der Kamerablitz hinzu, um das Porträt aufzuhellen.
	Landschaft	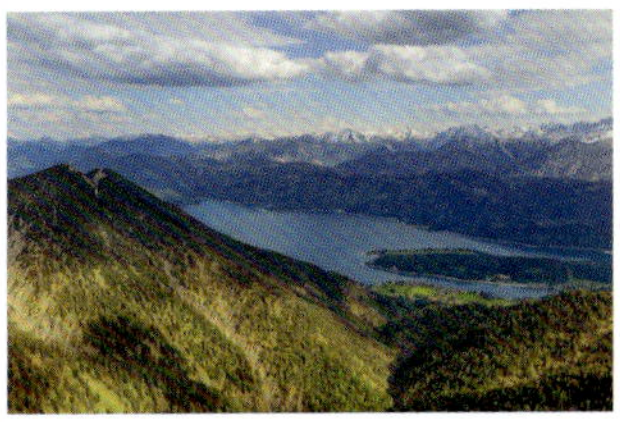	Der Landschaftsmodus sorgt dafür, dass die Blende etwas kleiner gewählt ist, um eine durchgehende Schärfentiefe zu erhalten. Meist werden auch die Blau- und Grüntöne etwas intensiviert, da diese bei Landschaftsmotiven dominierend sind. Das Programm eignet sich aber auch für Architekturaufnahmen.
	Nahaufnahme	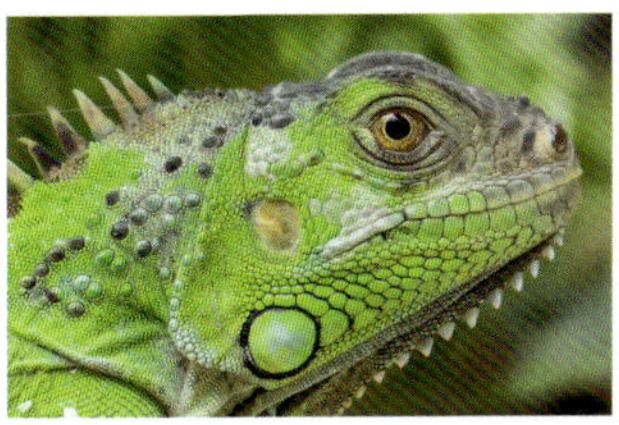	Der Nahaufnahme- oder Makromodus zielt darauf ab, nahegelegene Objekte ausreichend scharf vor einem noch angenehm unscharfen Hintergrund abzubilden. Der Schwerpunkt liegt auf Blüten, Insekten oder anderen kleineren Gegenständen, auf die die Farbe und der Kontrast automatisch abgestimmt werden.
	Sport	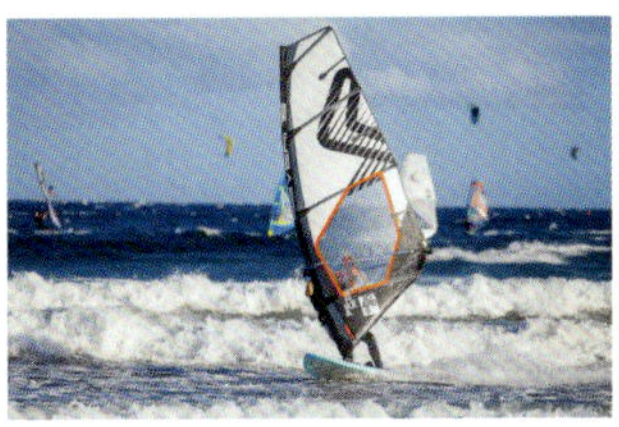	Im Sportmodus wählt die Kamera eine kurze Belichtungszeit, um actiongeladene Szenen einfrieren zu können. Dafür ist die Blende eher offen und der ISO-Wert etwas höher angesetzt. Damit der Autofokus die Bewegungen verfolgen kann, wird auch der kontinuierliche Nachführ-Autofokus (AF-C, Servo-AF) aktiviert.
	Nachtaufnahme ohne Stativ	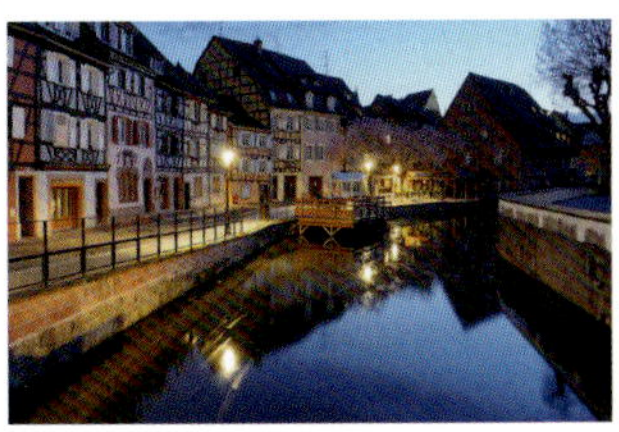	Viele Kameras besitzen einen Modus für Freihandaufnahmen bei wenig Licht, wie z. B. das Programm *Nachtaufnahmen ohne Stativ* bei Canon oder *Handgeh. bei Dämm.* bei Sony. Hierfür wird der ISO-Wert stark angehoben, und es werden automatisch mehrere Aufnahmen angefertigt, die kameraintern zum finalen Bild verrechnet werden.

Vielfalt der Motivprogramme

Motivprogramme sind so programmiert, dass sie die Aufnahmeparameter bestimmten vorgewählten Motiven oder Situationen anpassen. Je nach Kamerahersteller finden sich oft auch noch weitere Motivprogramme, die gerne auch unter dem Begriff *Szeneprogramme* oder ähnlich zusammengefasst sind. Welche Programme Ihre Kamera genau bereithält, können Sie der Bedienungsanleitung entnehmen. Einige typische weitere Programme sind *Nachtporträt*, *Schnee*, *Kerzenlicht*, *Kinder*, *Speisen*, *Feuerwerk* und *Herbstlaub*.

Wissen: Halbautomatische und manuelle Belichtung

Wenn Sie bisher erfolgreich die Vollautomatik oder Motivprogramme verwendet haben, wird es Zeit, etwas mehr Kreativität ins fotografische Leben zu bringen. Dafür sind die Programmautomatik (P) sowie die beiden halbautomatischen Programme Blendenvorwahl (A/Av) und Zeitvorwahl (S/Tv) bestens geeignet. Sie bieten Ihnen die Kontrolle über wichtige Belichtungsparameter und die damit zusammenhängenden Bildgestaltungsmöglichkeiten. Mit der manuellen Einstellung (M) bleibt Ihnen die Steuerung der Belichtung komplett selbst überlassen. Die Kamera redet Ihnen dann nicht mehr rein.

Kreativprogramme

	Funktion
Programm-automatik	Die Programmautomatik (P) eignet sich für spontane Aufnahmen. Gegenüber den Automatiken haben Sie aber den Vorteil, die Kombination aus Blende und Belichtungszeit verschieben zu können. Damit lassen sich die Hintergrundunschärfe und, im Falle bewegter Motive, auch die Bewegungsunschärfe beeinflussen. Die Bildhelligkeit bleibt hierbei konstant, es sei denn, Sie fügen absichtlich Belichtungskorrekturen ein. Außerdem lassen sich der ISO-Wert, der Weißabgleich und je nach Kameramodell noch einige andere Parameter individuell anpassen.
Zeitvorwahl	Die Zeitvorwahl (S/Tv – auch Blendenautomatik genannt) eignet sich in erster Linie für bewegte Motive und Actionaufnahmen. Passen Sie die Belichtungszeit damit perfekt Ihren Motiven oder Bildideen an. Das Programm stellt dann den Blendenwert so ein, dass Sie eine optimale Gesamtbelichtung der Aufnahme bekommen. So können Sie mit kurzer Belichtungszeit sich schnell bewegende Motive einfrieren oder aber auch mit langen Belichtungszeiten absichtlich Unschärfe im Bild erzeugen, z. B. um fließendes Wasser stimmungsvoll darzustellen.
Blenden-vorwahl	Mit der Blendenvorwahl (A/Av – auch Zeitautomatik genannt) haben Sie die perfekte Kontrolle über die Schärfentiefe, da Sie den Blendenwert individuell vorgeben können. Die Kamera sorgt dann für eine gute Bildhelligkeit, indem sie die Belichtungszeit entsprechend anpasst. Ideal ist die Blendenvorwahl für Porträtaufnahmen, Landschaftsbilder, Makromotive und viele andere statische Motive. Mit ihr können Sie Porträts von Personen und Tieren prägnant vor dem Hintergrund freistellen oder Landschafts- und Architekturaufnahmen eine durchgehende Schärfe verleihen.
Manuell	Im manuellen Modus (M) sind Sie Kapitän auf der Brücke, denn Sie steuern alle Belichtungsparameter selbst. Sinnvoll ist das vor allem bei außergewöhnlichen Lichtsituationen, wie beispielsweise bei Veranstaltungen mit viel Bewegung und wenig Licht oder bei Nachtaufnahmen vom Stativ aus. Aber auch bei Makroaufnahmen und künstlerischer, abstrakter Fotografie nutzen wir ganz gerne die Freiheit, alle Parameter selbst unter Kontrolle zu haben.

Movie-Modus

Fast alle Digitalkameras besitzen heutzutage einen Videomodus. Die Bandbreite der Optionen reicht dann je nach Kamera von einfachen Full-HD-Videos mit ein paar Zusatzeinstellmöglichkeiten bis hin zum Potenzial, eine vollwertige Filmkamera zu ersetzen. Dann können Sie Filme in Ultra HD (4K) aufzeichnen, professionelle Bildstile anwenden, Zeitraffer- und Zeitlupenaufnahmen realisieren und manches mehr. Oft gibt es dann auch einen manuellen Filmmodus zum Anpassen von Belichtungszeit, Blende und ISO-Wert für einen professionellen Filmlook.

Eigene Programme entwerfen

Wenn Ihre Kamera in der Lage ist, individuelle Aufnahmeprogramme zu speichern, können Sie sich auf Basis der Kreativprogramme Einstellungen für bestimmte Situationen zusammenstellen und abspeichern, z. B. für Sportaufnahmen, Verkaufsgegenstände oder Studioporträts.

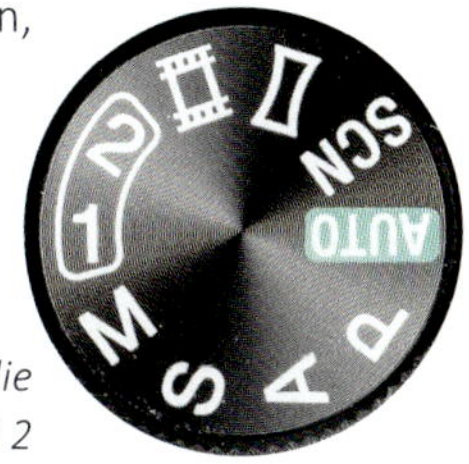

Moduswahlrad mit Zugriff auf die Benutzerprogramme 1 und 2

Kurzinfo	Motivbeispiele		Einstellung
» Kamera legt Blende und Belichtungszeit selbstständig fest » ISO-Wert automatisch oder frei wählbar » Blende/Belichtungszeit kann variiert werden » viele andere Funktionen frei wählbar	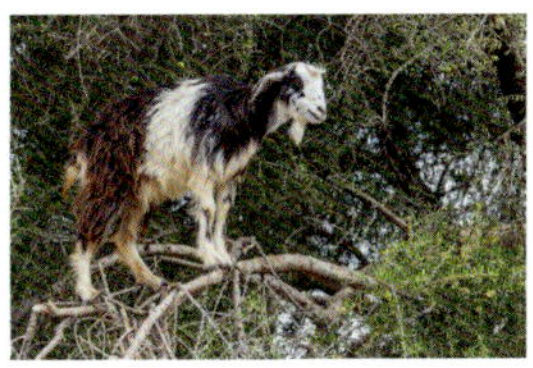	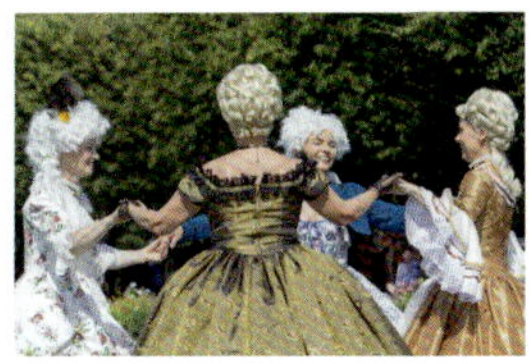	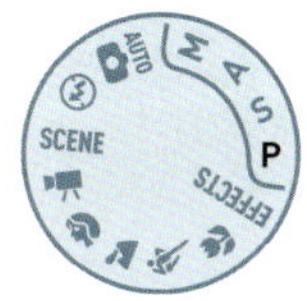 P
» Belichtungszeit individuell einstellbar » Kamera passt automatisch die Blende an » ISO-Wert automatisch oder frei wählbar » alle anderen Funktionen frei wählbar	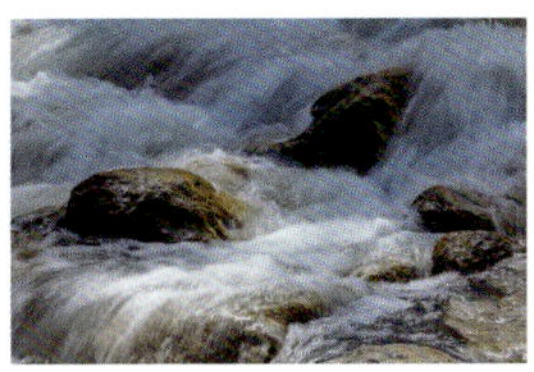	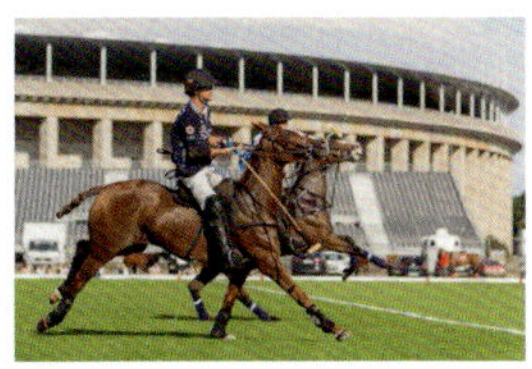	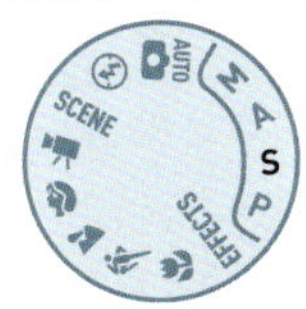 S
» Blendenwert individuell einstellbar » Kamera passt automatisch die Belichtungszeit an » ISO-Wert automatisch oder frei wählbar » alle anderen Funktionen frei wählbar	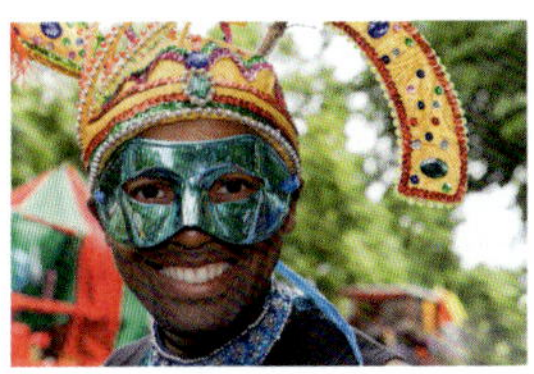	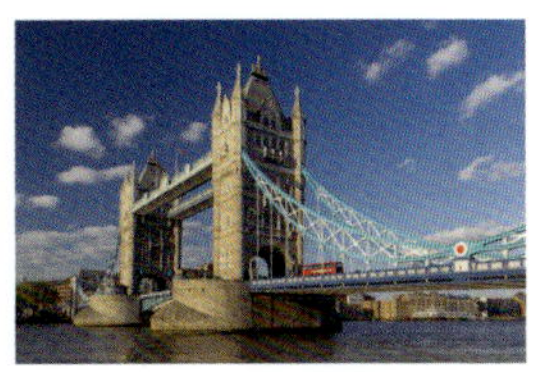	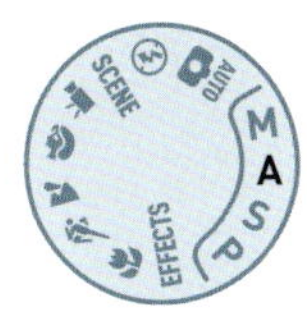 A
» Belichtungszeit frei wählbar » Blendenwert frei wählbar » ISO-Wert automatisch oder frei wählbar » alle anderen Funktionen frei wählbar	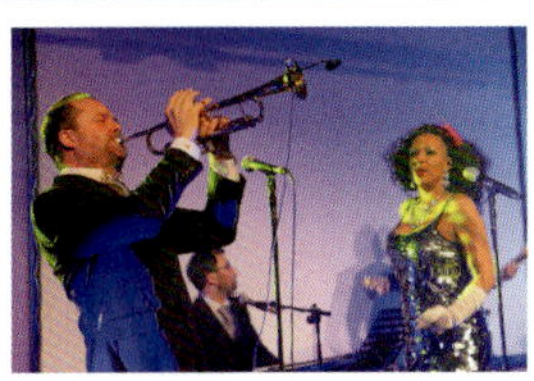	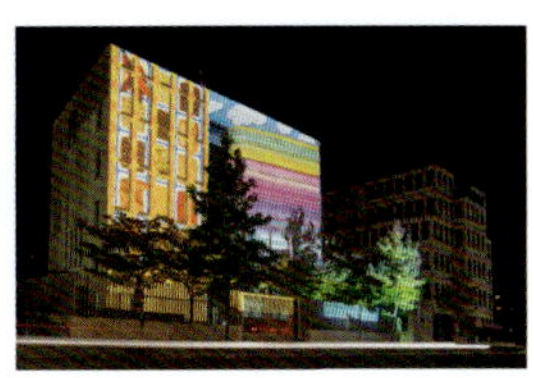	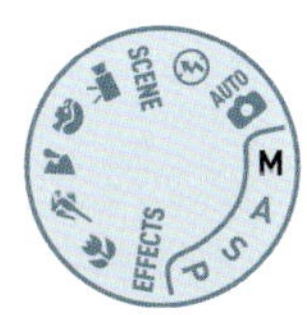 M

Wissen: Die Belichtungsmessung

Damit eine Aufnahme automatisch gut belichtet wird, benötigt die Kamera Informationen über die Helligkeitsstruktur des gewählten Motivs. Nur dann kann sie die optimale Kombination aus Blende, Belichtungszeit und ISO-Wert ermitteln. Zu diesem Zweck besitzen die Kameras einen Belichtungsmesser, der die benötigten Informationen sammelt. Um unterschiedlichen Lichtsituationen und fotografischen Ansprüchen gerecht zu werden, haben die Hersteller dem Belichtungsmesser verschiedene Messmethoden mit auf den Weg gegeben, die es ermöglichen, entweder den gesamten Bildausschnitt oder auch nur einen bestimmten Teil davon anzumessen. Die ausgeklügelte Technik ermöglicht es dem System sogar, eine Gewichtung einzelner Bildanteile vorzunehmen, z. B. eine stärkere Berücksichtigung des Hauptmotivs. So ist es möglich, die Belichtungsmessung sehr genau dem vorliegenden Szenario anzupassen. Wichtig zu wissen ist dabei, dass Belichtungsänderungen stets das gesamte Bild betreffen. Der Belichtungsmesser kann nicht einzelne Partien heller oder dunkler belichten als den Rest.

Häufige Messmethoden in der Übersicht

Mehrfeld-/Matrix-/Multimessung

Die Mehrfeldmessung, die je nach Hersteller auch als Matrixmessung, Multi-Segment- oder evaluative Messung bezeichnet wird, liefert in vielen Situationen gute Ergebnisse. Die Kamera misst hierbei zahlreiche Segmente, die sich über die Bildfläche verteilen, einzeln aus und ermittelt daraus einen Gesamtwert für die Belichtung. Moderne Systeme analysieren zusätzlich den Bildinhalt und priorisieren das scharfgestellte Hauptmotiv, sodass z. B. erkannte Gesichter im Bildausschnitt noch besser belichtet werden.

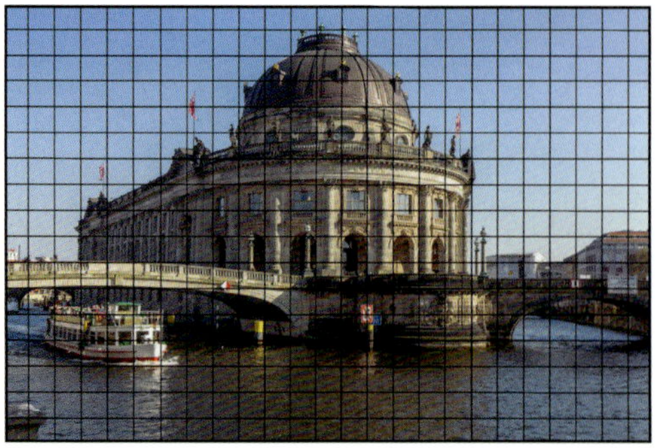

Mittenbetonte Integralmessung/Mitte

Die mittenbetonte Integralmessung gewichtet die mittlere Zone des Bildes stärker als die Randbereiche. Sie ist im Vergleich zur Mehrfeldmessung unflexibel und eignet sich am ehesten für Motive, die in starkem Kontrast zum Hintergrund stehen, etwa eine Person in einem hellen Brautkleid vor einer dunklen Hecke. Ständig wechselnde Lichtsituationen, wie z. B. bei Mannschaftssportarten, sind eine weitere Anwendungsmöglichkeit. Häufig werden in solchen Situationen aber trotzdem Belichtungskorrekturen notwendig sein (siehe Seite 84).

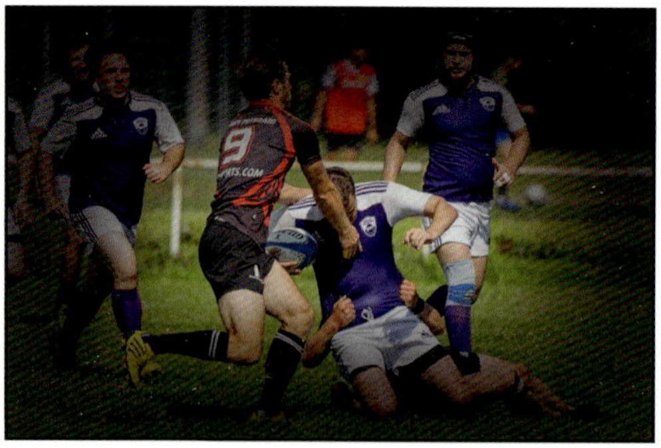

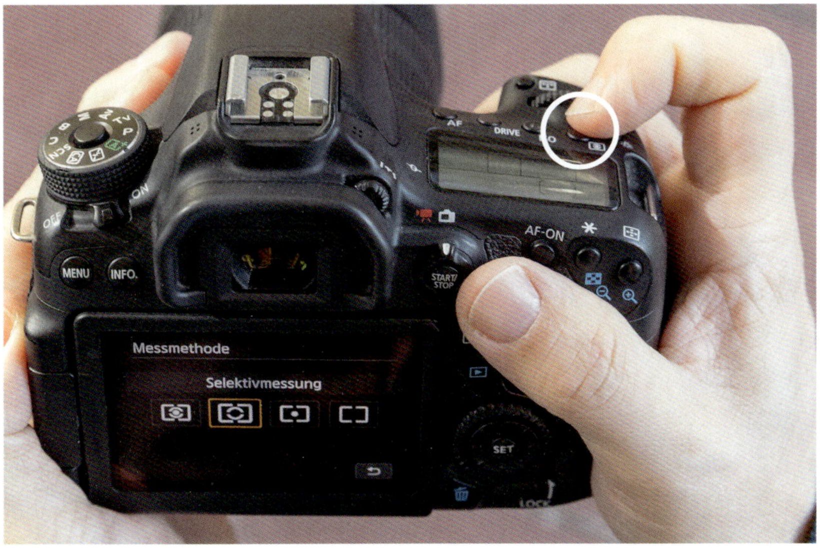

Einstellen der Belichtungsmessmethode. Einige Kameras haben dafür eine spezielle Direkttaste, wie das hier der Fall ist, bei anderen Kameras wird das über das Schnellmenü oder das Kameramenü erledigt.

Belichtungskorrektur verwenden

Sollte beim Fotografieren die aktuell eingestellte Messmethode nicht die richtige Belichtung liefern, stellen wir meistens nicht die Messmethode um, sondern passen anhand des Histogramms die Helligkeit mit der Belichtungskorrektur an (siehe ab Seite 84). Das geht meistens deutlich fixer, als erst eine andere Messmethode auszuprobieren. Im Laufe der Zeit läuft das ganz intuitiv ab, weil man typische Lichtsituationen für Korrekturen einzuschätzen lernt.

Selektivmessung

Die Selektivmessung (nur Canon) misst die Belichtung innerhalb einer Kreisfläche in der Bildmitte. Der außerhalb des Kreises liegende Bereich existiert für den Belichtungsmesser quasi gar nicht und geht folglich auch nicht in die Messung mit ein. Mit der Selektivmessung können Sie die Belichtung daher relativ punktgenau auf Ihr Hauptmotiv abstimmen, sofern es sich in der Bildmitte befindet, wie die Gesichter des unten abgebildeten Pärchens. Bei außermittigen Motiven können Sie mit einer Belichtungsspeicherung arbeiten.

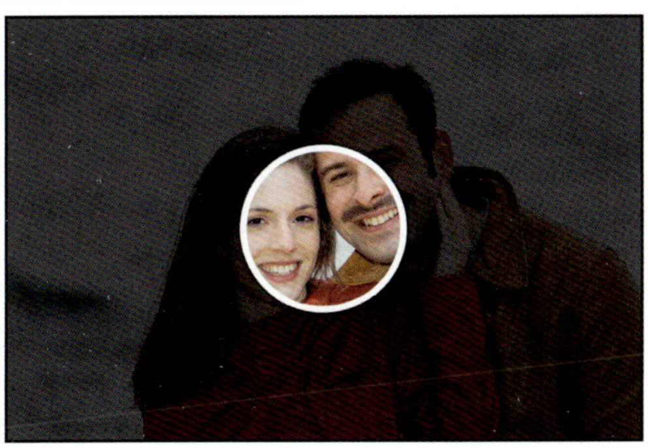

Spotmessung

Die Spotmessung funktioniert prinzipiell wie die Selektivmessung, nur dass der Messkreis noch ein gutes Stück kleiner ist. Sie eignet sich somit für die präzise Belichtungsmessung kleiner Bildflächen. Bei einigen Kameras kann die Spotmessung mit einem Fokusfeld verknüpft werden, sodass der Messpunkt nicht an die Bildmitte gebunden ist. Manchmal sind auch zwei Messkreisgrößen wählbar. Der Vorteil der Spotmessung ist, dass große helle oder dunkle Flächen, die das Motiv umgeben, die Belichtung nicht beeinflussen.

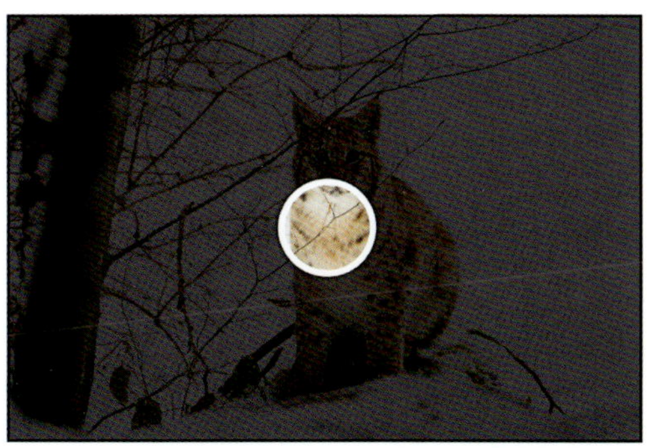

Praxis: Eine Belichtungsmessmethode auswählen

Manchmal ist es mit den perfekten Bildern gar nicht so einfach, vor allem, wenn einem Wetter und Licht einen Strich durch die Rechnung machen. Klar, wenn genügend Zeit ist und wir uns auch noch nach dem Wetter richten können, ist der Grundstein für tolle Aufnahmen schon gelegt. Bei Sightseeingtouren ist das aber meist nicht möglich. Dann heißt es, trotz suboptimaler Bedingungen das Beste aus der Situation herauszuholen. Ein klassischer Fall ist die Lichtrichtung. Gegen Abend kann das Licht noch so schön sein, die Quadriga auf dem Brandenburger Tor hat die Sonne zu dieser Tageszeit immer im Rücken. Da muss es eben die Methode der Belichtungsmessung richten. Um die richtige Wahl zu treffen, benötigen Sie Erfahrung oder probieren einfach schnell die verschiedenen Methoden durch.

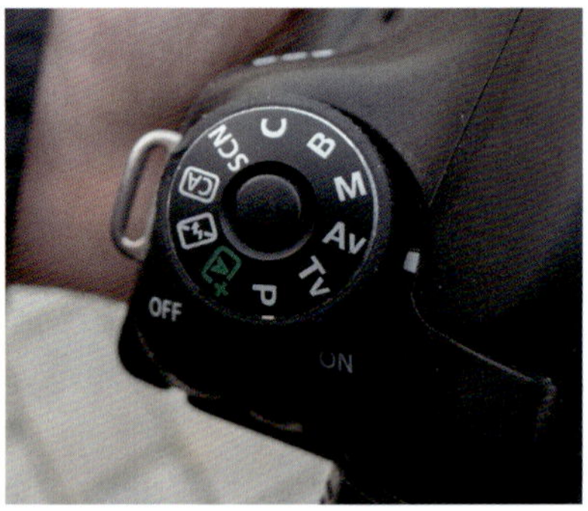

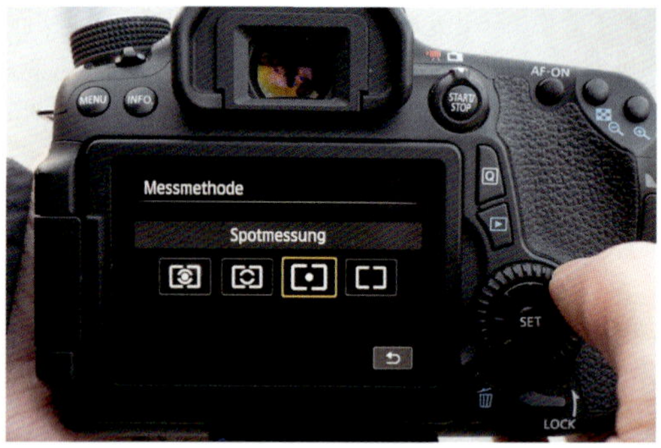

Links: Die Messmethode lässt sich zumeist nur in den Modi P, S/Tv, A/Av oder M wählen. Für unser Motiv verwendeten wir die Blendenvorwahl (A/Av). Rechts: Die Messmethode kann je nach Kamera im Menü, Schnellmenü oder über eine Taste aufgerufen werden.

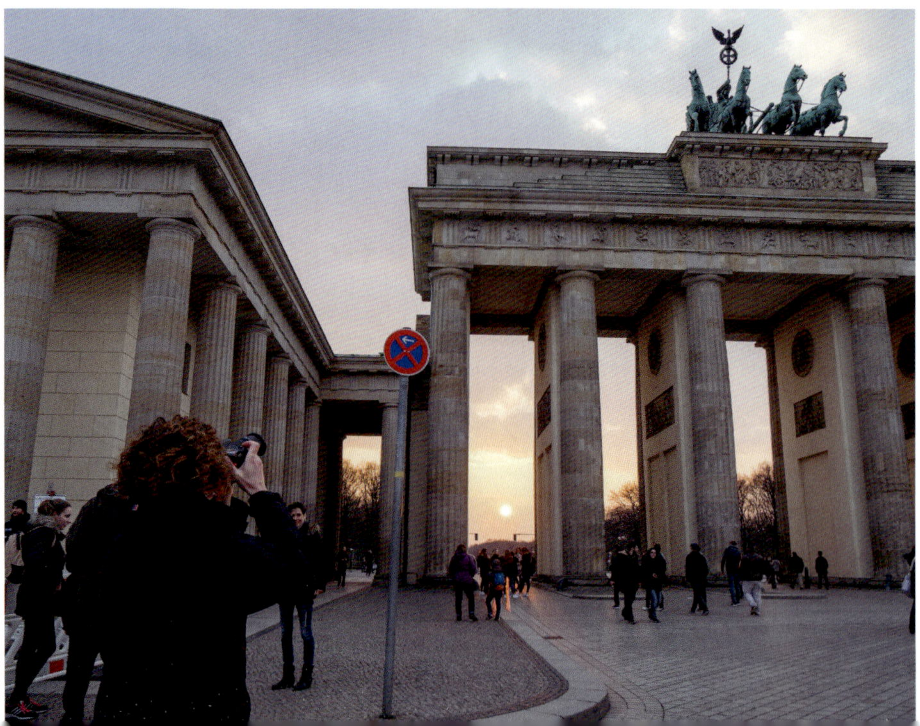

Aufnahmeszenario am Brandenburger Tor. Da die Pferde in Richtung Osten unterwegs sind, ergibt sich gegen Abend zwangsläufig eine Gegenlichtsituation mit der es fertig zu werden gilt. Von schräg vorne fotografiert, wirkt das Pferdegespann dynamischer als bei einer Frontalperspektive.

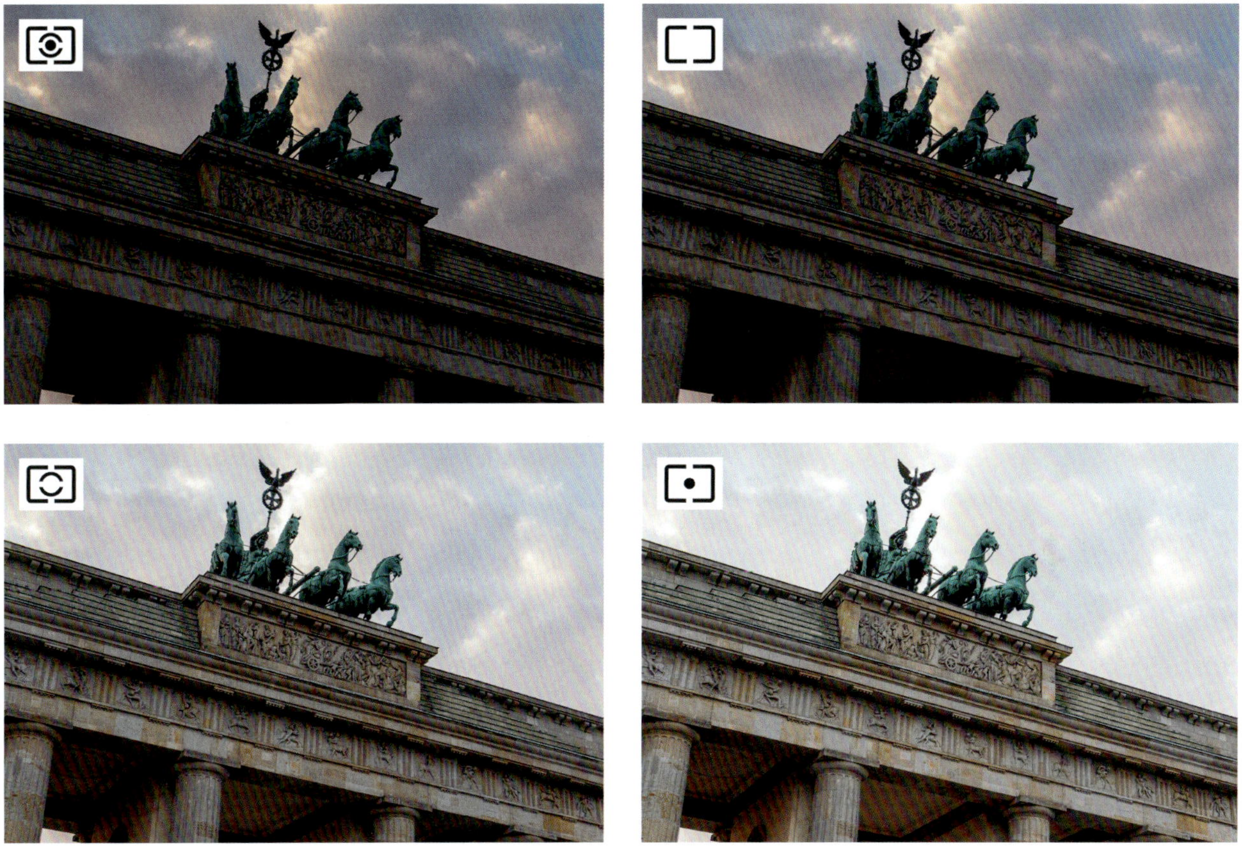

Die Testaufnahmen wurden mit Blende f8 und einem ISO-Wert von 200 aufgenommen. Links oben: Mehrfeldmessung (1/60s), rechts oben: Mittenbetonte Messung (1/50s), links unten: Selektivmessung (1/30s), rechts unten: Spotmessung (1/25s). Auf den beiden oberen Aufnahmen wirkt der Himmel dramatischer und die Farben der Wolken kommen besser zur Geltung. Die beiden unteren Aufnahmen zeigen das Tor und die Quadriga besser belichtet, dafür ist der Himmel etwas strukturloser. Ehrlich gesagt hat beides seinen Reiz, die Aufnahme mit der Selektiv- oder Spotmessung ist aber wohl die nach gängigen Maßstäben populärere Darstellung. Also würden wir dazu raten, bei solchen und ähnlichen Szenarien die Selektiv- oder Spotmessung auszuprobieren. Wichtig ist dabei aber, dass der Messkreis auf das Motiv gerichtet ist und nicht auf den hellen Himmel, sonst erhalten Sie eine besonders finstere Aufnahme.

Belichtungsmessung mit AF-Feld koppeln

Als weitere Alternative bieten einige Kameras die Möglichkeit, die Spotmessung mit dem aktiven AF-Feld zu verknüpfen. Das bedeutet, Sie können mit dem AF-Feld einen bestimmten Motivbereich scharfstellen und gleichzeitig die Belichtung per Spotmessung exakt darauf abstimmen. Das hat den Vorteil, dass sich auch ein Motiv, das nicht in der Mitte des Bildes liegt, direkt optimal belichten lässt. Wobei Sie, wie bei der Spotmessung ganz allgemein auch, aufpassen sollten, dass die übrigen Bildbereiche nicht völlig überstrahlen oder im Dunkeln ertrinken.

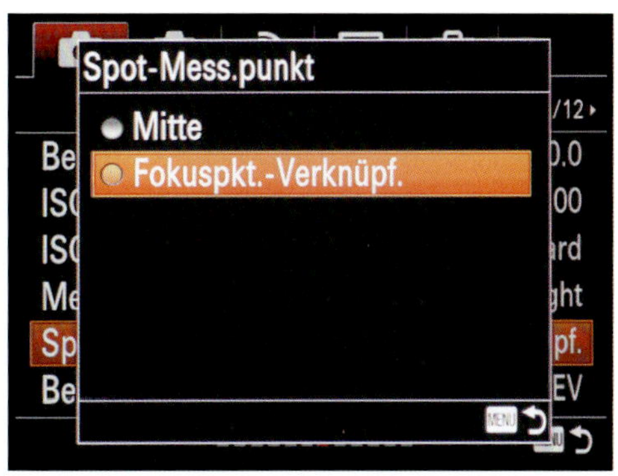

Menüpunkt zur Verknüpfung des Spotmesskreises mit dem aktiven AF-Feld bei einer Sony-Kamera

Wissen: Belichtungskorrektur und Histogramm

Hin und wieder kommt es vor, dass Aufnahmen trotz ausgeklügelter Belichtungsmessung der Kamera zu dunkel oder zu hell aufgenommen werden. Das ist meistens dann der Fall, wenn Sie Motive fotografieren, die großflächig sehr hell oder dunkel sind. Um solche Fehlbelichtungen zu vermeiden, besitzt Ihre Kamera eine Funktion zur Belichtungskorrektur, mit der Sie manuell nachjustieren können. Dabei ist es möglich, das Bild mit positiven Werten (+) aufzuhellen oder es mit negativen Werten (–) dunkler zu gestalten. Bei den meisten Kameras wird die Einstellung auf einer Skala angezeigt, die auf dem Monitor und im Sucher zu sehen ist, sobald die Taste für die Korrektur betätigt wird (siehe auch ab Seite 88).

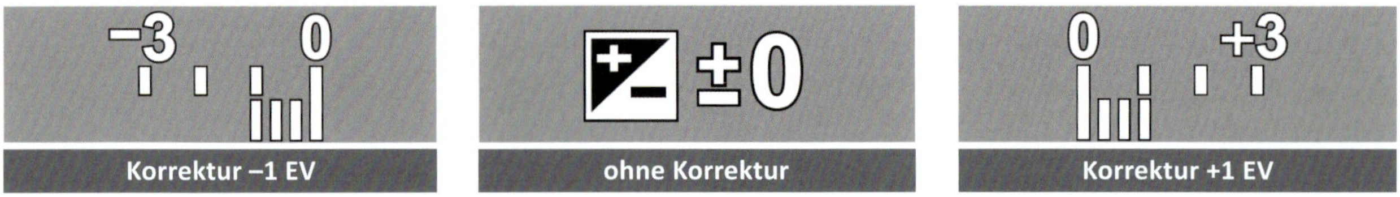

Belichtungskontrolle mit dem Histogramm

Wenn Sie sich schon einmal im Wiedergabemodus die verschiedenen Darstellungsmöglichkeiten einer Aufnahme auf dem Monitor Ihrer Kamera angesehen haben, ist Ihnen sicherlich eine gezackte Kurve aufgefallen, die auf den ersten Blick etwas mysteriös wirkt. Dieses Histogramm ist aber eigentlich ganz unkompliziert und stellt schlicht die Helligkeitsverteilung der Pixel im Bild grafisch dar. Im Histogramm werden die Pixel der von Ihnen gemachten Aufnahme von links nach rechts entsprechend ihrer Helligkeit sortiert, links die dunklen und rechts die hellen. Die Höhe des Graphen bei jeder Helligkeitsstufe zeigt an, ob viele oder wenige Pixel des entsprechenden Helligkeitswertes im Bild vorliegen. Im hier gezeigten Histogramm eines normal belichteten Bildes mit einer ausgewogenen Lichtsituation sind viele mittelhelle Farbtöne vertreten, und in Richtung Schwarz und Weiß fällt die Zahl der Pixel deutlich ab.

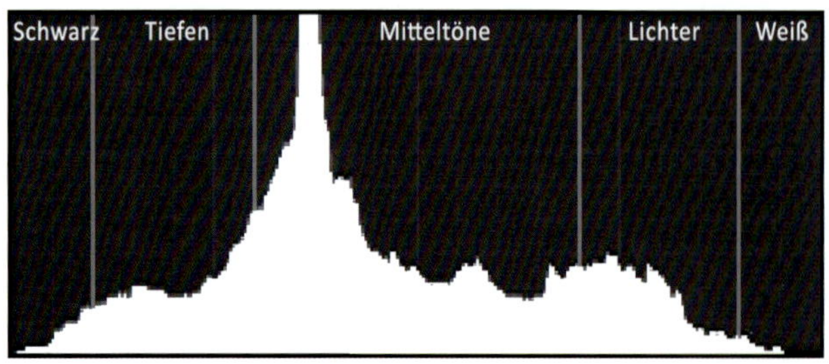

So sieht das Histogramm eines normal belichteten Bildes aus. Ist der Graph links oder rechts abgeschnitten, werden Sie im Bild unter- oder überbelichtete Bereiche vorfinden.

Live-Histogramm

Viele Kameras können im Aufnahmemodus auf dem rückseitigen Monitor oder im Sucher ein sogenanntes *Live-Histogramm* anzeigen. Damit haben Sie schon vor und auch während der Aufnahme die volle Kontrolle über die Helligkeitsverteilung im Bild und können sich Probeaufnahmen sparen.

Unterbelichtet – ausgewogen – überbelichtet

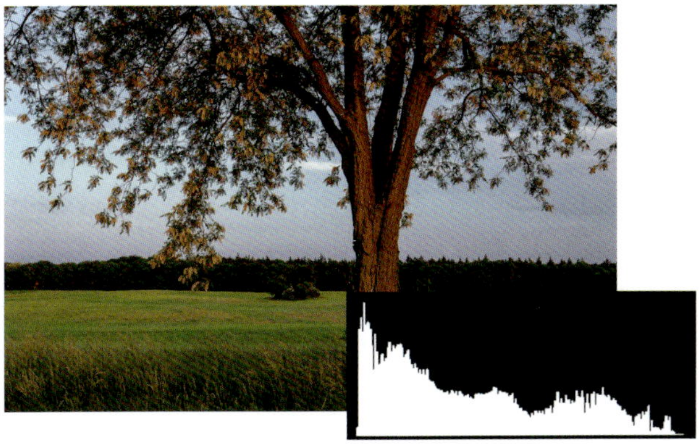

Unterbelichtet

Die Aufnahme wirkt insgesamt etwas düster und zu dunkel. Gut zu sehen ist das am Histogramm, bei dem der Graph stark auf die linke Seite verschoben ist und im dunklen Bereich die meisten Bildanteile aufweist. Wenn das Motiv in der Realität heller war und Sie es auch so darstellen wollten, ist die Aufnahme eindeutig unterbelichtet und bedarf einer Belichtungskorrektur. Vermeiden Sie in jedem Fall, dass der Graph links abgeschnitten wird, denn dann sind einige dunkle Bildpartien »abgesoffen« und zeigen nur noch schwarze strukturlose Flächen.

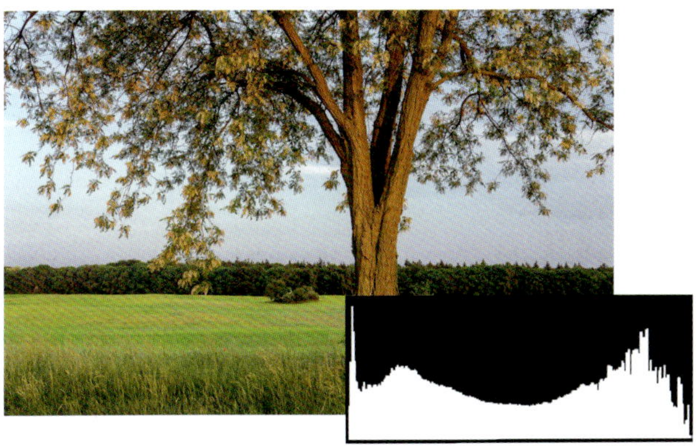

Ausgewogene Belichtung

Ein ausgewogen belichtetes Bild, wie hier links, weist eine gleichmäßige Verteilung der Helligkeitswerte zwischen den beiden Extremen auf, und viele Pixel sind im mittleren Helligkeitsbereich der Skala zu finden. Dabei sind einzelne Spitzen, Zacken und Buckel völlig in Ordnung, wichtig ist nur, dass sich nicht alle Tonwerte auf einer Seite drängen oder gar aus dem Diagramm links oder rechts hinauslaufen.

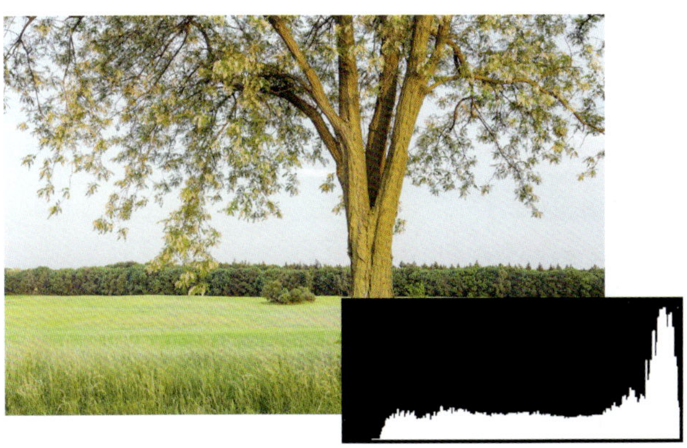

Überbelichtet

Bei einem überbelichteten Bild ist der Graph des Histogramms nach rechts verschoben, und es tummeln sich besonders viele Pixel im hellen bis weißen Bereich der Skala. Das ist an sich kein Problem, wenn Sie die Szene sehr hell darstellen wollten. Rutscht der Graph aber zu weit nach rechts und teilweise aus dem Histogramm hinaus, sind im Bild weiße strukturlose Zonen zu sehen, die auch als »ausgebrannt« bezeichnet werden und die Qualität mindern. Hier ist auch mit der Bildbearbeitung im Raw-Format nichts mehr zu retten.

Von Low Key zu High Key

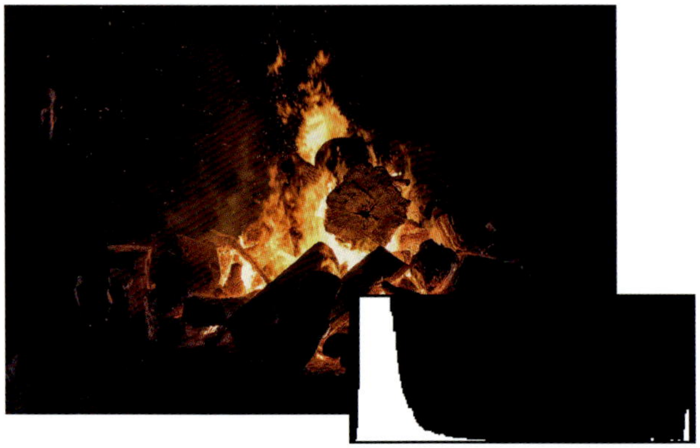

Low Key

Bei Low-Key-Aufnahmen ist das Histogramm auf die linke Seite verschoben und gibt den gewollt dunklen Charakter eines Bildes wieder. Häufig sind einige Stellen hell (hier die Glut). Wenn Porträts im Low-Key-Stil aufgenommen werden, wirken die Personen oft ein wenig geheimnisvoll, verlockend oder auch etwas düster, was sich durch dunkle Kleidung noch weiter steigern lässt. Achten Sie bei solchen Effekten gut auf das Histogramm. Es sollte am linken Rand nicht abgeschnitten werden, um schwarze strukturlose Flächen zu vermeiden.

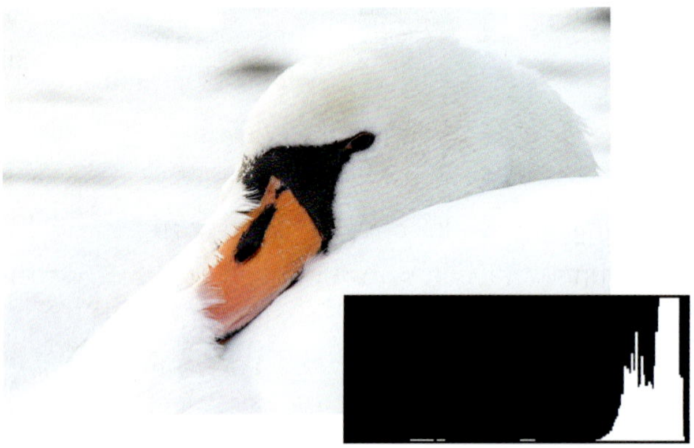

High Key

Ein weißer Schwan vor hellem Hintergrund, da fällt es schwer, im Histogramm dunkle Tonwerte zu finden. Der Graph liegt hier überwiegend im hellen bis weißen Bereich und entspricht dem hellen Gesamtcharakter des Bildes. Bei solchen High-Key-Aufnahmen ist es nicht sinnvoll, die Kurve per Korrektur in die Mitte zu verschieben, da das Bild dann an Strahlkraft verlieren würde. Achten Sie aber darauf, dass die Tonwerte nicht rechts aus dem Diagramm laufen, sonst verlieren die weißen Flächen ihre Struktur.

Überbelichtungswarnung

Eine einfache Belichtungskontrolle aufgenommener Bilder stellt auch die Überbelichtungswarnung dar, die die meisten Kameras bieten. Dabei werden im Wiedergabemodus die überbelichteten Flächen visuell hervorgehoben, z. B. durch schwarzes Blinken der überbelichteten Bildbereiche. Eine Unterbelichtungswarnung (weißes Blinken auf schwarzen Bildstellen) haben leider nur wenige Kameras im Programm (z. B. Sony).

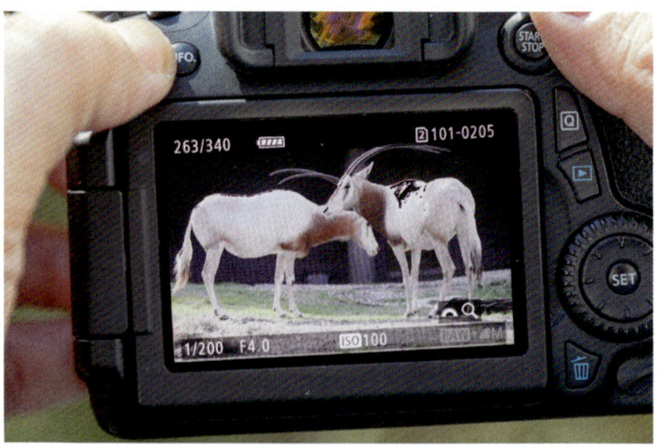

Die Überbelichtungswarnung dieser Canon-DSLR zeigt durch schwarzes Blinken überstrahlte helle Bildbereiche an, hier am Rücken der rechten Säbelantilope.

Bilder mit dem Farbhistogramm analysieren

Mit dem Helligkeits- oder Luminanzhistogramm sind die Möglichkeiten der Bildanalyse bei vielen Kameras noch nicht erschöpft. Denn auch die einzelnen Farbkanäle Rot, Grün und Blau, aus denen sich jedes Bild zusammensetzt, können als getrennte *Farbhistogramme* angezeigt werden. Damit können Sie Farbverschiebungen bzw. Farbstiche sicher erkennen, auch wenn der Monitor im Sonnenlicht spiegelt.

Farbverschiebung erkennen

Bei einer Farbverschiebung sind die Histogrammhügel des roten und blauen Kanals mehr oder weniger stark gegeneinander versetzt oder weisen deutlich mehr oder weniger Pixel auf. Bei der Hafenszene ist z. B. der rote Kanal gegenüber dem blauen nach rechts verschoben, was auf höhere Anteile an Gelb im Bild schließen lässt. Wäre es umgekehrt, würde das Bild ziemlich blaustichig aussehen.

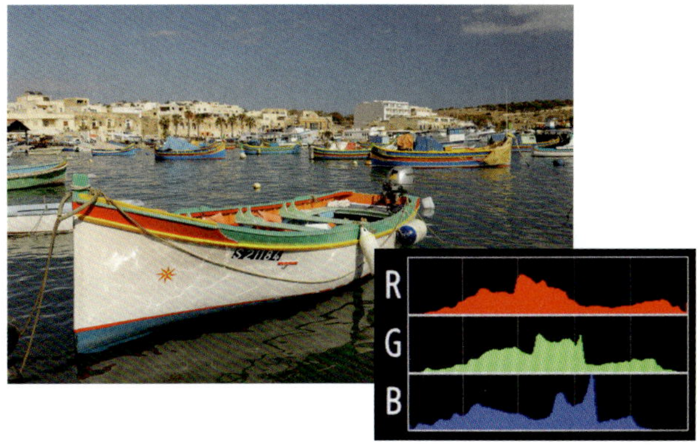

Farbverschiebung ausgleichen

Farbstiche können durch Anpassen des Weißabgleichs behoben werden. Hier mussten wir lediglich die falsch eingestellte Vorgabe *Schatten* in *Tageslicht* ändern. Die blaue Kurve verschiebt sich dadurch nach rechts und rückt zur roten auf. Was im Bild besser gefällt oder der realen Situation eher entspricht, steht auf einem anderen Blatt. Hier geht es einzig und allein darum, die farbliche Tendenz des Bildes in Richtung einer Gelb- oder Blautönung zu beurteilen. Der grüne Kanal bildet vor allem die Helligkeitsverteilung der Aufnahme ab, wie es auf Seite 84 beschrieben ist, und kann bei der Farbbeurteilung vernachlässigt werden.

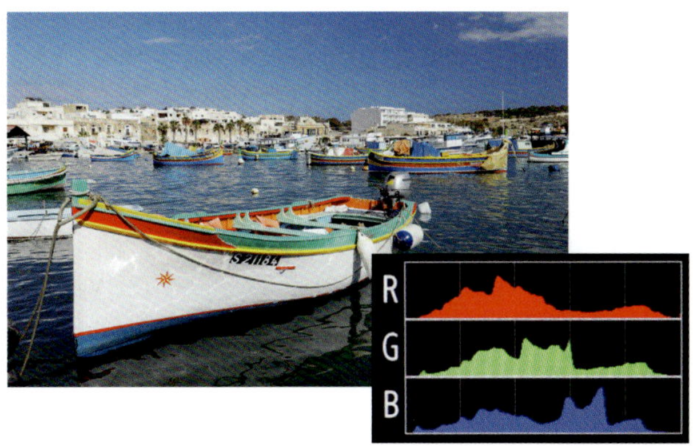

Farbverschiebung oder Farbstich?

Um die Begrifflichkeiten mal ein wenig auseinanderzudröseln, würden wir vorschlagen, die Bezeichnung *Farbverschiebung* für eine gewollte farbliche Tendenz zu verwenden und mit dem Wort *Farbstich* zu beschreiben, dass das Bild eine fehlerhafte Farbtonung besitzt. Letzteres trifft bei unserem Beispiel auf das erste Hafenbild zu, denn da hatten wir versehentlich einen falschen Weißabgleich eingestellt und wollten das Bild gar nicht so gelb darstellen.

Projekt: Schnell die Belichtung anpassen

Je nach den Lichtverhältnissen und abhängig davon, wie die Belichtungsmessung mit dem Motiv klarkommt, kann es passieren, dass ein Motiv zu hell oder zu dunkel abgebildet wird. Die Kameraautomatik kann nicht »wissen«, was sie vor dem Objektiv hat und wie Sie es fotografieren wollen. Die unkomplizierteste Art, darauf zu reagieren, ist die Verwendung der Belichtungskorrektur.

Belichtungskorrekturen durchführen

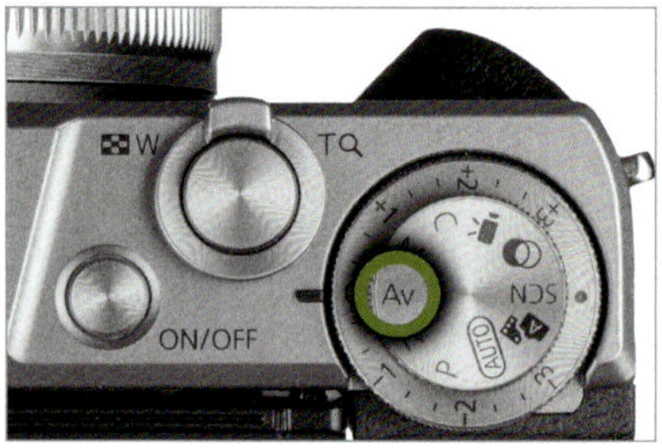

1 Belichtungsprogramm wählen
Belichtungskorrekturen sind meist nur in den Programmen P, A/Av, S/Tv und M möglich. Für diese Aufnahme kam die Blendenvorwahl zum Einsatz, um die Schärfentiefe steuern zu können.

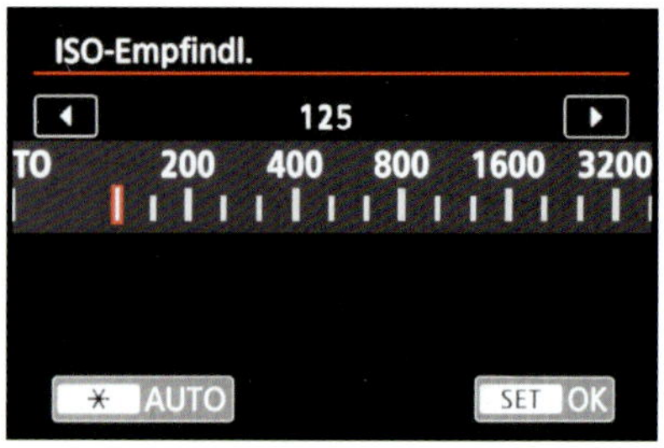

2 ISO-Wert einstellen
Bei ausreichend Umgebungslicht, wie im Beispiel, wählen Sie für beste Bildqualitäten einen niedrigen ISO-Wert, hier ISO 125. Achten Sie darauf, dass die Belichtungszeit dennoch kurz genug für verwacklungsfreie Fotos ist.

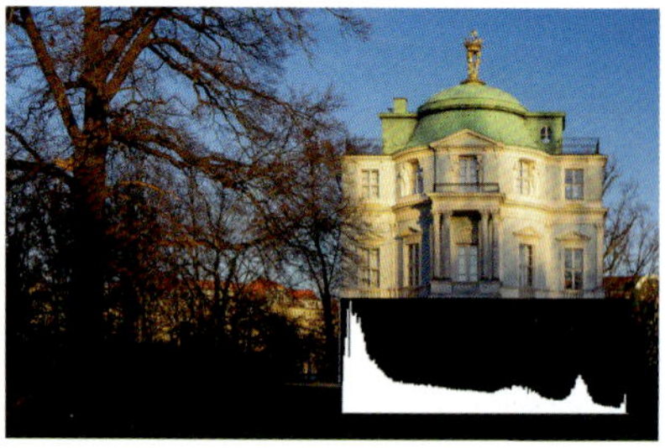

3 Probeaufnahme
Die erste Probeaufnahme kam uns dann aber etwas zu dunkel vor, und das Histogramm zeigte auch, dass sich die meisten Bildpixel im linken dunkleren Bereich aufhielten. Zeit für eine sanfte Belichtungskorrektur.

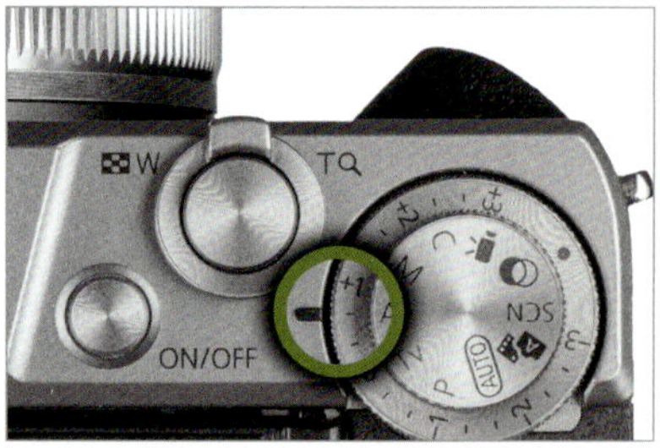

4 Belichtungskorrektur
Um das Bild aufzuhellen, haben wir die Belichtung um 0,7 EV nach oben korrigiert. Dies ist je nach Kamera im Schnellmenü (Quick-Menü), über ein eigens dafür ausgelegtes Bedienelement (Taste, Einstellrad) oder über das Kameramenü möglich.

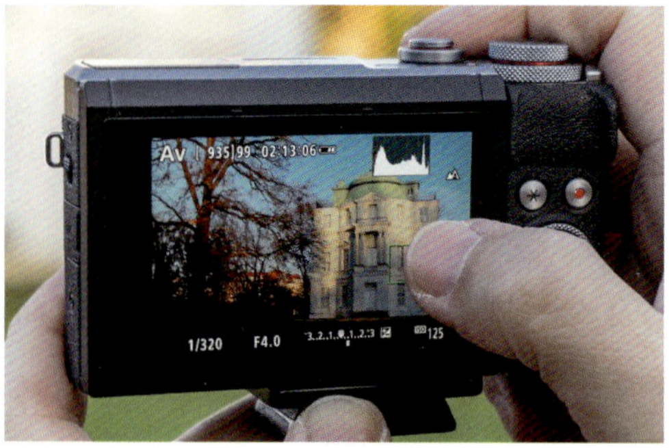

5 Bild aufnehmen
Im Livebild mit der Anzeige des Live-Histogramms können Sie die Wirkung der Belichtungskorrektur direkt verfolgen. Hier war es wichtig, dass die sehr hellen Bildstellen rechts nicht aus dem Histogramm herausrutschen. Sie würden im Bild sonst überbelichtete und strukturlose, ausgebrannte Bereiche hinterlassen, die die Bildqualität schmälern.

Das Ergebnisbild

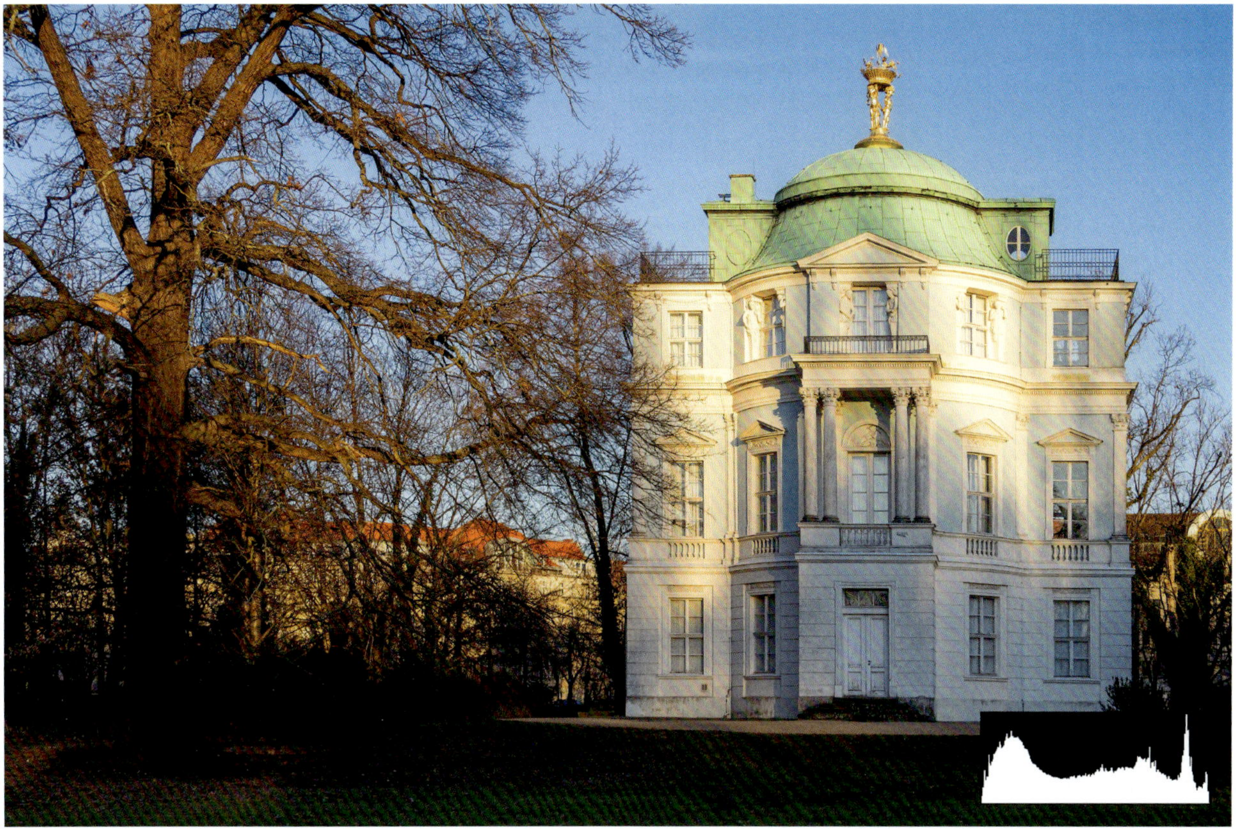

So gefällt uns die Belichtung des Belvedere im Schlossgarten Charlottenburg am besten. Das Histogramm zeigt, dass mit einer Überbelichtung von 0,7 Schritten eine sehr ausgewogene Belichtung der Aufnahme gelungen ist.

			ISO
17 mm	f4	1/320 s	125

Auf jeden Fall korrigieren

Motive, die großflächig sehr hell oder sehr dunkel sind, erfordern fast immer eine Belichtungskorrektur. Das liegt daran, dass der Belichtungsmesser so ziemlich aller Kameras den gemessenen Bildbereich intern mit dem Standardwert von 18 % Neutralgrau vergleicht. Die Belichtung des Bildes wird dann so eingestellt, dass der gemessene Bereich der Helligkeit von 18 % Neutralgrau entspricht. Ein weißes Motiv wird daher grau abgebildet und ein schwarzes ebenfalls grau. Die Kamera kann ja nicht wissen, dass sie Weiß wie Weiß und Schwarz wie Schwarz darstellen soll. Denken Sie in solchen Fällen an eine eventuell notwendige Korrektur, und belichten Sie weiße Motive entsprechend über und schwarze unter.

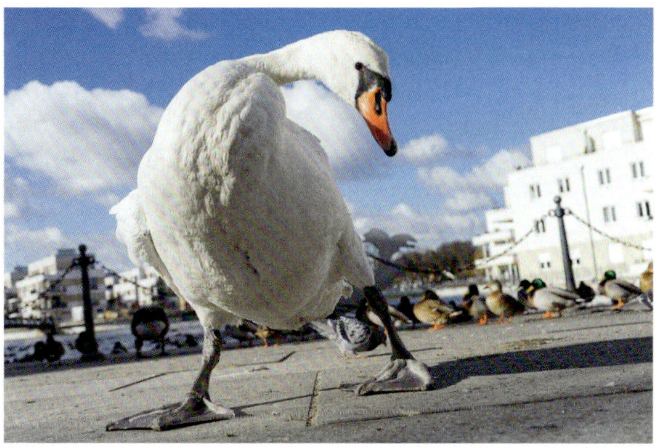

Bei dem neugierigen Höckerschwan musste die Belichtung um eine ganze Stufe angehoben werden. Sonst hätte das Gefieder eher schmutzig grau ausgesehen.

Projekt: Gegenlicht geschickt nutzen

Wenn es eine fotografische Regel gibt, die fast jeder schon einmal gehört hat, dann lautet sie: »Fotografiere nicht gegen das Licht!«. Das ist nicht völlig verkehrt, da es tatsächlich zu krasser Unterbelichtung des Motivs kommen kann, sich störende Reflexe einstellen oder in einigen Bildbereichen eine extreme Überbelichtung durch das Gegenlicht erzeugt wird. Aber mit etwas Geschick gibt es auch Möglichkeiten, das Gegenlicht für besonders eindrucksvolle Aufnahmen zu nutzen. Keine Regel ohne Ausnahme!

Gegenlicht nutzen, um das Fell mit einem Lichtsaum in Szene zu setzen

Gegenlicht lässt sich hervorragend dazu benutzen, wunderschöne Lichtsäume zu erzeugen, die dem Motiv ein Quäntchen mehr Attraktivität verleihen. In unserem Beispiel haben wir einem Luchs durch Einsatz der ihn schräg von hinten bescheinenden Sonne das gewisse Etwas verpasst. Um ein harmonisches Bild zu bekommen, war es wichtig, eine Belichtung zu finden, die den Lichtsaum nicht zu überstrahlt darstellt und gleichzeitig das Motiv nicht düster wirken lässt.

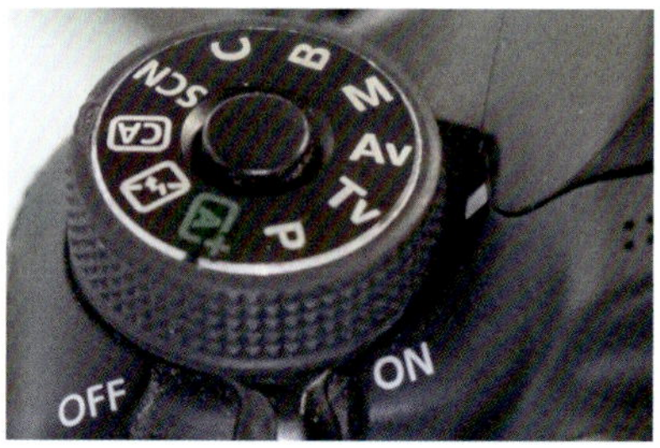

1 Programm wählen

Hier kam die Blendenvorwahl A/Av zum Zug. Die Luchse bewegten sich nur wenig, und die Köpfe lagen alle etwa auf der gleichen Ebene. Daher konnten wir trotz offener Blende alle scharf auf den Sensor bannen. Durch die geringe Schärfentiefe wird gleichzeitig der Hintergrund maximal unscharf abgebildet, was uns gerade recht kam, denn das Wirrwarr der Äste im Hintergrund hätte sehr gestört.

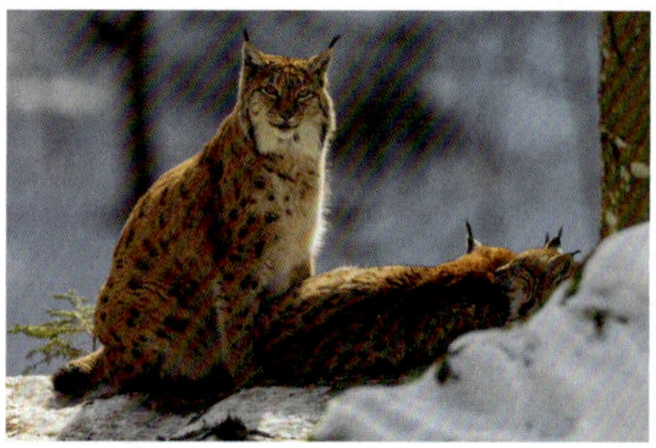

2 Erste Probeaufnahme

Die erste Aufnahme fertigten wir mit der Standardbelichtung der Kamera an. Das Ergebnis war auch schon ganz nett und zeigte einen schönen Lichtsaum. Das Gegenlicht hatte den Belichtungsmesser aber dazu animiert, etwas knapper zu belichten. Insgesamt war die Aufnahme daher etwas zu dunkel geraten. Machen Sie ruhig eine Testaufnahme, und passen Sie dann die Einstellungen an.

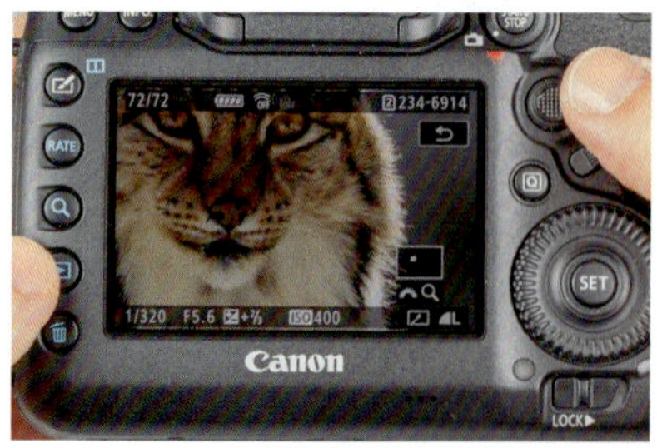

3 Bildanalyse

Um die Helligkeit des Lichtsaumes beurteilen zu können, haben wir die Vergrößerungsfunktion der Kamera verwendet. Die Position des aktuell gewählten Bildausschnitts im Gesamtbild wird mit einem weißen Rechteck innerhalb eines Rahmens verdeutlicht, hier unten rechts im Bild zu sehen. Mit dem Joystick o.Ä. kann der Bildausschnitt auf dem Monitor bewegt und so exakt eingestellt werden.

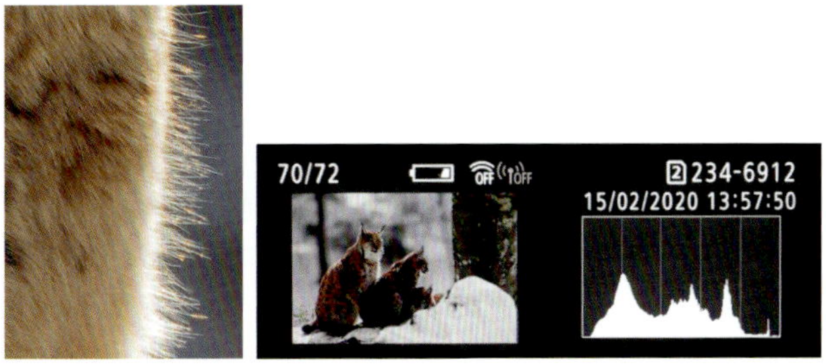

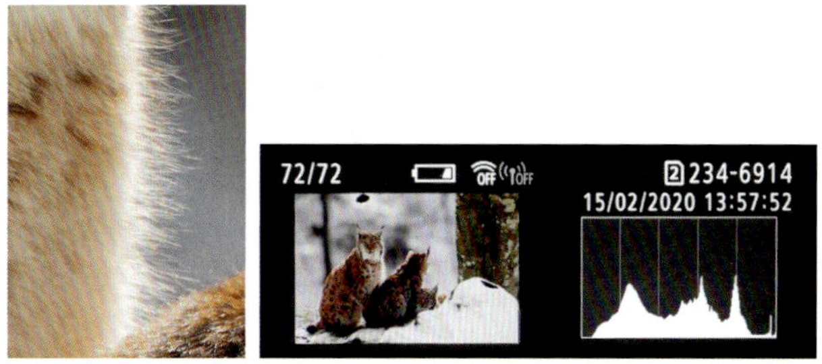

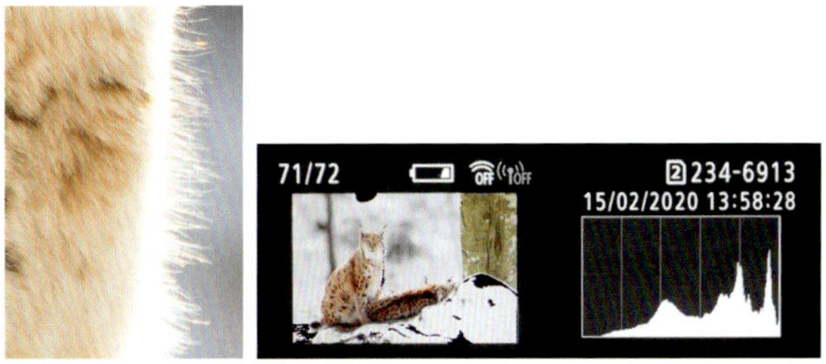

4 Belichtungskorrekturen

Links oben: Ohne Belichtungskorrektur sieht das Histogramm zwar okay aus, aber es ist noch etwas Luft in Richtung hell. Rechts oben: Mit einer Korrektur um +0,7 EV ist das Bild etwas heller, die Struktur des Fells im Saum ist aber noch erhalten. Links unten: Wenn Sie zu viel des Guten tun und stärker überbelichten (hier +1,3 EV), ist der Lichtsaum unschön ausgebrannt und wirkt auf dem Bild überrissen und nicht mehr stimmig.

Das Ergebnisbild

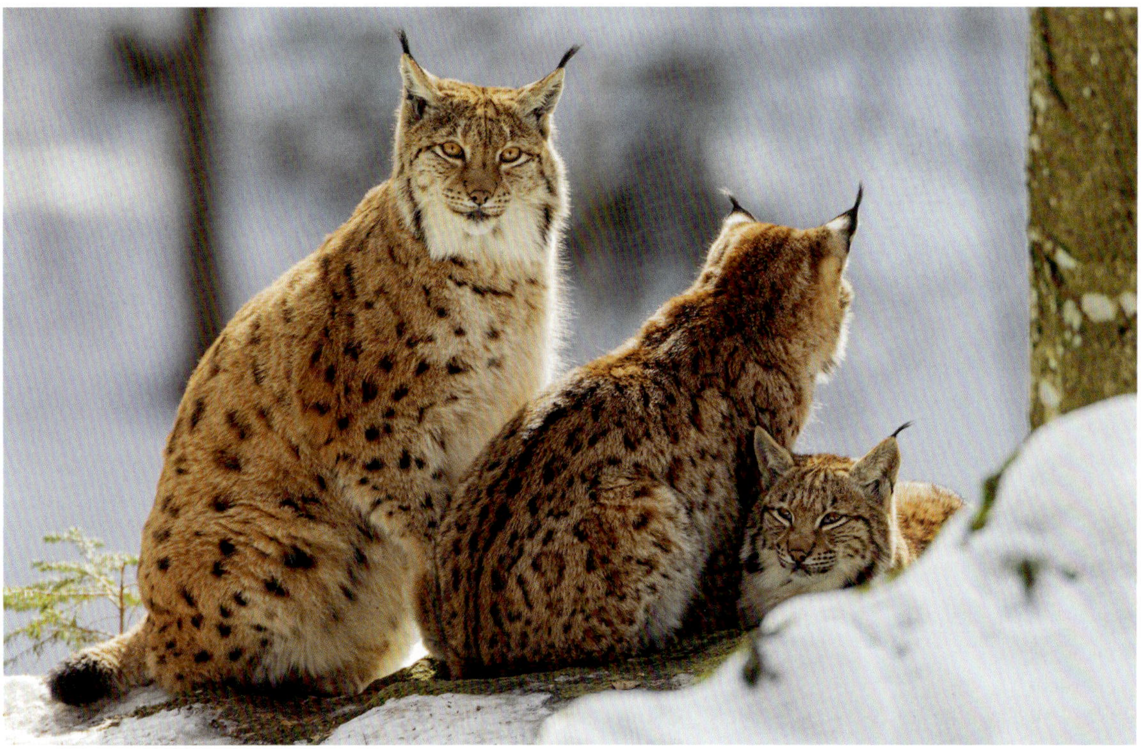

Mit einer leichten Belichtungskorrektur nach oben von +0,7 EV konnten wir die Aufnahme insgesamt etwas aufhellen, ohne dass der attraktive Lichtsaum zu sehr überstrahlt.

Brennweite	Blende	Zeit	ISO
700 mm	f5,6	1/320 s	250

Projekt: Nachtaufnahme mit manueller Belichtung

Wenn die Lichtverhältnisse wirklich anspruchsvoll werden, lohnt es sich meist, den manuellen Weg der Belichtung einzuschlagen. Hier waren wir in Berlin beim Festival of Lights unterwegs und hatten uns spätabends die wunderschön beleuchtete St.-Hedwigs-Kathedrale vorgenommen. Es galt, die extremen Kontraste zwischen der hellen Beleuchtung und dem dunklen Umfeld in den Griff zu bekommen.

Der Weg zur perfekt belichteten Nachtaufnahme

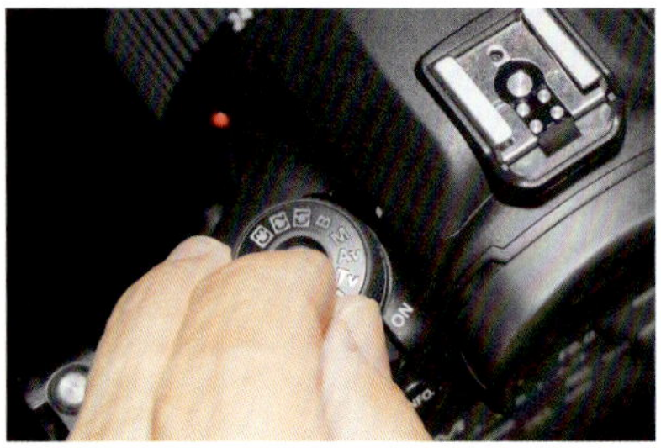

1 Manueller Modus
Stellen Sie das Programmwahlrad zunächst auf den manuellen Belichtungsmodus M. Nur so haben Sie die volle Kontrolle.

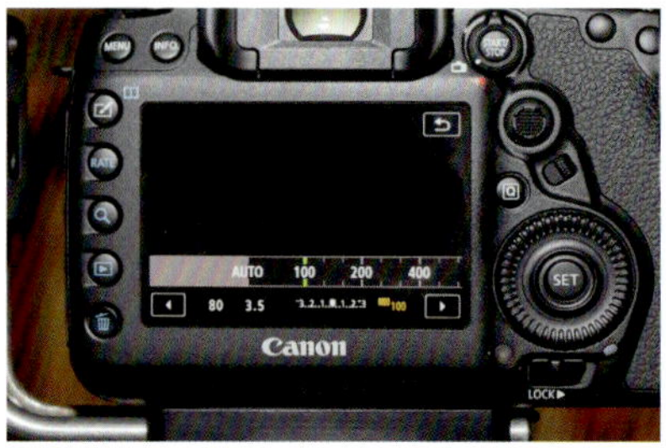

2 ISO-Wert einstellen
Um ein qualitativ hochwertiges Bild ohne Rauschen zu bekommen, nehmen Sie einen niedrigen ISO-Wert (hier ISO 100).

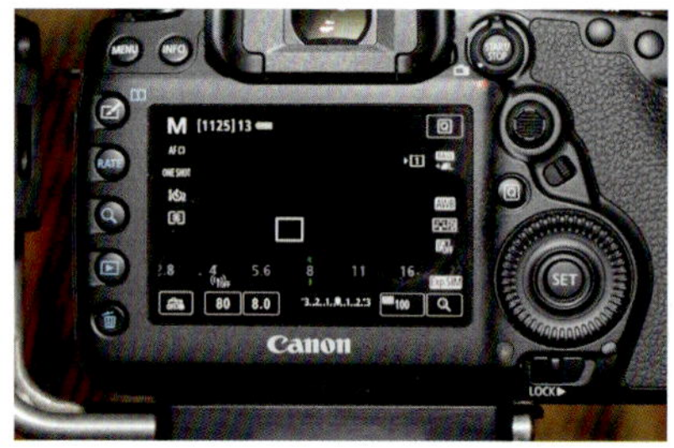

3 Blende wählen
Um alle Elemente des Gebäudes scharf abzubilden, muss die Blende passen. Hier war es ein mittlerer Blendenwert von f8.

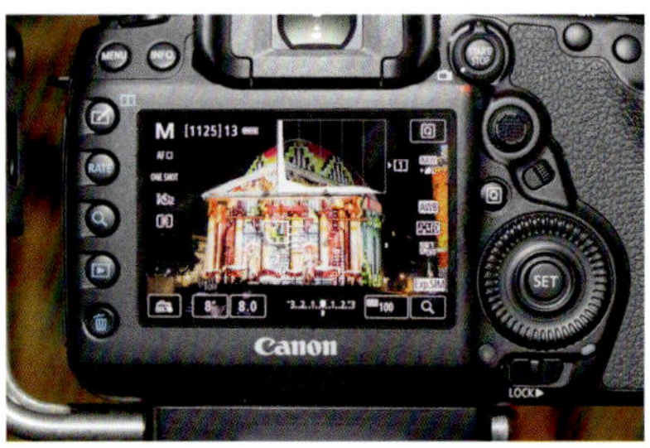

4 Belichtungszeit anpassen
Wählen Sie die Belichtungszeit so, dass die Helligkeit Ihren Wünschen entspricht. Im Beispiel wurden es 8 Sekunden, was auch der durch die Kamera ermittelten Standardbelichtung entsprach (Belichtungsstufe 0).

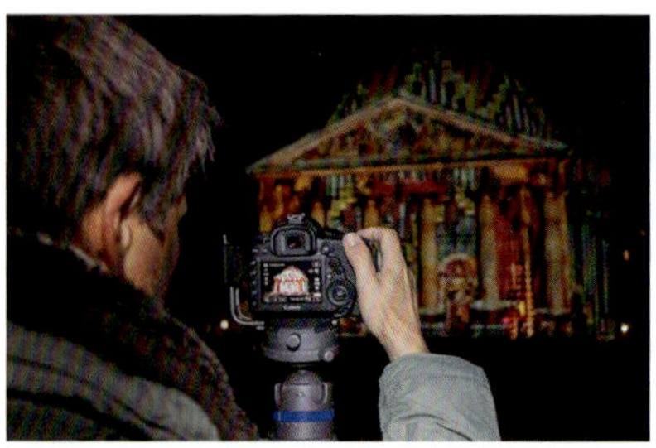

5 Stativ verwenden
Eine Belichtung von 8 Sekunden lässt sich nicht aus der Hand fotografieren. Montieren Sie die Kamera also auf einem Stativ, um Verwacklungen auszuschließen. Zudem lässt sich so der Bildausschnitt in Ruhe bestimmen.

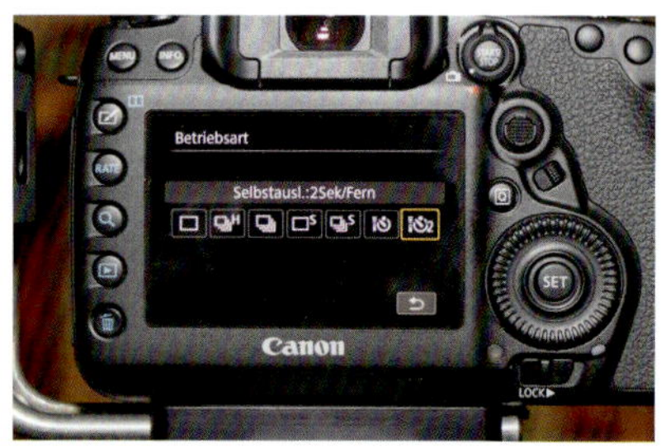

6 Selbstauslöser nutzen
Wenn die Kamera auf dem Stativ steht, kann das Drücken des Auslösers dennoch zu Erschütterungen und damit Verwacklungen führen. Nehmen Sie einen Fernauslöser, oder nutzen Sie den Selbstauslöser mit einem Vorlauf von 2 Sekunden.

Das Ergebnisbild

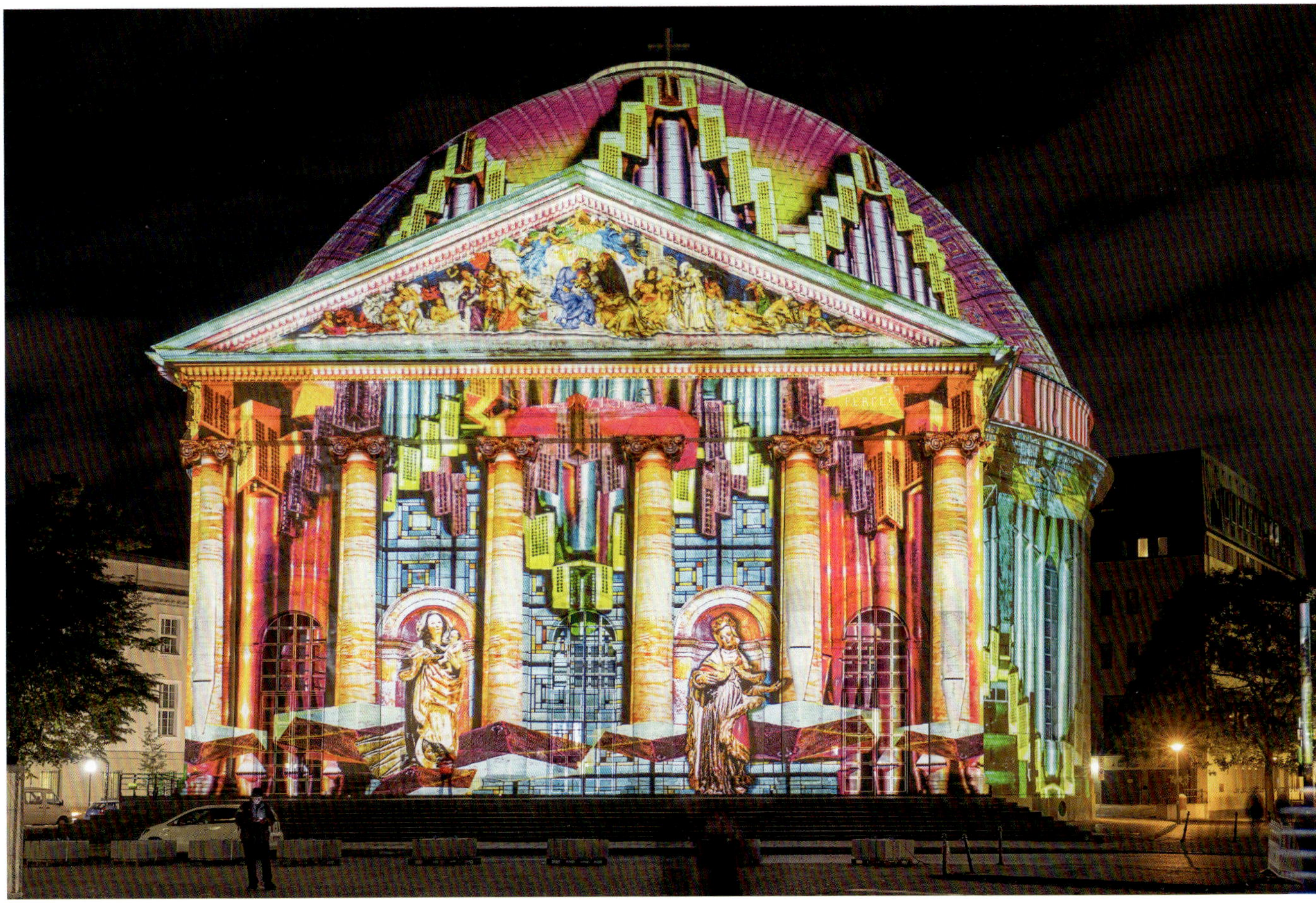

Richtig belichtet und ohne Erschütterung aufgenommen, erstrahlt die Kathedrale fast schon überirdisch im farbigen Licht.

Brennweite	Blende	Zeit	ISO
38 mm	f8	8 s	100

Stabilisator ausschalten

Beim Fotografieren vom Stativ aus ist es empfehlenswert, bei Belichtungszeiten länger als 1 Sekunde den eventuell vorhandenen Bildstabilisator zu deaktivieren. Er wird nicht benötigt und kann sogar zu schlechteren Bildergebnissen führen. Denn nicht jede Kamera ist in der Lage, zu erkennen, ob sie bombenfest auf einem Stativ steht. Es kann daher zu Ausgleichsbewegungen des Bildstabilisators kommen, die dann genau das Gegenteil bewirken und eine leichte Unschärfe ins Bild bringen.

Selbstauslöser und Spiegelvorauslösung

Bei Spiegelreflexkameras kann Unschärfe, die durch minimale Vibrationen beim Spiegelschlag entsteht, mit der sogenannten *Spiegelvorauslösung* verhindert werden. Die Bildaufnahme funktioniert dann so: Beim ersten Auslösen klappt lediglich der Spiegel hoch, belichtet wird der Sensor aber erst, wenn ein zweites Mal ausgelöst wird. Am besten warten Sie 2 bis 4 Sekunden zwischen den Auslösungen und verwenden den 2-Sekunden-Selbstauslöser oder einen Fernauslöser.

Projekt: Lost Places im HDR-Style

Innenräume, verlassene Orte, unaufgeräumte Ecken etc. lassen sich mit der sogenannten *HDR-Technik* wunderbar kreativ in Szene setzen. Die Bilder wirken ein wenig überirdisch wie ein Szenario aus einem Computerspiel. HDR steht für *High Dynamic Range* und bedeutet, einen hohen Dynamikumfang ins Bild zu bringen. Grundsätzlich geht es darum, ein und dasselbe Motiv unterschiedlich hell zu fotografieren und die Einzelbilder dann so zu fusionieren, dass alle Helligkeitsstufen strukturiert abgebildet werden, also perfekt durchzeichnet sind. Daher können Sie die HDR-Technik prinzipiell immer anwenden, wenn der Hell-Dunkel-Kontrast des Motivs sehr hoch ist. Bei bewegten Motiven wird es allerdings schwieriger, weil die Ausgangsbilder für HDR deckungsgleich sein sollten. Sonst entstehen sogenannte *Geisterbilder*. Mit automatischen Aufnahmeprogrammen wie *HDR-Gegenlicht* oder *HDR* können ebenfalls besser durchzeichnete Bilder entstehen. Die Wirkung fällt aber entweder recht schwach aus, oder der Effekt wirkt sehr künstlich.

Der Weg zum HDR-Bild

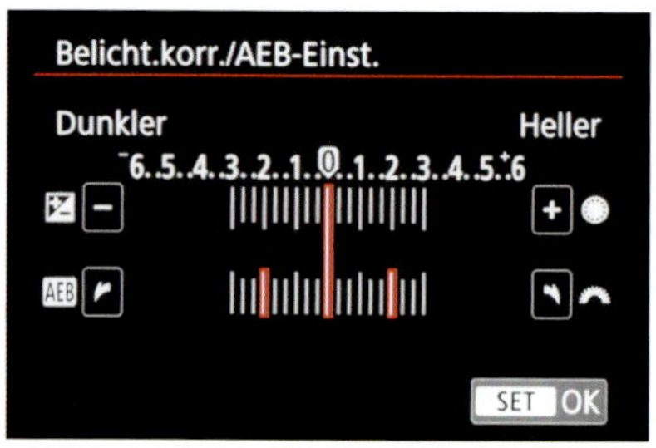

1 Stativ und automatische Belichtungsreihe

Für die Aufnahme der unterschiedlich hellen Einzelbilder bieten viele Kameras automatische Belichtungsreihen: *AEB* bei Canon, *AE-Belichtungsreihe* bei Nikon, *BRK C* (Serienreihe) bei Sony oder *Auto-Belichtungs-Serie* bei Fujifilm. Für die allermeisten HDR-Motive reichen drei Fotos mit einem Belichtungsunterschied ±2 EV aus. Angezeigt wird dies mit weiteren Markierungen auf der Belichtungsskala. Sind mehr Bilder möglich, empfehlen wir bei fünf Fotos Abstufungen um ±0,7 EV.

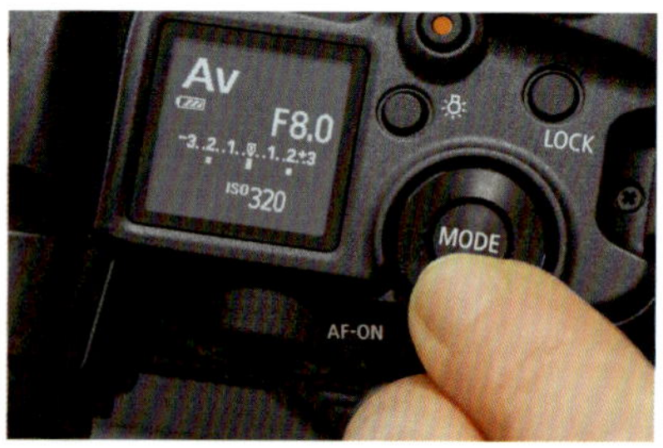

2 Blendenvorwahl für konstante Schärfentiefe

Die Belichtungsreihe steht in der Regel nur in den Modi P, S/Tv und A/Av zur Verfügung. Mit der Blendenvorwahl A/Av stellen Sie sicher, dass alle Bilder mit konstanter Schärfentiefe aufgenommen werden.

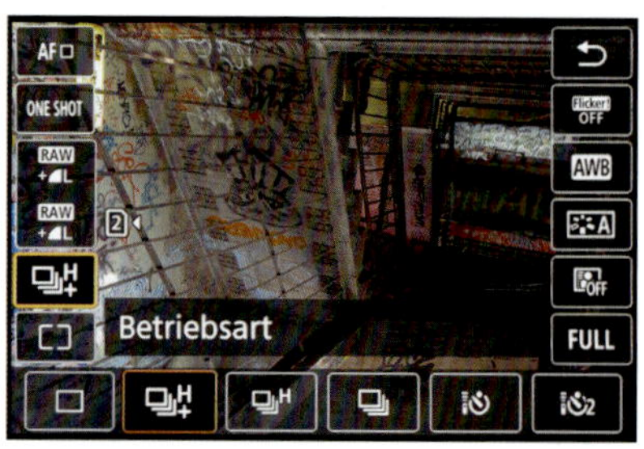

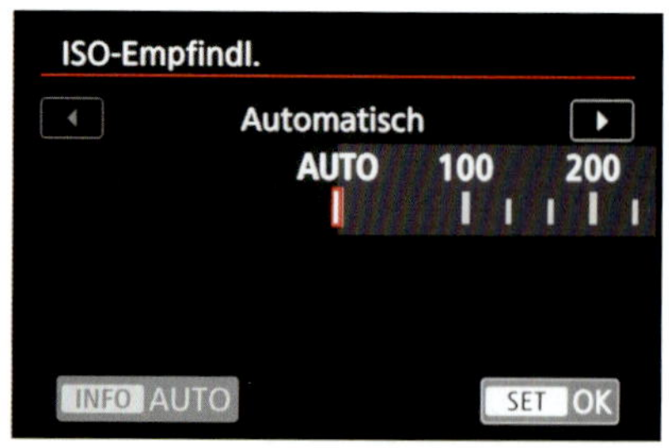

3 Stativ oder aus der Hand

Bei Aufnahmen vom Stativ aus kann der ISO-Wert niedrig gehalten werden, denn die Kamera ist ausreichend fixiert. Wenn Sie aus der freien Hand fotografieren, setzen Sie besser die ISO-Automatik ein, damit die helleren Bilder nicht verwackeln.

4 Reihe automatisch aufnehmen

Um alle Bilder hintereinander auszulösen, verwenden Sie bei Canon oder Nikon den 2-Sek.-Selbstauslöser (Stativ) oder die schnelle Reihenaufnahme (Hand). Bei Sony und Fujifilm wird die Reihe automatisch aufgenommen.

Das Ergebnisbild

Als Ergebnis erhielten wir drei Bilder. Im ersten – von links nach rechts – sind die hellsten Stellen, die *Lichter*, optimal dargestellt. Im zweiten sind die mittelhellen Motivbereiche (*Mitteltöne*) gut belichtet. Und im dritten werden die dunkelsten Bildstellen, die *Tiefen*, detailreich wiedergegeben. Diese drei Bilder haben wir dann softwaregestützt miteinander verschmolzen. Die besten Ergebnisse lassen sich mit spezieller HDR-Software erzielen, die das sogenannte *Tone-Mapping* beherrscht, z. B. Photomatix Pro, HDR Projects, Aurora HDR oder Luminance HDR. Damit werden gezielt nur alle gut belichteten Bildstellen aus den Fotos herausgefiltert und im fertigen Foto vereint – wobei freie Wahl bei der Gestaltung des Bildstils besteht: von eher natürlich bis hin zu künstlich und überdreht.

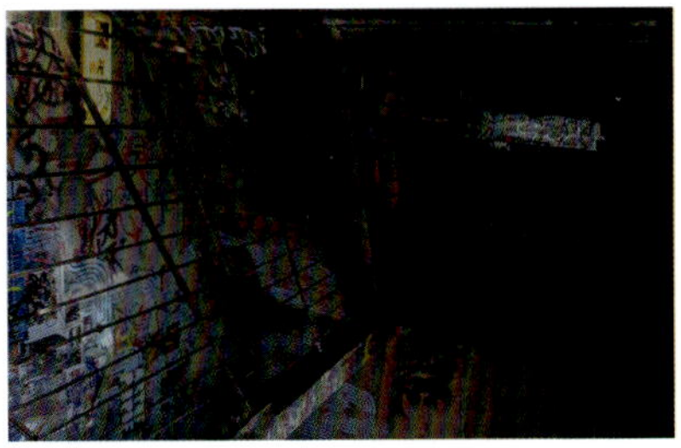

			ISO
16 mm	f8	1/20 s	100

			ISO
16 mm	f8	1/20 s	400

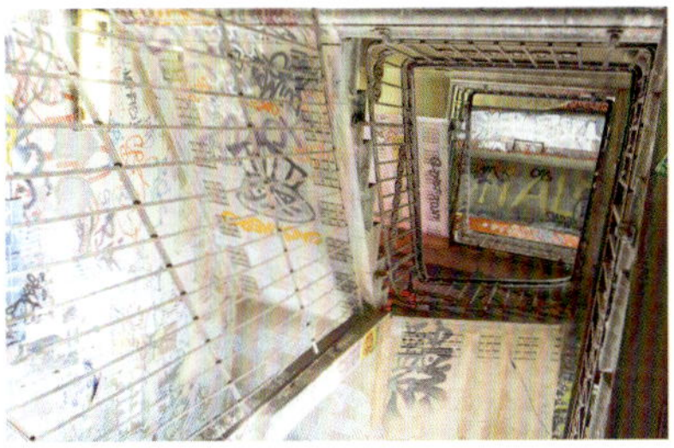

			ISO
16 mm	f8	1/20 s	1600

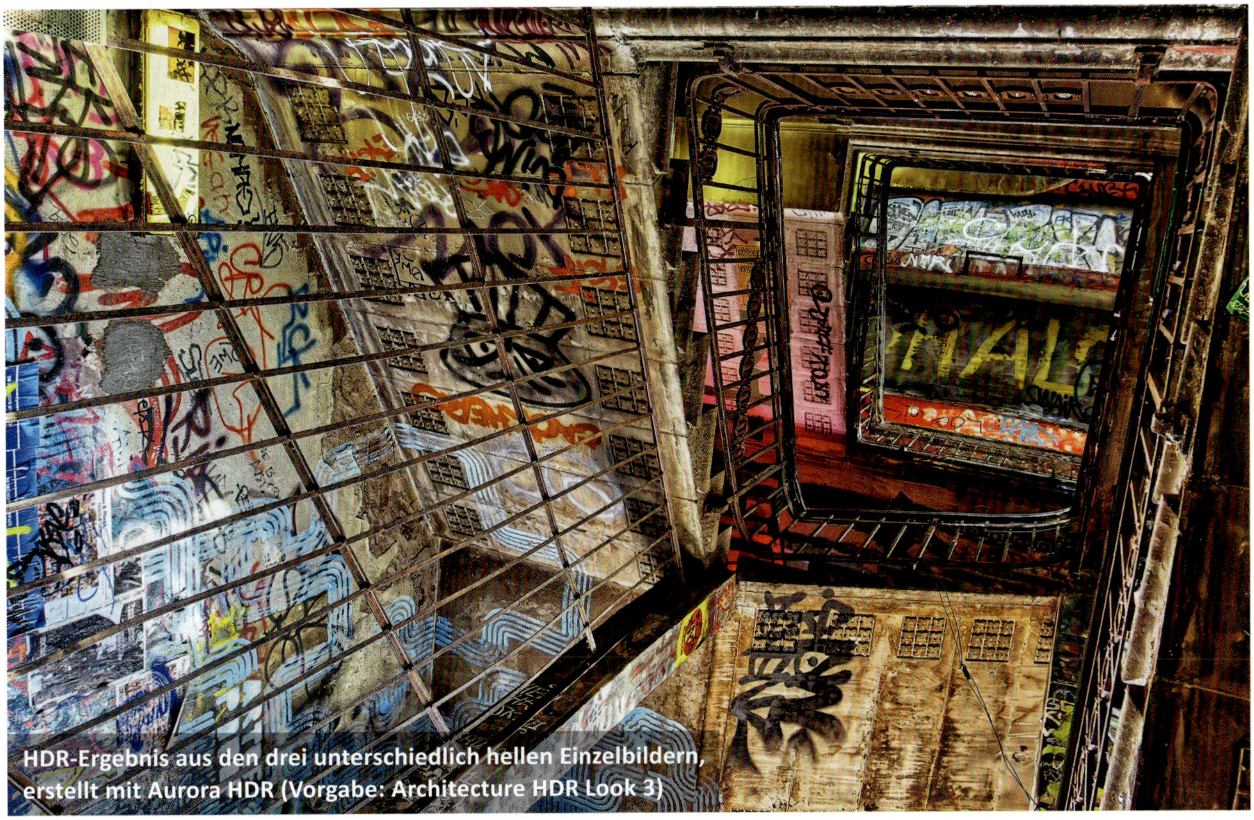

HDR-Ergebnis aus den drei unterschiedlich hellen Einzelbildern, erstellt mit Aurora HDR (Vorgabe: Architecture HDR Look 3)

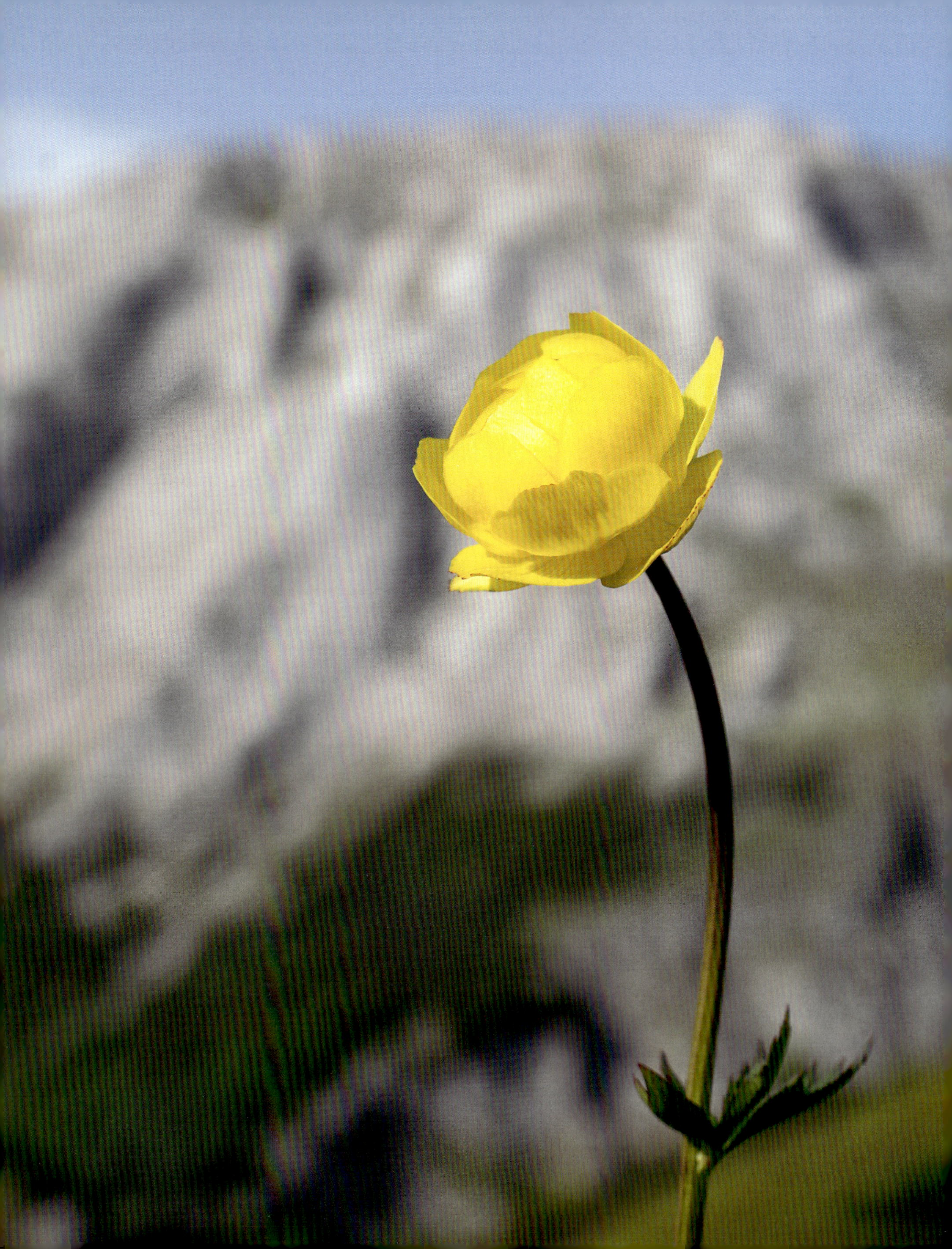

Kapitel 4

Schärfe und Unschärfe gekonnt anwenden

Wenn Sie ein Motiv knackscharf präsentieren möchten, kommt es darauf an, dass der Fokus bei der Aufnahme auch genau dort zu liegen kommt, wo Sie das geplant hatten. Wie Sie die ausgeklügelte Autofokussteuerung Ihrer Kamera geschickt nutzen, um optimal fokussierte Bilder zu erzielen, und welche praktischen Helferlein Ihnen dabei zur Seite stehen, erfahren Sie in diesem Kapitel.

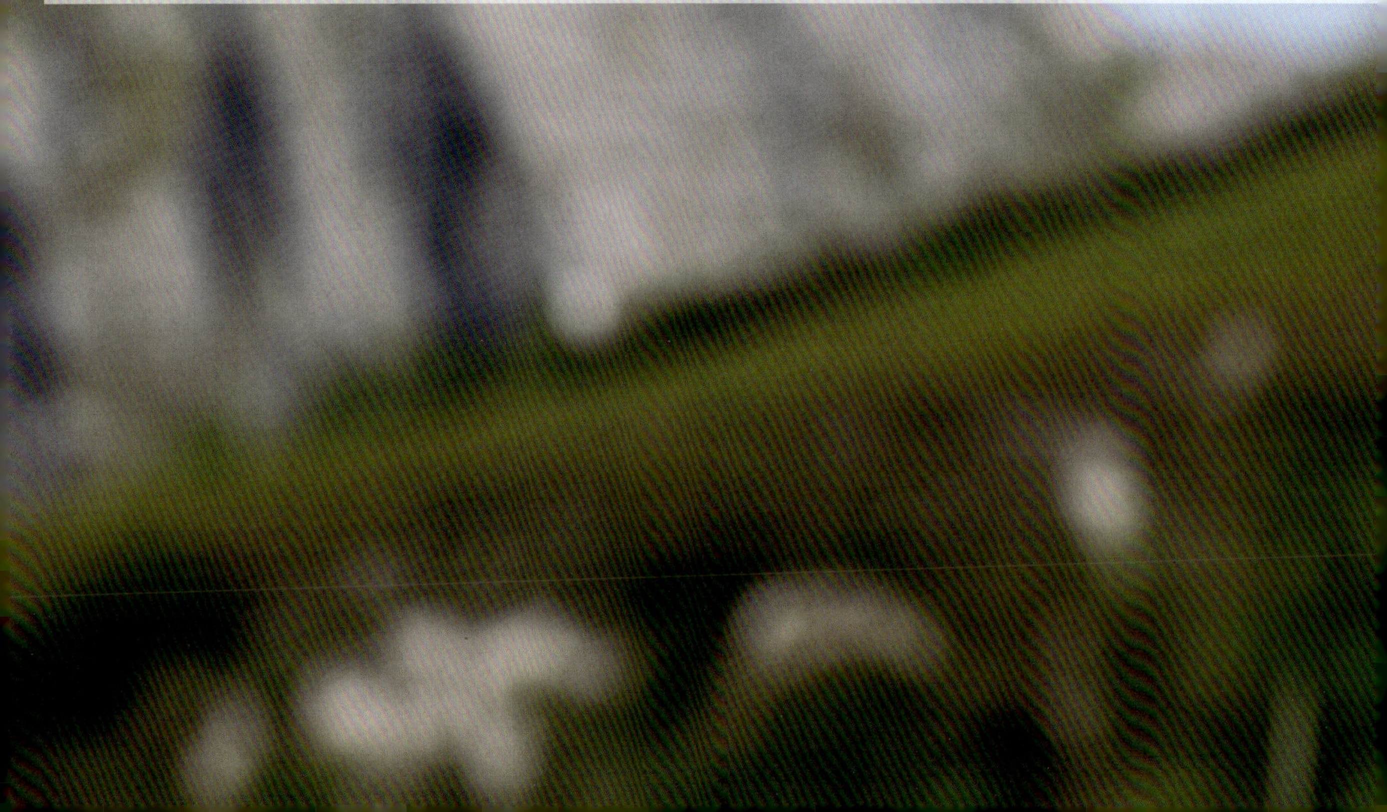

Wissen: Schärfe verstehen

Nachdem die Belichtung perfekt austariert ist, gibt es noch einen zweiten Faktor, der Ihnen das gewünschte Bild verhageln kann: Liegt die Schärfe oder vielmehr die Unschärfe an der falschen Stelle im Bild, ist es schon ein Fall für die Taste mit dem Mülltonnensymbol. Vieles lässt sich in der Bildbearbeitung korrigieren, Unschärfe gehört in der Regel nicht dazu. Aus diesem Grund ist es wichtig, die automatischen und manuellen Möglichkeiten der Fokussierung zu kennen, dann sitzt die Schärfe auch dort im Bild, wo sie hingehört. Doch lassen Sie uns zuerst einen Blick auf die nicht ganz so graue Theorie werfen.

Einfluss der Schärfeebene auf das Bild

Durch das Fokussieren legen Sie fest, in welchem Bereich das Bild auf jeden Fall scharf zu sehen sein soll. Dieser Bildbereich liegt auf der sogenannten *Schärfeebene* ❶ und besitzt die höchste Detailauflösung. Stellen Sie sich die Schärfeebene einfach wie eine dünne Scheibe vor, die parallel zur Sensorebene ❷ liegt. Ein flaches, genau auf dieser Ebene liegendes Motiv, wie die von einer Wand abfotografierten Fische, wird selbst bei einem sehr niedrigen Blendenwert wie f2,8 auf nahezu der gesamten Fläche scharf abgebildet. Wird die Kamera und damit die Schärfeebene gekippt ❸, wird im fertigen Bild nur noch der Bereich scharf abgebildet, der von der Schärfeebene geschnitten wird, so wie das im mittleren Bild zu sehen ist. Wenn Sie nun die Blende schließen, also einen höheren Blendenwert einstellen, beispielsweise f16, wird die Schärfentiefe gesteigert, und der um die Schärfeebene detailliert abgebildete Bereich weitet sich nach vorne und hinten aus. Das gesamte Bild wird wieder schärfer, obwohl die Schärfeebene nicht parallel liegt.

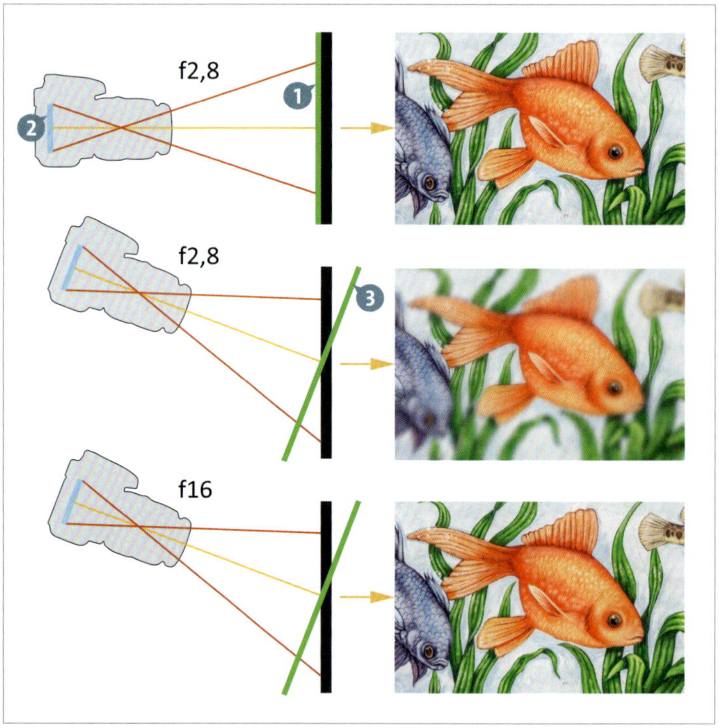

Grafische Darstellung der Auswirkung von Schärfeebene und gewählter Schärfentiefe auf das Bild. Perfekte Schärfe herrscht nur an den Stellen, an denen die Schärfeebene auf das Motiv trifft. Bei geneigter Kamera machen sich Unterschiede in der Blendenwahl deutlich bemerkbar.

Wie sich die Schärfe über das Bild verteilt

Bei Betrachtung eines Motivs mit viel Tiefe lassen sich, ausgehend vom Punkt der größten Schärfe, verschiedene Zonen ausmachen, die zeigen, dass sich, je weiter sich der betrachtete Bereich in der Tiefe vom Schärfepunkt entfernt, mehr und mehr Unschärfe einstellt. Je weicher die Bildkanten ineinanderlaufen und je amorpher die Konturen werden, desto unschärfer wirkt der entsprechende Bildbereich. Im Bereich größter Schärfe grenzen sich auch feinste Strukturen klar gegeneinander ab und ermöglichen es dem Auge, sie detailliert wahrzunehmen. In unserem Beispielbild ist das Gesicht der Modepuppe ganz im Vordergrund positioniert und die abnehmende Schärfe in die Tiefe nach hinten zu beobachten. Die Schärfe nimmt aber auch nach vorne ab. Wenn der Fokus weiter hinten liegt und sich Objekte zwischen dem fokussierten Bereich und der Kamera befinden, werden diese auch zunehmend unscharf dargestellt.

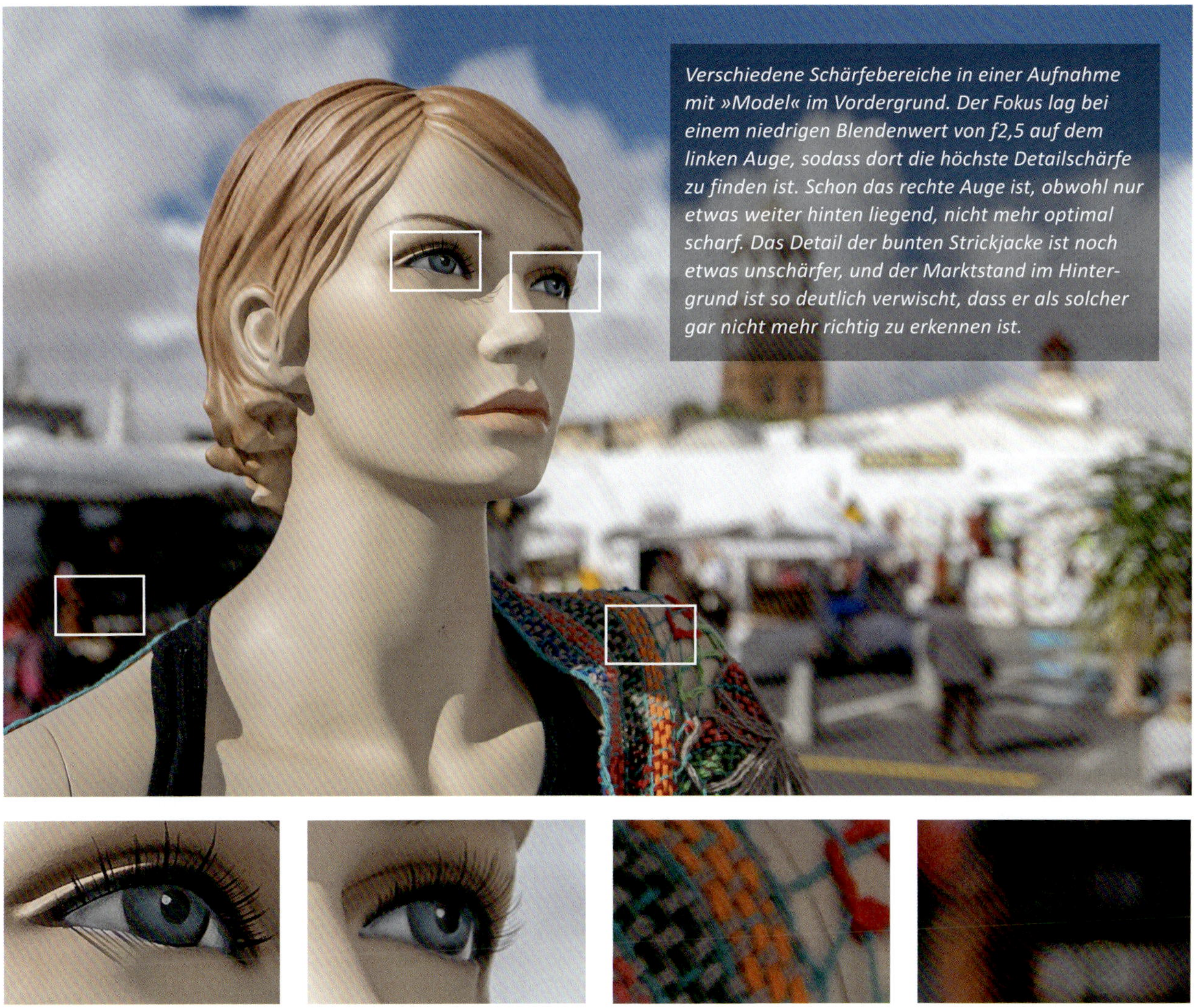

Verschiedene Schärfebereiche in einer Aufnahme mit »Model« im Vordergrund. Der Fokus lag bei einem niedrigen Blendenwert von f2,5 auf dem linken Auge, sodass dort die höchste Detailschärfe zu finden ist. Schon das rechte Auge ist, obwohl nur etwas weiter hinten liegend, nicht mehr optimal scharf. Das Detail der bunten Strickjacke ist noch etwas unschärfer, und der Marktstand im Hintergrund ist so deutlich verwischt, dass er als solcher gar nicht mehr richtig zu erkennen ist.

Wissen: Methoden der Scharfstellung

Damit im Bild auch das scharf ist, was scharf sein soll, stellen moderne Digitalkameras verschiedene Methoden zur Verfügung. Diese ermöglichen es, unterschiedliche Aufnahmesituationen, wie statische oder sich bewegende Motive, besonders effektiv in den Fokus zu nehmen. Hin und wieder ist manuelles Fokussieren die Methode der Wahl, aber die meisten Bilder werden Sie mit Sicherheit mit dem Autofokus (AF) aufnehmen. Dazu verwenden Spiegelreflexkameras einen AF-Sensor, der unten im Kameragehäuse sitzt und über einen Hilfsspiegel mit dem nötigen Licht für die Messung versorgt wird. Kompakt- und Systemkameras fokussieren mit einem Kontrast-, Hybrid- oder Dual-Pixel-Autofokus direkt über den Sensor.

Autofokus-Messfelder

Moderne AF-Systeme arbeiten mit zahlreichen Messfeldern, die die Entfernung des Motivs ermitteln und dem Autofokus im Objektiv die Information liefern, die er benötigt, um exakt dorthin scharfzustellen. Dabei decken die Messfelder von Kompakt- und Systemkameras systembedingt den Bildbereich meist deutlich vollständiger ab, als das bei DSLRs der Fall ist. Das ist besser für Motive im Randbereich.

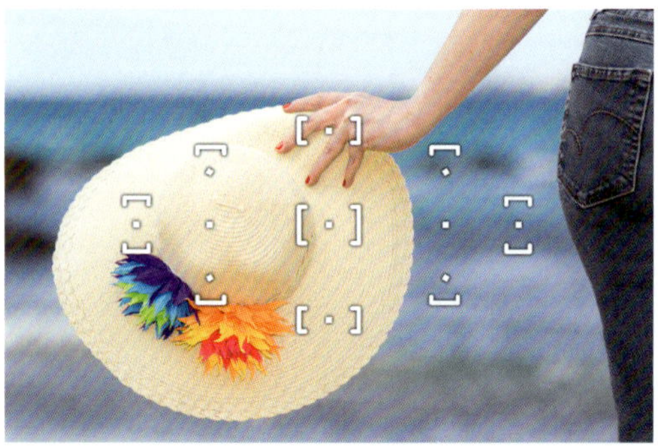

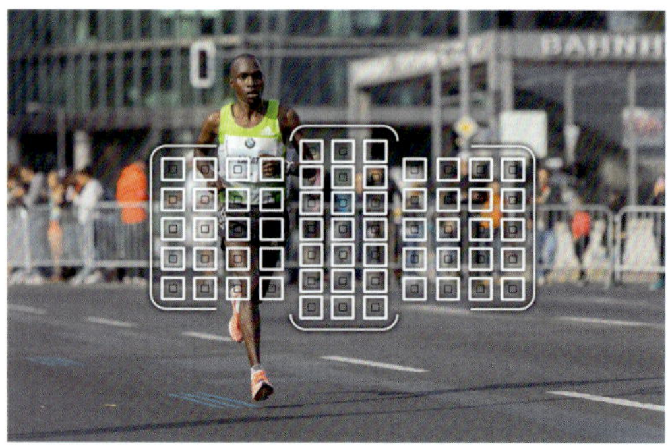

Oben links: AF einer Einsteiger-DSLR mit elf Messfeldern, oben rechts: AF einer Profi-DSLR mit 61 Messfeldern, unten: Hybrid-AF einer Systemkamera

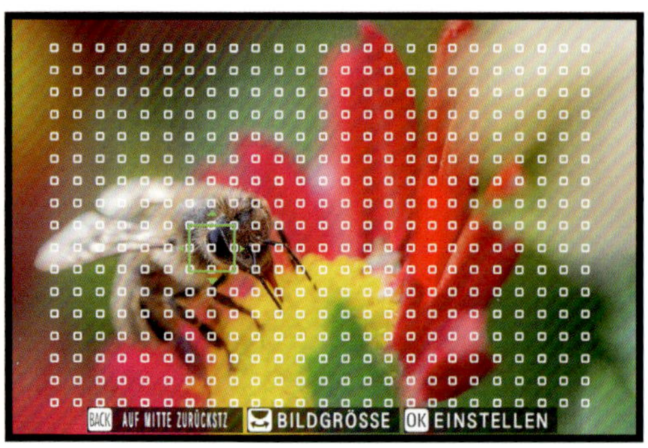

Linien- und Kreuzsensoren

In den technischen Spezifikationen zum Autofokus ist von Linien- und Kreuzsensoren die Rede. Wissen sollten Sie dazu, dass Kreuzsensoren empfindlicher sind. Sie können horizontale und vertikale Motivlinien erkennen. Viele Kreuzsensoren sind also von Vorteil für schnelles und zuverlässiges Fokussieren. Liniensensoren erkennen entweder nur horizontale oder nur vertikale Linien und fallen bei gleich ausgerichteten Motivkanten gegebenenfalls aus.

Autofokusmodi für unterschiedliche Motivsituationen

Da Bewegung im Bild beim Fokussieren immer eine besondere Herausforderung für den Autofokus darstellt, besitzen die meisten modernen Digitalkameras drei speziell auf unterschiedliche Bewegungssituationen abgestimmte Autofokusmodi: Einzelbild-AF, kontinuierlicher AF und Automatik-AF.

Einzelbild-Autofokus (One Shot, AF-S)	Der Einzelbild-AF kommt in erster Linie bei statischen Motiven zum Einsatz. Ein oder mehrere AF-Messfelder stellen auf das Motiv scharf und halten den Fokus bis zum Auslösen der Aufnahme. Dieser Fokusmodus eignet sich auch zum Zwischenspeichern der Schärfe, das wir Ihnen auf Seite 104 näher vorstellen.	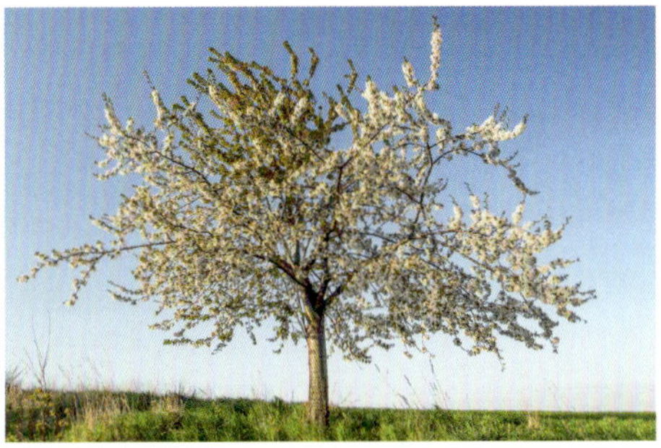
Kontinuierlicher Autofokus (AI Servo, AF-C)	Der kontinuierliche Autofokus ist speziell auf bewegte Motive abgestimmt und passt den Fokus dem sich im Bild bewegenden Motiv an. Bewegt es sich aus der fokussierten Bildebene heraus, stellt der Autofokus sofort nach, bis das Bild aufgenommen wird. Er eignet sich damit für alle Arten von Bewegungen in den Bereichen Sport-, Tier- und People-Fotografie.	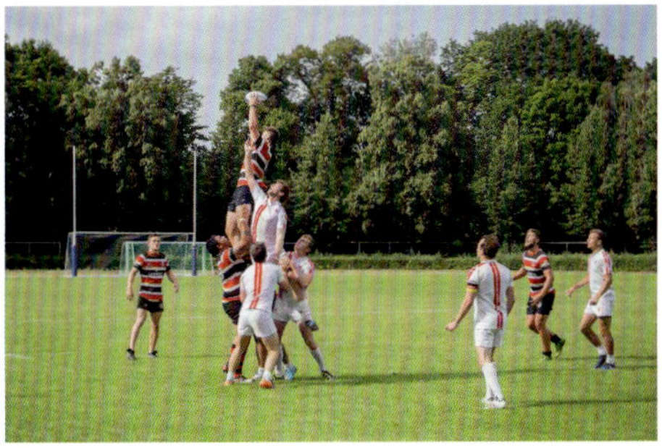
Automatik-Autofokus (AI Focus, AF-A, AF-F)	Für Motive, die sich nicht entscheiden können, ob sie sich bewegen möchten oder nicht, kann der Automatik-AF hilfreich sein. So könnte das gezeigte Schaf z.B. jederzeit auf die Idee kommen, ein paar Schritte weiterzugehen. Das erkennt der Automatik-AF mit kurzer Verzögerung und springt dann von Einzel- auf kontinuierlichen AF um.	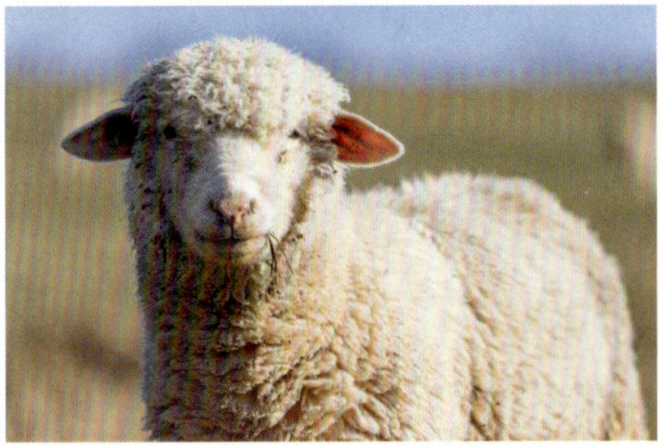
Manuell fokussieren	Trotz High-Tech-Autofokus ist es z.B. bei filigranen Makromotiven oder in Situationen mit sehr wenig Licht angezeigt, den manuellen Fokus zu verwenden. Bei nahezu jeder Kamera lässt sich dazu der Autofokus deaktivieren. Scharfgestellt wird dann entweder mit dem Fokussierring am Objektiv oder anhand von elektronischen Fokussierstufen am Monitor.	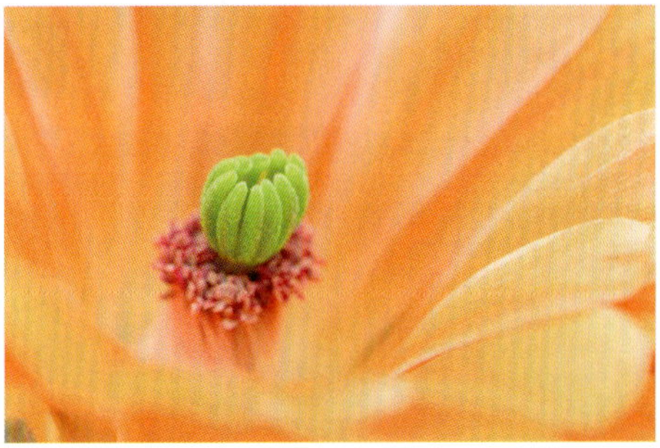

Projekt: Den Fokus gezielt setzen

Um ein interessanteres Bild zu bekommen, wird häufig das Hauptmotiv nicht in der Bildmitte platziert, sondern links oder rechts davon. Mit der standardmäßig von den meisten Kameras verwendeten automatischen Wahl der AF-Messfelder lassen sich solche außermittigen Motive aber nicht zuverlässig scharfstellen. Daher können Sie die AF-Messfelder bei so gut wie allen Kameras manuell verschieben, was im Übrigen auch mit aus mehreren Feldern zusammengesetzten AF-Zonen funktioniert. So können Sie den Fokus gezielt auf Ihr Motiv leiten und sicher sein, dass es verlässlich scharfgestellt wird.

Motive am Bildrand scharfstellen

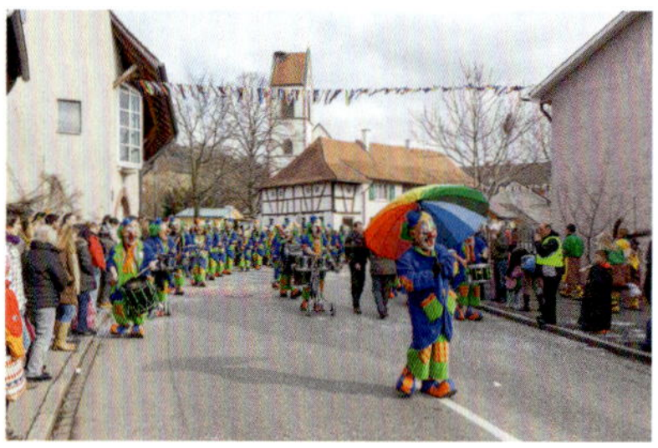

1 Situation

Ein Fasnachtsumzug eignet sich hervorragend, um sehr schöne Porträts der eindrücklichen Holzlarven anzufertigen. Nur ist eben viel Trubel, und es sind fast immer mehrere Narren oder auch Zuschauer im Bild. Angesichts der Umstände ist es gar nicht so leicht, die Schärfe dorthin zu legen, wohin sie soll.

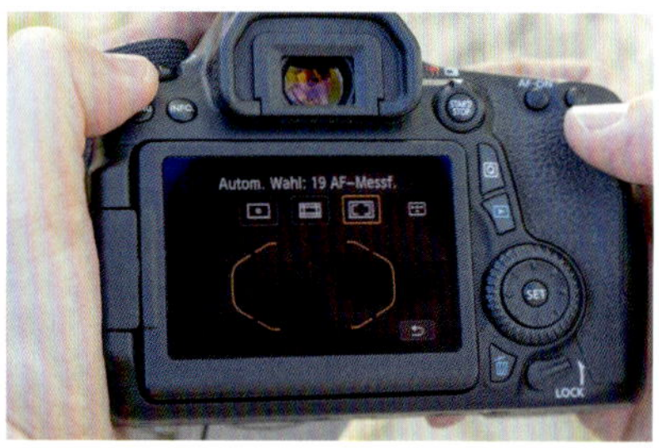

2 Automatik-AF eingestellt

Standardmäßig aktiviert die Kamera die zum Scharfstellen benötigten AF-Felder automatisch. Damit landet die Schärfe in der Regel auf den Motivstellen, die sich am einfachsten fokussieren lassen. Das sind aber oft nicht die gewünschten; eine gute Bildgestaltung ist so in der Regel nicht möglich.

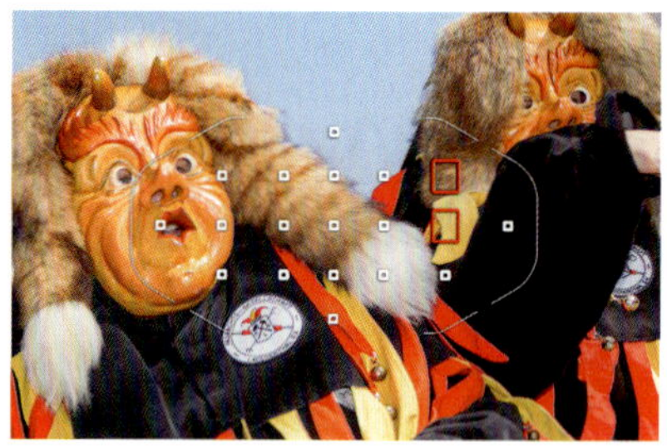

3 AF zielt daneben

Hier haben die automatischen AF-Felder nicht wie geplant den närrischen Teufel im Vordergrund erfasst, sondern den dahinter.

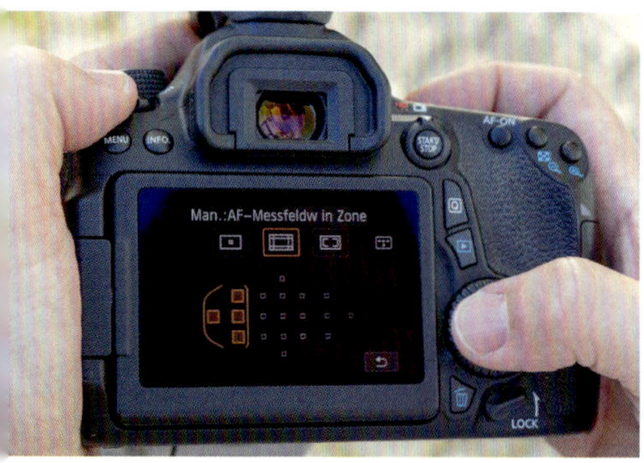

4 AF-Zone nutzen

Um den Fokus auf die gewünschte Bildhälfte zu lenken, muss man der Automatik auf die Sprünge helfen. Dazu haben wir eine AF-Zone eingestellt und diese auf die linke Seite des Messfeld-Rasters verschoben. So konnten wir mit vier AF-Feldern auf der linken Seite präziser fokussieren.

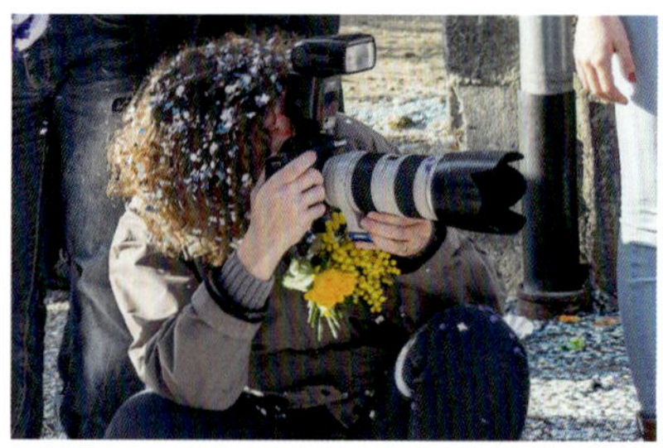

5 Bildausschnitt wählen

Schließlich galt es noch, eine interessante Larve so anzupeilen, dass sie sich genau unter den AF-Feldern im zuvor gewählten linken Bereich befindet.

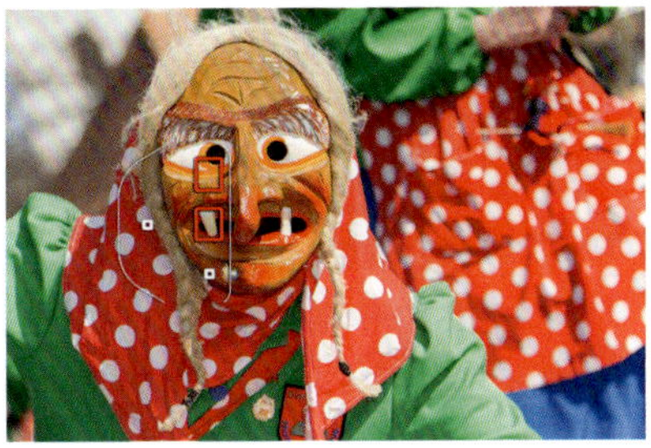

6 **Bild aufnehmen**
Die freundliche Hexe hatte nichts dagegen, kurz für uns zu posieren. Mit den ausgewählten AF-Feldern konnten wir flink die richtige Stelle links im Bildausschnitt scharfstellen.

AF-Bereiche und -Messfelder

Um den Autofokus genau dorthin zu legen, wo sich das von Ihnen angepeilte Motiv befindet, können Sie die AF-Felder einzeln oder gruppiert über den AF-Bereich verschieben. Möchten Sie ein sich schnell bewegendes Motiv treffen, ist es sinnvoll, eine Zone zu definieren, die das Objekt dann eher trifft als ein kleines Einzelfeld. Möchten Sie hingegen einen winzigen Bereich exakt scharfstellen, wie beispielsweise bei einem Porträt das Auge, empfiehlt es sich, ein einzelnes AF-Feld zielsicher auf der gewünschten Stelle zu positionieren.

Die automatische AF-Feldwahl passt immer dann, wenn Sie statische, flächige Motive vor der Linse haben, die sich gut vom Hintergrund abheben, denn nur so erkennt die Automatik zweifelsfrei, welches Motiv sie scharfstellen soll.

Das Ergebnisbild

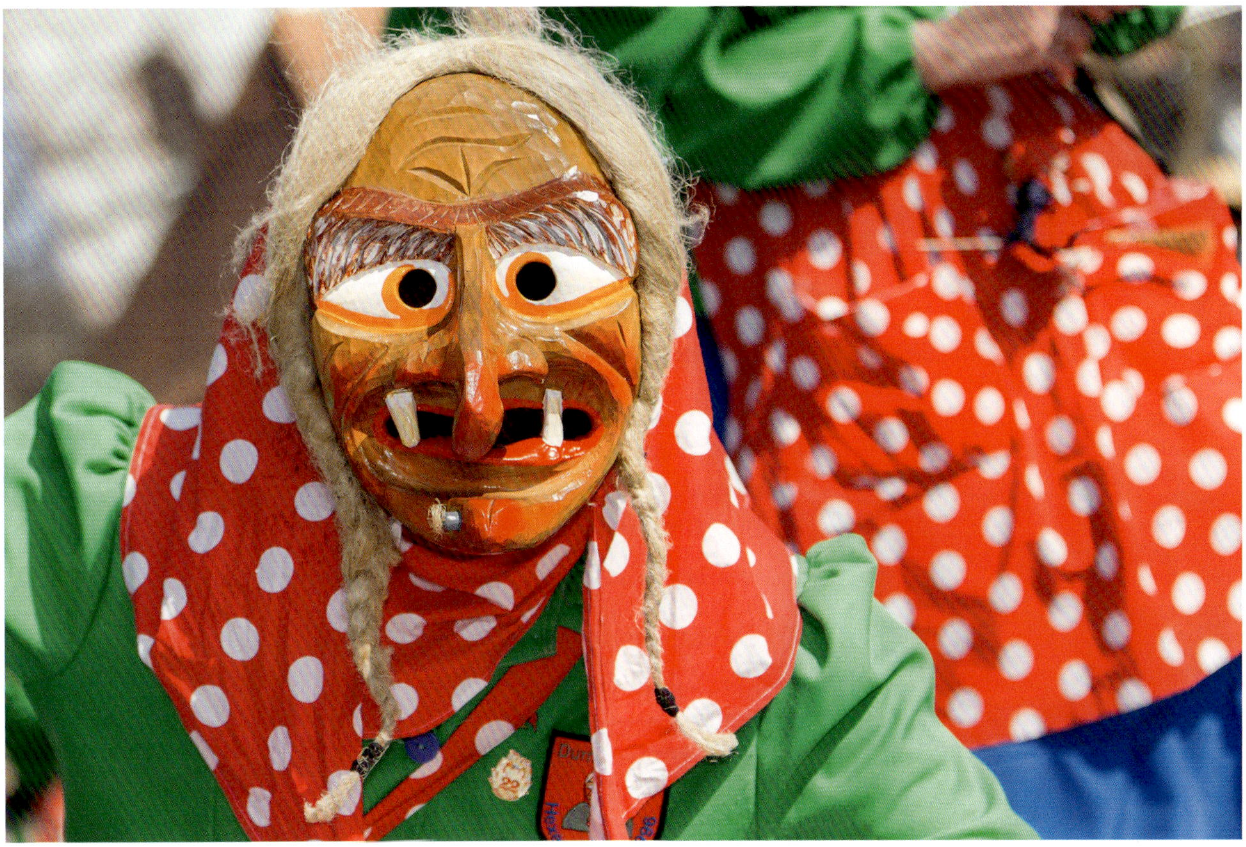

Mit der nach links gerückten AF-Zone ließen sich die Narren sehr stimmungsvoll in Szene setzen.

			ISO
70 mm	f3,2	1/3200 s	400

Projekt: Die Schärfespeicherung anwenden

Es kommt vor allem bei DSLRs immer wieder vor, dass die zur Verfügung stehenden AF-Messfelder den Bildausschnitt nicht ausreichend abdecken, um ein Motiv am Rand zu erfassen. In solchen Situationen können Sie bei vielen Kameras die Schärfe zwischenspeichern. Eine Methode, die sich auch für Porträts eignet: Stellen Sie mit einem AF-Feld auf das Auge scharf, am besten das vordere, das den kleineren Abstand zur Kamera hat, speichern Sie die Schärfe, und richten Sie dann zügig den Bildausschnitt ein. Wie die Schärfespeicherung genau funktioniert, zeigen wir Ihnen an ein paar tierischen Models.

Zur punktgenauen Schärfe mit der Schärfespeicherung

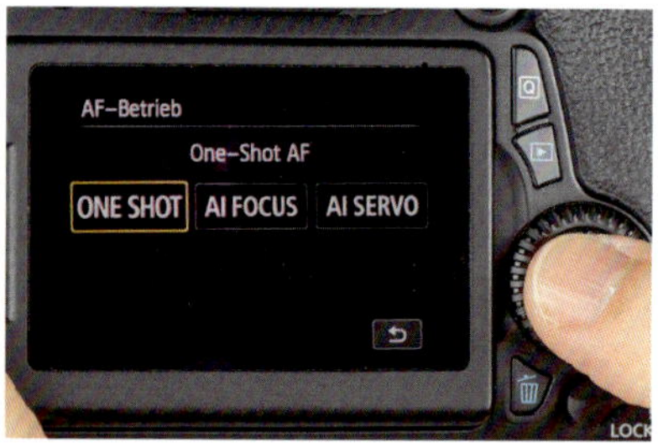

1 Einzelbild-AF wählen
Für die Schärfespeicherung ist es wichtig, dass Sie den Einzelbild-AF (One Shot, AF-S) einstellen, denn mit den anderen Fokusmodi funktioniert die Schärfespeicherung so nicht.

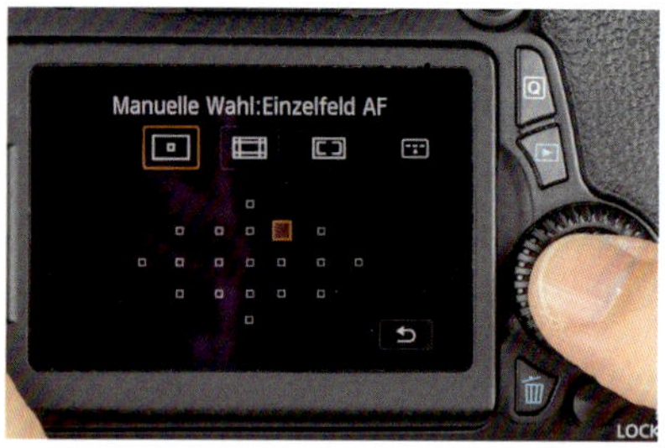

2 AF-Feld wählen
Beim Fokussieren des jungen Breitmaulnashorns musste es schnell gehen. Hier wählten wir ein einzelnes AF-Feld und zwar rechts oberhalb der Bildmitte.

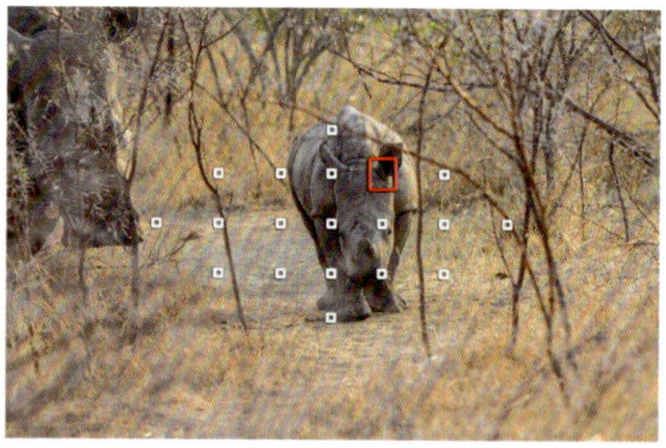

3 AF-Feld platzieren
Die Ebene der winzigen Augen sollte scharf werden, war aber schwer zu treffen. Daher legten wir das AF-Feld auf das Ohr, das in etwa auf gleicher Fokusebene lag.

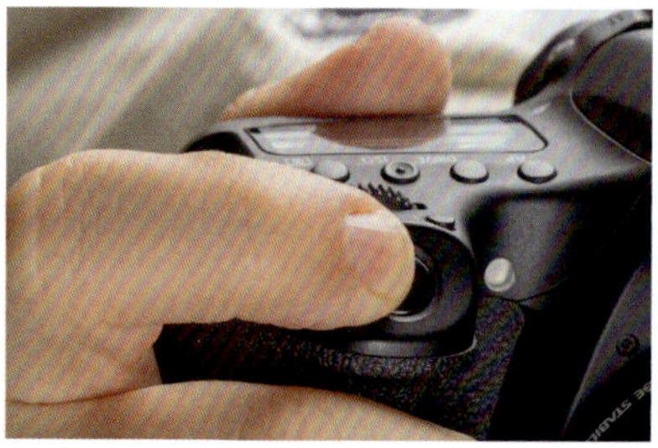

4 Schärfe temporär speichern
Für das Speichern fokussierten wir und hielten den Auslöser dann weiter auf dem ersten Druckpunkt.

Belichtung nicht mitspeichern

Durch Ändern des Bildausschnitts bei gespeichertem Schärfepunkt passt die Belichtung möglicherweise nicht ganz optimal zum finalen Bildausschnitt, weil die Belichtung mitgespeichert wurde. Um nur den Fokus zu speichern, können Sie je nach Kamera den Auslöser so programmieren, dass nur die Schärfe gespeichert wird, oder eine andere Taste zum Fokussieren verwenden (AF/AE-Lock-Taste, AF-ON-Taste) oder auch, speziell bei Canon, die Mittenbetonte Integralmessung statt der Mehrfeldmessung verwenden. Dann passt sich bei der AF-Speicherung die Belichtung an die Lichtverhältnisse im neuen Bildausschnitt an. In der Praxis brauchen Sie das selten, da die Kameraschwenks normalerweise nur minimal ausfallen.

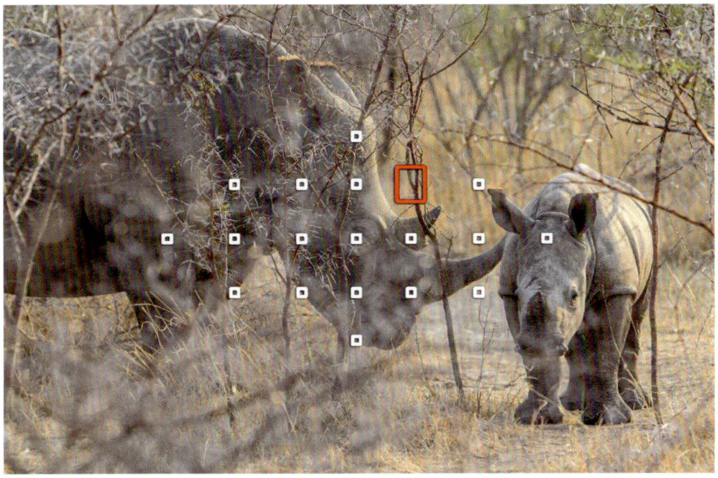

5 Bildausschnitt wählen und auslösen

Das junge Breitmaulnashorn sollte unten rechts abgebildet werden. Also verschwenkten wir die Kamera mit vorher gespeichertem Fokus etwas nach links oben und lösten aus. Wichtig ist, dass dies zügig abläuft, sonst verschiebt sich der Abstand eventuell zu stark, und die Aufnahme wird nicht exakt scharf. Das wiederholten wir, bis wir ein Bild hatten, das die Mutter zeigt, wie sie das Kleine durch Anstupsen zum Weitergehen animiert.

Das Ergebnisbild

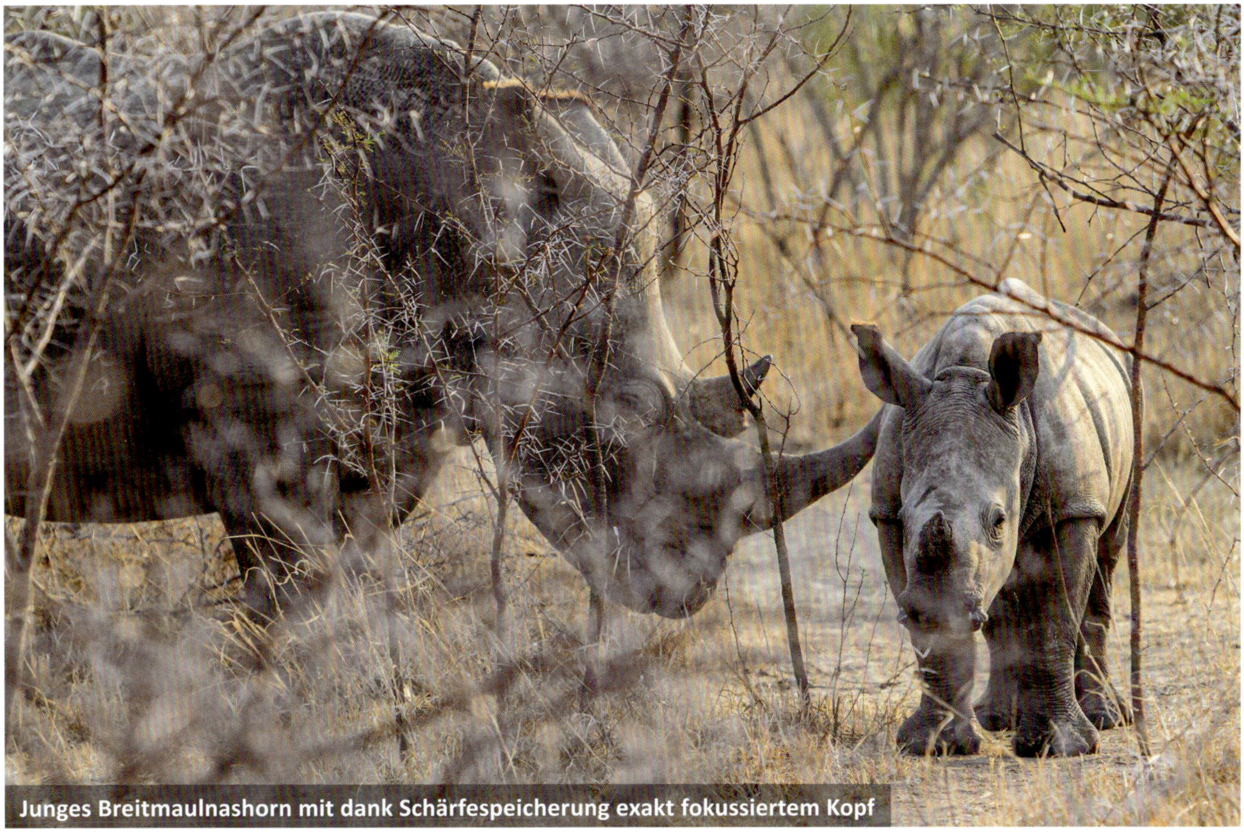

Junges Breitmaulnashorn mit dank Schärfespeicherung exakt fokussiertem Kopf

Brennweite	Blende	Belichtungszeit	ISO
200 mm	f 4	1/320 s	200

Praxis: Zeit und Action

Wie bekommen Sie ein Objekt in Bewegung richtig scharf auf den Sensor? Wie lässt sich also die Person, ein Auto oder ein Tier im Bild quasi »einfrieren«? Mit kurzen Belichtungszeiten! Eine andere bildgestalterische Form, Bewegung darzustellen, ist das absichtliche Einfangen von dynamischen Wischeffekten. Hierzu werden, verglichen mit dem Einfrieren, längere Belichtungszeiten benötigt, die aber ebenfalls im Verhältnis zur Bewegungsgeschwindigkeit stehen müssen. Um Belichtungszeiten gezielt zu steuern, ist die Zeitvorwahl (S/Tv) das Belichtungsprogramm der Wahl. Im Folgenden haben wir für Sie ein paar unterschiedliche Szenarien mit den passenden Belichtungszeiten zusammengestellt.

Bewegung einfrieren

	Belichtungszeit	Typische Motive	
Wasser, eingefroren	1/2000s und kürzer	Fließendes oder spritzendes Wasser bewegt sich außerordentlich schnell. Um solch ein Motiv vollständig einzufrieren, benötigen Sie sehr kurze Belichtungszeiten. Dasselbe gilt z. B. für Vögel, die mit den Flügeln schlagen, oder fliegende Insekten.	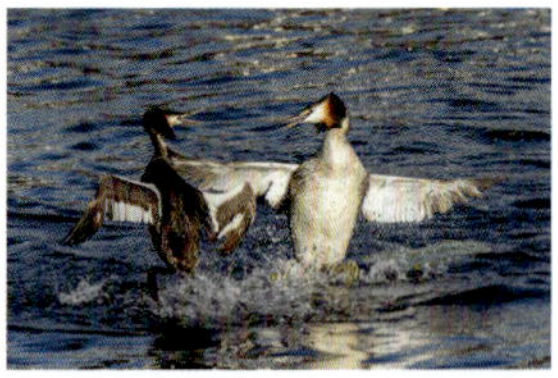
Sport	1/1000s und kürzer	Viele Actionbewegungen beim Sport lassen sich mit einer kurzen Belichtungszeit scharf darstellen. Gleiches gilt für schnelle Bewegungsabläufe in der Naturfotografie von Tieren.	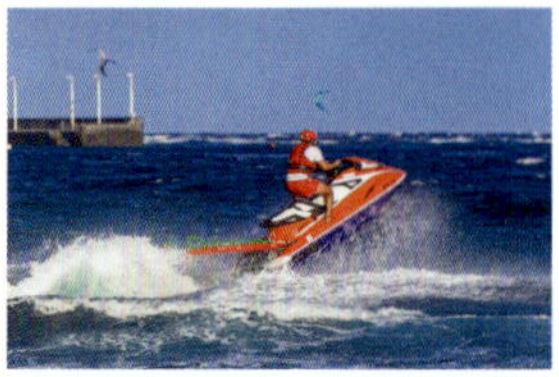
Flugmotive	1/500s und kürzer	Durch die Luft gleitende Vögel oder Fluggeräte, aber auch fahrende Autos und Bahnen lassen sich mit dieser Belichtungszeit gut scharf abbilden. Und wenn Sie mal auf einer Party fotografieren, können Sie so auch das Geschehen auf der Tanzfläche detailgenau in Szene setzen, allerdings mit erhöhtem ISO-Wert.	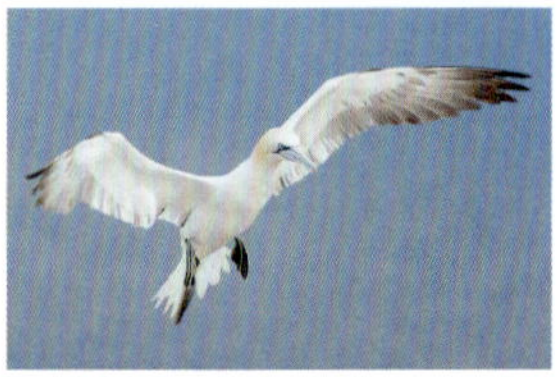
Mensch und Tier	1/250s und kürzer	Für Menschen oder Tiere mit normaler Bewegungsgeschwindigkeit empfehlen wir mittelschnelle Belichtungszeiten. Die Person wird damit scharf abgebildet, aber Sie haben auch noch Reserven, um die Blende für mehr Schärfentiefe etwas zu schließen.	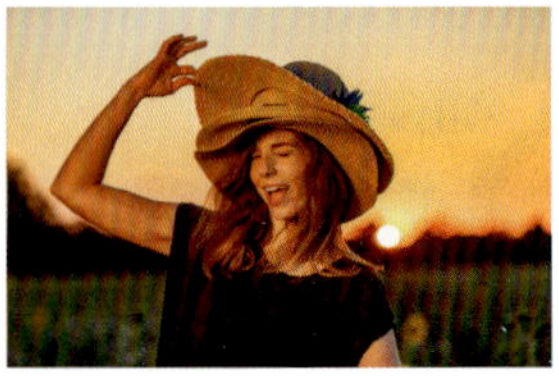

Telebrennweiten

Bei Teleobjektiven sollten Sie generell kürzere Belichtungszeiten wählen, da bei langen Brennweiten Verwacklung schneller auftritt und Unschärfe wegen des meist relativ groß abgebildeten Motivs besonders deutlich wird. Wenn sich das Motiv nur wenig bewegt, bietet neben einer ruhigen Hand ein Bildstabilisator im Objektiv oder in der Kamera deutliche Vorteile.

Spezialfall Sternenbahnen

Aufnahmen von Sternenbahnen werden üblicherweise im manuellen Modus vom Stativ aus fotografiert. Früher wurde dazu mit einem Fernauslöser im Bulb-Modus (Belichtung, solange Auslöser gedrückt) minutenlang belichtet, was den Nachteil hat, dass der Himmel teilweise sehr hell wird und hellere Bodenbereiche stark überstrahlen. Daher führen wir heute lieber 30 bis 180 Einzelbelichtungen von jeweils 30s durch (manuelle Belichtung, offene Blende, ISO 3200) und fügen die Einzelaufnahmen dann per Software zusammen. Dabei ist es wichtig, dass ein Bild schnell auf das nächste folgt und die Kamera keinesfalls bewegt wird, sonst passen die Sternenbahnen-Abschnitte nicht exakt aneinander. Dafür geeignet sind Timer-Fernauslöser oder die eingebaute Intervallaufnahmefunktion der Kamera.

Wischeffekte zulassen

	Belichtungszeit	Typische Motive	
Dynamik durch Rotation	1/250s–1/800s	Rennwagen oder Propellerflugzeuge in Bewegung wirken authentischer, wenn bei scharf abgebildetem Hauptmotiv die Rotationsbewegung von sich drehenden Felgen oder Flugzeugpropellern im Bild auch als bewegt zu erkennen ist.	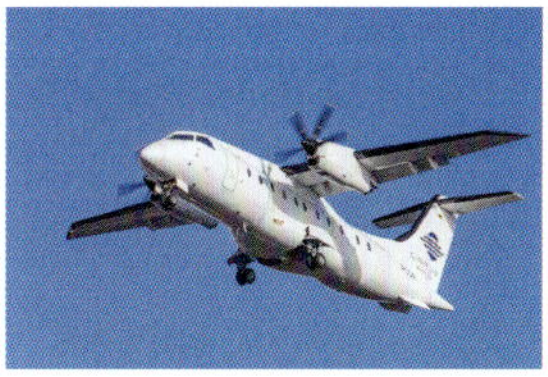
Mitzieher	1/60s–1/250s	Mit etwas längeren Belichtungszeiten können Sie Mitzieher gestalten. Sportlerinnen, Sportler, Fahrzeuge oder sich geradlinig bewegende Tiere werden scharf vor einem verwischten Hintergrund abgebildet.	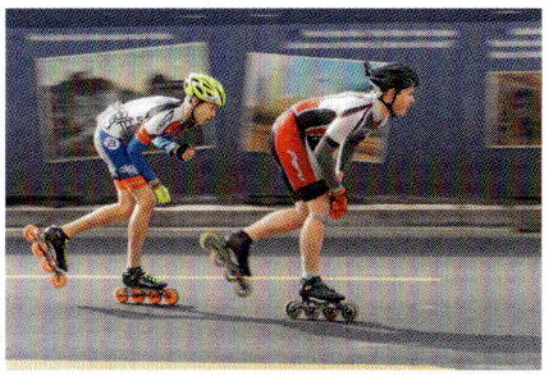
Wasser, dynamisch	1/15s und länger	Besonders stimmungsvoll wirkt Wasser, wenn es mit einer längeren Belichtungszeit verwischt dargestellt wird – auch geeignet für nächtliche Lichtspuren von Autos oder Zügen.	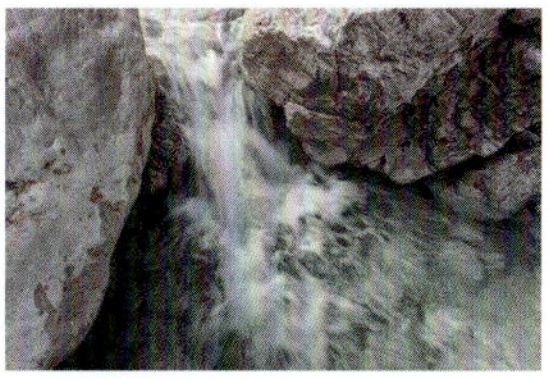
Nachtaufnahmen, Sternenbahnen	1s–30s und länger	Um Fotos der über den Nachthimmel wandernden Sterne aufzunehmen, werden mehrere Bilder mit offener Blende und 30s Belichtungszeit direkt hintereinander aufgenommen. Durch Fusionieren am Computer verschmelzen die kurzen Sternenstriche zu Linien.	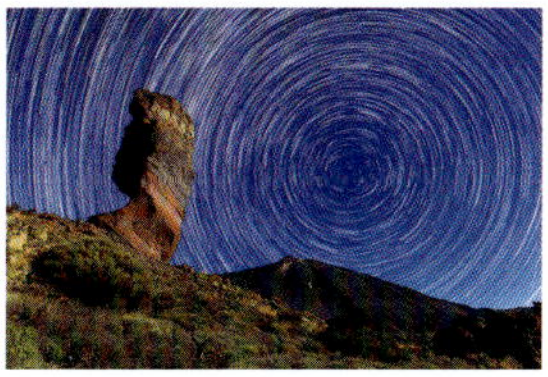

Projekt: AF-Modus für bewegte Motive

Bewegte Motive wie Sportlerinnen, spielende Kinder, fahrende Autos, fliegende Vögel oder tobende Hunde im richtigen Moment zu erwischen und dabei auch scharf abzubilden, stellt immer eine besondere Herausforderung dar. Für solche Fälle besitzen Kameras einen speziellen AF-Modus für bewegte Motive, den *kontinuierlichen AF*, auch *Servo-AF*, *Nachführ-AF* oder *AF-C* (*Auto Focus Continuous*) genannt. Hier haben wir ihn genutzt, um einen Polospieler in vollem Galopp beim Ballabschlag einzufangen.

Fotografieren mit kontinuierlicher Schärfeanpassung

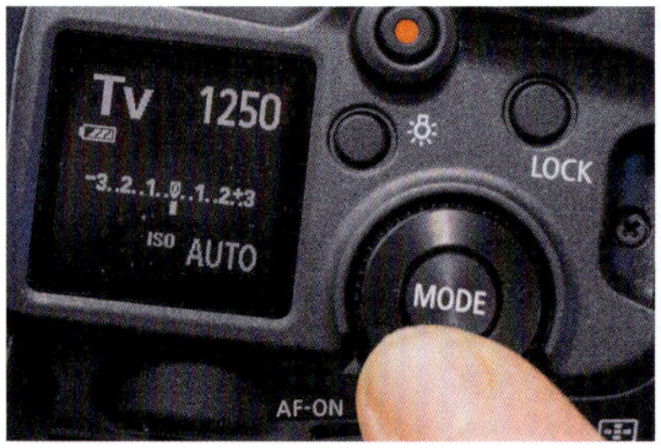

1 Programmwahl
Um die Belichtungszeit selbst wählen zu können, verwenden Sie am besten die Zeitvorwahl (S/Tv). Die manuelle Belichtung (M) wäre alternativ aber auch okay gewesen.

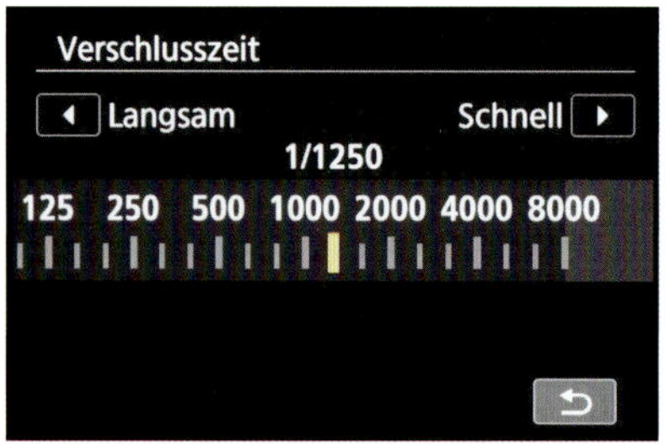

2 Kurze Belichtungszeit
Für scharfe Aufnahmen der schnellen Bewegungen werden kurze Belichtungszeiten benötigt, hier wählten wir 1/1250 s. Der ISO-Wert stand auf Automatik.

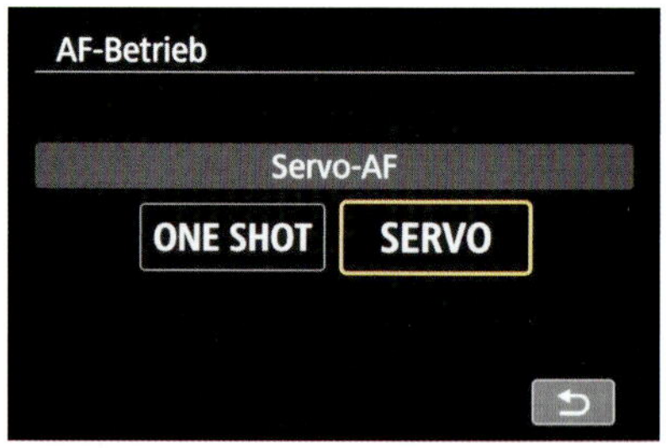

3 Kontinuierlicher AF
Damit der Autofokus nachfokussiert, haben wir den kontinuierlichen Autofokus eingestellt, bei einer Canon-Kamera mit *AI Servo* bezeichnet (AI = *Artificial Intelligence*).

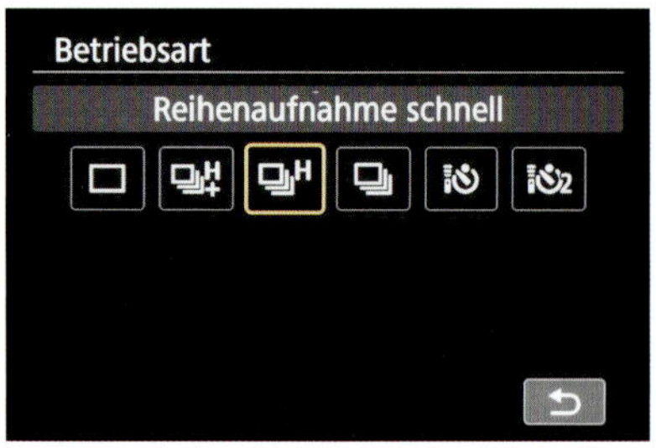

4 Reihenaufnahme
Optimal ist es, wenn die Kamera den Fokus auch bei Reihenaufnahmen nachführt. Hier konnten wir die *Reihenaufnahme schnell* dafür verwenden.

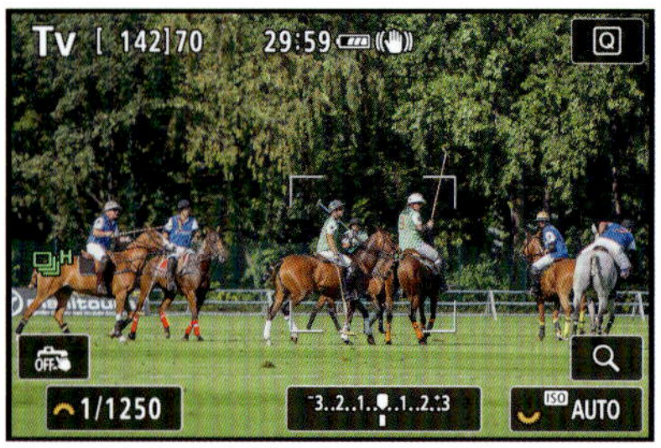

5 AF-Bereich wählen
Zu Beginn war die Bewegungsrichtung der Spieler unklar, daher nutzten wir eine AF-Zone in der Bildmitte. Später können die Fotos dann entsprechend der Bewegungsrichtung beschnitten werden.

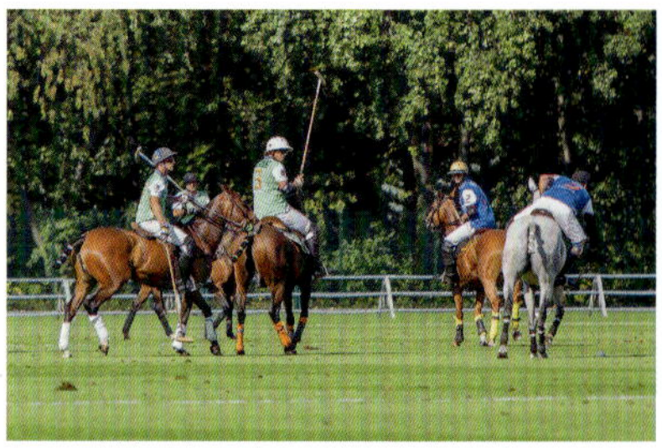

6 Bild aufnehmen
Mit halb gedrücktem Auslöser wurden die Spieler im Fokus gehalten. Als einer sich absetzte, verfolgten wir ihn mit der Kamera und nahmen die Bilderserie auf.

Autofokus-Nachverfolgung

Viele Kameras können nicht nur die Fokusdistanz nachführen, sondern auch die fokussierten Motivstrukturen mit aktiven AF-Feldern individuell verfolgen – je nach Einstellung innerhalb einer Zone oder des gesamten Bildausschnitts. Bei gerichteten Bewegungen vor einem ruhigen Hintergrund funktioniert das am besten. In den drei Monitorbildern sehen Sie die aktiven AF-Felder innerhalb der gewählten AF-Zone.

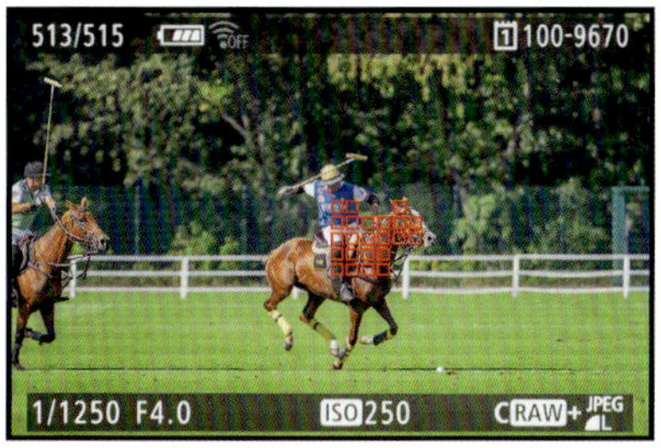

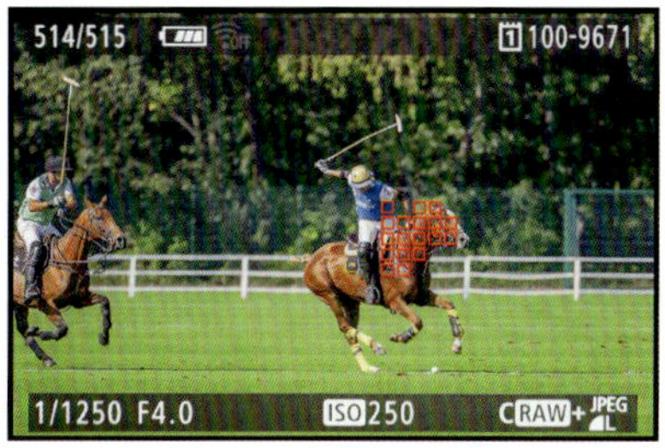

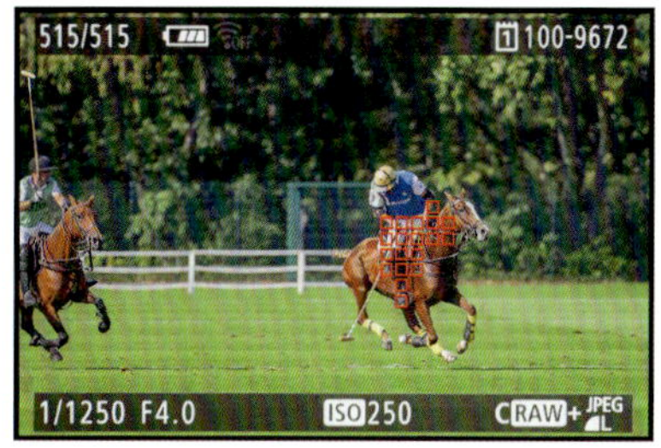

Das Ergebnisbild

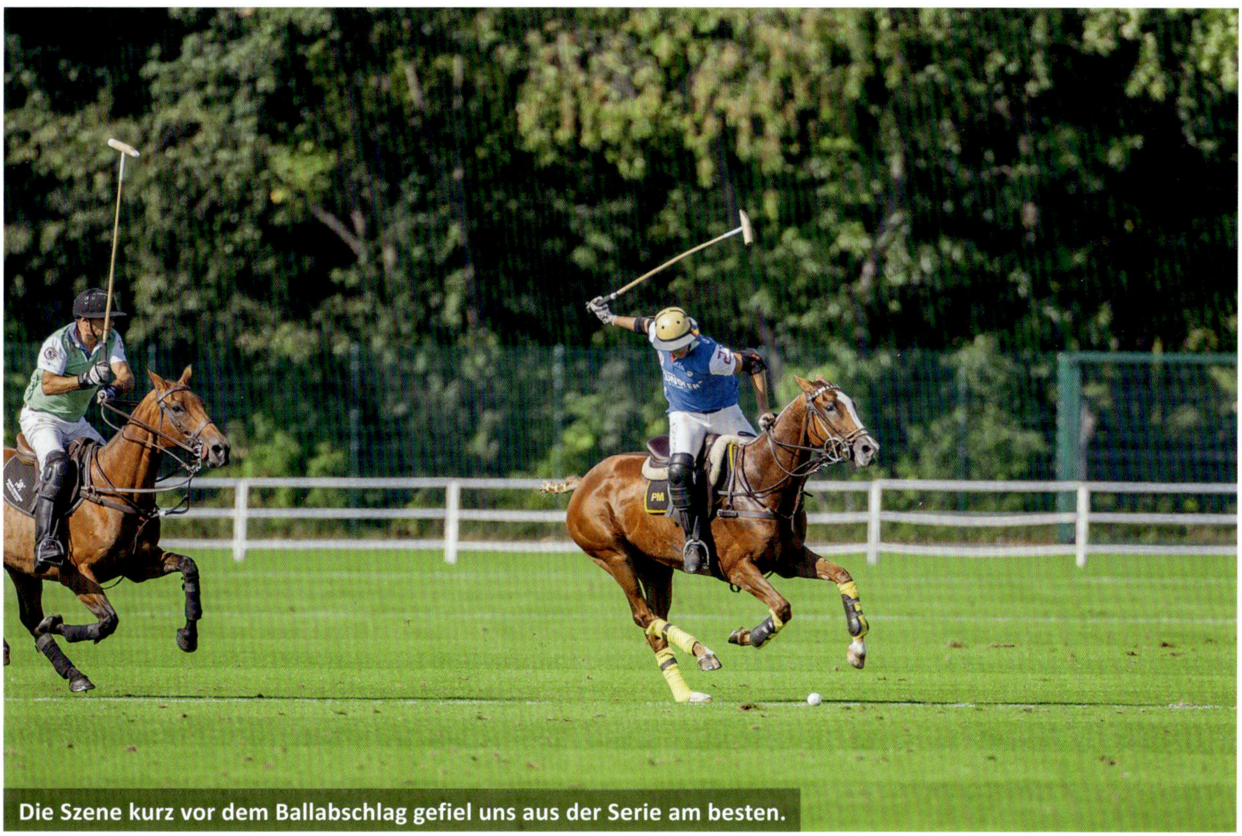

Die Szene kurz vor dem Ballabschlag gefiel uns aus der Serie am besten.

			ISO
500 mm	f4	1/1250 s	250

Projekt: Manuell scharfstellen

Manche Situationen sind für den Einsatz des Autofokus nur bedingt geeignet. Das gilt z.B. für sehr schlechte Lichtverhältnisse oder glatte, strukturarme Motivflächen wie Autolack, bei denen die Autofokusfelder die (schwachen) Motivkontraste nicht mehr richtig erkennen können. Aber auch in der Makrofotografie trifft der Autofokus die filigranen Details nicht immer zuverlässig. Daher verzichten wir gegebenenfalls auf ihn und arbeiten mit der manuellen Fokussierung. Für stärkste Vergrößerungen drehen wir dann oft den Fokusring des Objektivs schon vorab manuell auf die Naheinstellung. Anschließend wird die Kamera langsam dem Objekt angenähert und sofort ausgelöst, wenn das gewünschte Detail im Fokus liegt. Mit dem Blick durch den Sucher funktioniert das am besten.

Schärfere Bilder mit MF-Peaking

Ein tolles Hilfsmittel beim manuellen Scharfstellen ist das sogenannte *MF-Peaking*, das inzwischen von den meisten Kameras beherrscht wird (Ausnahme: Canon-DSLRs). Ist diese Funktion eingeschaltet, werden alle scharf fokussierten Kanten im Livebild farbig dargestellt. Dabei ist es möglich, verschiedene Farben und Linienstärken auszuwählen, um eine gegenüber der Motivfarbe möglichst kontrastreiche Darstellung zu erhalten.

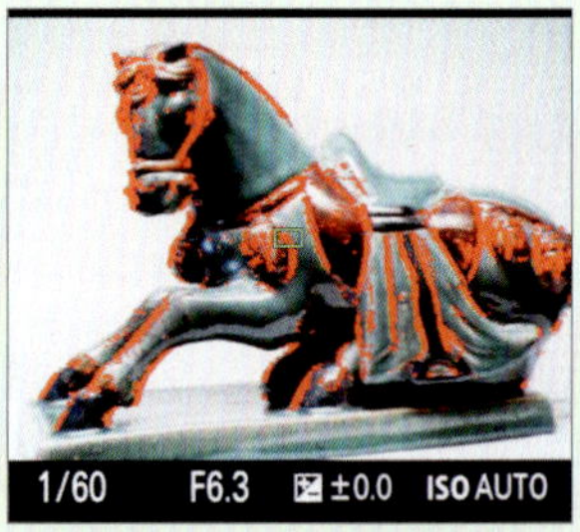

Jadepferdchen mit gut sichtbarem MF-Peaking in Rot

Manuelles Scharfstellen

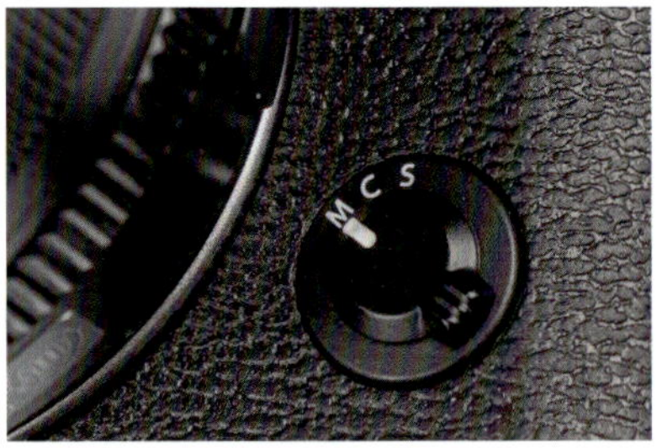

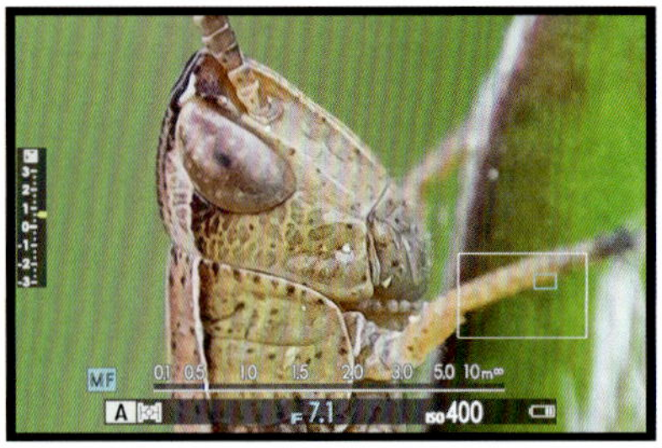

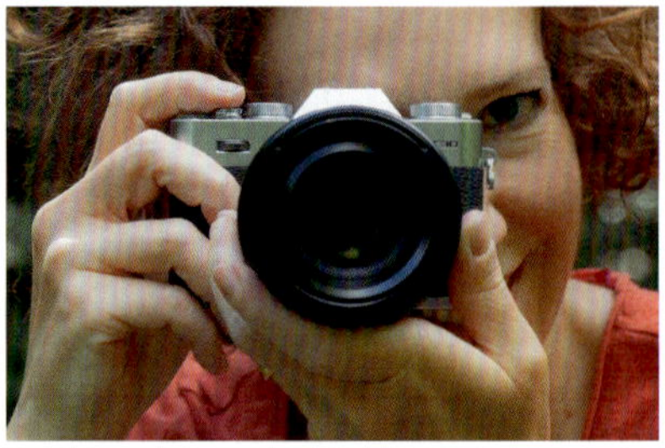

1 Manuellen Fokus auswählen

Je nach Kamera stellen Sie den manuellen Fokus (M/MF) über einen Schalter am Objektiv oder am Gehäuse ein, hier gezeigt an einer Fujifilm-Kamera. Manchmal findet die Umstellung auch über das Kameramenü statt.

2 Schärfecheck (Stativ)

Bei vielen Kameras können Sie die Scharfstellung im Livebild noch genauer prüfen. Dazu lässt sich der Fokusbereich in zwei oder mehr Stufen vergrößern (MF-Lupe). Sinnvoll ist das bei Aufnahmen vom Stativ aus.

3 Bild auslösen

Wenn die Schärfe perfekt sitzt, müssen Sie nur noch den Auslöser drücken. Anders als beim Autofokus löst die Kamera bei manueller Fokussierung immer aus, auch dann, wenn das Bild komplett unscharf ist.

Das Ergebnisbild

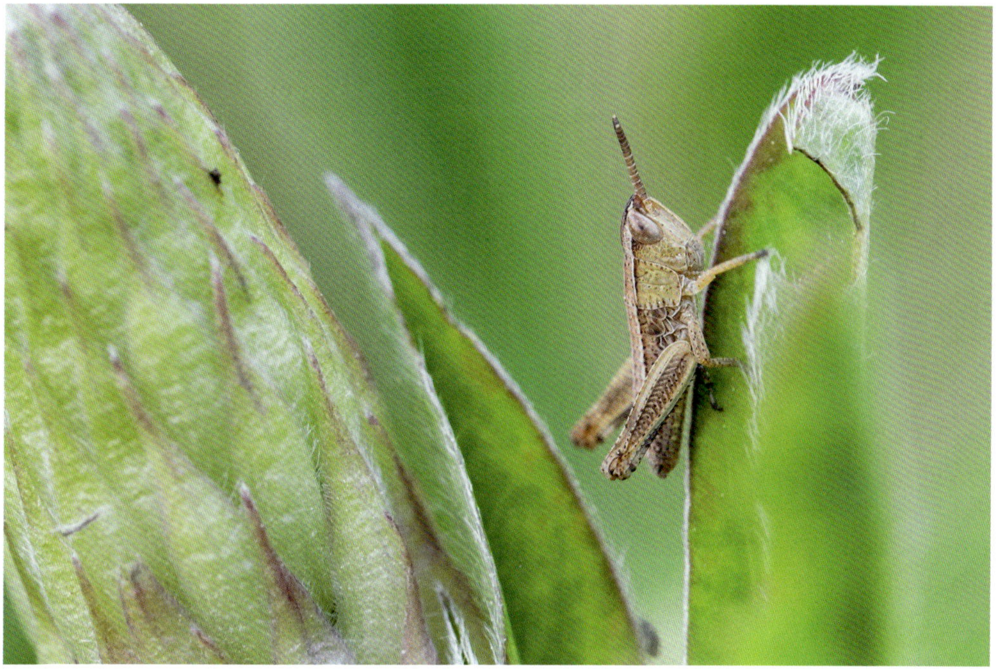

Mit dem manuellen Fokus aus der freien Hand konnten wir zügig ein Bild mit der Schärfe exakt auf dem Auge der Grashüpferlarve erzielen. Mit dem Autofokus hätten wir mehr Anläufe benötigt, was auch mehr Ausschuss und mehr Zeit fürs Aussortieren bedeutet hätte.

Brennweite	Blende
80 mm	f 7,1
Belichtungszeit	**ISO**
1/60 s	400

Weitere Motive für den manuellen Fokus

Motive, bei denen wir ebenfalls auf die manuelle Fokussierung setzen, sind z. B. Aufnahmen des Nachthimmels. Hier ist eine manuelle Fokussierung obligatorisch, da dem Autofokus die nötige Struktur fehlt und er lediglich »hin- und herpumpen« würde, ohne ein adäquates Ziel zu treffen. Aber auch Tiere, die sich hinter Gebüsch oder anderen verästelten Strukturen verstecken, sind typische Motive für den manuellen Fokus. Solche Aufnahmen sehen toll aus, wenn die Augen des Tieres gut zu sehen sind. Leider ist es ein reines Glücksspiel, wohin der Autofokus scharfstellt. In den meisten Fällen leider auf den Vordergrund, sodass das manuelle Scharfstellen auf die Augen die bessere und tatsächlich auch die schnellere Lösung ist.

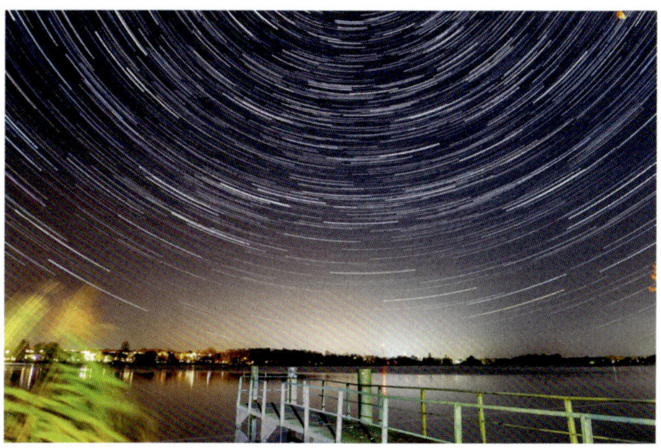

Sternenbahnen über der Havel – nur möglich durch manuelles Fokussieren

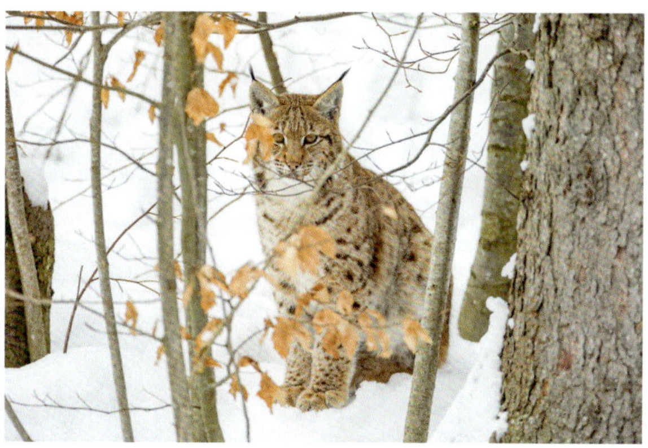

Junger Luchs hinter verwelktem Astwerk, aber dennoch scharf erwischt mit dem manuellen Fokus

Projekt: Vorfokussieren bei schnellen Bewegungen

In unserem Fotoalltag kommt es hin und wieder vor, dass selbst die modernsten Autofokusfunktionen mit kontinuierlichem Autofokus und allem Pipapo an ihre Grenzen geraten. Das ist vor allem dann der Fall, wenn sich rasant schnell bewegende Objekte plötzlich im Bild auftauchen und in Bruchteilen einer Sekunde scharf auf den Sensor gebannt werden sollen. Zwar erhalten wir auch mit Autofokus noch einige scharfe Bilder, aber die Ausbeute an perfekt fokussierten Fotos ist nicht so hoch wie gewünscht. Solche typischen Situationen erleben wir z. B. beim Motorsport, wenn Autos um eine schwer einsehbare Kurve heranschießen oder Quads und Motorräder über eine Hügelkante springen. Der Autofokus ist dann nicht immer schnell genug und erfasst das Motiv etwas zu spät, sodass es nicht perfekt scharf abgebildet wird. Und bis die Schärfenachführung greift, ist die Szene schon wieder vorbei. Dann ist es an der Zeit, an das manuelle Vorfokussieren zu denken, im Fotografenjargon auch als *Schärfefalle* bezeichnet. Die Kamera wird auf eine bestimmte Distanz fokussiert, und sobald der Sportler dort auftaucht, schnappt die Falle zu, oder es muss vielmehr nur noch mit der Reihenaufnahme ausgelöst werden. Die Chance auf ein optimal fokussiertes Bild erhöht sich auf diese Weise enorm.

Wie man eine Schärfefalle »legt«

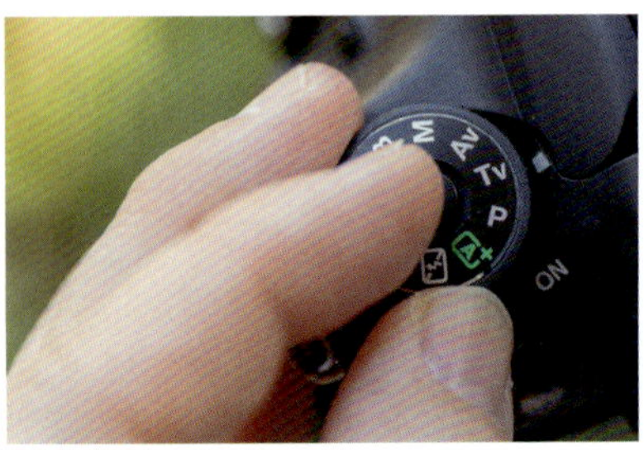

1 Zeitvorwahl
Um schnelle Bewegungen scharf einzufangen, brauchen Sie eine kurze Belichtungszeit, deshalb nutzen wir die Zeitvorwahl (S/Tv). Unserer Erfahrung nach sind 1/640s bis 1/800s beim Motocross gut geeignet, um den Fahrer scharf und die sich drehenden Reifen mit einem leichten Wischeffekt abzubilden.

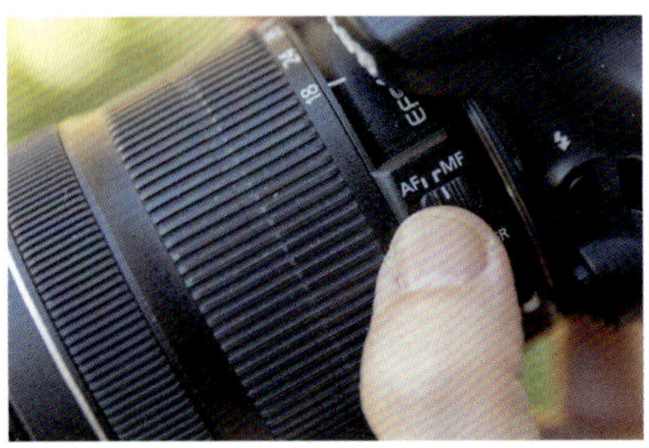

2 Manuellen Fokus wählen
Damit wir die Schärfe exakt auf die Position des zu erwartenden Fahrers einstellen können und sie sich beim Auslösen auch nicht verstellt, stellen wir auf den manuellen Fokusmodus (MF/M) um. In der Regel macht man das am Objektiv, bei einigen Kameras auch an der Kamera selbst oder im Menü.

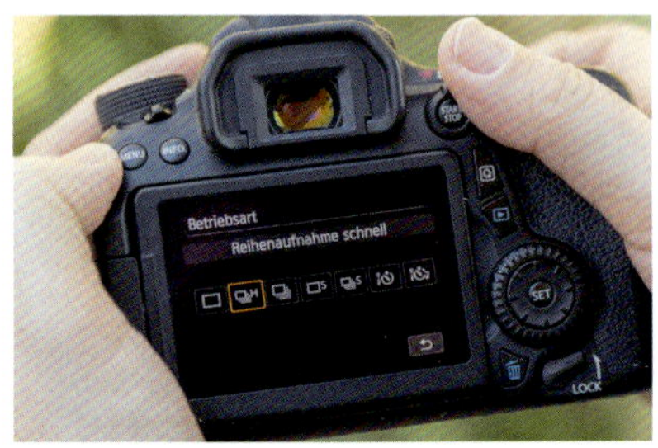

3 Reihenaufnahme
Da bei der geplanten Aufnahme der Motocross-Fahrer quasi aus dem Nichts über den Erdhügel schießt, ist es sicherer, die Reihenaufnahmefunktion einzustellen. Das erhöht die Wahrscheinlichkeit, den Crosser in einer guten Position genau im Bereich der Schärfefalle abzulichten.

Das Ergebnisbild

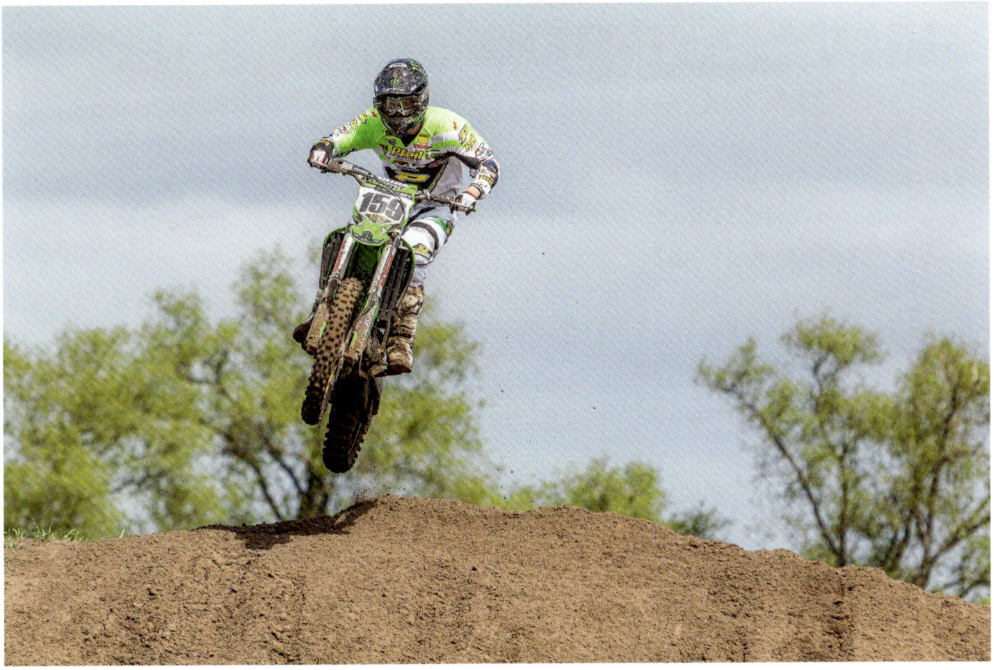

Im richtigen Moment erwischt und scharf abgebildet – dank manueller Vorfokussierung

Brennweite	Blende
200 mm	f 4,5

Belichtungszeit	ISO
1/800 s	100

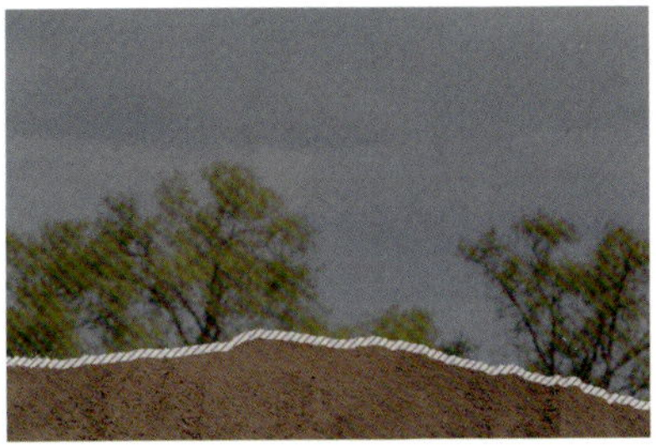

4 Fokus manuell einstellen

Nach ein paar Runden wissen wir, dass der Fahrer mit seiner Maschine genau über diese Hügelkante springen wird. Daher stellen wir den Fokus manuell exakt auf die hier weiß eingezeichnete Kante scharf. Die Schärfefalle ist gelegt, nun heißt es, abzuwarten, bis der Motorenlärm den Fahrer ankündigt.

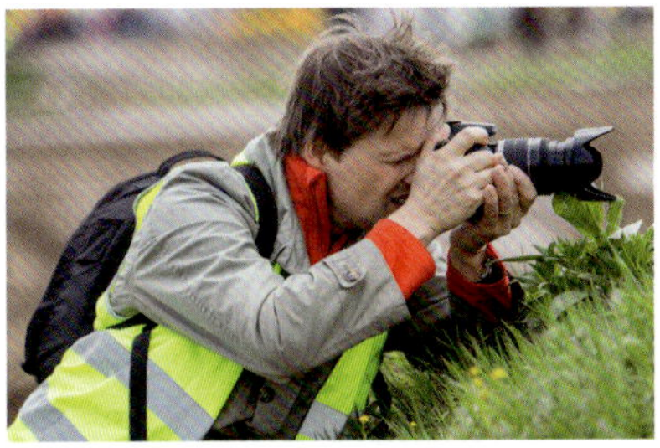

5 Bildausschnitt wählen und auslösen

Sobald der Helm des Fahrers ansatzweise am Horizont auftaucht, wird der Auslöser durchgedrückt, und die Serienbilder werden aufgenommen. Mit etwas Erfahrung und einer guten Reaktion im Finger sollte einem coolen Crosser-Bild nichts mehr im Wege stehen.

Tier im Lauf einfangen

Tiere, die auf die Kamera zulaufen, sind oft sehr schwierig scharfzustellen. Denken Sie an einen Hund, der begeistert auf sein Herrchen oder Frauchen zurennt, oder an Tiere im Zoo, die ihre gewohnten Wege ablaufen. Mit der Schärfefalle erhöht sich auch in solchen Situationen die Chance auf scharfe Bilder. Stellen Sie auf einen definierten Abstand manuell scharf, und lösen Sie die Reihenaufnahme aus. Fangen Sie aber nicht zu früh damit an, denn viele Kameras können nur eine begrenzte Anzahl an Bildern mit schnellster Geschwindigkeit aufnehmen, insbesondere wenn Sie auch noch im Raw-Format fotografieren.

Projekt: Mitzieher – kreative Unschärfe

Bei Sport- und anderen Actionmotiven versuchen wir, die Dynamik, die solchen Szenarien innewohnt, in den Bildern möglichst authentisch zu vermitteln. Das ist mit komplett eingefrorenen Bewegungen oft nur bedingt möglich. Daher greifen wir gerne auf die Technik des Mitziehens zurück, die das weitestgehend scharfe Motiv vor einem horizontaldynamisch unscharfen Hintergrund zeigt. Beim Betrachten solcher Fotos wird die Bewegung fast spürbar. Perfekt einsetzen lässt sich diese Technik bei Rennsportarten, denn Rasanz und coole Maschinen machen so richtig Laune. Dieses Mal sollten es historische Motorräder beim 1/8-Meilen-Rennen sein.

Die richtige Belichtungszeit

Je nachdem, wie schnell sich das Motiv bewegt, ist auch die Belichtungszeit unterschiedlich lang einzustellen. Um bei einem schnell vorbeifahrenden Fahrzeug mitzuschwenken, braucht es schon eine eher kurze Belichtungszeit von 1/125 s bis 1/250 s. Ist das Motiv nicht ganz so rasant, wie z. B. eine Marathonläuferin, ein Kind oder ein rennendes Tier, würden wir eher zu einer Belichtungszeit von 1/60 s bis 1/100 s raten. Mit etwas Übung entwickeln Sie im Laufe der Zeit ein Gefühl dafür, welche Belichtungszeit einer Situation angemessen ist. Ausschuss lässt sich nicht immer vermeiden, üben Sie einfach!

Mitzieher fotografieren – mittendrin statt nur dabei

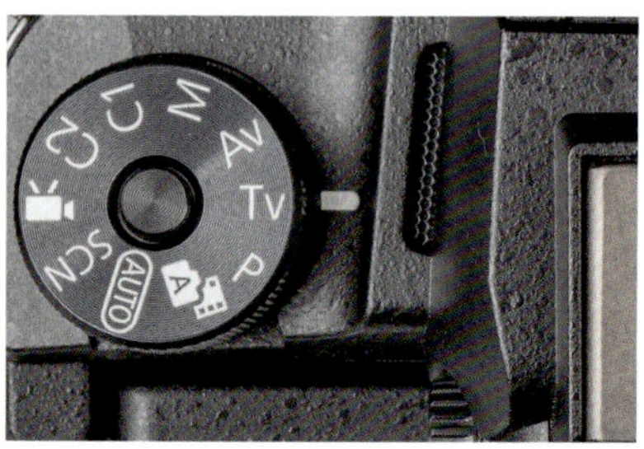

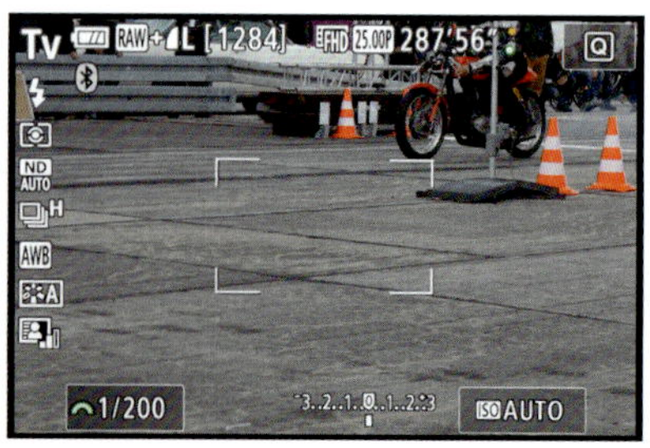

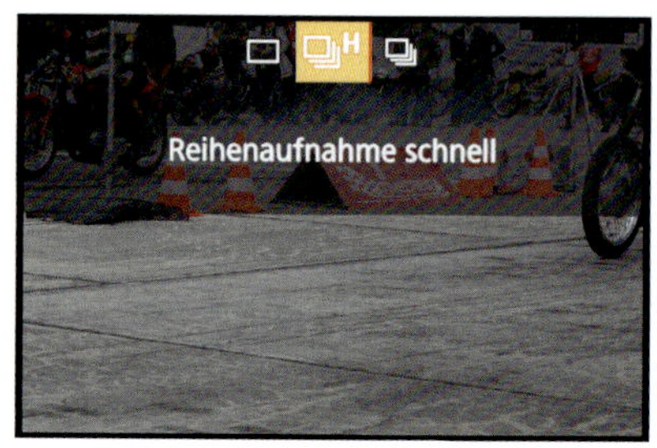

1 Zeitvorwahl einstellen

Da für das Gelingen von Mitziehern eine auf die Bewegung gut abgestimmte Belichtungszeit der bestimmende Faktor ist, ist hier die Zeitvorwahl (S/Tv) der passende Modus. Alternativ könnten Sie auch die manuelle Belichtung nutzen, um die Schärfentiefe ebenfalls zu steuern. Aktivieren Sie für ausreichend Belichtungsspielraum am besten auch die ISO-Automatik.

2 Belichtungszeit wählen

Als Belichtungszeit haben wir 1/200 s eingestellt. Das ist eine Zeit, die bei schnellen Fahrzeugbewegungen, die relativ dicht vor der Kamera ablaufen, immer ganz gut funktioniert. Der Hintergrund wird dann zwar nicht ganz so stark verwischt, aber hier wollten wir das auch nicht. Schließlich sollte die Startszene als solche noch erkennbar bleiben.

3 Reihenaufnahme

Um die Chance auf ein besonderes Bild zu erhöhen, haben wir die schnelle Reihenaufnahme (auch Serienaufnahme) eingestellt. Je nach Kamera/Objektiv kann es außerdem notwendig sein, den Bildstabilisator auszuschalten oder auf den sogenannten *Mitziehmodus* zu setzen, um nur die vertikale Verwackungsrichtung zu stabilisieren.

Das Ergebnisbild

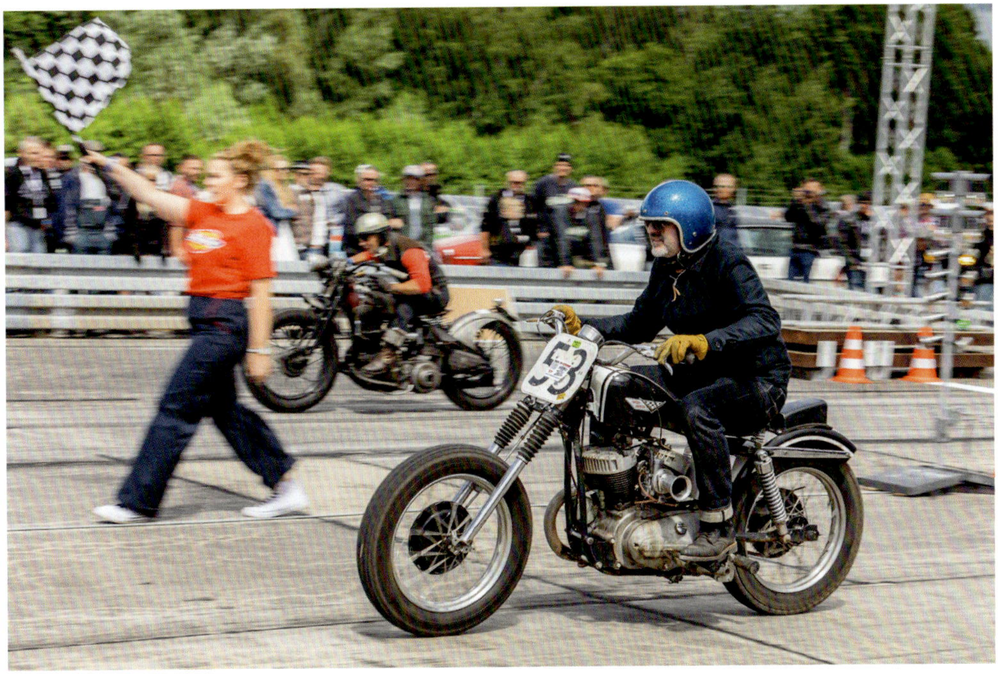

Durch das Mitziehen verwischt der Hintergrund, sodass sich die startenden Motorräder gut davon abheben. Die Aufnahme wirkt dadurch auch dynamischer, als wenn alles scharf abgebildet wäre.

Brennweite	Blende
33 mm	f6,3

Belichtungszeit	ISO
1/200 s	100

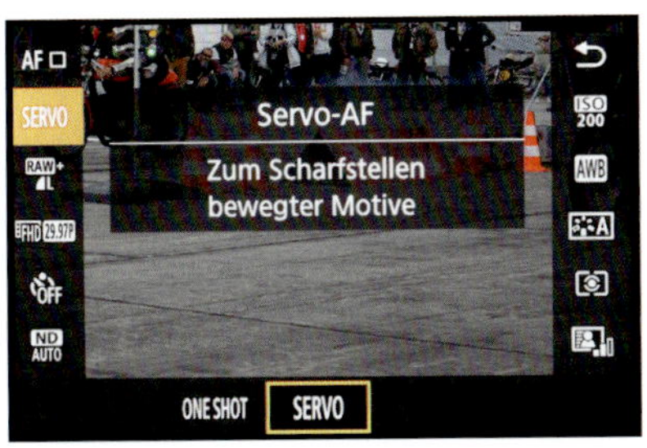

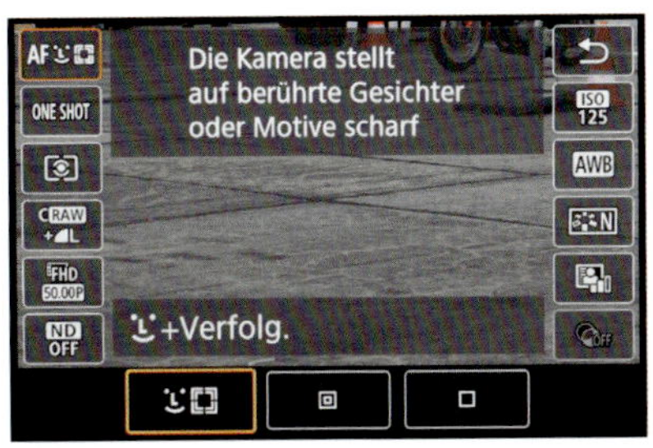

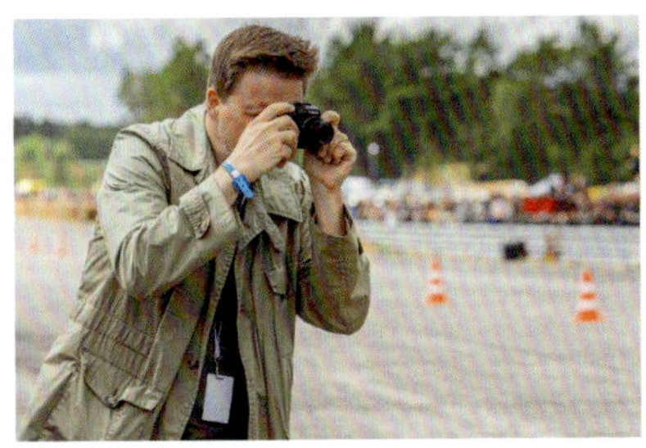

4 Kontinuierlichen Autofokus aktivieren

An unserer Position war die Strecke offen einsehbar, sodass sich der Anfangsfokus gut auf den vorderen Fahrer legen ließ. Um die Maschinen nach dem Start permanent im Fokus halten zu können, überließen wir das Nachfokussieren dem kontinuierlichen Autofokus (AI Servo, AF-C). So konnten wir uns auf das Mitziehen konzentrieren, was ohnehin die schwierigere Aufgabe ist.

5 Autofokuszone definieren

Um die Motive beim Mitziehen sicher im Fokus halten zu können, eignet sich eine AF-Zone an gewünschter Stelle im Bildausschnitt oder ein dem Motiv folgendes AF-Feld, das die ausgewählten Strukturen erkennt und individuell verfolgt: *Gesicht/Verfolgung* bei Canon, *Autom. Messfeldsteuerung* bei Nikon, *Tracking* bei Sony, *Verfolgung* bei Panasonic etc.

6 Kamera schwenken und auslösen

Peilen Sie den Rennfahrer kurz vor dem Start mit dem Autofokus an. Halten Sie den Auslöser dann auf halber Stufe gedrückt, sodass die kontinuierliche Fokussierung anspringt. Drehen Sie sich nun horizontal und exakt mit der gleichen Geschwindigkeit mit dem Gefährt mit, ohne nach oben oder unten zu verziehen. Lösen Sie aus, sobald die Szene gut aussieht.

Wissen: Unschärfe vermeiden

Ist eine gezielt eingesetzte Unschärfe bei bewegten Motiven unter Umständen sogar noch erwünscht, wird ein durch Bewegung der Kamera hervorgerufenes Verwackeln üblicherweise nicht willkommen geheißen. Um dies zu verhindern, bieten sich verschiedene Möglichkeiten an. Die potentesten Methoden gegen Verwacklung sind eine kurze Belichtungszeit und zusätzlich die in Kamera oder Objektiv eingebauten Bildstabilisatoren. Bei statischen Motiven und wenig Licht ist das gute alte Dreibeinstativ die beste Option.

Stabilisatoren in Objektiv und Gehäuse

Bildstabilisatoren setzen die Belichtungszeit, bei der noch verwacklungsfrei aus der Hand fotografiert werden kann, im Schnitt um zwei bis fünf Belichtungsstufen herauf, wobei die Wirkung von der jeweiligen Stabilisatorgeneration und der eigenen ruhigen Hand abhängt. Zu finden sind die Bildstabilisatoren im Objektiv oder im Kameragehäuse. Gehäusestabilisatoren werden auch *IBIS* genannt (*in body image stabilization*). Sie haben den Vorteil, dass nicht nur das Kippen (*pitch/yaw*) aus der optischen Achse heraus, sondern auch Verschiebungen in x/y-Richtung und Rotationen (*roll*) kompensiert werden. Zusammen mit einem stabilisierten Objektiv ist die Wirkung des IBIS besonders effektiv. Vorteilhaft ist auch, dass sich bei der Verwendung von nicht stabilisierten Objektiven mit einem Gehäusestabilisator die Verschlusszeit um einiges verlängern und damit der Belichtungsspielraum erhöhen lässt.

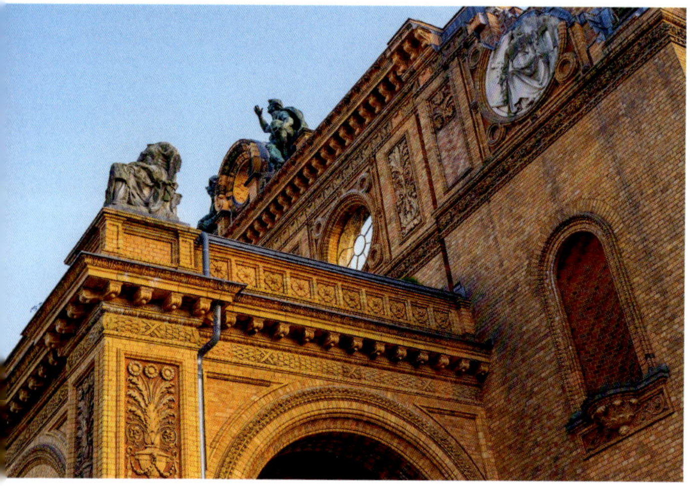

Scharfe Aufnahme mit eingeschaltetem Bildstabilisator und einer Belichtungszeit von 0,6s bei 29mm Brennweite

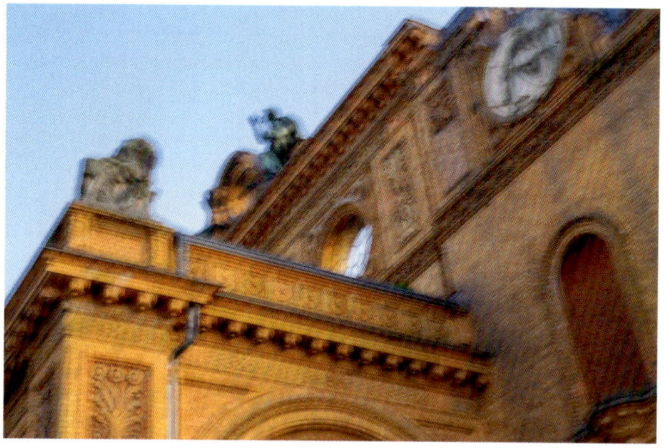

Bei gleichen Aufnahmebedingungen konnte ohne Stabilisator kein scharfes Bild des Gebäudes erzielt werden.

Stativ verwenden

Bei längeren Belichtungszeiten als etwa 1/30s bietet das Stativ die beste Möglichkeit, um knackig scharfe Aufnahmen zu erhalten. Allerdings kann das Drücken des Auslösers auch vom Stativ aus Unschärfe verursachen. Verhindern Sie das, indem Sie den Selbstauslöser oder eine Fernsteuerung verwenden. Bei Spiegelreflexkameras kommt im Bereich zwischen 1/15s und 1s noch ein Unschärfefaktor hinzu: feinste, durch den Spiegelschlag ausgelöste Vibrationen. Diese können Sie durch Verwenden der Spiegelvorauslösung vermeiden, deren Aktivierung normalerweise im Kameramenü vorgenommen werden kann (siehe Seite 93).

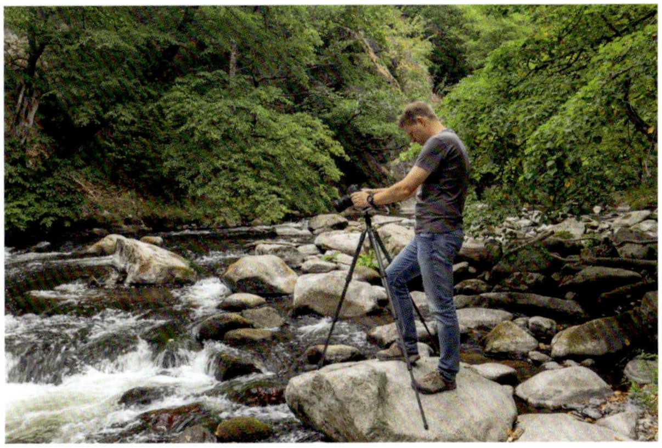

Bei der Verwendung eines Stativs ist es sinnvoll, eine Fernsteuerung oder den Selbstauslöser zu verwenden und bei einer DSLR zusätzlich auch die Spiegelvorauslösung.

Kurze Belichtungszeit wählen

Eine ganz klassische Anti-Verwackel-Technik besteht in der Wahl einer möglichst kurzen Belichtungszeit. Damit wird nicht nur Unschärfe durch eine unruhige Kamerahaltung verhindert, sondern es werden auch Motive in Bewegung schärfer abgebildet. Wie kurz Sie die Belichtungszeit setzen können, hängt natürlich stark von der Lichtsituation ab und ob Sie bereit sind, bei wenig Licht Qualitätsverluste durch hohe ISO-Werte in Kauf zu nehmen. Sind die Lichtverhältnisse hingegen günstig, wie das beispielsweise bei unserem Pinguin-Shooting der Fall war, empfehlen wir, die Belichtungszeit möglichst kurz einzustellen. Bei genauem Hinsehen ist zu erkennen, dass im linken Bild das Wasser und der watschelnde Pinguin trotz relativ kurzer Belichtungszeit etwas unschärfer abgebildet sind als im rechten Bild, das mit einer sehr kurzen Belichtungszeit alle Bewegungen einfriert.

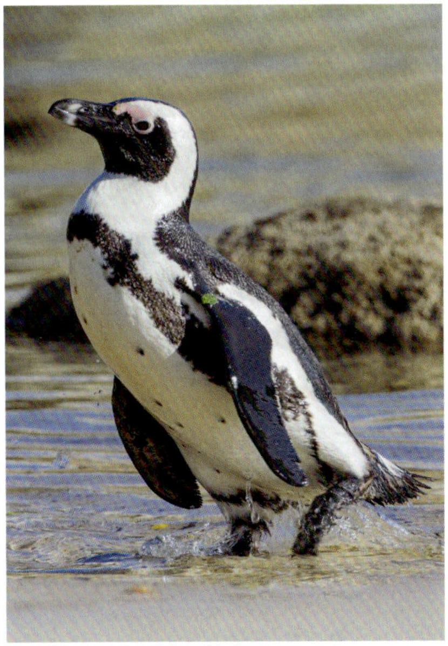

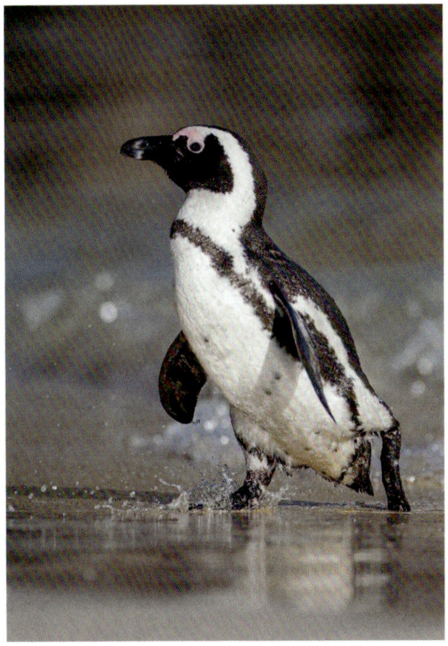

Links: Richtig fokussiert, aber die Belichtungszeit war mit 1/320s noch zu lang, um die Bewegung vollständig einzufrieren. Rechts: Mit einer noch kürzeren Belichtungszeit von 1/6400s wird jegliche Bewegung scharf abgebildet.

Wissen: Blende und Schärfentiefe

Ein wichtiges Mittel der kreativen Bildgestaltung ist die Schärfentiefe (synonym auch als *Tiefenschärfe* bezeichnet). Damit wird der vom Auge als scharf wahrgenommene Bildbereich vor und hinter der Fokusebene beschrieben. Dieser kann je nach Einstellung der Blende und der Entfernung vom Motiv sehr unterschiedlich ausfallen. Ein kleiner Blendenwert steht für eine weit geöffnete Blende und führt zu einem sehr engen Schärfentiefebereich. Je stärker die Blende geschlossen wird, desto weiter erstreckt sich die Schärfentiefe. Ebenso verringert sie sich, wenn der gleiche Bildausschnitt mit der gleichen Blende aus einer größeren Distanz aufgenommen wird, wozu zwangsläufig auch eine höhere Brennweite benötigt wird.

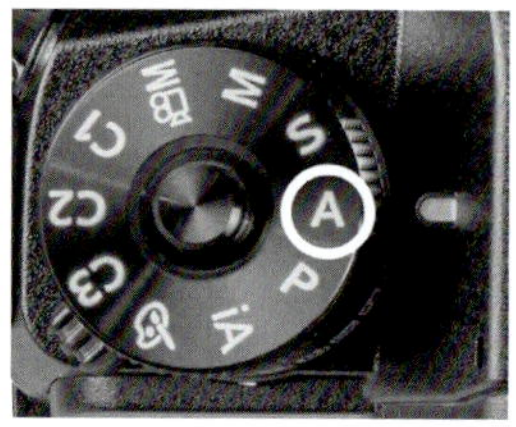

Um gezielt einen bestimmten Blendenwert einstellen zu können, sind die Blendenvorwahl (A/Av) oder auch die manuelle Belichtung (M) die Programme der Wahl.

Offene Blende
Bei offener Blende sind die ineinander verschiebbaren Lamellen der Blende weit geöffnet und lassen viel Licht durch das Objektiv auf den Sensor fallen. Entsprechend kurz sind dann auch die verwendbaren Belichtungszeiten. Der Schärfentiefebereich ist sehr eng und der Hintergrund dadurch sehr verschwommen, sodass Motive prägnant davor freigestellt werden können. Ähnliches gilt für den Vordergrund, wenn auf den Hintergrund fokussiert wird.

Mittlere Blende
Eine mittelweit geöffnete Blende ist für viele Situationen gut geeignet, da sie noch genügend Licht auf den Sensor fallen lässt, um mit relativ kurzen Belichtungszeiten Verwacklungen zu vermeiden, und gleichzeitig so viel Schärfentiefe liefert, dass viele unterschiedliche Motive damit ordentlich scharf aussehen. Außerdem bieten die meisten Objektive in diesem Bereich die beste Abbildungsperformance. Früher hieß es einmal: »Wenn die Sonne lacht, nimm Blende acht.« Da ist auch heute noch etwas dran.

Geschlossene Blende
Eine geschlossene Blende verringert den Lichteinfall so stark, dass bei nicht optimalen Lichtverhältnissen sehr lange belichtet werden muss und gegebenenfalls ein Stativ benötigt wird. Dafür steigt die Schärfentiefe aber auch so an, dass ein deutlich größerer Bereich vor und hinter der Schärfeebene noch detailliert abgebildet wird – gut geeignet für Architektur und Landschaften. Verwenden Sie aber am besten keine höheren Werte als f16–f22, weil dann in der Regel die Bildqualität durch Beugungsunschärfe sinkt.

Blende

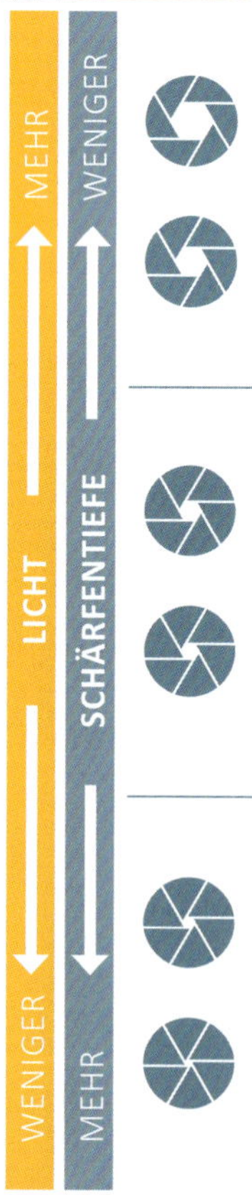

Vordergrundfokus

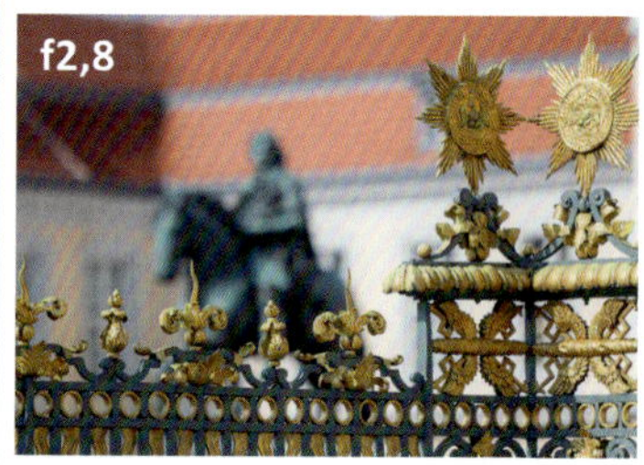

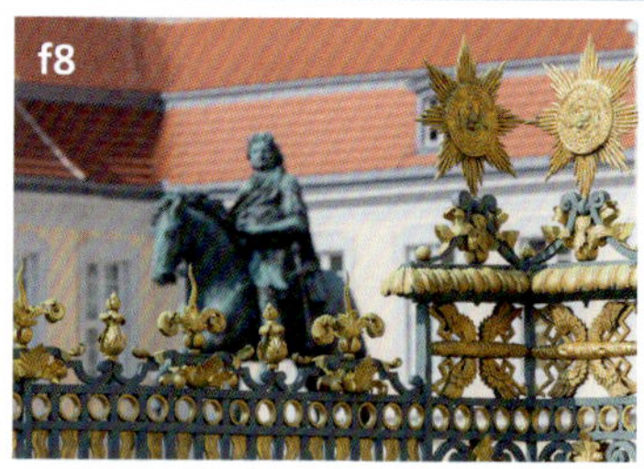

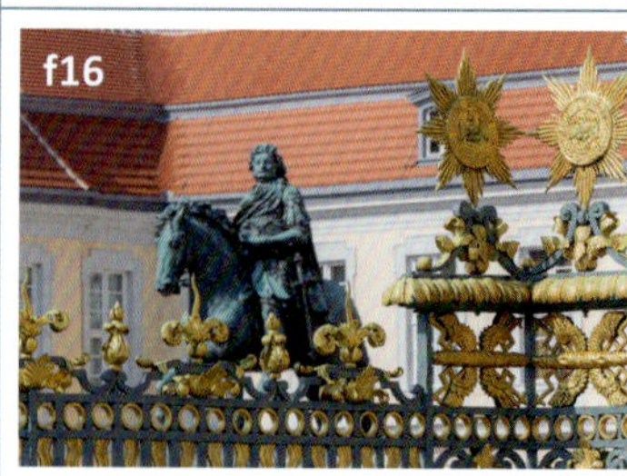

Schärfentiefe-Kontrolle

Um beim Blick durch den Sucher die Schärfentiefe beurteilen zu können, besitzen die meisten DSLRs und Systemkameras eine Schärfentiefe-Kontrolltaste. Wird diese gedrückt, schließt sich die Blende im Objektiv auf den eingestellten Wert, der auch *Arbeitsblende* genannt wird. Das Sucher- oder Livebild zeigt die zu erwartende Schärfentiefe an. Bei manchen Kameras ist es notwendig, die Vorschaufunktion zuerst auf eine der frei belegbaren Tasten zu programmieren. Einige Kompakt- und Systemkameras zeigen auf dem Bildschirm und im elektronischen Sucher von vornherein die zu erwartende Schärfentiefe an, wobei das bei einigen Geräten wiederum vom verwendeten Programm abhängt. Wie das bei Ihrer Kamera aussieht, entnehmen Sie am besten der Bedienungsanleitung.

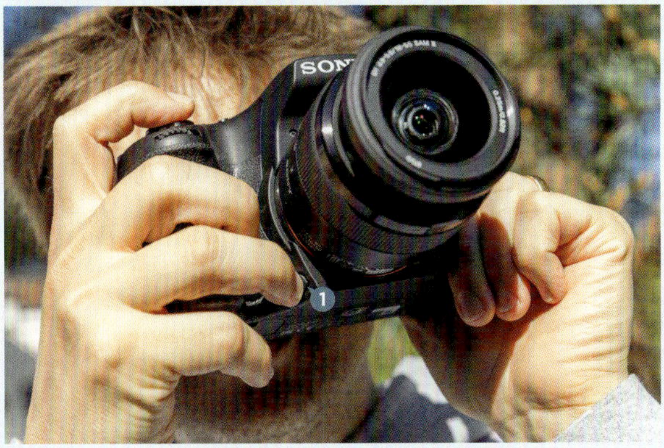

Kontrolle der zu erwartenden Schärfentiefe mit der Schärfentiefe-Kontrolltaste ①

Ungefähre Schärfentiefe | **Hintergrundfokus**

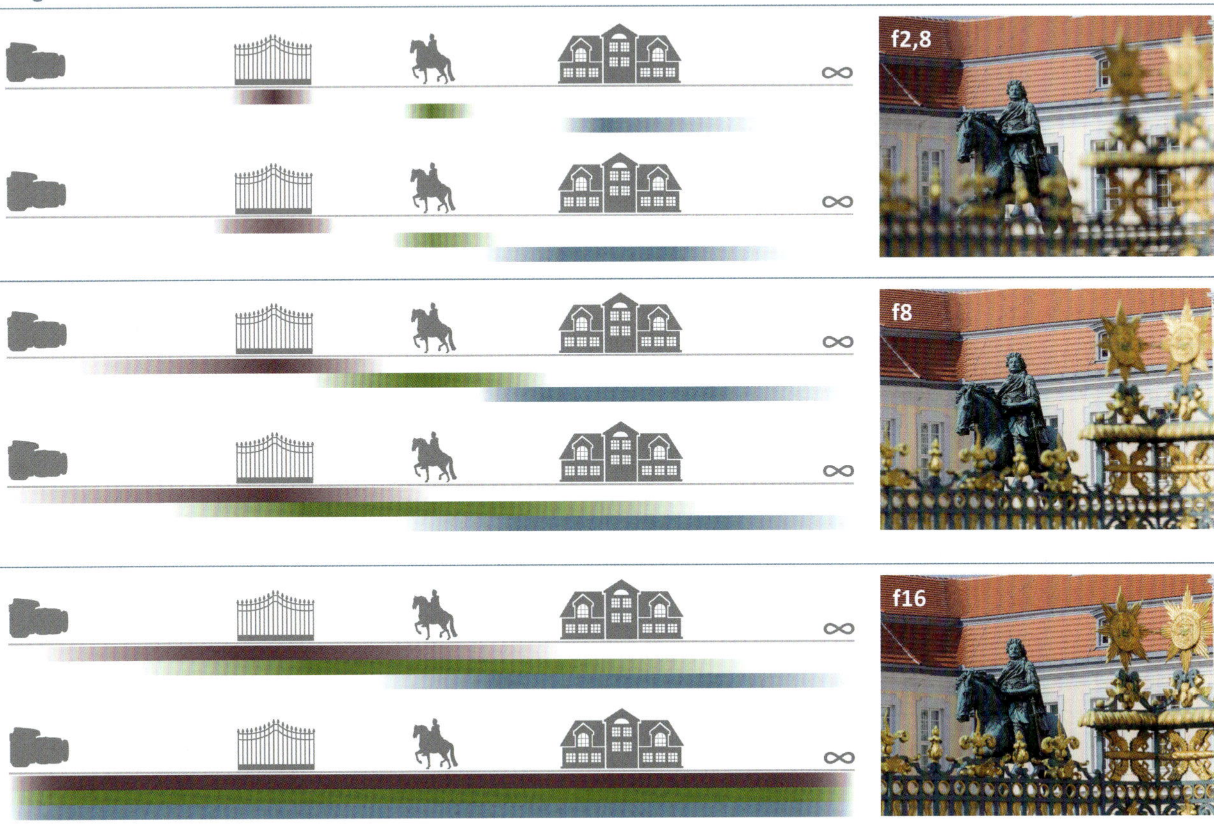

Projekt: Das Spiel mit der Schärfentiefe

Bei vielen Motiven ist völlig klar, ob wenig Schärfentiefe (Porträt) oder viel Schärfentiefe (Landschaft) der Vorzug gegeben werden sollte. Bei anderen, wie unserem Eiswürfelprojekt, ist das eher Ansichtssache. Um unseren Rieseneiswürfel zu erreichen, mussten wir erst einmal weit auf die zugefrorene Havel hinaus, denn dort hatten sich durch Eisverwerfungen die unterschiedlichsten Eisstrukturen gebildet. Nachdem wir unseren Eiswürfel gefunden hatten, konnte es losgehen.

Ein Motiv – zwei Schärfentiefen

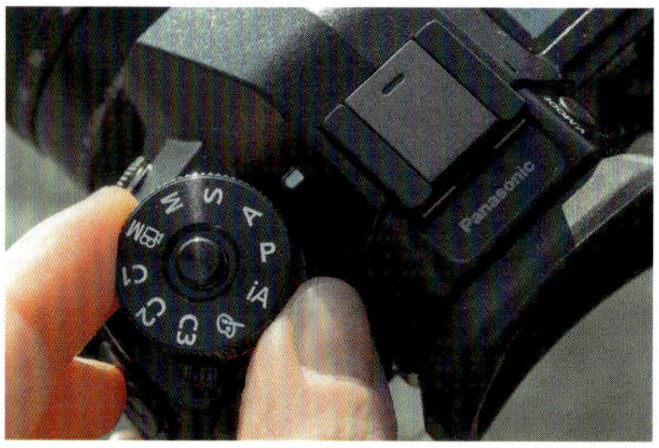

1 Blendenvorwahl
Um bei der Wahl des Blendenwertes und damit der Schärfentiefe flexibel zu sein, empfiehlt sich die Blendenvorwahl (A/Av).

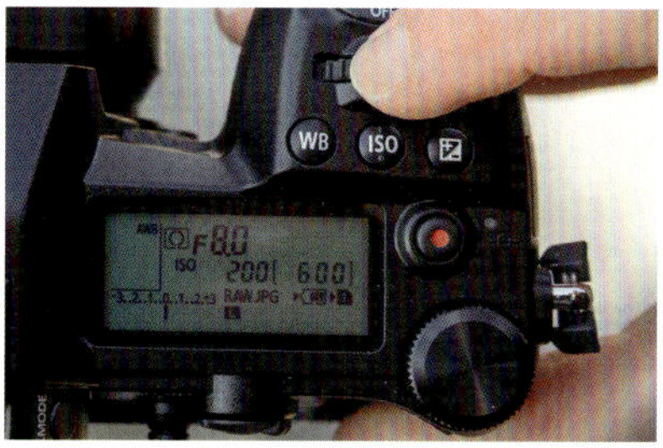

2 Blende wählen
Das erste Bild machten wir mit Blende f4 (wenig Schärfentiefe) und das zweite Bild mit Blende f16 (große Schärfentiefe).

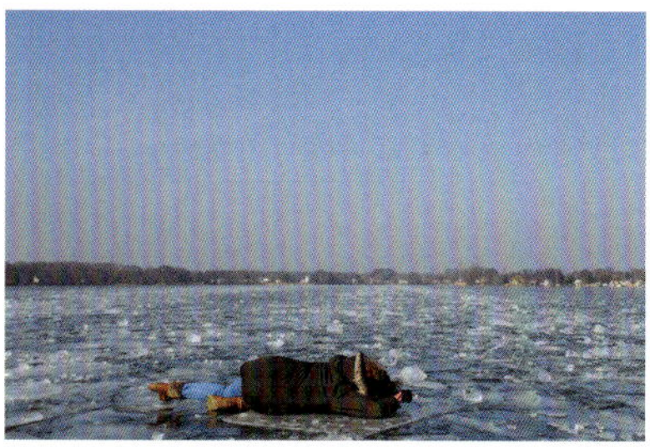

3 Bildausschnitt einrichten
Für die richtige Perspektive und einen attraktiven Bildausschnitt gab es keinen anderen Weg, als sich flach vor dem Eiswürfel auf den Bauch zu legen.

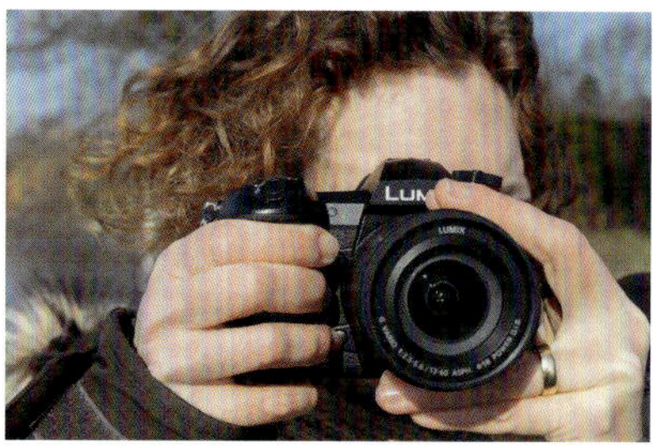

4 Kontrolle der Schärfentiefe
Schließlich kontrollierten wir vor jeder Aufnahme die Schärfentiefe mit der Vorschau- bzw. Schärfentiefe-Prüftaste und lösten das Bild aus.

Beugungsunschärfe

Ab einem Blendenwert von f16 ist bei den meisten Kameras im Bild mit Beugungsunschärfe zu rechnen, was zu einer verminderten Bildqualität führt. Beugungsunschärfe entsteht durch Ablenkung von Lichtstrahlen an den eng geschlossenen Blendenlamellen, die dann unkontrolliert auf den Sensor treffen. Daher empfehlen wir generell für Vollformat, APS-C und Micro Four Thirds, nicht über einen Blendenwert von f16 zu gehen. Einige Kameras stellen eine Funktion zur Beugungskorrektur zur Verfügung, die unserer Erfahrung nach auch zu einer Verbesserung der Bildschärfe bei höheren Blendenwerten beitragen kann, die ab f22 aber auch nicht mehr gut wirkt. Also Achtung: Viel hilft hier nicht automatisch viel. Ein zu großer Blendenwert führt zu Schärfeverlust.

Die Ergebnisbilder

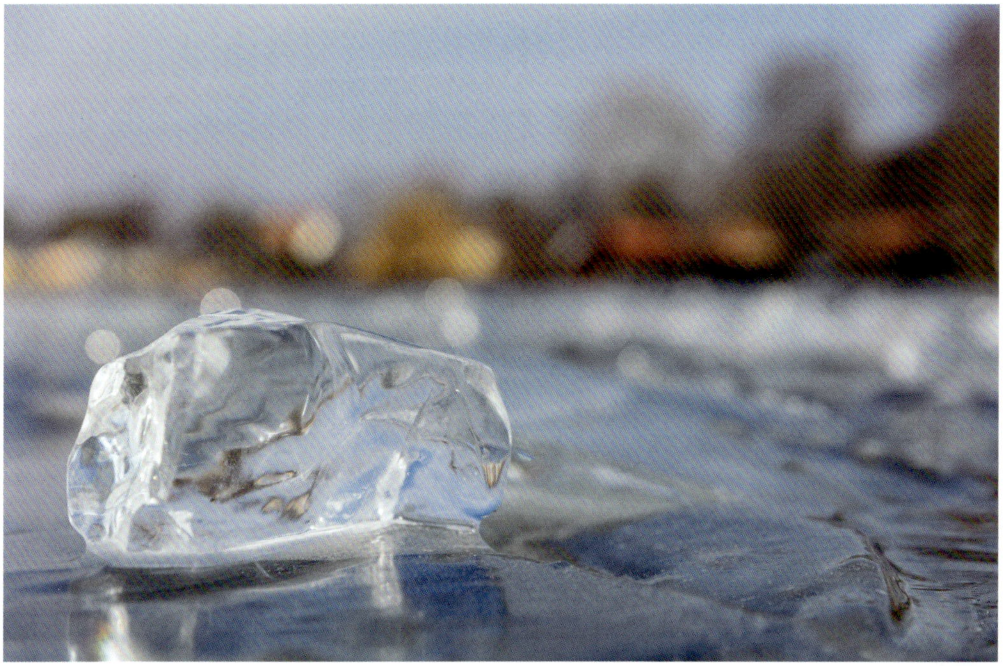

Eiswürfelbild, mit offener Blende aufgenommen und daraus resultierendem stark verschwommenem Hintergrund. Die Lichtreflexionen liefern ein schönes kreisrundes Bokeh (subjektive Qualität der Unschärfe).

Brennweite	Blende
65 mm	f4

Zeit	ISO
1/2500 s	200

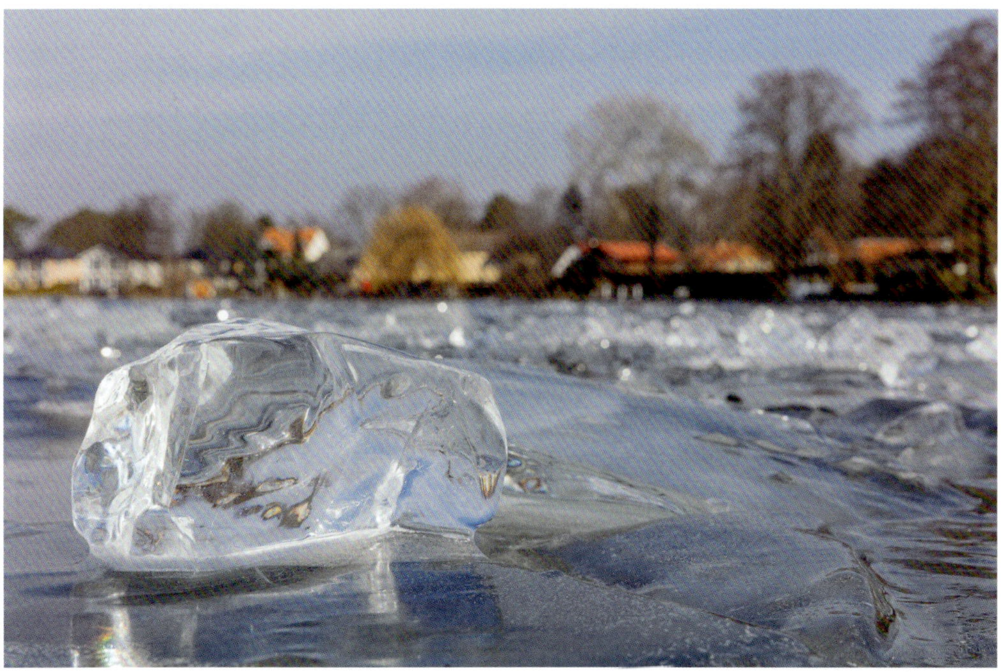

Derselbe Bildausschnitt, aufgenommen mit geschlossener Blende. Hier sind die Häuser am Ufer schon deutlich besser zu erkennen, und die Lichtreflexionen sind nur noch als kleine Punkte zu sehen.

Brennweite	Blende
65 mm	f16

Zeit	ISO
1/160 s	200

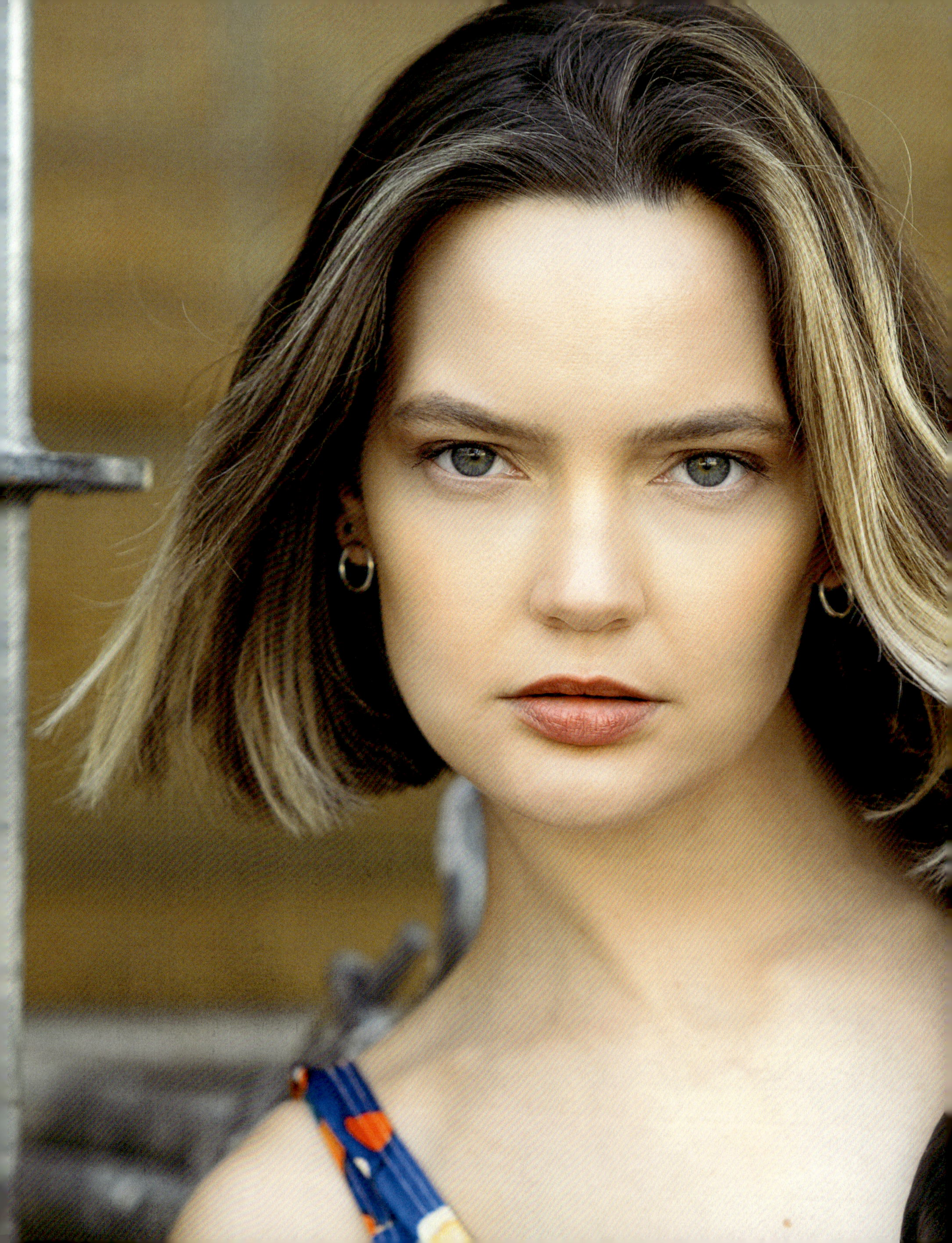

Kapitel 5

Perfekt blitzen

Das Wort Blitz löst bei manchen Fotofreunden ein ungutes Gefühl aus, weil sie sich unsicher sind, wie sie das künstlich erzeugte Licht denn nun am besten einsetzen sollen, und die Ergebnisse dann oft nicht den Erwartungen entsprechen. Dieses Kapitel sorgt für Sicherheit und gute Ergebnisse: Lernen Sie den Einsatz des Blitzgeräts und die vielfältigen kreativen Möglichkeiten kennen!

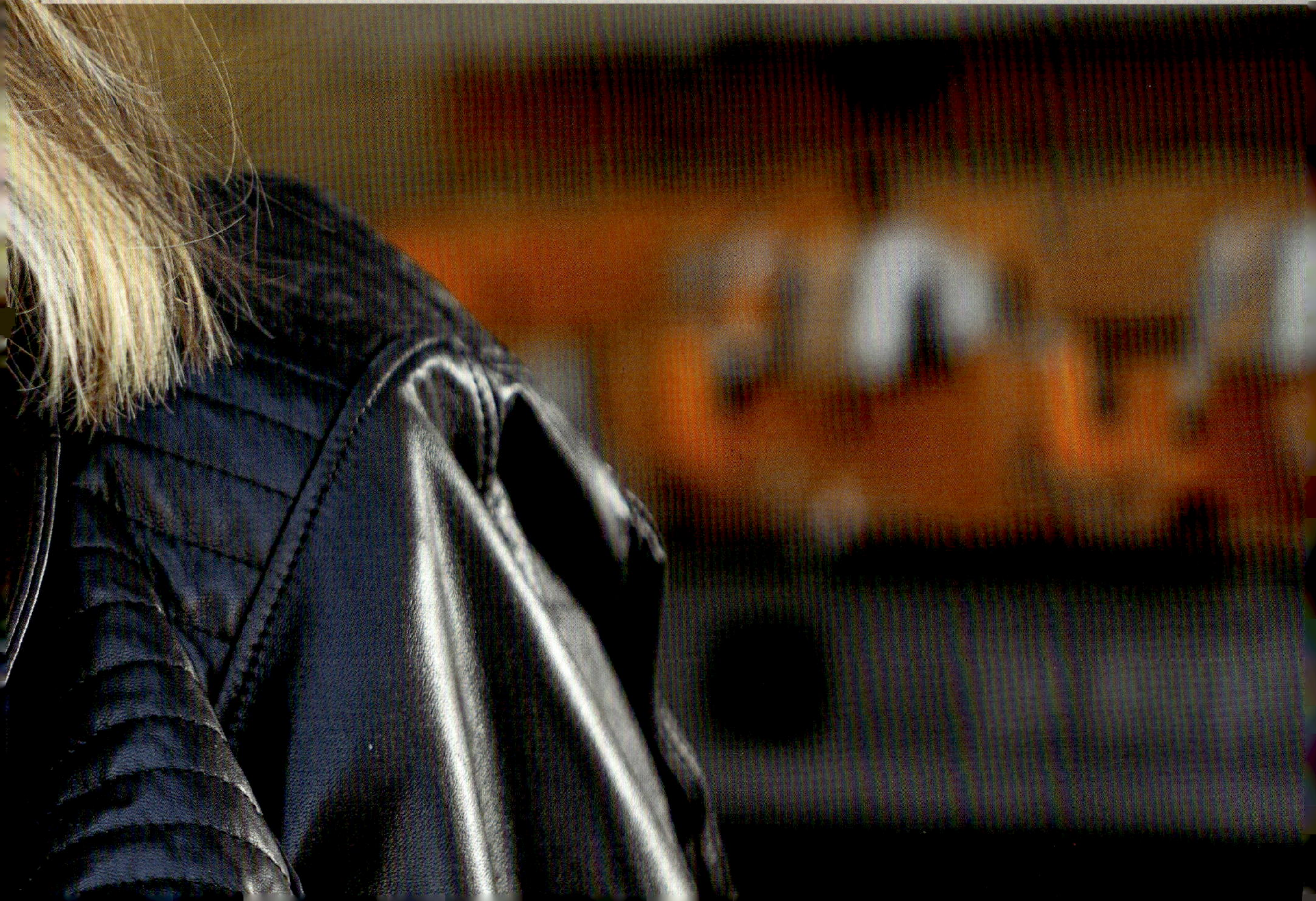

Wissen: Integrierte und externe Blitzgeräte

Da Fotografie vom Licht lebt und die Lichtsituation bei Weitem nicht immer optimal ist, erscheint es nur logisch, dass wir als Fotografen gerne unser eigenes Licht mitbringen, um solche ungünstigen Situationen auszugleichen. Vom entzündeten Magnesiumpulver des 19. Jahrhunderts bis hin zum modernen Elektronenblitz mit Funksteuerung, dessen Licht perfekt mit dem der Sonne harmoniert, war es ein weiter Weg. Heute bieten Blitzgeräte solch eine Vielzahl von Möglichkeiten, dass es keinesfalls schadet, sich mit den Grundzügen der Blitzfotografie etwas ausführlicher zu beschäftigen.

Kamerainterner Blitz

Die einfachste Möglichkeit, gezielt künstliches Licht ins Bild zu bringen, ist die Verwendung des in der Kamera eingebauten Blitzes. So ziemlich alle Kameras unterhalb des Profisegments besitzen einen solchen integrierten Blitz. Eher nachteilig sind die relativ geringe Leistung und die starr nach vorne ausgerichtete Führung des Lichts, die nur ein frontales Anblitzen Ihrer Motive erlaubt. Bei einigen Kameras ist es aber immerhin vorgesehen, den Blitz mit dem Finger nach oben zu biegen, sodass zumindest vertikal die Richtung des Blitzlichts etwas variiert werden kann. Am besten eignen sich die integrierten Kamerablitze zum Aufhellen von Schatten eines an sich hellen Motivs, z. B. bei einem Porträt oder einer Blüte.

Bei Verwendung von Automatikprogrammen wird üblicherweise der integrierte Blitz dazugeschaltet, wenn die Belichtungssteuerung der Kamera das für notwendig hält. In den Halbautomatiken und im manuellen Modus können Sie das selbst entscheiden.

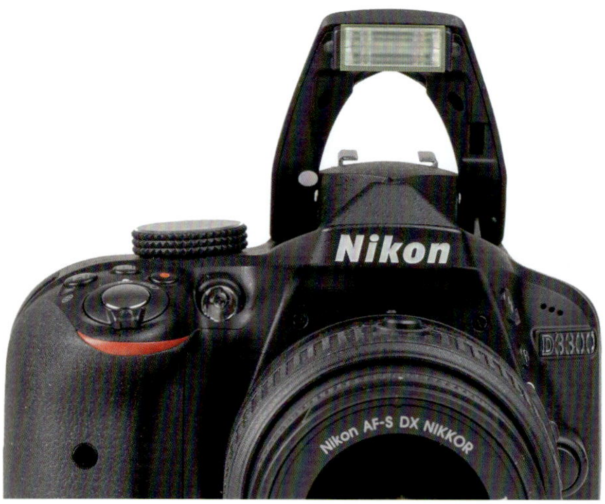

Ausgeklappter Kamerablitz einer DSLR

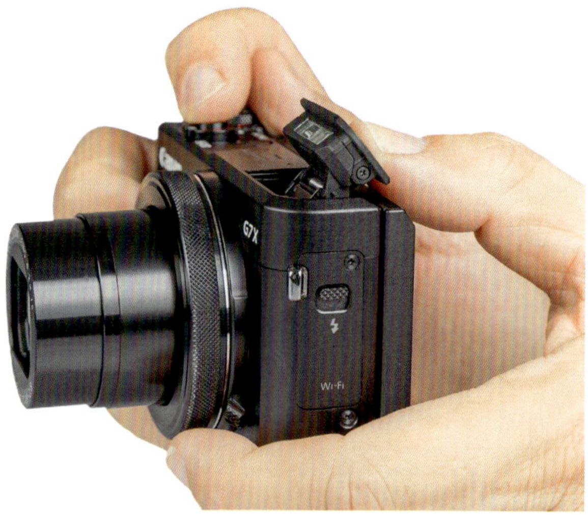

Vertikal schwenkbarer Blitz einer Kompaktkamera

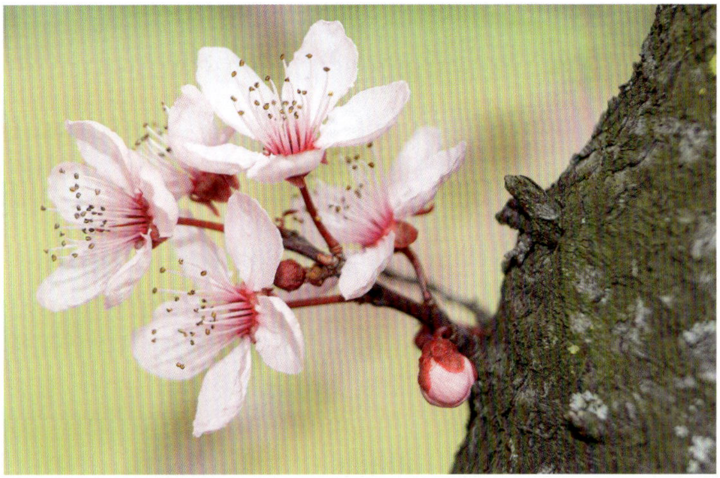

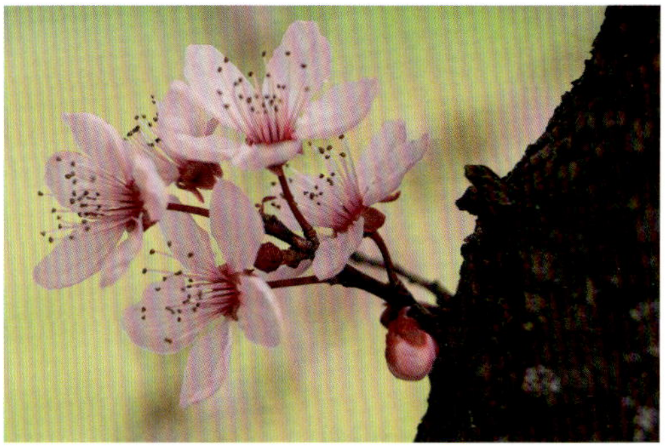

Mit dem integrierten Blitz und einem Handdiffusor davor heben sich die Kirschblüten prägnanter und heller vom Hintergrund ab (links) als ohne Blitzaufhellung (oben).

Systemblitzgeräte

Bedeutend leistungsfähiger und auch flexibler einsetzbar sind die zu allen Kamerasystemen erhältlichen Systemblitze. Sie werden am Zubehörschuh der Kamera angebracht. Solche Geräte gibt es mit unterschiedlicher Blitzleistung und verschiedenen Funktionen. Am universellsten einsetzbar sind Systemblitze, deren Kopf dreh- und schwenkbar ist, sodass Sie maximale Freiheit bei der Lichtlenkung haben. Der Abstrahlwinkel und damit die optimale Anpassung der Blitzleistung an die verwendete Brennweite lässt sich durch Verstellen des sogenannten *Zoomreflektors* verändern. Dies wird entweder automatisch durch den Blitz bewerkstelligt, oder Sie steuern die Funktion manuell. Wenn Sie mit einem oder gar mehreren entfesselten Blitzgeräten arbeiten möchten, achten Sie darauf, dass sich die Blitze als Remote-Blitz (Signalempfänger) eignen und zumindest eines der Geräte auch die Masterfunktion (Signalgeber) beherrscht. Die verschiedenen Systeme und die damit verbundenen Möglichkeiten zum entfesselten Blitzen stellen wir ab Seite 138 ausführlicher vor.

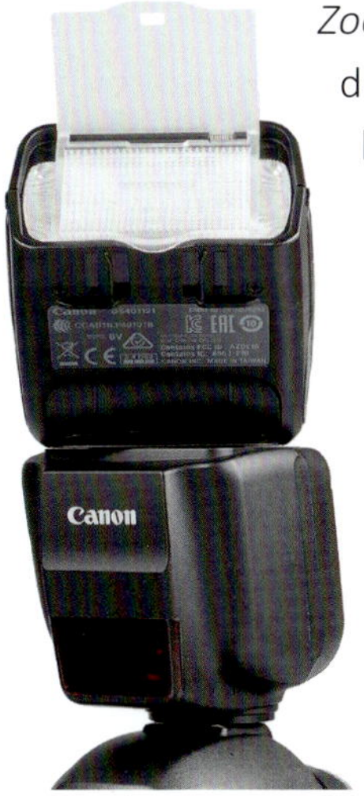

Hersteller von Systemblitzgeräten

Systemblitzgeräte gibt es sowohl von den Kameraherstellern als auch von diversen Zubehöranbietern, wobei wir neben den Herstellerblitzgeräten die Blitzgeräte von Metz, Sigma, Godox und Nissin empfehlen können. Sie sind meist etwas günstiger bei gleichzeitig hoher Qualität. Bei sehr günstigen Geräten kann es vorkommen, dass die Qualität von Blitzgeräten der gleichen Baureihe extrem streut, die technischen Spezifikationen zum Teil nicht eingehalten werden und schnell Qualitätsmängel auftreten – da hat man dann nur kurz Freude dran. Sie stellen aber eine gute Möglichkeit zum Ausprobieren dar, um sich anfangs erst einmal mit Blitzgeräten vertraut zu machen.

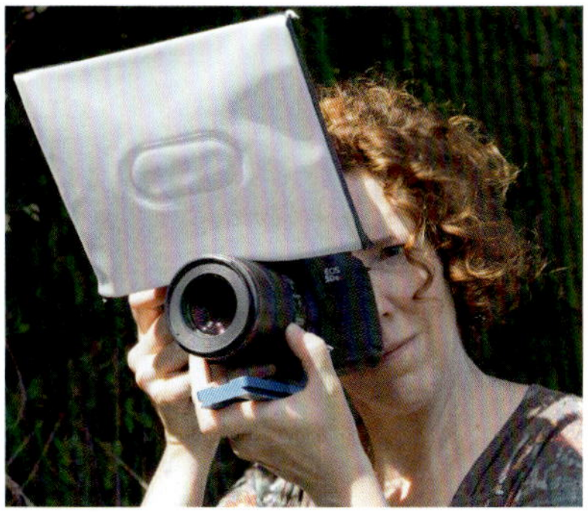

Mit einer Blitzsoftbox oder einem Handdiffusor, zwischen Blitz und Motiv flach über das Objektiv gehalten, wird das Blitzlicht weicher gestreut.

Projekt: Vorhandenes Licht mit dem Blitz ergänzen

Die weitverbreitete Ansicht, dass Blitzlicht nur dann zum Zuge kommt, wenn es (fast) dunkel ist, ist ein Irrglaube. Gerade bei vorhandenem Licht leistet der Blitz gute Dienste. So verwenden wir ihn zum z. B. gerne, um das vorhandene Licht zu ergänzen und die Motive in noch schönerem Licht darzustellen. Man könnte auch sagen, wir nehmen dem Sonnenlicht damit seine Härte, indem wir Schlagschatten und starke Kontraste mit dem Blitzlicht aufhellen und das Motiv gleichmäßiger ausleuchten.

Aufhellblitz – das Sonnenlicht verbessern

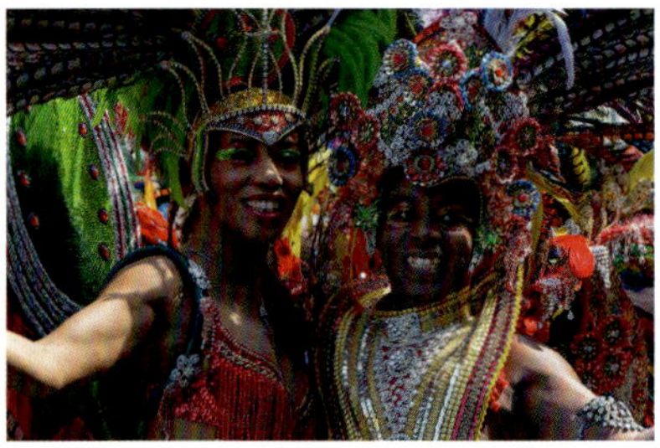

1 Ausgangsmotiv ohne Blitz
Das Bild der beiden Karnevalisten ist insgesamt zu dunkel und weist sehr starke Kontraste auf. Die Farben sind dadurch flau, und die Bildwirkung ist alles andere als optimal. Das starke Sonnenlicht ist, anders, als man hätte vermuten können, für die Bildwirkung von Nachteil.

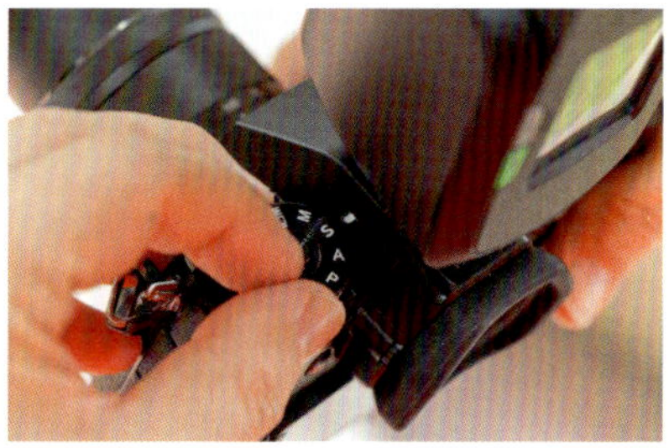

2 Belichtung einstellen
Bei Straßenveranstaltungen mit natürlichem Licht empfiehlt sich die Zeitvorwahl, um eine Belichtungszeit einstellen zu können, die auch bei bewegten Motiven sicher zu scharfen Aufnahmen führt. Aufgrund des Tageslichts käme es sonst trotz Blitz zu Verwischungen.

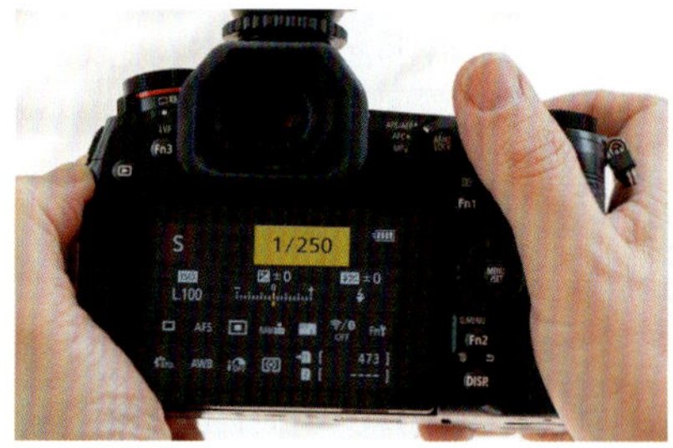

3 Blitzparameter definieren
Wenn wir keinen Blitz mit sogenannter *Kurzzeitsynchronisation* am Start haben, stellen wir die Zeit auf die *Blitzsynchronzeit* ein. In diesem Fall liegt sie bei 1/250 s. Die genaue Blitzsynchronzeit für Ihre Kamera finden Sie in der Bedienungsanleitung.

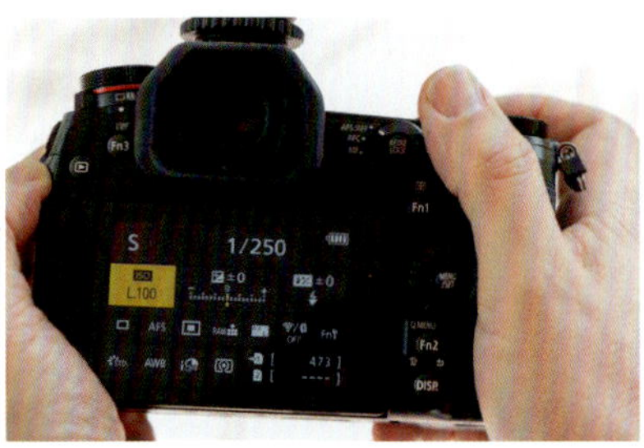

4 ISO-Wert einstellen
Bei gutem Wetter sollten Sie für eine bestmögliche Bildqualität bei Außenaufnahmen immer einen niedrigen ISO-Wert wählen, hier ISO 100.

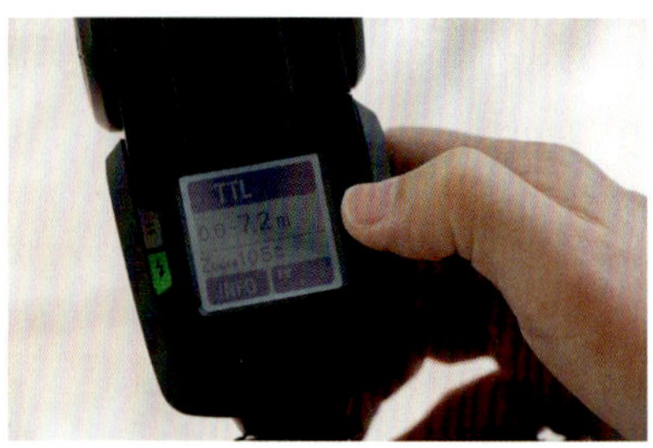

5 Blitz im TTL-Modus aktivieren
Damit die Blitzbelichtungsautomatik die Lichtmenge steuern kann, aktivieren Sie die TTL-Einstellung.

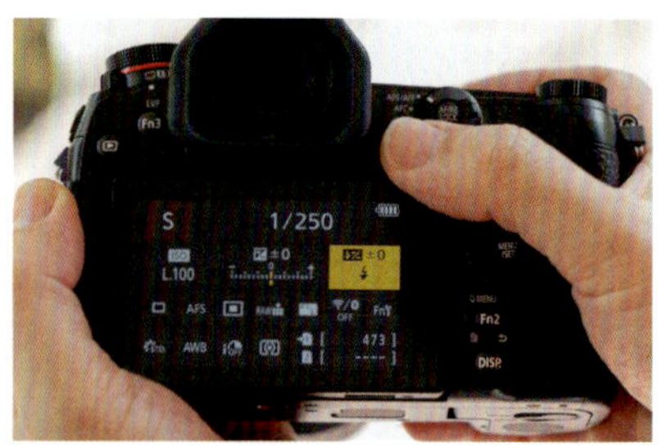

6 Aufhellblitz einstellen
Vergewissern Sie sich, dass an der Kamera der Blitzmodus aktiviert ist, bei dem der Blitz obligatorisch gezündet wird.

Obligatorischer Blitz

Einige Kameras bieten eine Blitzautomatik, bei der die Kamera anhand der Lichtsituation entscheiden kann, ob der Blitz gezündet wird oder nicht. Für das dezente Aufhellen eines Motivs unter Tageslichtbedingungen wird der Blitz folglich nicht immer automatisch aktiviert. Daher ist es in der Regel möglich, den Blitz zum Blitzen zu zwingen, ihn also obligatorisch auszulösen (Modus *Aufhellblitz* oder *Blitz ein*).

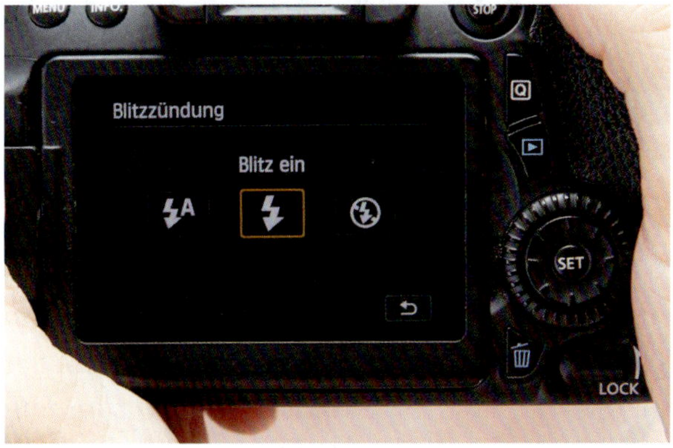

Aktivierung des obligatorischen Blitzes bei einer Canon-Kamera

Das Ergebnisbild

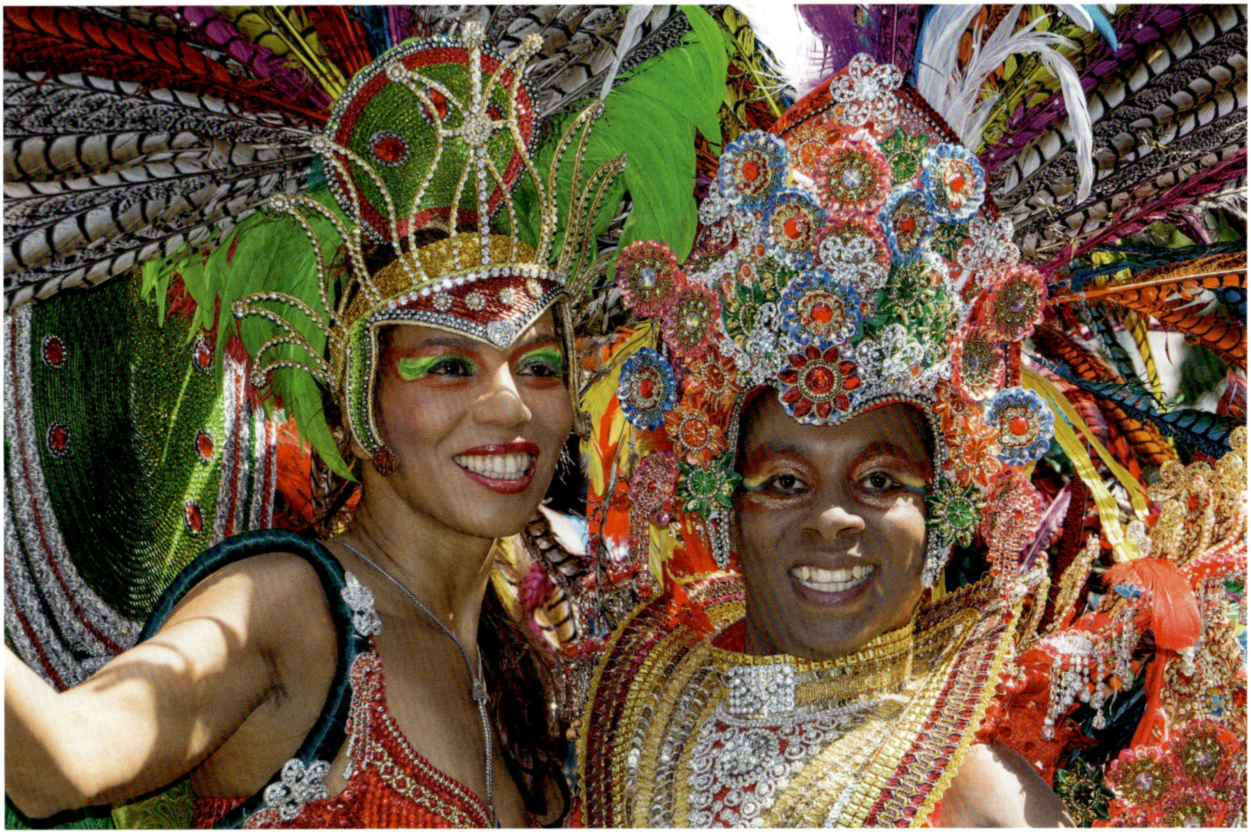

Durch den TTL-Blitz ist das ganze Motiv angenehm aufgehellt, und die Farben strahlen kräftig. Die Gesichter sind ansprechend ausgeleuchtet, und in den Pupillen zeigt sich ein lebhafter Lichtreflex.

Brennweite	Blende	Zeit	ISO
90 mm	f 8	1/250 s	100

Wissen: Blitzlicht und Belichtungsmessung

Den Blitz können Sie natürlich in den verschiedenen zur Verfügung stehenden Kameramodi verwenden. Machen Sie es sich mit den Automatiken etwas einfacher, oder nehmen Sie mit den Halbautomatiken oder im manuellen Modus mehr Einfluss auf das Blitzlicht und damit auf die Bildgestaltung. Dabei spielen die bekannten Parameter Belichtungszeit, Blende und ISO-Wert eine wichtige Rolle, denn sie beeinflussen, wie sich das künstliche Blitzlicht mit dem vorhandenen Licht im Bild mischt.

Schärfentiefe und Hintergrundhelligkeit beeinflussen

Wenn Sie den Blitz in dunkler Umgebung verwenden möchten, bietet die Programmautomatik (P) den unkompliziertesten Weg. Damit werden die Grundbelichtung und das hinzugefügte Blitzlicht so aufeinander abgestimmt, dass das Hauptmotiv gut ausgeleuchtet ist. Außerdem wird die Belichtungszeit kurz gehalten, sodass kein Verwackeln zu befürchten ist. Dabei kann es vorkommen, dass der Hintergrund zu dunkel gerät. Das können Sie aber korrigieren, indem Sie ganz einfach den ISO-Wert anheben.

Wenn Sie die Schärfentiefe individuell gestalten möchten, ist die Blendenvorwahl (A/Av) das geeignete Programm. So können Sie mit offener Blende beispielsweise ein Porträt besonders prägnant vor dem Hintergrund hervorheben. Wenn nur wenig Licht zur Verfügung steht oder Sie eine geschlossene Blende für eine hohe Schärfentiefe verwenden möchten, kann es aber auch zu längeren Belichtungszeiten kommen, sodass es notwendig wird, ein Stativ zu verwenden.

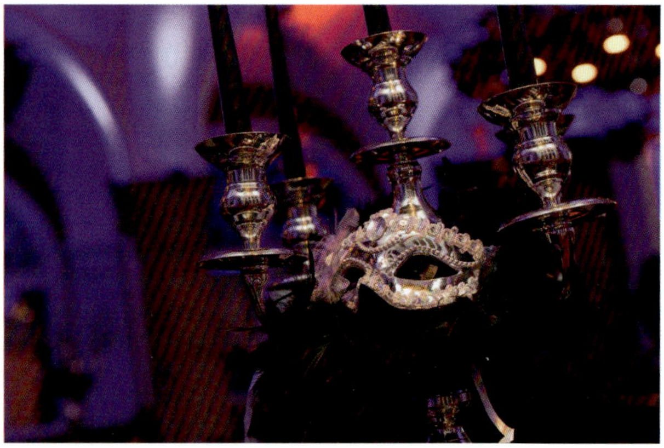

Mit der Programmautomatik (1/50s, f4,5), erhöhtem ISO-Wert (1600) und automatischer TTL-Blitzsteuerung wurde indirekt über die Decke geblitzt.

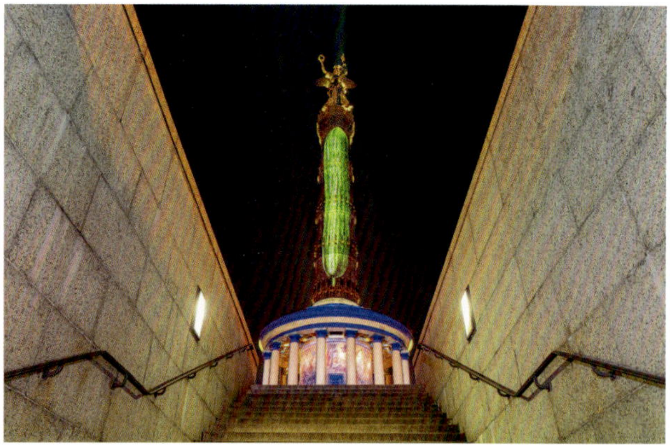

Der Treppenaufgang wurde über die Decke indirekt mit dem Blitz ausgeleuchtet. Die lange Belichtungszeit von 2s im Modus A/Av bei f8 machte ein Stativ erforderlich.

Bei Blitzaufnahmen von Objekten in Bewegung empfiehlt es sich, die Zeitvorwahl (S/Tv) zu verwenden und eine etwas kürzere Belichtungszeit auszuwählen. Das ist insbesondere dann wichtig, wenn viel Umgebungslicht mit ins Bild einfließt. Die Bildelemente, die nicht so viel Blitzlicht abbekommen, wie z.B. der Hintergrund, würden sonst unscharf werden. Die Belichtungszeit kann jedoch nicht kürzer als die Blitzsynchronzeit der Kamera eingestellt werden, die bei den meisten Kameras bei 1/200s oder 1/250s liegt. Kürzere Belichtungszeiten können mit der Kurzzeitsynchronisation erzielt werden, die wir Ihnen ab Seite 141 näher vorstellen.

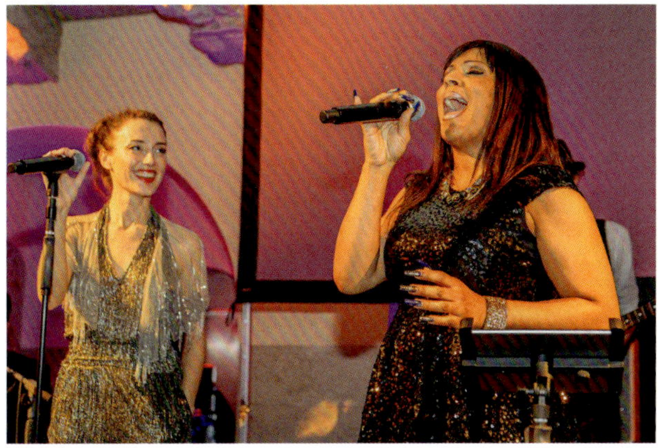

Der Blitz hellt hier die Sängerin auf. Um Bewegungsunschärfe zu vermeiden, wurde bei ISO 3200 mit 1/200s die Blitzsynchronzeit voll ausgenutzt.

Feinabstimmung der Blitzdosis

Um die Aufhellung eines Motivs optimal zu gestalten, kann es notwendig sein, die Blitzdosis manuell noch etwas nach oben oder nach unten zu korrigieren. Genau das ermöglicht die Blitzsteuerung moderner Kameras mit der Blitzbelichtungskorrektur. So können Sie nicht nur eine exakte Feinabstimmung beim normalen Blitzen vornehmen, sondern auch die Blitzlichtmenge erhöhen, wenn Sie beispielsweise indirekt über die Decke blitzen oder eine Licht schluckende Softbox montiert haben. Sie funktioniert wie die Belichtungskorrektur: Bei den meisten Kameras lässt sich die Blitzdosis um ±3 Stufen anpassen, was entweder im Kameramenü oder auch direkt am Blitzgerät eingestellt werden kann.

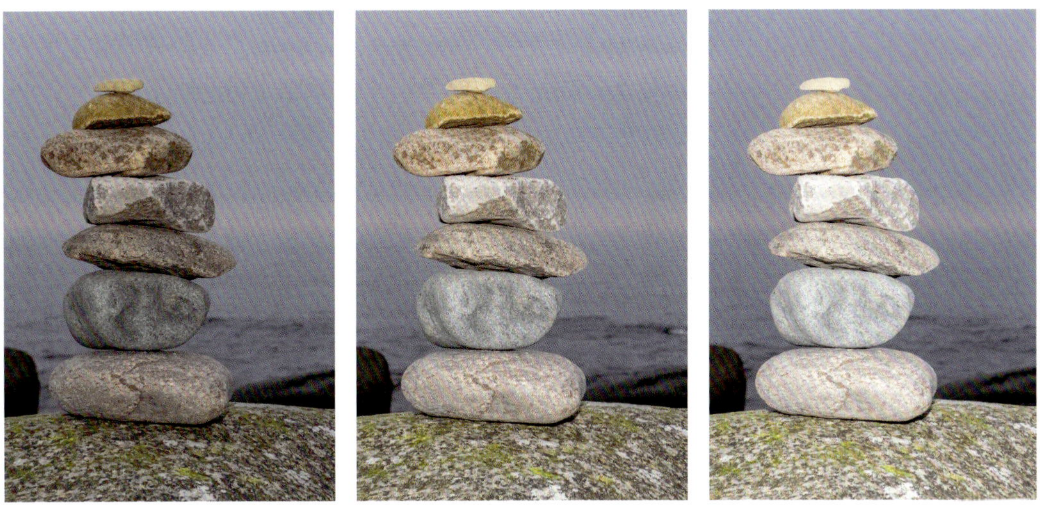

Links: Dezente Aufhellung der Steine mit einer Blitzbelichtungskorrektur von −1 Stufe. Mitte: Mit unveränderter Blitzlichtmenge wird der Aufhellungseffekt deutlicher. Rechts: Mit erhöhter Blitzlichtmenge von +1 Stufe wurden die Steine intensiv aufgehellt.

Wissen: Blitzlicht und Reichweite

Wenn Sie sich entscheiden, in ein Systemblitzgerät zu investieren, kommt automatisch die Frage nach den technischen Kenndaten auf. Vor allem: Wie stark sollte denn die Leistung sein? Was kann ich damit in welcher Entfernung eigentlich noch aufhellen? Und auch beim integrierten Kamerablitz, der qua Kamerakauf bei vielen Modellen schon mit von der Partie ist, stellt sich im wahrsten Sinne des Wortes die Frage, wie weit Sie damit kommen. Die Reichweite ist aber nicht alles. Eine höhere Leistung ermöglicht es Ihnen auch, durch indirektes Blitzen ganze Räume auszuleuchten oder im Studio Aufnahmen mit professioneller Blitzausleuchtung zu gestalten. Die Möglichkeiten sind vielfältig.

Blitzleistung und Leitzahl

Als Maß für die Leistungsfähigkeit von internen Kamera- und Systemblitzgeräten wird die Leitzahl angegeben. Sie dient auch dazu, verschiedene Geräte miteinander zu vergleichen und deren Reichweite zu ermitteln. Die Reichweite steigt durch Erhöhen des ISO-Wertes, weil der Sensor lichtempfindlicher wird, und sinkt mit dem Anheben des Blendenwertes, weil dann wieder weniger Licht auf dem Sensor ankommt. In der Tabelle haben wir für Sie die Reichweiten eines typischen internen Blitzgeräts (Leitzahl 12) und eines leistungsstärkeren Systemblitzgeräts (Leitzahl 50) einmal aufgelistet.

Blende	ISO 100		ISO 200		ISO 400		ISO 800		ISO 1 600	
	LZ 12	LZ 50	LZ 12	LZ 50	LZ 12	LZ 50	LZ 12	LZ 50	LZ 12	LZ 50
f1,4	8,6	35,7	12,1	50,5	17,1	71,4	24,2	101,0	34,3	142,9
f2	6,0	25,0	8,5	35,4	12,0	50,0	17,0	70,7	24,0	100,0
f2,8	4,3	17,9	6,1	25,3	8,6	35,7	12,1	50,0	17,1	71,4
f4	3,0	12,5	4,2	17,7	6,0	25,0	8,5	35,4	12,0	50,0
f5,6	2,14	8,9	3,0	12,6	4,3	17,9	6,1	25,3	8,6	35,7
f8	1,5	6,3	2,1	8,8	3,0	12,5	4,2	17,7	6,0	25,0
f11	1,1	4,5	1,5	6,4	2,2	9,1	3,1	12,9	4,4	18,2
f16	0,8	3,1	1,1	4,4	1,5	6,3	2,1	8,8	3,0	12,5

Blitzreichweite in Metern bei einer Leitzahl von 12 (interner Blitz) und 50 (starker Systemblitz):

$$\text{Reichweite} = \frac{\text{Leitzahl}}{\text{Blende}} \times \sqrt{\left(\frac{\text{ISO-Wert}}{100}\right)}$$

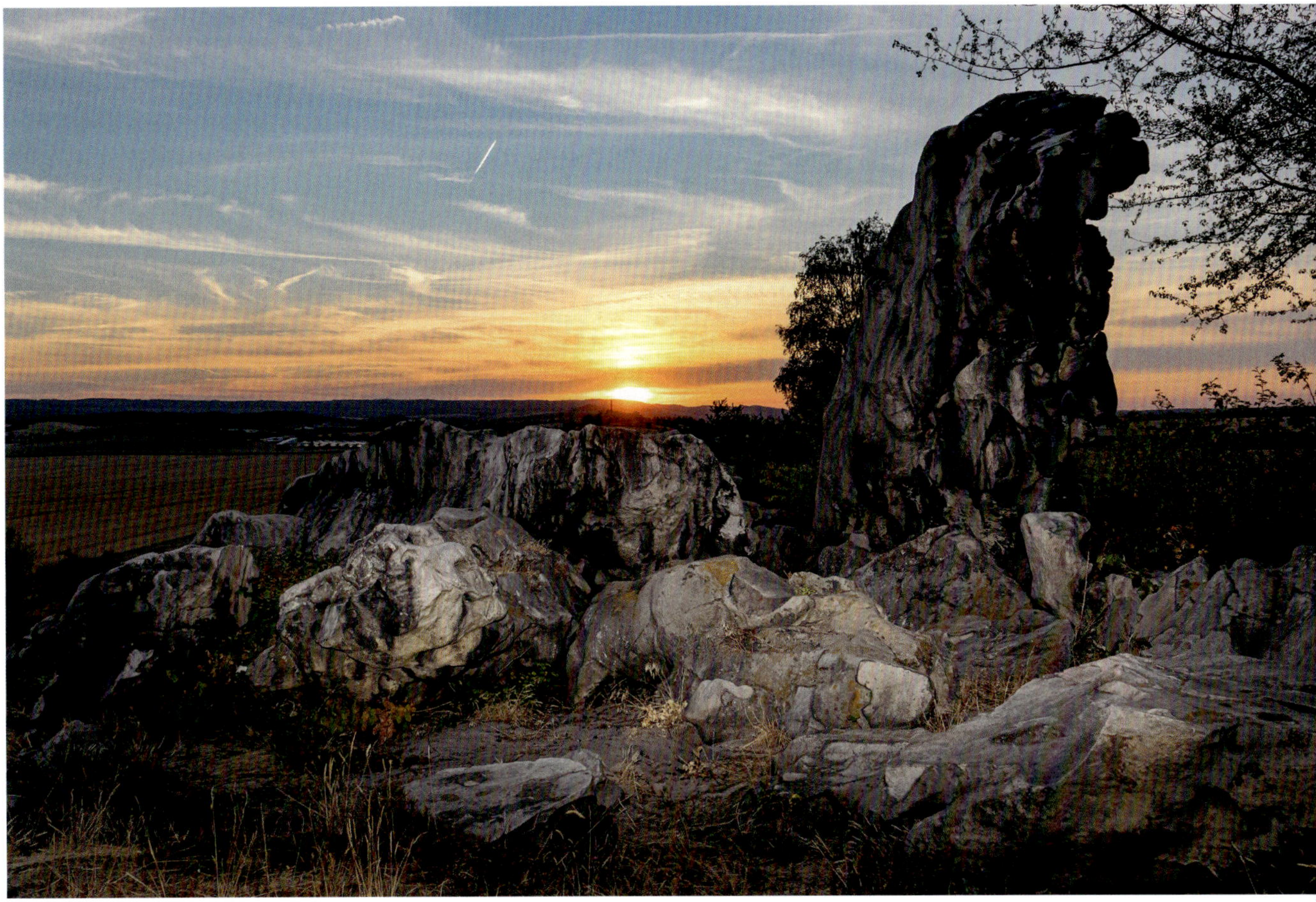

Mit einem starken Systemblitz (hier Leitzahl 60 bei 200 mm, ISO 100) können Sie der Sonne Paroli bieten. Hellen Sie den Bildvordergrund damit auf, um einen ausgeglicheneren Bildkontrast zu erzielen.

Brennweite	Blende	Zeit	ISO
18 mm	f 8	1/500 s	400

Verwendungsspielraum

Je höher die Leitzahl (mind. 50 für einen großen Spielraum), desto besser kann der Blitz auch mit Lichtformern kombiniert werden. Diese vergrößern grundsätzlich die Leuchtfläche und reduzieren so die Leuchtkraft, bei Softboxen kommen noch zu durchleuchtende Diffusorstoffe hinzu und bei Reflexschirmen der längere Leuchtweg.

Blitzlicht und Bildwirkung

In der Regel messen Kameras bei aktiviertem Blitz das vorhandene Licht durch das Objektiv und berechnen aus den gewonnenen Daten die benötigte Blitzleistung. Deshalb heißt das System passenderweise auch *TTL* (*Through The Lens = »durch die Linse«*). Je nach Hersteller werden die Verfahren inzwischen mit *i-TTL* (Nikon), *E-TTL II* (Canon) oder *ADI-TTL* (Sony) betitelt. Diese modernen Verfahren messen nicht einfach nur das einfallende Licht, sondern senden auch einen Messblitz aus, der die Kamera in die Lage versetzt, vorhandenes Licht und Blitzlicht in Beziehung zueinander zu setzen und daraus die notwendige Blitzdosis zu errechnen. Außerdem können aktuelle TTL-Systeme auch das fokussierte Motiv gesondert berücksichtigen und den Blitz entsprechend anpassen.

Zoomreflektor

Auch der in vielen Systemblitzgeräten verbaute Zoomreflektor beeinflusst die Reichweite von Blitzlicht. Ein Zoomreflektor dient dazu, das ausgesendete Blitzlicht der verwendeten Brennweite anzupassen. So wird das Licht bei kurzen Brennweiten sehr breit verteilt, da sich die angeblitzten Motive dann normalerweise dicht vor der Kamera befinden und größer abgebildet sind. Bei Telebrennweiten wird ein weiter entferntes Motiv erwartet und das Licht in einem engeren Winkel über eine weitere Strecke nach vorne geleitet. Der Zoomreflektor passt sich standardmäßig automatisch an, kann aber auch manuell eingestellt werden, um bestimmte Lichteffekte zu erzielen.

Lichtstreuung bei verschiedenen Zoomreflektoreinstellungen

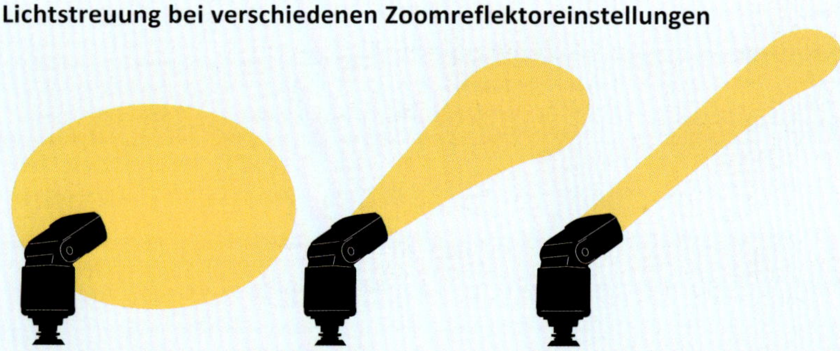

Vergleichbarkeit

Achten Sie beim Vergleich verschiedener Blitzgeräte darauf, dass sich die angegebene Leitzahl auf den gleichen ISO-Wert und die gleiche Brennweite (Zoomreflektoreinstellung) bezieht! Sonst ist ein direkter Vergleich der Leistungsfähigkeit nicht möglich.

Einstellungen	Effekt	Aufnahme
Zoomreflektor: 200mm Blitzleistung: 1/16	Steht der Zoomreflektor auf voller Teleeinstellung, wird die Figur schön ausgeleuchtet, und das Blitzlicht erzeugt einen akzentuierten Schatten, bestens geeignet für Charakterporträts. Wichtig ist hierbei, den Blitz genau auf das Objekt auszurichten, denn der Lichtkegel fällt relativ eng aus. Wenn die Ausrichtung nicht optimal ist, erhalten Sie dunkle Randbereiche.	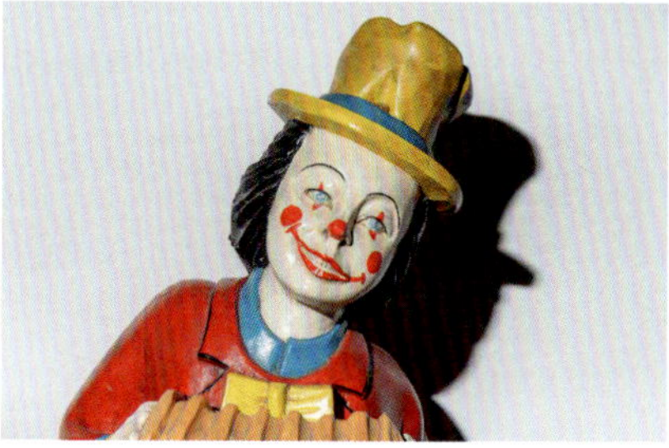
Zoomreflektor: 20mm Blitzleistung: 1/16	Wird die Lichtmenge beibehalten, der Zoomreflektor aber auf die Weitwinkeleinstellung gesetzt, wird das ausgesendete Licht stärker gestreut. Das Licht verteilt sich auf eine größere Fläche. Dadurch, dass der Blitz die Lichtmenge aber nicht erhöht hat, fällt die Aufhellung der Fläche schwächer aus, und der Clown sieht entsprechend dunkel aus.	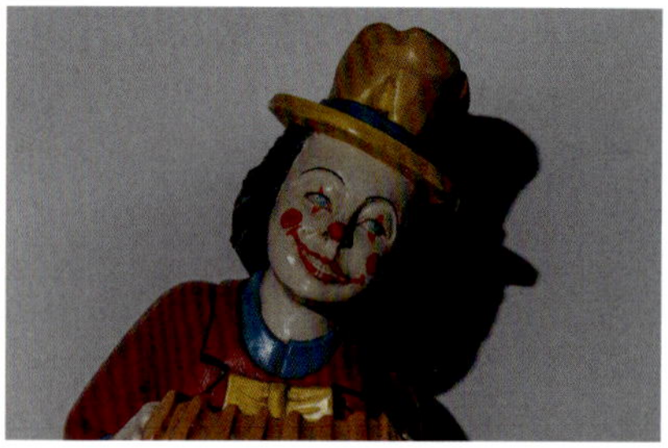

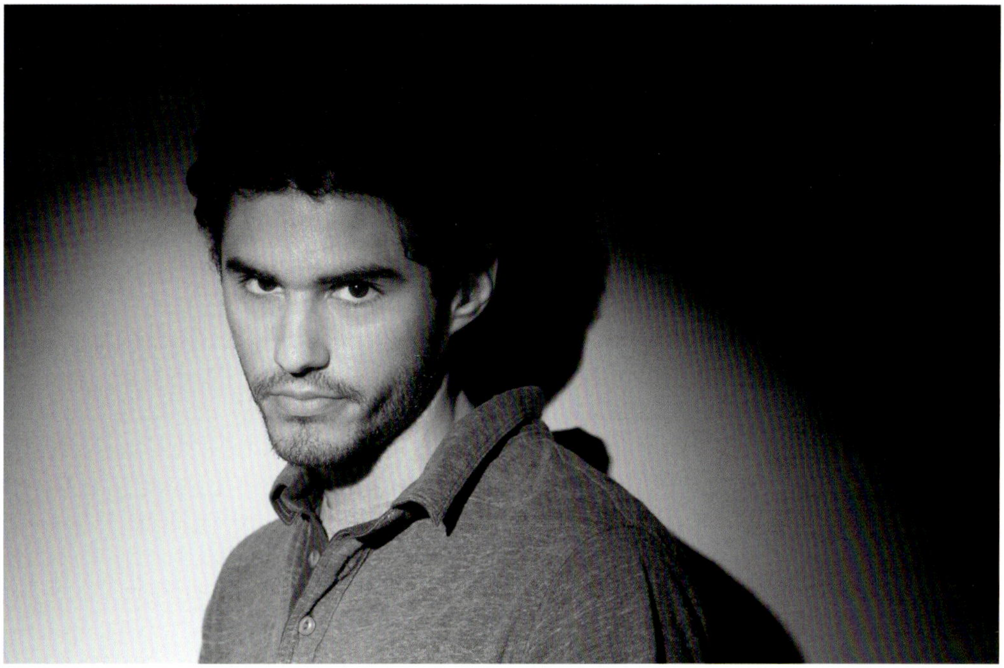

70 mm	f5,6
1/160 s	ISO 200

Bei Porträtaufnahmen erzeugt der Zoomreflektor in der Teleeinstellung ein akzentuiertes Licht, das sich gut als Gestaltungsmittel einsetzen lässt. Hier wurde der obere Bildteil mit einem Rahmen aus Pappe abgeschattet.

Einstellungen	Effekt	Aufnahme
Zoomreflektor: 20 mm Blitzleistung: 1/4	Wird die Blitzleistung erhöht, lässt sich die Figur gleich hell ausleuchten wie im ersten Bild. Der Schatten ist aber heller und weist eine schärfere Konturierung auf. Mit der TTL-Blitzsteuerung wäre automatisch ein ähnliches Bild entstanden, da die Lichtmenge angepasst worden wäre.	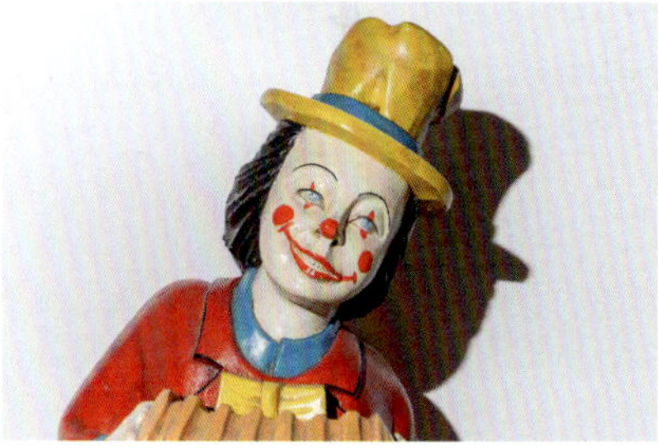
Zoomreflektor: 20 mm Blitzleistung: 1/16 halber Abstand zwischen Blitz und Motiv	Eine stärkere Aufhellung kann auch durch Verkürzen des Abstandes zwischen Blitz und Motiv erzielt werden. Der Schatten wird dann aber größer und steht hier in einem gewissen Missverhältnis zum Kopf der Figur. Er läuft unten aus dem Bild heraus, wirkt zu breit und zu massiv.	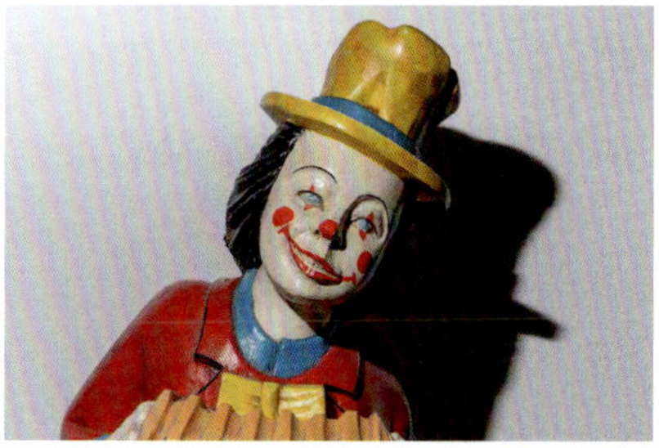

Praxis: Rote Augen vermeiden

Ein klassisches Phänomen beim Blitzen von Personen sind die roten Vampiraugen, die in der Vergangenheit schon so manches Porträt verunstaltet haben. Der Grund für dieses Phänomen liegt in der stark durchbluteten Netzhaut des Auges. Bei wenig Licht sind die Pupillen weit geöffnet, und das sich spontan entladende Blitzlicht hellt die im Hintergrund befindliche Netzhaut so weit auf, dass sie die Pupille blutrot aufleuchten lässt. Heutzutage ist das aber kein Problem mehr, denn es gibt allerlei Hilfsmittel und Funktionen, mit denen sich dieses Phänomen verhindern oder korrigieren lässt.

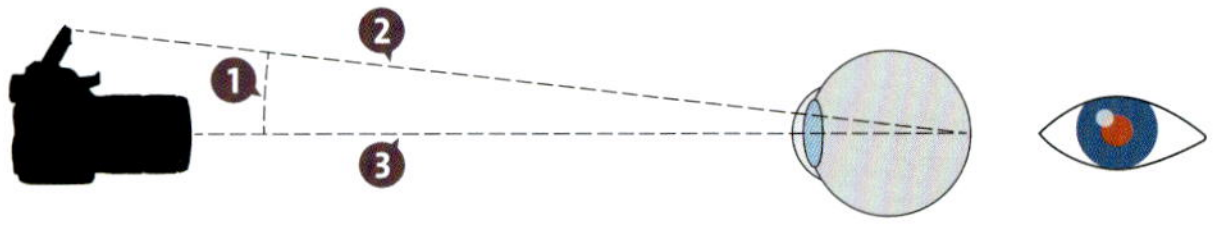

Ist der Winkel ❶ zwischen der optischen Achse ❸ und dem ausgesendeten Blitzlicht ❷ sehr klein, entstehen rote Netzhautreflexionen.

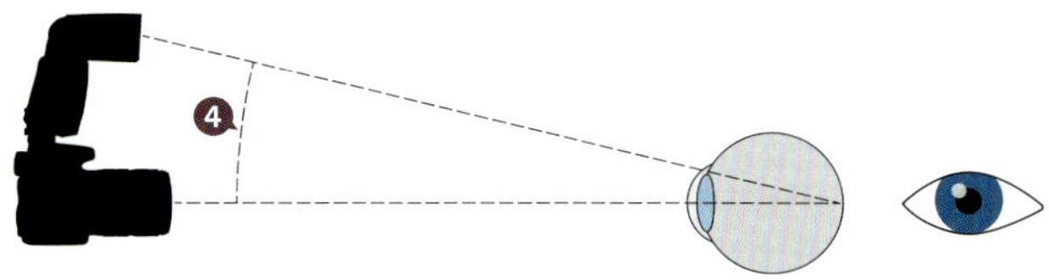

Vergrößert sich der Winkel ❹, fällt das Licht schräger in das Auge, wird schräger von der Netzhaut zurückgeworfen und ist daher nicht mehr im Bild zu sehen.

Rote Augen mit dem Kamerablitz

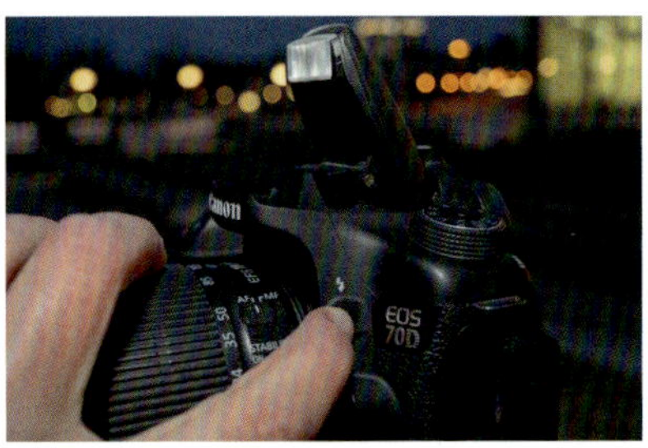

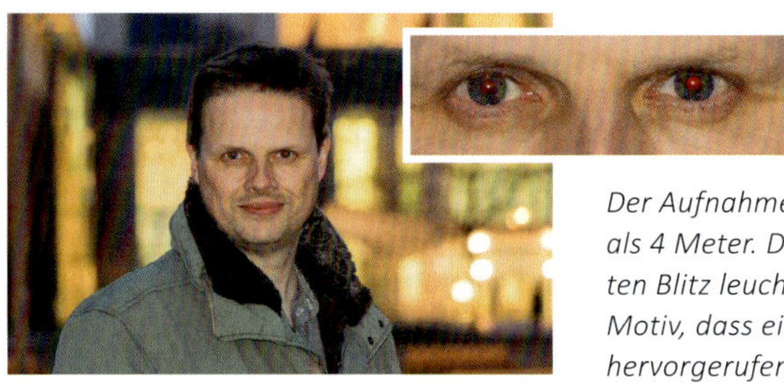

Der Aufnahmeabstand betrug hier mehr als 4 Meter. Das Licht aus dem integrierten Blitz leuchtete daher so flach auf das Motiv, dass eine starke Netzhautreflexion hervorgerufen wurde.

Kamerafunktion zur Rote-Augen-Reduktion

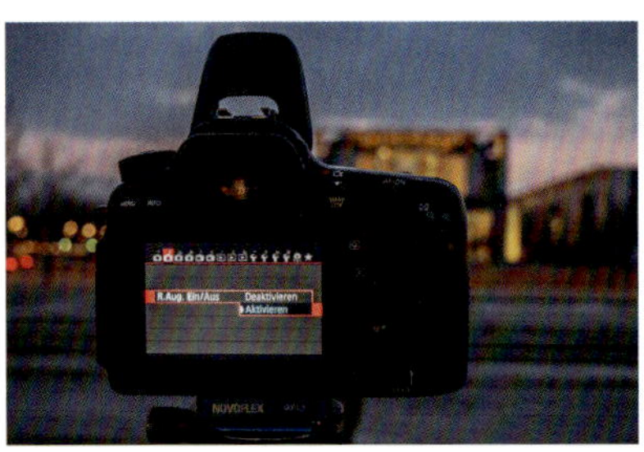

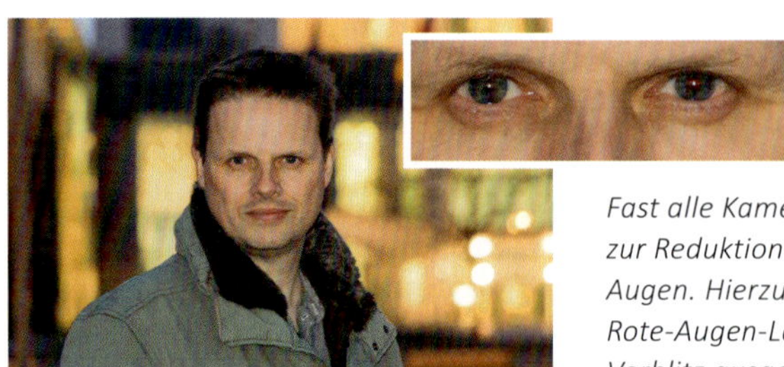

Fast alle Kameras besitzen eine Funktion zur Reduktion der roten Reflexion in den Augen. Hierzu wird vor dem Auslösen eine Rote-Augen-Lampe eingeschaltet oder ein Vorblitz ausgelöst, was ein Zusammenziehen der Pupille und damit eine Reduktion der roten Augen bewirkt.

Korrektur in der Kamera

Einige Kameras haben ein Programm zur Nachbearbeitung von roten Augenreflexionen. Dazu wird das Bild aus der Wiedergabeansicht heraus kameraintern bearbeitet. Manche Kameras können eine solche Bearbeitung auch schon direkt bei der Aufnahme anwenden. In beiden Fällen ist die Korrektur der roten Augen aber nicht immer zuverlässig. Manchmal werden die roten Pupillen nicht erkannt, weil die Augen im Bild zu klein sind. Es besteht auch die Gefahr, dass versehentlich andere rote Bildpunkte schwarz eingefärbt werden. Auch funktioniert diese Bearbeitung oft nur, wenn das Bild mit dem Gesichtserkennungsautofokus aufgenommen wurde.

Nachträgliches Entfernen

Rote Pupillen lassen sich auch problemlos in der Bildnachbearbeitung entfernen. Alle einschlägigen Programme besitzen entsprechende Funktionen. Hier haben wir mit Photoshop Elements das bildlinke Auge bereits korrigiert. Das rechte ist mit dem Werkzeugrahmen ausgewählt. Mit Reglern zum Anpassen von Pupillenhelligkeit und -durchmesser lässt sich ein besonders natürliches Ergebnis erzielen.

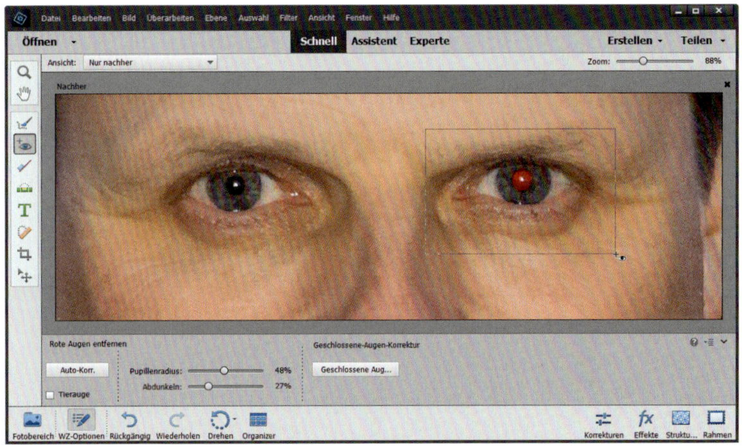

Verkürzen des Abstandes zu den Augen

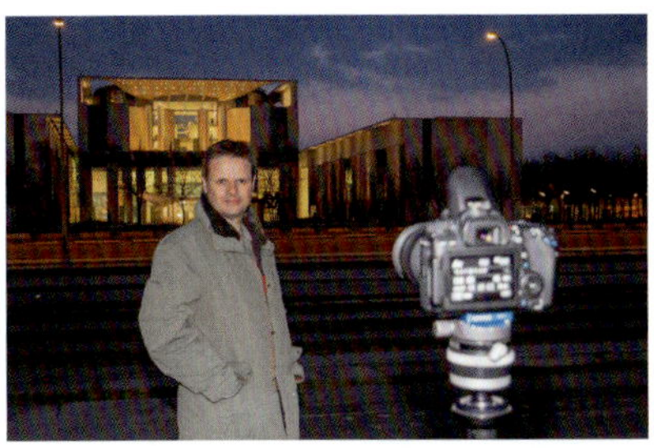

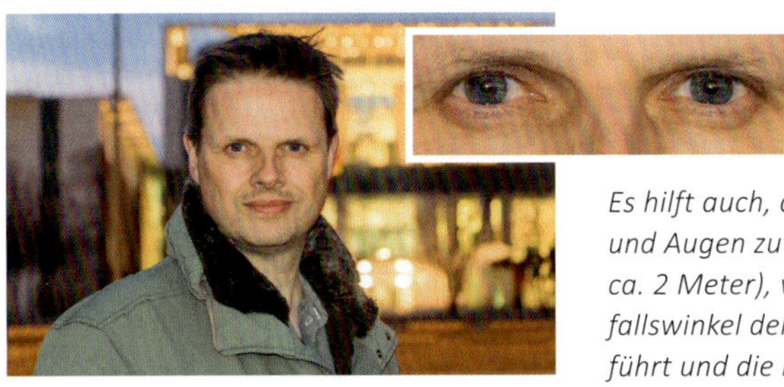

Es hilft auch, den Abstand zwischen Blitz und Augen zu verkürzen (hier von 4 auf ca. 2 Meter), was zu einem steileren Einfallswinkel der Blitzstrahlen in die Pupille führt und die roten Augen verhindert.

Rote Augen vermeiden mit dem Systemblitzgerät

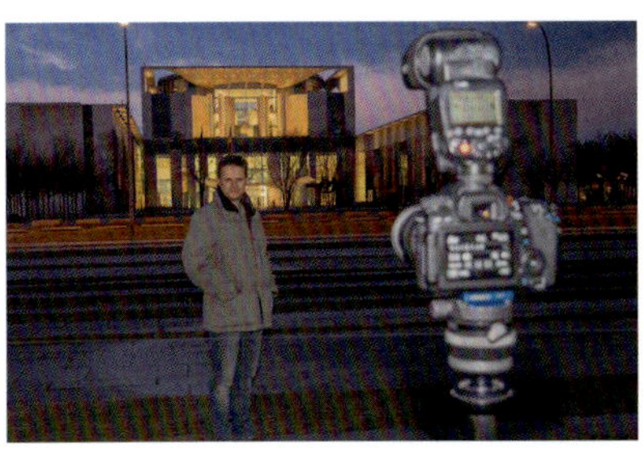

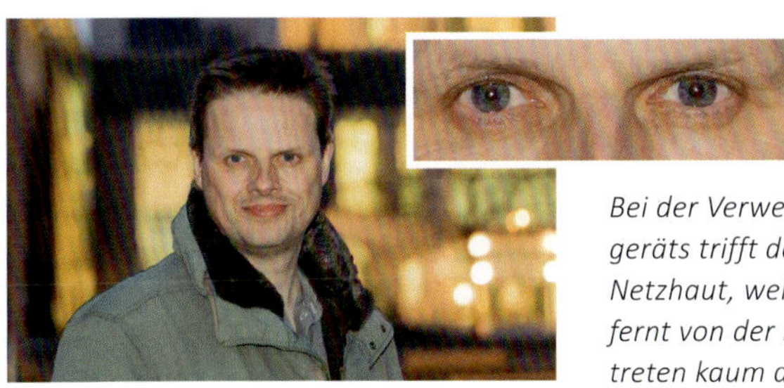

Bei der Verwendung eines Systemblitzgeräts trifft das Licht schräger auf die Netzhaut, weil der Blitzkopf weiter entfernt von der Bildachse liegt. Rote Augen treten kaum auf. Das Bild wurde mit dem gleichen Abstand aufgenommen wie die ersten beiden.

Projekt: Indirekt blitzen

Beim direkten Blitzen entstehen oft dunkle Schatten mit harten Kanten und heftigen Reflexionen. Wenn Sie indirekt blitzen, also z. B. Decken und Wände wie Reflektoren nutzen, erhalten Sie eine gleichmäßigere Ausleuchtung des Motivs. Dafür wird der Blitzkopf eines Systemblitzgeräts gedreht, und das Licht wird nach dem Prinzip »Einfallswinkel gleich Ausfallswinkel« auf das Motiv geworfen. Durch das gestreute Licht wirken die Schatten weicher, der Kontrast wird dezenter und das Bild insgesamt harmonischer.

Partygetränke zum Leuchten bringen

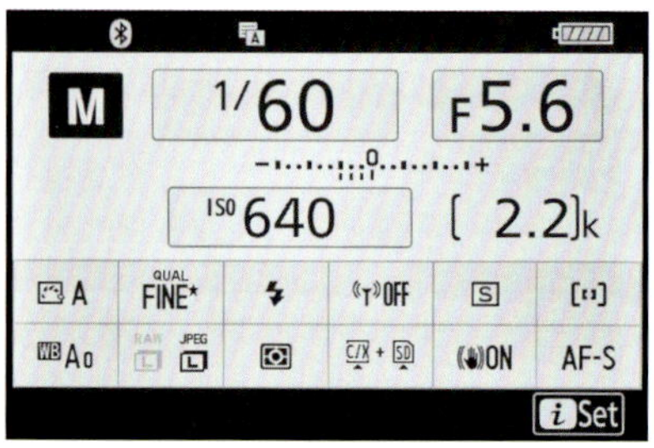

1 Manuelle Belichtung
Für verwacklungsfreie Fotos der Partygläser sollte die Belichtungszeit ausreichend kurz, die Schärfentiefe aber etwas erhöht sein. Daher entschieden wir uns für die manuelle Belichtung (M) mit Blende f5,6 bei 1/60 s.

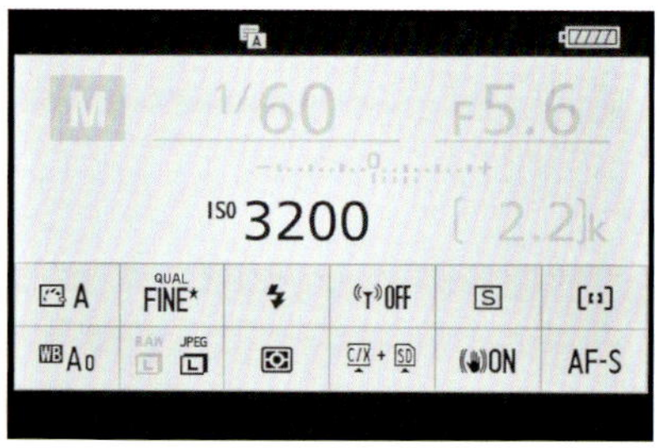

2 ISO-Anpassung
Der Raum war schwach beleuchtet und die Decke dunkel. Daher war zu erwarten, dass nur ein geringer Anteil des Blitzlichts reflektiert wird. Um die Reichweite des indirekten Blitzlichts zu erhöhen, mussten wir den ISO-Wert auf 3200 anheben.

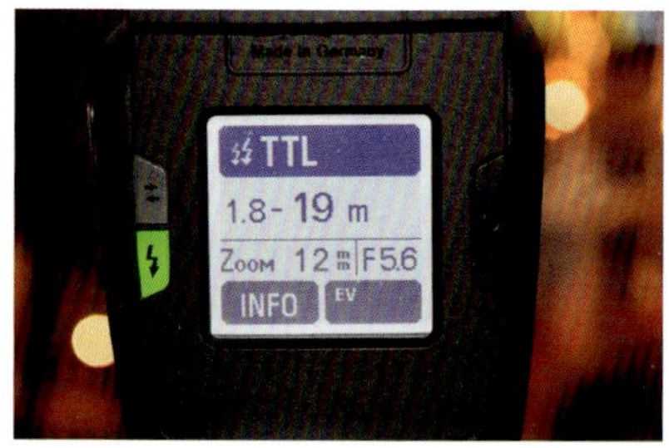

3 TTL-Automatik
Am Systemblitzgerät haben wir die TTL-Automatik eingestellt, die in Interaktion mit der Kamerabelichtungsmessung die Blitzlichtmenge automatisch regelt. Dadurch blieben wir auch flexibel in der Auswahl des Aufnahmeabstandes.

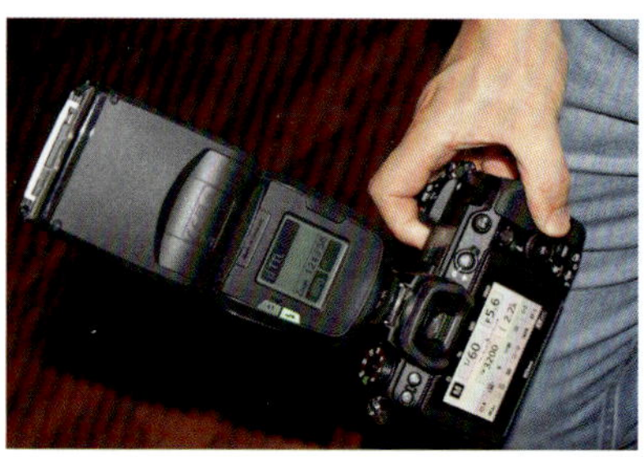

4 Den Blitzkopf ausrichten
Viele Systemblitzgeräte haben einen vertikal und horizontal drehbaren Blitzkopf. Hier drehten wir ihn um 90 Grad nach oben und haben so über die Decke geblitzt.

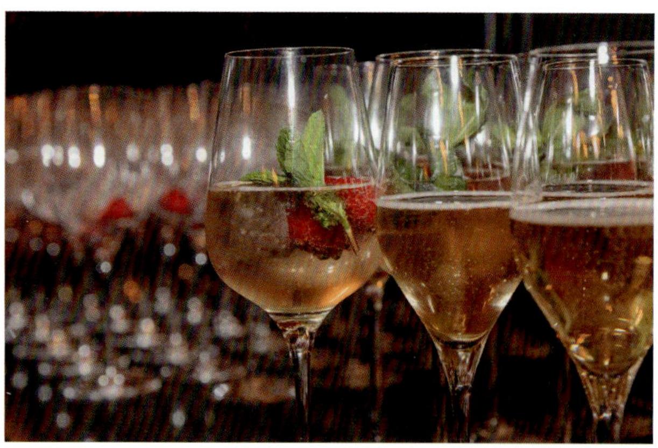

Das direkte Blitzlicht reflektiert unschön in den Gläsern. Außerdem wirkt die Beleuchtung hart und der Hintergrund ist sehr dunkel.

Weitwinkelstreuscheibe

Viele Blitzgeräte besitzen am Blitzkopf eine ausziehbare Weitwinkelstreuscheibe, die vor den Blitz geklappt wird. Das Licht wird dadurch stärker in die Breite gestreut, sodass ein wenig mehr direktes Licht auf das Motiv trifft. Dadurch werden bei indirekt geblitzten Porträts dunkle Augenschatten besser aufgehellt. Mit einer herausgezogenen Catchlight-Scheibe lässt sich dieser Effekt noch verstärken. Steht die Person jedoch dicht vor einer Wand, entstehen dann auch wieder stärkere Schlagschatten.

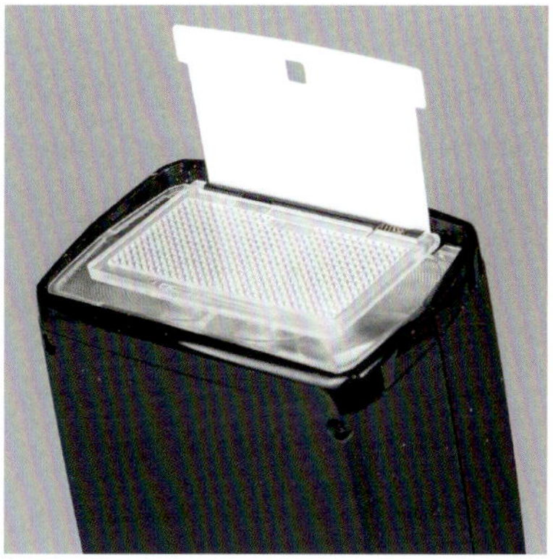

Blitzkopf mit ausgeklappter Weitwinkelstreuscheibe und ausgezogener Catchlight-Scheibe

Das Ergebnisbild

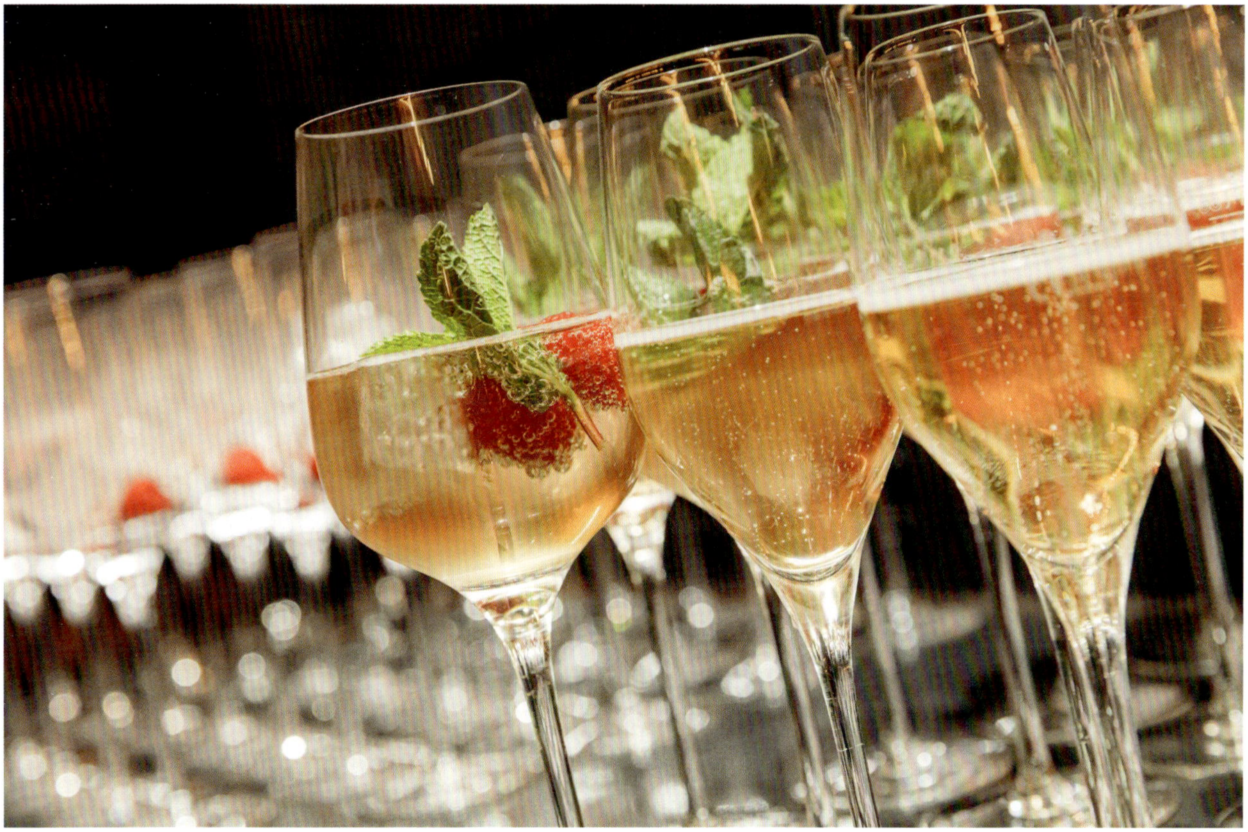

Das indirekt über die Decke gestreute Blitzlicht lässt die Getränke leuchten, harte Reflexionen verschwinden und die Kontraste ausgewogener erscheinen.

Brennweite	Blende	Zeit	ISO
61 mm	f5,6	1/60 s	3200

Projekt: Entfesselt blitzen mit dem Systemblitz

Manche Motive wirken am besten, wenn sie nicht von vorne, sondern aus einer anderen Richtung ausgeleuchtet werden. Dies lässt sich mit Systemblitzgeräten bewerkstelligen, wenn sie ferngesteuert im sogenannten *entfesselten Modus* betrieben werden. Ebenso ist es damit möglich, den Blitz nahe am Motiv zu platzieren, auch wenn Sie als Fotograf selbst etwas weiter weg stehen. Es gibt verschiedene Methoden, mit denen Systemblitzgeräte aus der Ferne ausgelöst werden können, beispielsweise per Infrarot oder per Funk. Dabei ist ein Blitz oder Transmitter als Signalgeber an der Kamera montiert (Master), und eines oder mehrere entfesselte Blitzgeräte können damit ferngesteuert werden (Remote).

Entfesselt blitzen in der Praxis

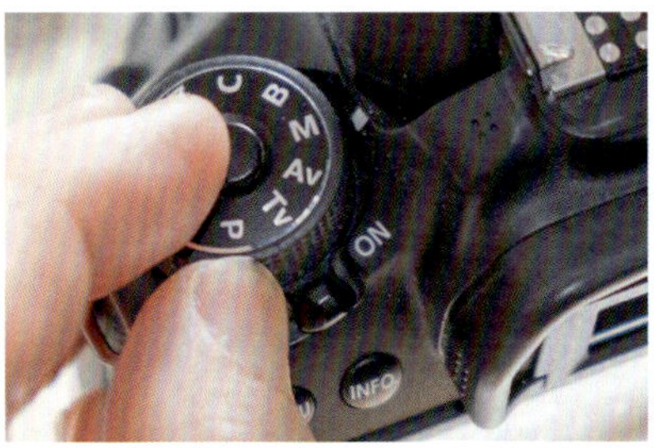

1 Modus wählen

Wählen Sie das manuelle Belichtungsprogramm (M). So können Sie die Grundhelligkeit des Bildes perfekt anpassen. Die eingestellten Werte verändern sich dann auch nicht automatisch.

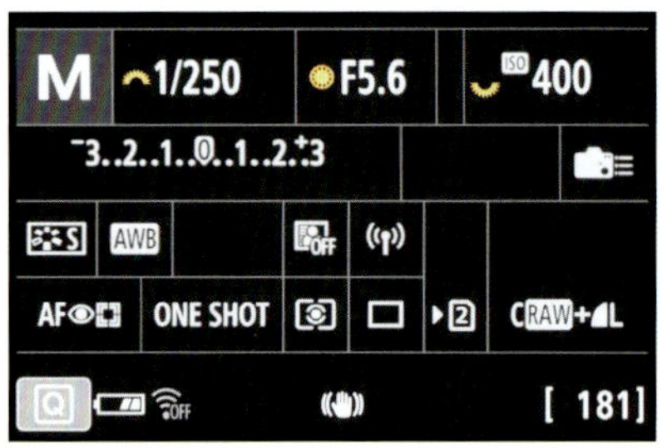

2 Belichtung einstellen

Stellen Sie die Grundhelligkeit mittels Blende, Belichtungszeit und ISO-Wert ein. Je dunkler das Bild ohne Blitz wird, ablesbar an der Belichtungsskala, desto stärker wird der Blitzeffekt sichtbar.

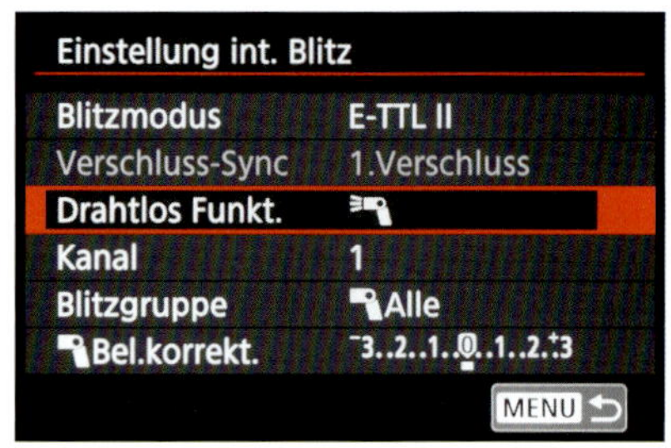

3 Drahtlosmodus, intern

Nutzen Sie den integrierten Blitz zum drahtlosen Auslösen des entfesselten Systemblitzes. Wählen Sie ggf. auch den Modus, in dem der integrierte Blitz lediglich als Auslöser dient, selbst aber nicht leuchtet.

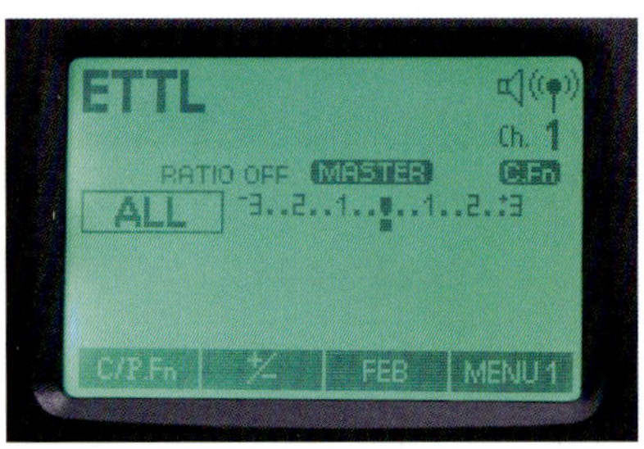

4 Drahtlosmodus, extern

Bei Kameras ohne integrierte Drahtlosfunktion muss ein sogenannter *Master-Blitz* oder *Transmitter* an der Kamera angebracht werden. Wählen Sie anschließend die automatische (TTL) oder manuelle Blitzsteuerung. Letztere liefert konsistentere Ergebnisse, bei TTL können Schwankungen auftreten.

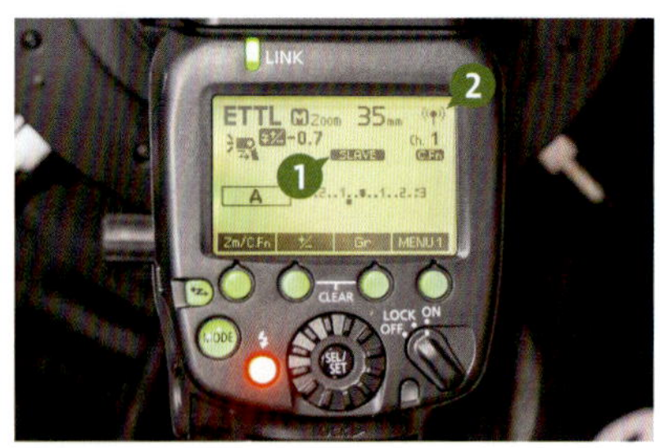

5 Entfesselter Blitz

Aktivieren Sie die Remote-Funktion ❶ (hier für Funksteuerung ❷). Bringen Sie für schöneres Licht eine Softbox oder einen Reflexschirm an.

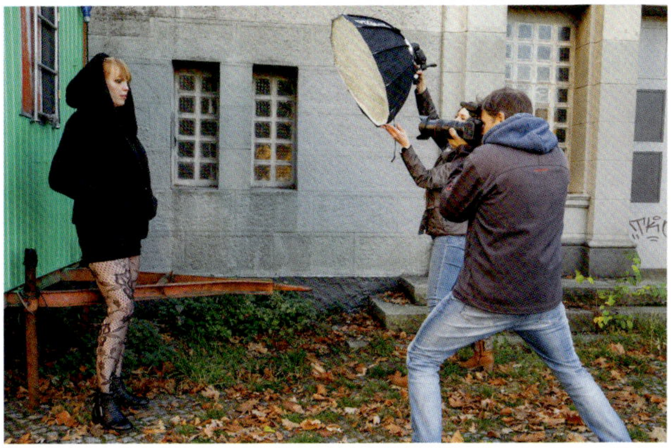

6 Den Blitz positionieren

Nun sind Sie bereit für die Aufnahme. Stellen Sie den entfesselten Blitz auf einem Lampenstativ an der gewünschten Position auf, oder bitten Sie eine zweite Person, ihn dort zu halten. Probieren Sie verschiedene Winkel und Abstände zwischen Blitz und Model aus, um den Schattenwurf durch den Blitz zu variieren. Bei der TTL-Steuerung wird die Blitzlichtmenge automatisch angepasst, was hier mit einer Blitzbelichtungskorrektur von −2/3 gut funktionierte. Im manuellen Blitzmodus müssen Sie bei Abstandsänderungen gegebenenfalls die Blitzleistung nachregulieren. Experimentieren Sie!

Das Ergebnisbild

Porträt im Freien mit einem entfesselten Blitz. Die Softbox (SMDV Speedbox-70) erzeugt weiches Licht und runde Reflexionen in den Augen. Die gewählte Brennweite sorgt für natürliche Proportionen und die Blende für einen guten Mix aus scharfem Hauptmotiv und unscharf auslaufendem Hintergrund.

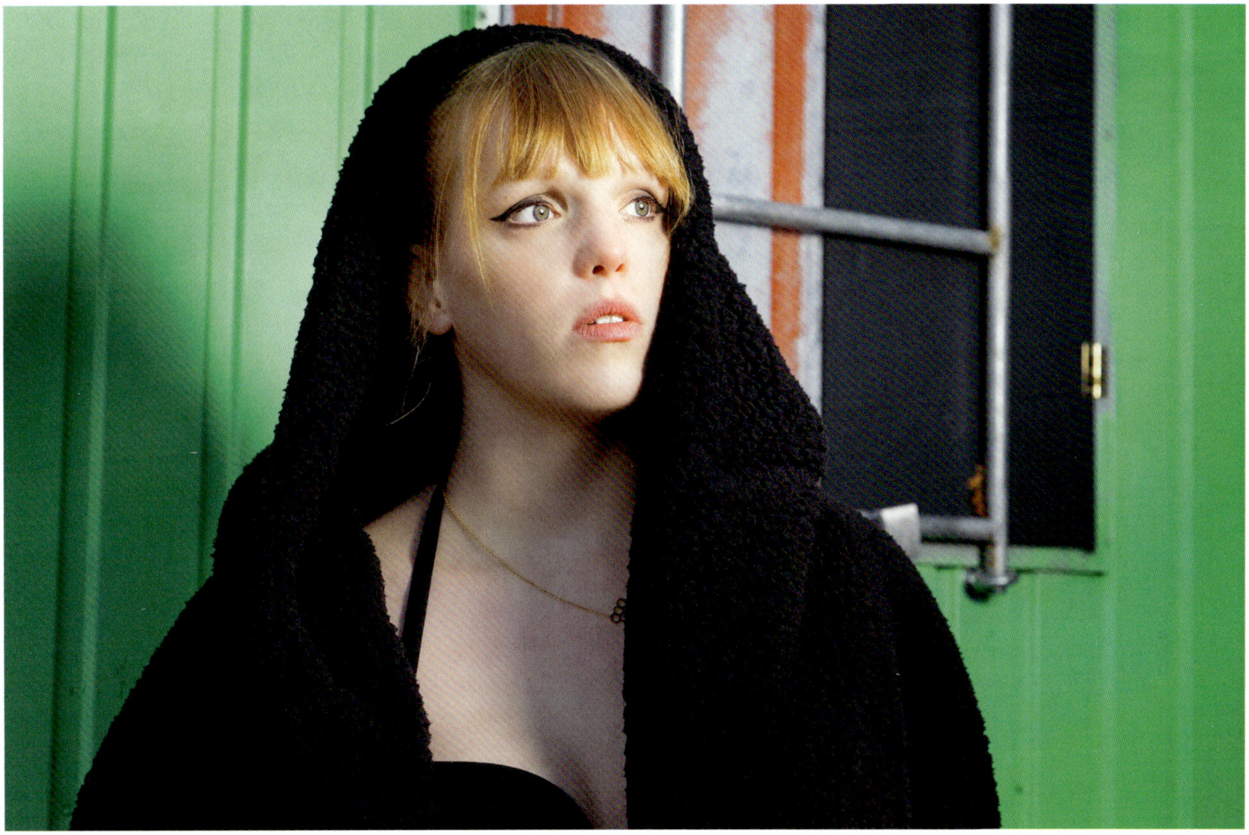

Brennweite	Blende	Zeit	ISO
61 mm	f 5,6	1/250 s	400

Wissen: Blitzlicht und Belichtungszeit

Wenn Sie die natürliche Lichtstimmung einer Szene beibehalten wollen, gleichzeitig die Schatten aber mit dem Blitz aufhellen möchten, kommt der Belichtungszeit eine wichtige Rolle zu. Mit längeren Belichtungszeiten können Sie bei wenig Umgebungslicht eine schönere Stimmung ins Bild bringen. Ist die Umgebung sehr hell und kommen auch noch Bewegungen ins Spiel, liegt der Schwerpunkt auf kurzen Belichtungszeiten. Das lässt sich in der Praxis zum Glück alles leicht umsetzen.

Langzeitsynchronisation

Wenn Sie Aufnahmen bei wenig Licht machen und ein Blitzgerät verwenden, werden Sie schnell feststellen, dass der Blitz zwar das Motiv erhellt, der Hintergrund aber häufig ins Dunkle abgleitet und mangels ausreichender Beleuchtung nur sehr schlecht zu erkennen ist. In solch einem Fall gibt es zwei Lösungen für bessere Bilder: Entweder Sie verlängern manuell die Belichtungszeit (Modus S/Tv oder M), oder Sie aktivieren den Blitzmodus *Langzeitsynchronisation* in den Modi A/Av oder P. Dadurch wird der Hintergrund heller abgebildet, während der Blitz für eine gute Ausleuchtung des Vordergrundmotivs sorgt. Verwenden Sie für solche Aufnahmen wenn möglich ein Stativ, denn bei der Langzeitsynchronisation kann die Belichtungszeit je nach Hintergrundhelligkeit auf mehrere Sekunden ansteigen.

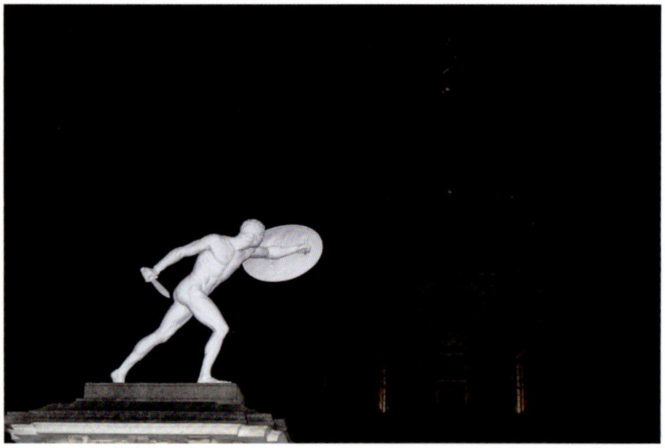

Die Statue im Vordergrund ist durch den Blitz gut aufgehellt, aber der Hintergrund wurde bei einer Belichtungszeit von 1/60s völlig unterbelichtet.

70mm	f4
1/60s	ISO 100

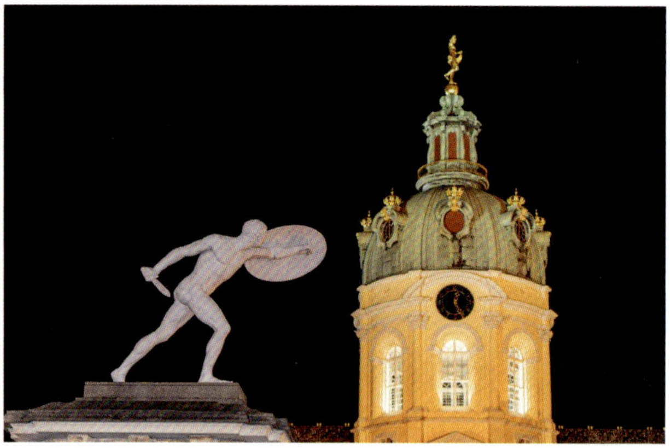

Durch die verlängerte Belichtungszeit von 4s bei gleichbleibendem Blenden- und ISO-Wert, erreicht durch Umschalten auf den Blitzmodus Langzeitsynchronisation, ist der Hintergrund hell, und das Bild wirkt natürlicher.

70mm	f4
4s	ISO 100

Kurzzeitsynchronisation

Die Kurzzeitsynchronisation macht es möglich, mit kurzen Belichtungszeiten zu blitzen. Damit können Sie Motive in heller Umgebung mit offener Blende freistellen und gleichzeitig mit dem Blitz eine adäquate Schattenaufhellung bewirken. Oder denken Sie an die Blitzaufhellung bei schnell bewegten Motiven, die nur mit kurzen Belichtungszeiten scharf abgebildet werden können. Die Fähigkeit zur Kurzzeitsynchronisation besitzen aber nur bestimmte Systemblitzgeräte, mit den kamerainternen Blitzen ist das normalerweise nicht möglich. Außerdem sinkt die Reichweite, daher ist diese Methode nur sinnvoll, wenn sich die Objekte relativ dicht vor der Kamera befinden.

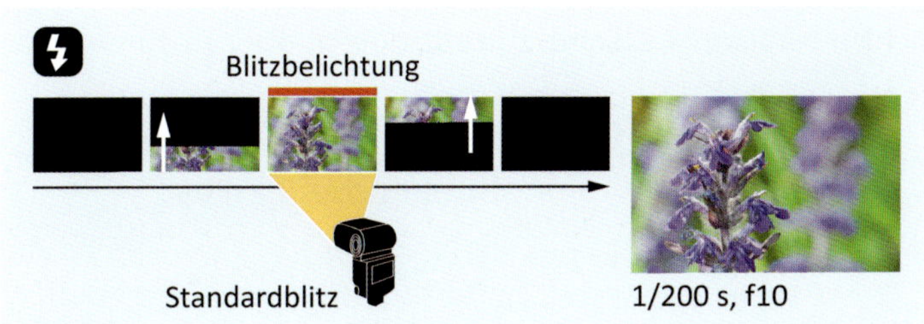

Der Standardblitz erlaubt Belichtungszeiten bis zur Blitzsynchronzeit (hier 1/200s) – mit der Konsequenz, dass in heller Umgebung der Hintergrund schärfer aussieht bzw. schnelle Bewegungen nicht optimal scharf abgebildet werden können.

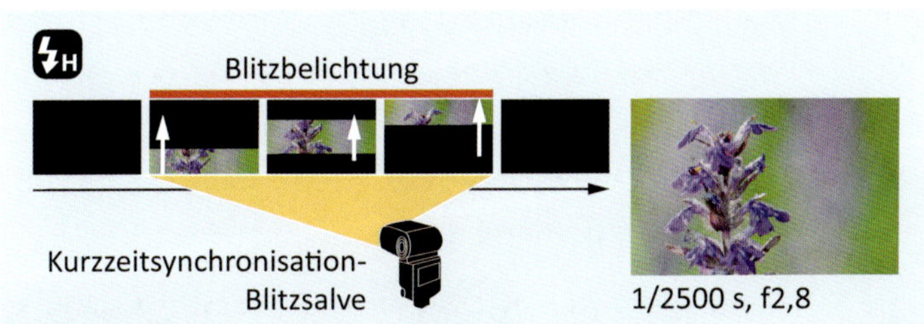

Die Kurzzeitsynchronisation ermöglicht kurze Belichtungszeiten. Damit lassen sich Objekte in heller Umgebung besser freistellen und Bewegungen schärfer einfangen.

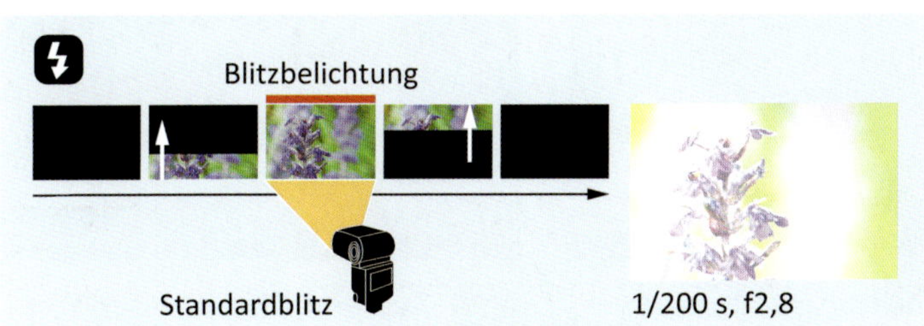

Eine starke Überbelichtung entsteht, wenn ohne Kurzzeitsynchronisation mit offener Blende in heller Umgebung geblitzt wird. Die Blende müsste, wie im ersten Bild zu sehen, erhöht werden, um dem zu entgehen.

Was passiert bei der Kurzzeitsynchronisation?

Bei der Kurzzeit- oder High-Speed-Synchronisation (HSS) löst der Blitz während der gesamten Belichtung Lichtimpulse aus. Das ist notwendig, weil der Schlitzverschluss, der den Sensor für die Belichtung freilegt, bei kurzen Belichtungszeiten schlitzförmig über den Sensorbereich fährt. Würde nur ein kurzer Blitzimpuls abgefeuert, käme ein teilbelichtetes Bild dabei heraus. Blitzgeräte ohne HSS-Funktion können nur einmal während der Belichtung blitzen. Damit das gesamte Bild belichtet wird, muss der Schlitzverschluss exakt zu diesem Zeitpunkt den Sensor vollständig freilegen und dafür ganz geöffnet werden. Daher stellt die Kamera automatisch die sogenannte *Blitzsynchronzeit* ein, die meist bei 1/200s oder 1/250s liegt.

Projekt: Kreative Eventfotografie

Um bei Abendveranstaltungen neben typischen Porträtaufnahmen der Gäste auch extravagante Bilder mit coolen Lichteffekten zu schießen, spielen wir beim Blitzen gerne etwas mit der Belichtungszeit. Die grundlegende Technik ist dabei, bei wenig Licht Personen im Vordergrund in erster Linie durch den Blitz aufzuhellen (aber nicht »totzublitzen«) und gleichzeitig eine relativ lange Belichtungszeit zu verwenden, die dafür sorgt, dass die Lichter und Personen im Hintergrund verwischt abgebildet werden. Bei Partys und Abendveranstaltungen wird aus der Hand fotografiert, um flexibel und beweglich zu bleiben. Gerade für »flashige« Lichteffekte ist das keine schlechte Wahl. Die Wischeffekte können Sie noch verstärken, indem Sie die Kamera während des Belichtens bewusst bewegen. Ihrer Kreativität sind da kaum Grenzen gesetzt. Sie werden sicher auch einigen Ausschuss produzieren, aber probieren Sie es ruhig aus, und lassen Sie sich überraschen.

Standardeinstellungen bei Partys

Als Standardeinstellung für normale Porträtaufnahmen (ohne Bewegungsunschärfe) bei Abendveranstaltungen mit wenig Licht verwenden wir übrigens im manuellen Modus (M) eine Zeit von 1/60 s bei einem Blendenwert von f4 und ISO 3200.

Eventfotografie mit Systemblitz

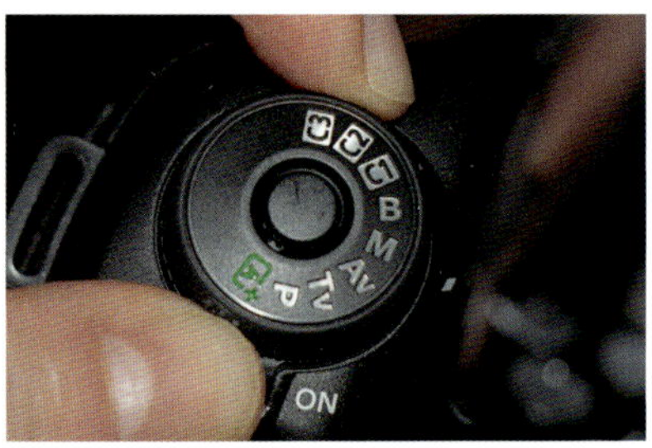

1 Manuellen Modus einstellen

Um alle Parameter frei wählen zu können, empfehlen wir den manuellen Modus (M). So haben Sie die volle Kontrolle über alle Kameraeinstellungen und verhindern zugleich, dass die Kameraautomatik Einstellungen vornimmt, die Ihren kreativen Vorstellungen widersprechen.

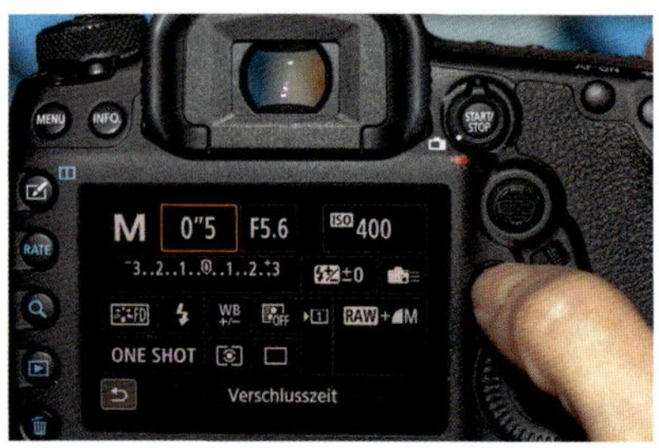

2 Belichtungsparameter wählen

Als Belichtungsparameter wählen wir eine relativ lange Belichtungszeit (hier 0,5 s), um schöne Lichteffekte generieren zu können, einen mittleren Blendenwert von f5,6, um auch die Gesichter leicht versetzt stehender Personen scharf abzubilden, und einen ISO-Wert von 400.

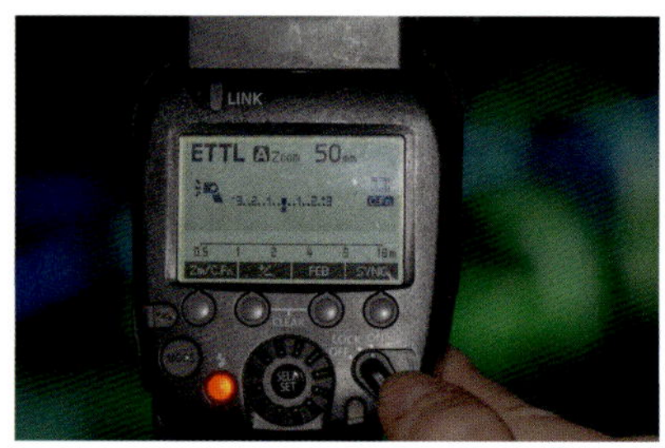

3 Systemblitz aktivieren

Auch wenn die Grundbelichtung (Zeit, Blende, ISO-Wert) manuell vorgegeben ist, soll der Blitz flexibel bleiben. Bei Partys muss es oft schnell gehen, da ist es gut, wenn die Kamera die Blitzlichtmenge mittels TTL-Automatik an sich ändernde Brennweiten und Aufnahmeabstände automatisch anpassen kann.

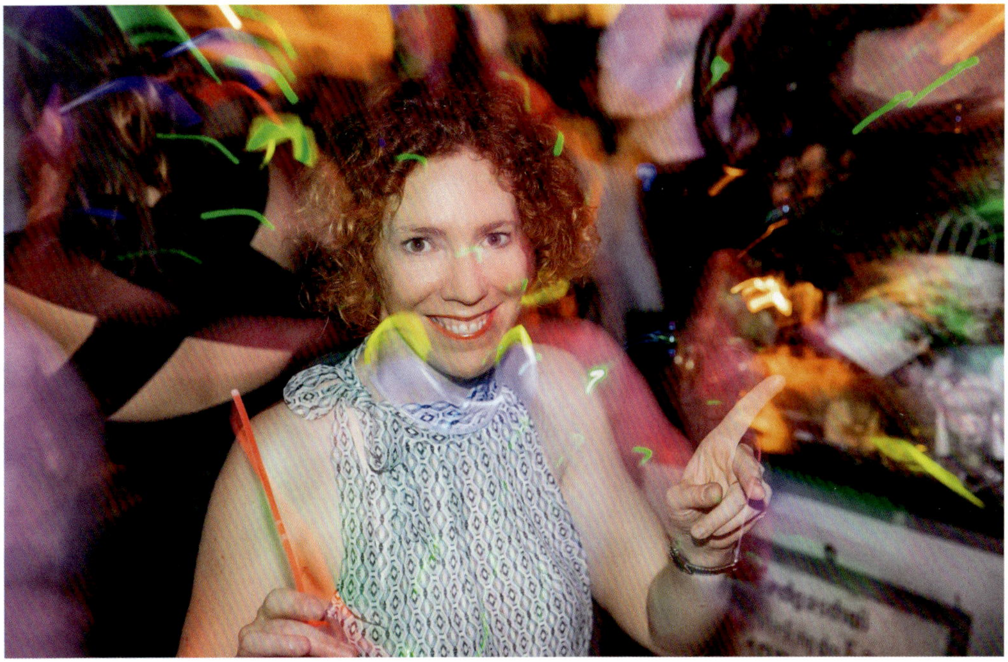

Brennweite	Blende
70 mm	f5
Belichtungszeit	**ISO**
0,2 s	3200

Mit den unten beschriebenen Einstellungen lassen sich Gesichter im Vordergrund durch das Blitzlicht scharf abbilden. Durch die längere Gesamtbelichtungszeit mit leichtem Bewegen der Kamera können Sie auch tolle Lichteffekte generieren, die den Bildern Dynamik und Partyatmosphäre verleihen.

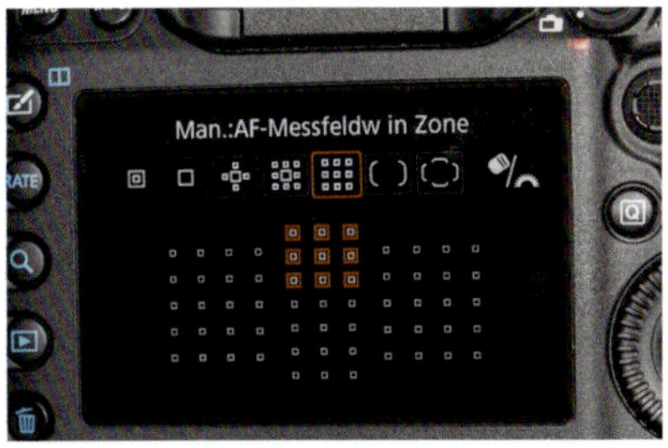

4 Messfeldzone festlegen

Mit einer sogenannten *Messfeldzone* können Personen und Köpfe im Trubel der Veranstaltung sicher scharfgestellt werden. Hier haben wir die Messfeldzone oberhalb der Bildmitte verwendet. Mit nur einem Autofokusfeld kann es in dunkler Umgebung öfter zu Fehlfokussierungen kommen.

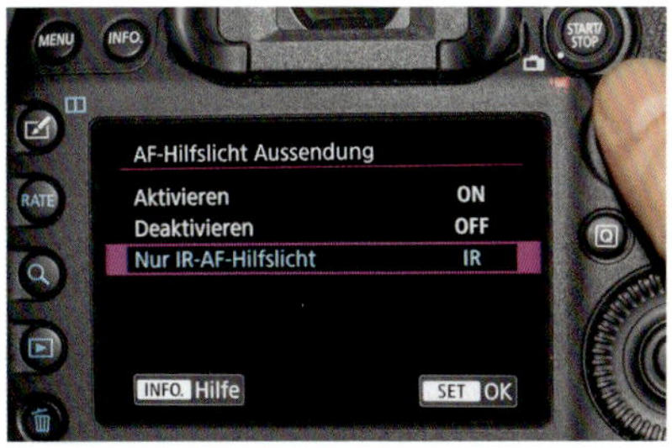

5 AF-Hilfslicht aktivieren

Schalten Sie das AF-Hilfslicht ein, um den Autofokus zu unterstützen. Verwenden Sie je nach Systemblitz das Infrarot- oder LED-Hilfslicht oder auch nur die AF-Hilfslichtlampe der Kamera. Die Vorblitzfunktion, die viele integrierte Blitze als Hilfslicht nutzen, würde die Partygäste unnötig stören.

Zweiten Modus speichern

Bei den meisten Kameras können Sie Einstellungen für individuelle Programme (C = *Custom*) abspeichern. Das nutzen wir gerne, um Belichtungseinstellungen für Hintergrund- und Lichteffekte abzuspeichern, zusätzlich zu den Standardeinstellungen für Gästeporträts. In der Aufnahmesituation können Sie dann schnell und unkompliziert zwischen dem aktuell eingestellten Programm, z. B. M, und dem gespeicherten Modus wechseln.

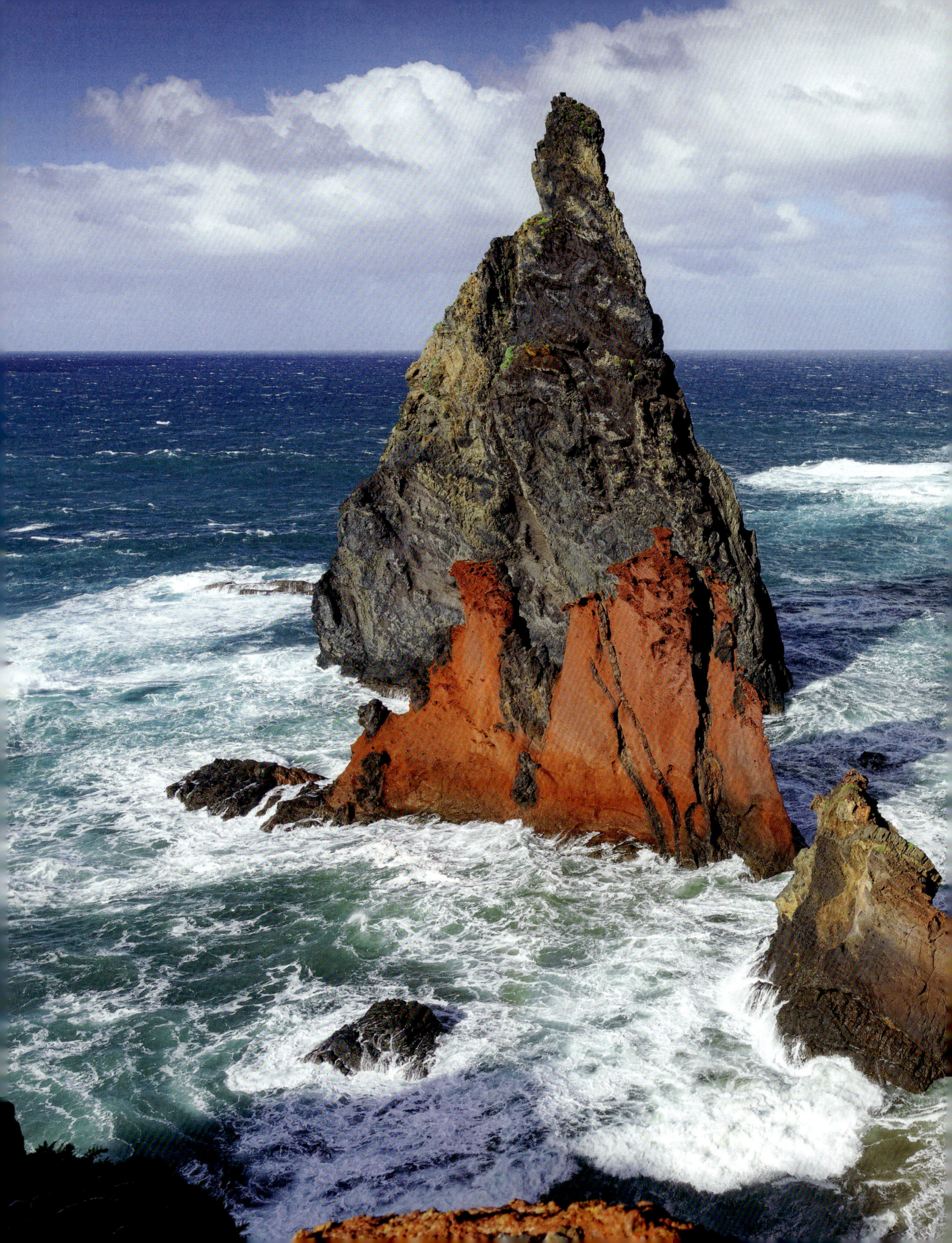

Kapitel 6

Richtig gut fotografieren

Porträt, Landschaft, Tiere, Makro – an fotografischen Themengebieten herrscht wahrlich kein Mangel, und jedes von ihnen hat seinen ganz eigenen Reiz. Mit den Grundlagen, die Sie aus den vorherigen Kapiteln mitgenommen haben, können Sie sich nun nach Herzenslust auf Ihre Lieblingsgebiete stürzen. Einige dafür hilfreiche Grundlagen haben wir in diesem Kapitel zusammengestellt.

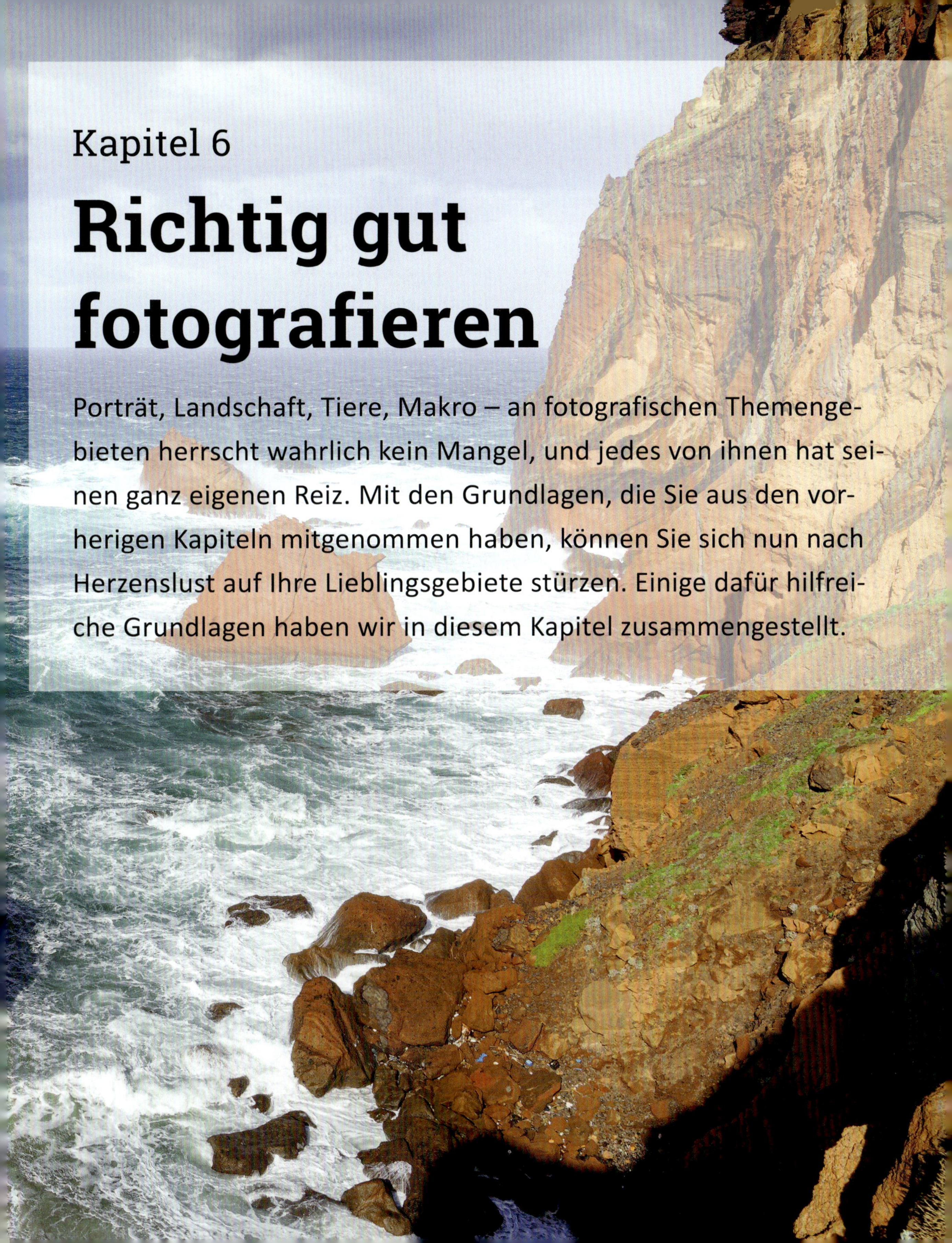

Wissen: Porträtfotografie

Die persönlichste Spielart der Fotografie ist sicherlich das Aufnehmen von Menschen, also die Porträtfotografie. Hier kommt es sehr auf Ihre Interaktion mit den Personen an, die abgelichtet werden sollen. Es ist also Kooperation gefragt, denn schließlich möchte ja auch das Model ein möglichst schönes Bild mit ansprechendem Gesichtsausdruck und attraktiver Pose. Prinzipiell gibt es drei fotografische Dinge, die bestimmend für ein Porträt sind: Erstens ist das eine attraktive, schattenfreie Ausleuchtung des Gesichts, zweitens der Fokus exakt auf der Augenpartie und drittens die Freistellung der Person vor dem Hintergrund.

Beleuchtung draußen ohne Blitz

Bei Porträtaufnahmen gibt es prinzipiell zwei völlig unterschiedliche Szenarien, draußen mit natürlichem Licht oder im Studio komplett mit künstlichem Licht, das üblicherweise durch ein Blitzgerät erzeugt wird. Wenn möglich, verwenden wir draußen gar keinen Blitz, sondern nutzen lediglich das zur Verfügung stehende Sonnenlicht. Wobei wir häufig einen Reflektor verwenden, um einen Teil des Lichts auf das Model zu lenken und Schatten aufzuhellen – einen silbernen Reflektor für eine starke Aufhellung oder einen weißen für eine dezentere Wirkung. Wenn stärkere Akzente gesetzt werden sollen, verwenden wir einen entfesselten Systemblitz, für weicheres Licht mit einer Softbox oder einem Reflexschirm bestückt.

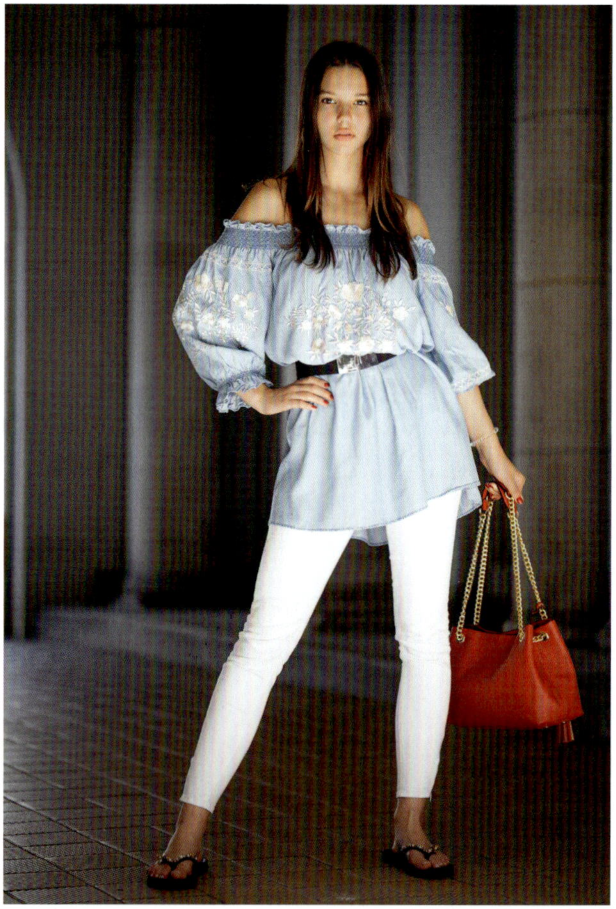

Hier wurde nur das natürliche Licht genutzt. Der Torbogen schattete das direkte Sonnenlicht ab und der hell beleuchtete Boden vor dem Tor reflektiert auf das Model, sodass es von unten indirekt beleuchtet wird. Gleichzeitig werden die Körperkonturen von hinten durch den Torbogen mit Sonnenlicht leicht gezeichnet. Dies zusammen mit der offenen Blende sorgt für eine deutliche Freistellung vor unscharfem Hintergrund.

Brennweite	Blende	Zeit	ISO
85 mm	f 1,8	1/250 s	100

Actionporträt

Probieren Sie doch mal ein Actionporträt aus, bei dem Ihr Model hochspringt oder andere »verrückte« Bewegungen durchführt. Wenn Sie das draußen machen, ist es – egal, ob mit oder ohne Blitz – wichtig, eine ausreichend kurze Belichtungszeit einzustellen, denn sonst verwischen Ihre Aufnahmen. Wir empfehlen Ihnen, mindestens 1/800s einzustellen. Wenn Sie dazu einen Blitz verwenden wollen, muss dieser die sogenannte *Kurzzeitsynchronisation* (siehe auch Seite 141) beherrschen, sonst erhalten Sie stark überbelichtete Bilder. Auch die *Reihenaufnahmefunktion* schadet nicht, denn damit erhöhen Sie die Chance auf einen richtig guten Treffer, bei dem Ihr Model eine gute Pose macht und die Augen offen sind.

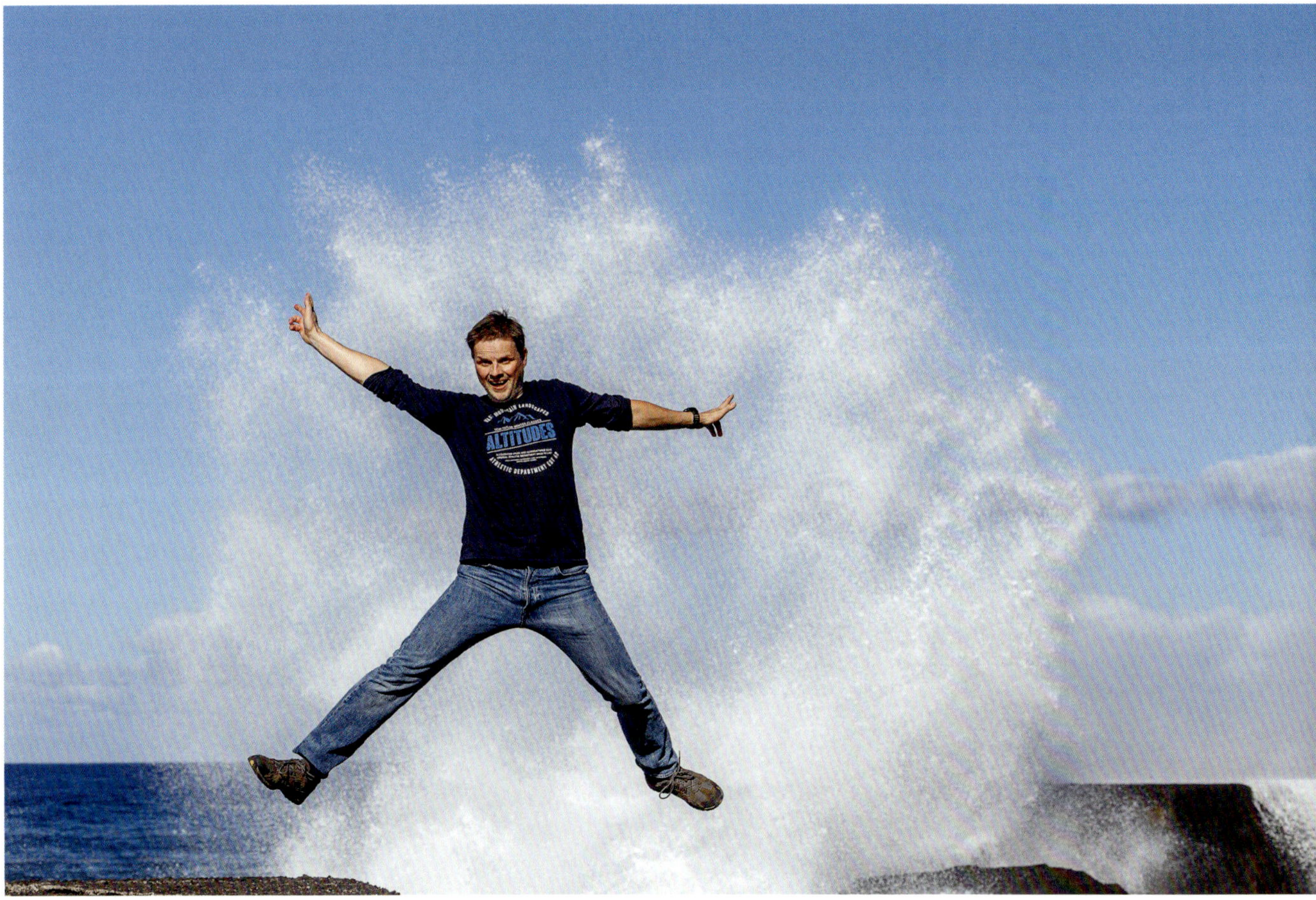

In diesem Fall wird der Springer schön vor dem sich an der Küste brechenden Wasser freigestellt. Um den spritzigen Charakter des Wassers zu erhalten, haben wir eine mittlere Blende verwendet, damit die Tropfen nicht zu sehr verwischen. Eine sehr kurze Belichtungszeit tut ein Übriges, um den Springinsfeld samt gewaltig brechender Welle einzufrieren und ein cooles Actionporträt zu generieren. Durch die Telebrennweite wird der Springer optisch näher vor das Wasser gerückt, als es tatsächlich der Fall war.

			ISO
79mm	f6,3	1/2000s	200

Hintergrundgestaltung

Wenn sich hinter dem Model unruhige Strukturen befinden, können diese mit dem Öffnen der Blende (geringer Blendenwert) verwischt und diffuser gestaltet werden. Wie schon weiter vorne im Buch auf Seite 118 erwähnt, nimmt die Schärfentiefe mit zunehmender Öffnung der Blende ab und sorgt so für einen ruhigeren Hintergrund. Je nach Motiv lassen wir es aber oft auch zu, dass ein wenig mehr Hintergrundschärfe noch eine Aussage über den Aufnahmeort zulässt, in unserem Beispiel eine Szene im architektonischen Umfeld. Lichtstarke Porträtobjektive mit 50mm oder 85–100mm lassen viel Spielraum für das Wechselspiel zwischen Vorder- und Hintergrundschärfe.

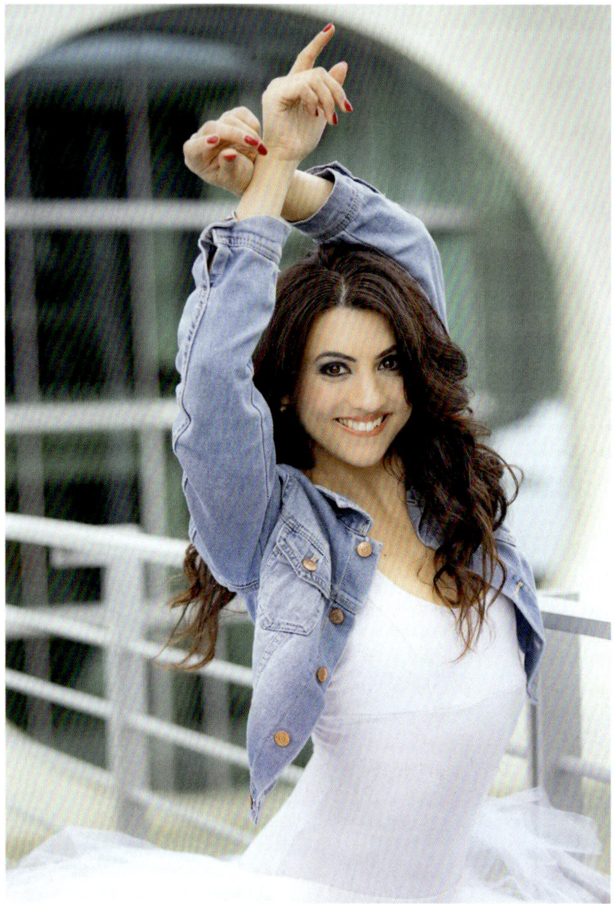

Mit relativ offener Blende und Telebrennweite ließ sich das Model deutlich vom Hintergrund abheben, obgleich das Umfeld moderner Architektur noch ersichtlich bleibt. Die kurze Belichtungszeit friert die Bewegungen ein, und ein Blitz, mit Softbox per Funk von schräg links vorn ausgelöst, sorgt für eine natürlich wirkende Schattenaufhellung.

			ISO
80mm	f3,2	1/500s	640

Lichtformer für Porträts

Ob outdoor oder indoor, mit sogenannten *Lichtformern* können Sie die Lichtqualität aus dem entfesselten Blitz verbessern. *Reflexschirme* (links) sind günstig und liefern ein weiches Licht, aber mit höherem Streulichtanteil zu den Seiten. *Softboxen* und *Oktaboxen* (rechts) erzeugen ein weiches, gleichmäßiges und gerichtetes Licht. Sogenannte *Beauty-Dishes* bringen ein kontrastreiches und zugleich weiches Licht ins Bild, sie eignen sich für etwas kontrastreichere Porträtaufnahmen.

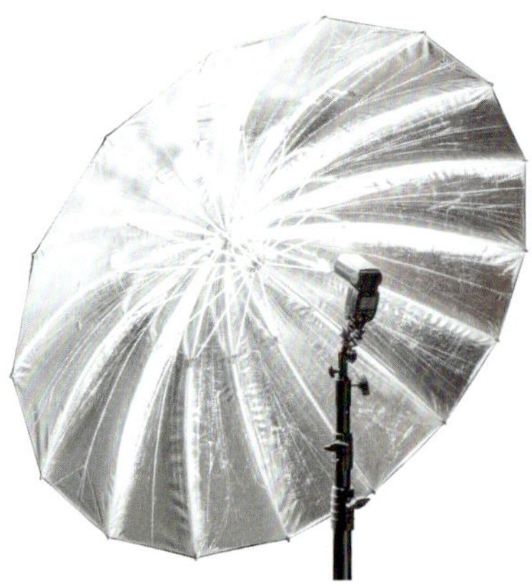

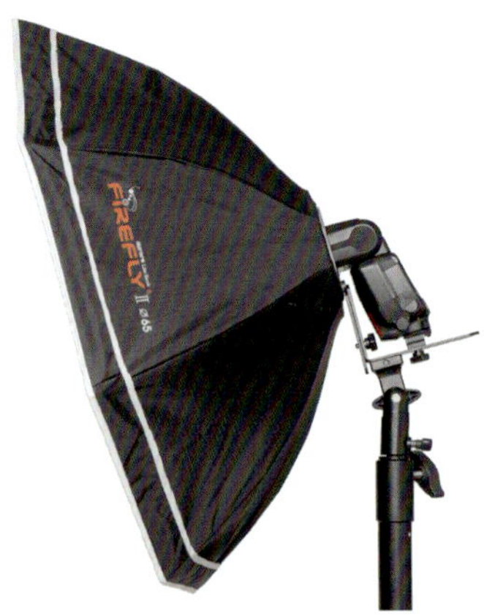

Beleuchtung drinnen und im Studio

Im Studio kann durchaus auch heißen: im Hobbykeller oder in einem anderen abgedunkelten Raum in der Wohnung. Für ein Porträt aus der Nähe reichen schon ein paar Quadratmeter Platz, eine halbwegs neutrale Wand und 1 bis 3 Meter Abstand zum Model, um ein überzeugendes Gesichtsporträt anfertigen zu können. Dann benötigen Sie noch mindestens ein Systemblitzgerät und am besten eine Softbox oder einen Reflexschirm, damit das Licht weich gestreut wird und die Schattenwürfe eleganter aussehen. Sie können das Blitzlicht aber auch indirekt über die Decke oder die Wand lenken, Genaueres dazu finden Sie ab Seite 136. Gute Ausgangswerte für die Belichtung sind: 1/125 s, f8, ISO 100. Ach ja, in beiden Fällen ist eine gewisse Raumhöhe vonnöten, um das Blitzlicht von schräg oben auf das Model zu lenken oder einen guten Abstrahlwinkel von der Decke zu bekommen.

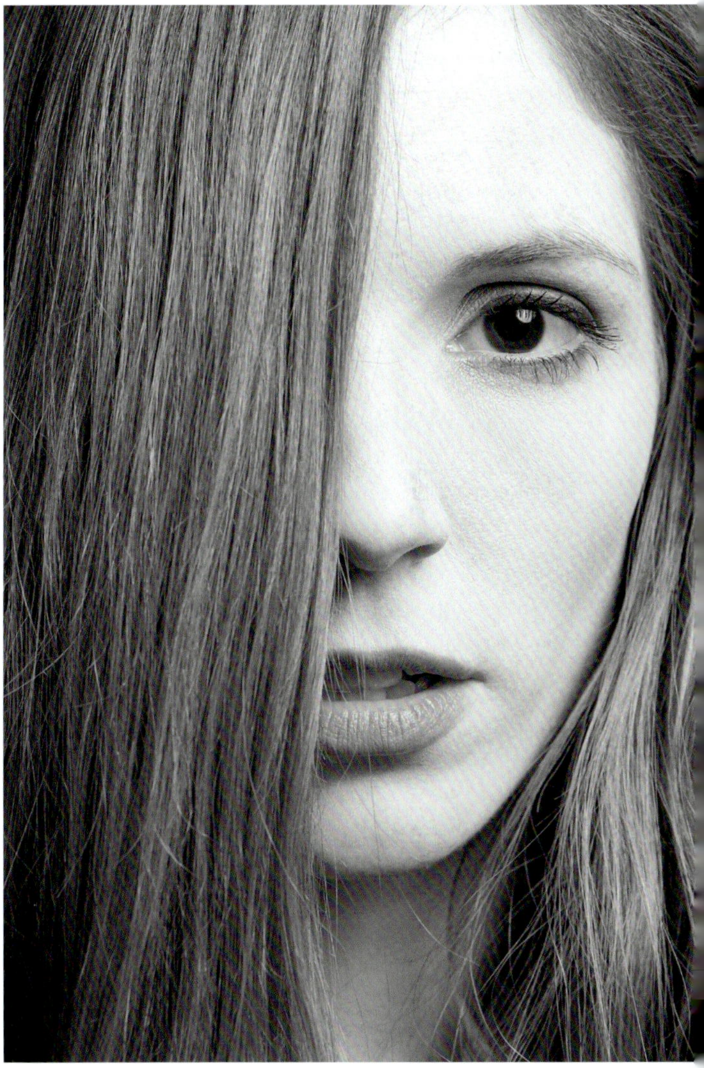

Mit einem entfesselten Systemblitz und einer aufgesetzten Softbox haben wir unser Model von rechts oben im 45-Grad-Winkel beleuchtet. Durch die restriktive Belichtungseinstellung im manuellen Modus fließt die Raumbeleuchtung nicht mit ein, das Licht im Bild stammt ausschließlich vom Blitz.

			ISO
50 mm	f8	1/125 s	100

Lichtrichtung und Fensterlicht

Für eine gute Modellierung der Gesichtszüge blitzen Sie am besten nicht frontal auf das Model, sondern von oben im 45-Grad-Winkel. Probieren Sie auch einmal, den Blitz zusätzlich um 45 Grad seitlich zu positionieren – eine sehr beliebte Variante. Alternativ können Sie auch mit Fensterlicht arbeiten. Es wirkt sehr natürlich und eignet sich bestens als seitliches Porträtlicht. Wählen Sie Tage mit bedecktem Himmel oder wenn das Fenster nicht direkt von der Sonne beschienen wird. Ansonsten können Sie das harte Licht mit einem dünnen Vorhang abmildern. Hellen Sie eventuell die Schatten der lichtabgewandten Seite mit einem Reflektor auf.

Praxis: Ein Porträt in drei Schritten aufnehmen

Ein angenehm beleuchtetes Porträt draußen, neudeutsch *on location*, aufzunehmen ist kein Hexenwerk. Drei grundlegende Schritte erscheinen uns dabei besonders wichtig: die Wahl von Szene und Bildausschnitt, die Einstellung der passenden Aufnahmeparameter und der genaue Blick auf die Beleuchtung. Wenn Sie diese drei grundlegenden Schritte draufhaben, können Sie den Rest mit purer Kreativität füllen. Gehen Sie mit guter Laune und Lust am Ausprobieren an die Sache heran.

1. Szene und Bildausschnitt wählen

Der erste Schritt beim Erstellen eines Porträts ist die Idee, wie das Bild am Ende eigentlich aussehen soll. Das beginnt mit der Frage, ob Sie von der zu fotografierenden Person ein Kopfporträt, eine Halb- oder eine Ganzkörperaufnahme anfertigen möchten, was natürlich auch sehr auf den Verwendungszweck des Bildes ankommt. Bei Aufnahmen im Freien können Sie auch mit dem Hintergrund spielen, um eine harmonische oder auch mal eine kontrastierende Wirkung von Outfit und Umgebung zu erzeugen. Im Studio lässt sich die Bildwirkung mit passenden Requisiten kreativ gestalten.

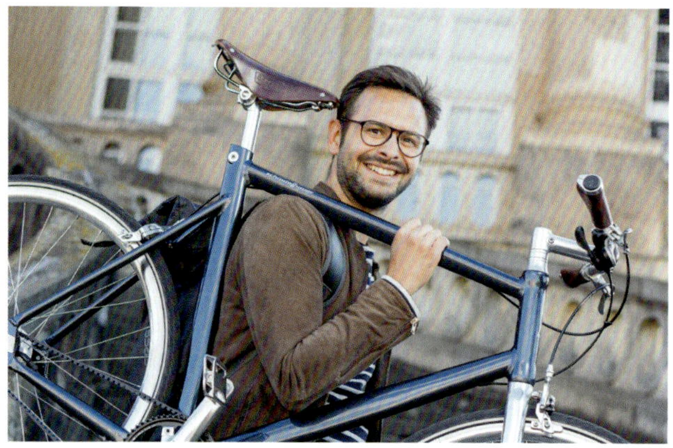

Halbkörperporträt: Bei Porträtaufnahmen ist vieles möglich, solange Sie darauf achten, die Bildränder nicht durch die Gelenke laufen zu lassen. »Amputieren« Sie Ihr Model also nicht.

2. Einstellung der Aufnahmeparameter

Bei Außenaufnahmen eignet sich die Blendenvorwahl A/Av mit einem geringen Blendenwert für eine schöne Freistellung (hier f2,8). Den ISO-Wert können Sie entweder auf Automatik oder, wenn die Lichtverhältnisse sehr gut sind, gleich auf ISO 100 einstellen, um eine möglichst hohe Bildqualität zu erhalten. Wenn ein Systemblitz zum Einsatz kommen soll und die Belichtungszeit kürzer als die Blitzsynchronzeit ist, aktivieren Sie die Kurzzeitsynchronisation (siehe mehr dazu ab Seite 141). Ansonsten verwenden wir bei Porträts die Gesichts-/Augenerkennung oder den Einzelfeld-Autofokus, den wir auf dem Gesicht oder bei Nahporträts auf dem näher zur Kamera liegenden Auge platzieren.

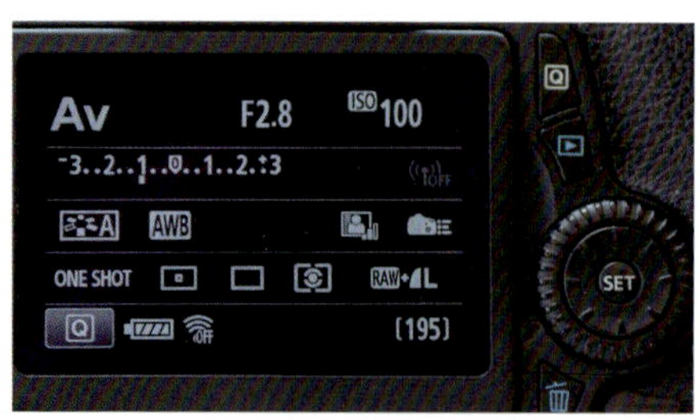

Mit diesen Werten wurden die Bilder mit dem Fahrrad aufgenommen.

3. Beleuchtung optimieren

Licht-Schatten-Flecken im Gesicht oder zugekniffene Augen wirken bei Porträtaufnahmen im hellen Sonnenschein nicht so gut. Platzieren Sie Ihr Model am besten so, dass die Sonne von hinten kommt (Gegenlichtsituation), oder wählen Sie eine Stelle im Schatten eines Gebäudes, Baumes o. Ä. So ergibt sich eine gleichmäßige Ausleuchtung. Das Gesicht wird dann durch den hellen Hintergrund aber oft zu dunkel abgebildet. Bei dem Ausgangsbild mit dem Fahrrad ganz rechts ist das gut zu erkennen. Daher verwenden wir gerne einen silbernen oder weißen Reflektor oder einen Blitz, um die Person adäquat aufzuhellen. Bei dem Fahrradszenario haben wir uns für einen entfesselten Blitz entschieden, der, mit einer Softbox bestückt, weiches, aber kräftiges Licht erzeugte, sodass die Person deutlich im Blickpunkt steht.

Machen Sie drei Aufnahmen hintereinander

Um einen optimalen Moment im Bild einzufangen, nehmen wir oft gleich drei Aufnahmen relativ kurz hintereinander auf. Dauerfeuer mit der Reihenaufnahme müllt nur die Speicherkarte und später die Festplatte zu, doch mit nur einer Aufnahme kann Sie ein Blinzeln das schönste Bild kosten.

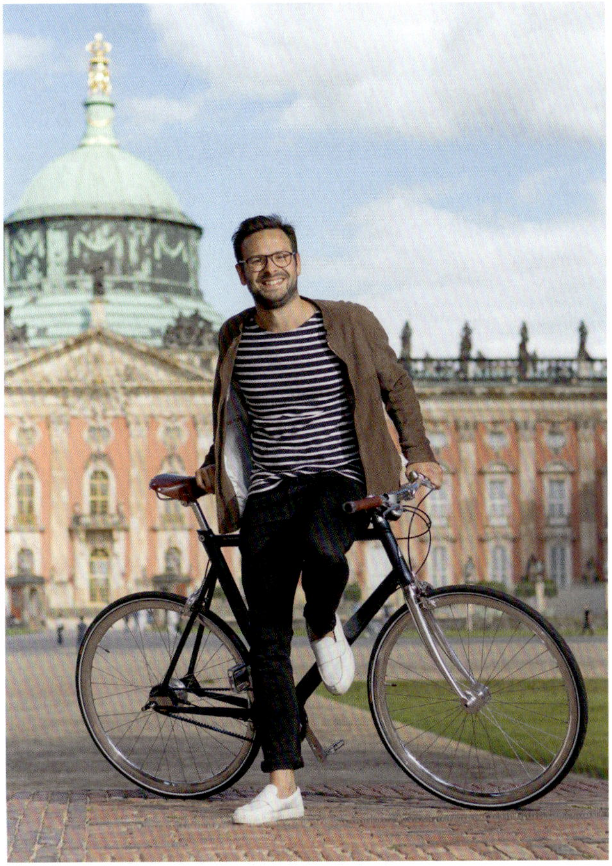

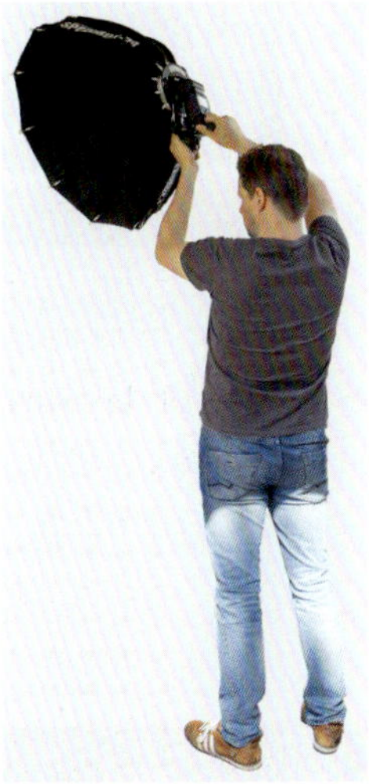

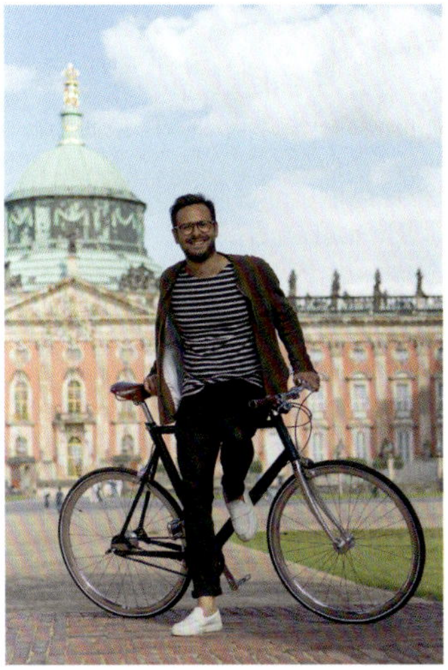

Links und Mitte: Mit einem entfesselten Systemblitz und aufgesetzter Softbox (ausgelöst im TTL-Modus von einem Funktransmitter) haben wir für eine akzentuierte Beleuchtung gesorgt. Der Hintergrund wurde durch eine Belichtungskorrektur (–1 EV) leicht abgedunkelt. Oben rechts: Grundposition im Schatten

Brennweite	Blende	Zeit	ISO
50 mm	f 2,8	1/6400 s	100

Projekt: Nachtporträt

Besonders eindrücklich sind Porträts bei Nacht, die vor einer stimmungsvoll erleuchteten Kulisse aufgenommen werden. Hier haben wir uns die weihnachtliche Beleuchtung einer überdachten Außenpassage ausgesucht. Solche Nachtfoto-Shootings an touristisch sehr belebten Orten führen wir bevorzugt spätabends durch, wenn alle anderen schon lange im Restaurant oder vor dem Fernseher sitzen. Dann haben wir in der Regel freie Bahn und können uns in aller Ruhe mit dem Motiv und der Bildidee beschäftigen.

Der Weg zum gelungenen Nachtporträt

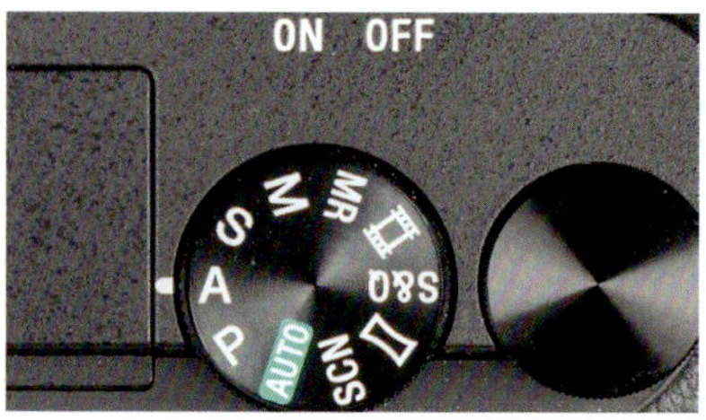

1 Modus einstellen

Für einen hellen Hintergrund eignet sich die Blendenvorwahl (A/Av). Die zu erwartende lange Belichtungszeit erfordert zudem ein Stativ, und das Model darf sich während der Aufnahme nicht bewegen – auch nicht blinzeln.

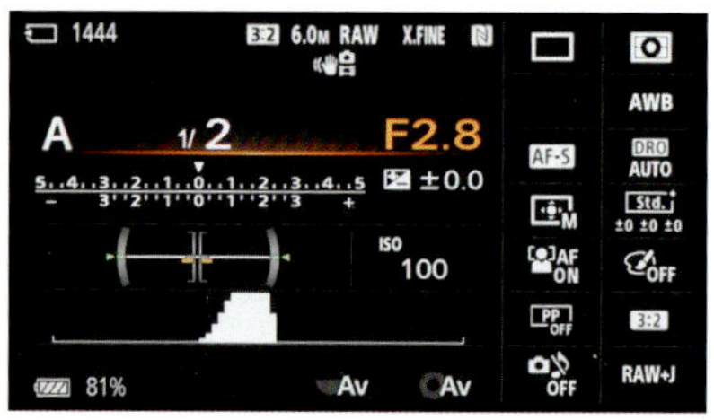

2 Schärfentiefe einstellen

Mit der Blendenvorwahl (A/Av) und einem Blendenwert von f2,8 erhielten wir eine gute Kombination aus freigestellter Person und unscharf abgebildeter Lampenbeleuchtung, die im Bild als runde Bokeh-Lichter erscheinen.

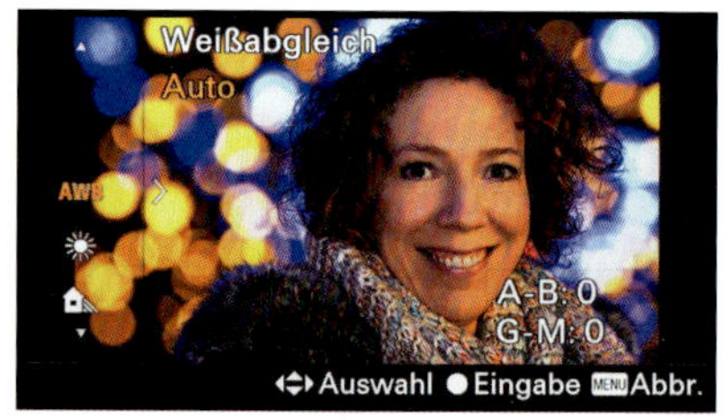

3 Weißabgleich wählen

Die Weißabgleichautomatik erzeugte adäquate Bildfarben. Im Raw-Format lässt sich die Farbtemperatur aber auch nachträglich anpassen. Alternativ eignet sich die Vorgabe *Blitz* für etwas wärmere Hauttöne bei Blitzaufnahmen.

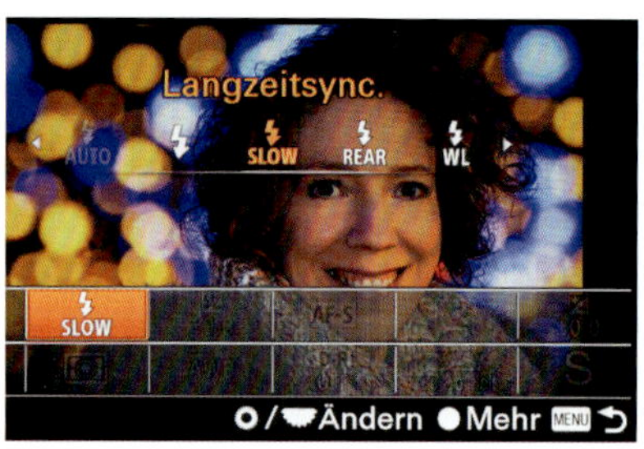

4 Langzeitsynchronisation einstellen

Der Blitzmodus *Langzeitsync.* sorgt dafür, dass das vorhandene Licht im Hintergrund mit in das Bild einbezogen wird.

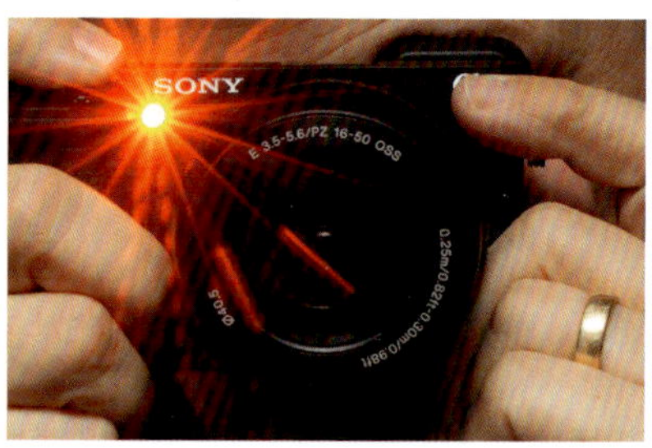

5 AF-Hilfslicht einstellen

Damit der Autofokus im Dunkeln besser scharfstellen kann, aktivieren Sie die AF-Hilfslichtlampe der Kamera oder das Infrarot-Hilfslicht des Blitzes.

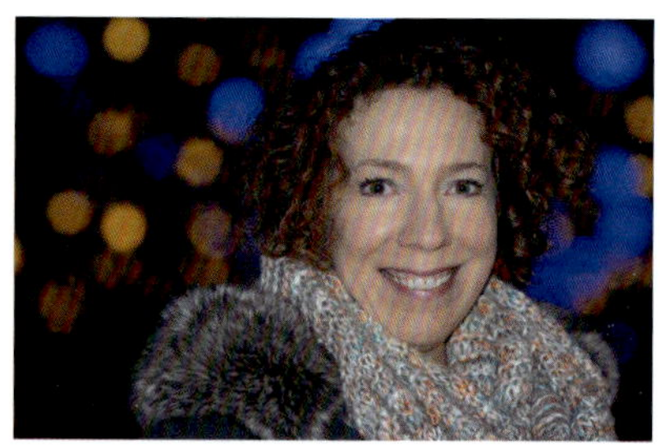

Zum Vergleich: Mit Blitz, aber ohne Langzeitsynchronisation aufgenommen, wird der Hintergrund zu knapp belichtet. Dem Bild fehlt es an Stimmung.

Das Ergebnisbild

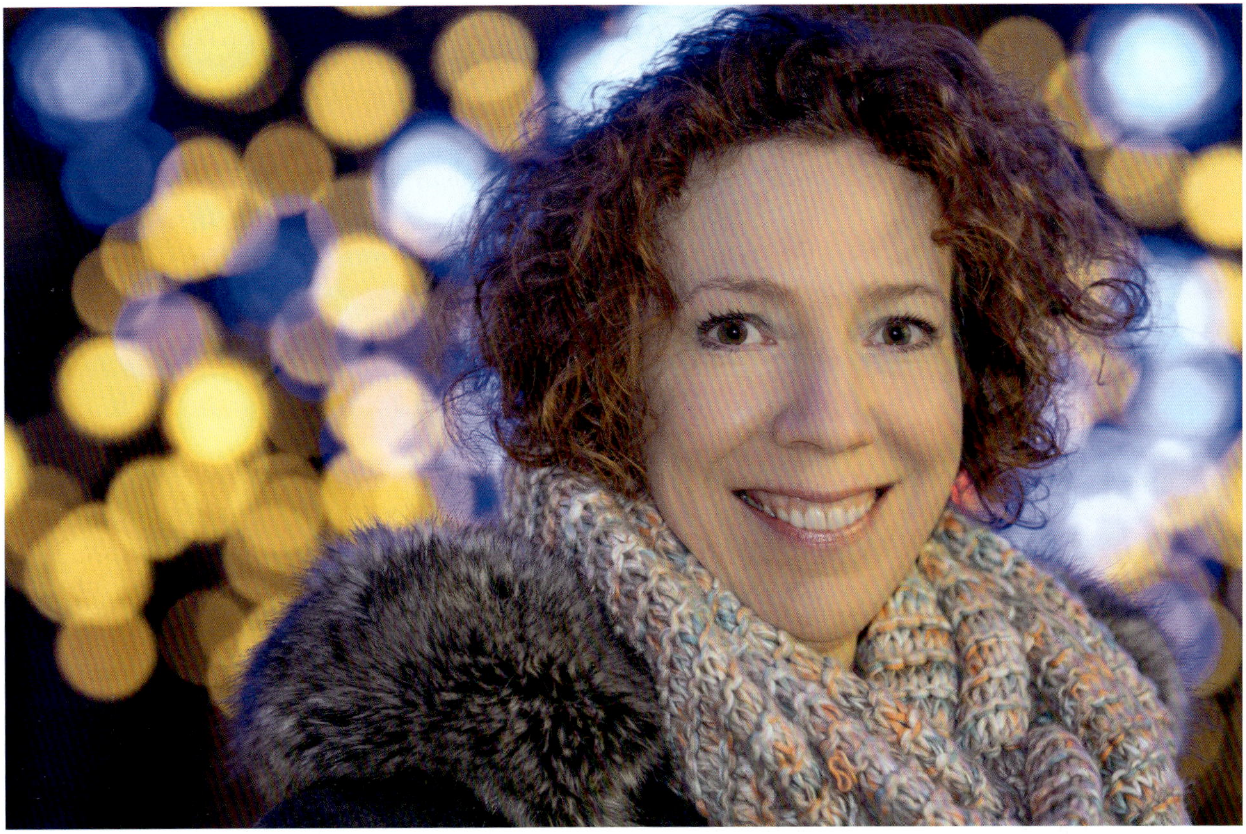

Der Blitz hellt das Model auf, und die Langzeitsynchronisation sorgt für den hellen Hintergrund. Den Bildausschnitt haben wir so gewählt, dass die wärmeren gelben Lichter, die gut mit Haaren und Haut harmonieren, links vom Kopf und die kühleren blauen dahinter zu sehen sind.

			ISO
110 mm	f 2,8	1/4 s	200

Langzeitsynchronisation aktivieren

Die meisten Kameras sind standardmäßig so eingestellt, dass in den Modi A/Av und P bei Blitzaufnahmen eine kurze Belichtungszeit verwendet wird, um Verwacklungen zu vermeiden. Der Hintergrund gestaltet sich daher oft zu dunkel (siehe links). Um in den Genuss der Langzeitsynchronisation zu kommen, muss diese üblicherweise über die Blitzeinstellungen aktiviert werden.

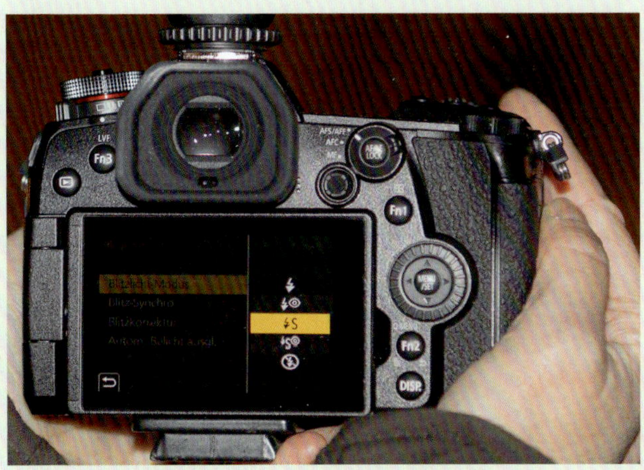

Einstellung S (slow shutter synchronisation = Langzeitsynchronisation) bei einer Panasonic-Kamera

Wissen: Landschaftsfotografie

Landschaftsfotografie hat viel damit zu tun, herauszufinden, was Sie an einem bestimmten Szenario fasziniert und wie Sie dieses Gefühl so in ein Bild umsetzen können, dass bei der Bildbetrachtung dieses Landschaftserlebnis nachvollziehbar ist. Landschaften gibt es übrigens nicht nur in der freien Natur in den Bergen, im Wald oder am Meer. Auch in Städten gibt es so etwas wie eine Landschaft. Solche Stadtlandschaften lassen sich am besten an weiten Plätzen oder von einem erhöhten Standort aus fotografieren.

Aufnahmeeinstellungen

Technisch gesehen ist Landschaftsfotografie kein Hexenwerk. Mit einem Weitwinkel- oder Standardzoomobjektiv und für Fortgeschrittene einem Zirkularpolfilter und Graufilter können Sie schon loslegen. Viele Landschaftsaufnahmen profitieren von einer durchgehenden Schärfe, vom Vorder- bis in den Hintergrund. Dazu verwenden wir im Modus A/Av Blendenwerte zwischen f8 und f16. Als Objektiv perfekt geeignet sind klassische 14- und 35-mm-Festbrennweiten, aber auch mit Standardzoomobjektiven können Sie schon einiges anstellen. Zoomobjektive bieten in den Bergen oder am Meer den Vorteil, den Bildausschnitt flexibler gestalten zu können, ohne Gefahr zu laufen, abzustürzen oder ins Meer zu fallen.

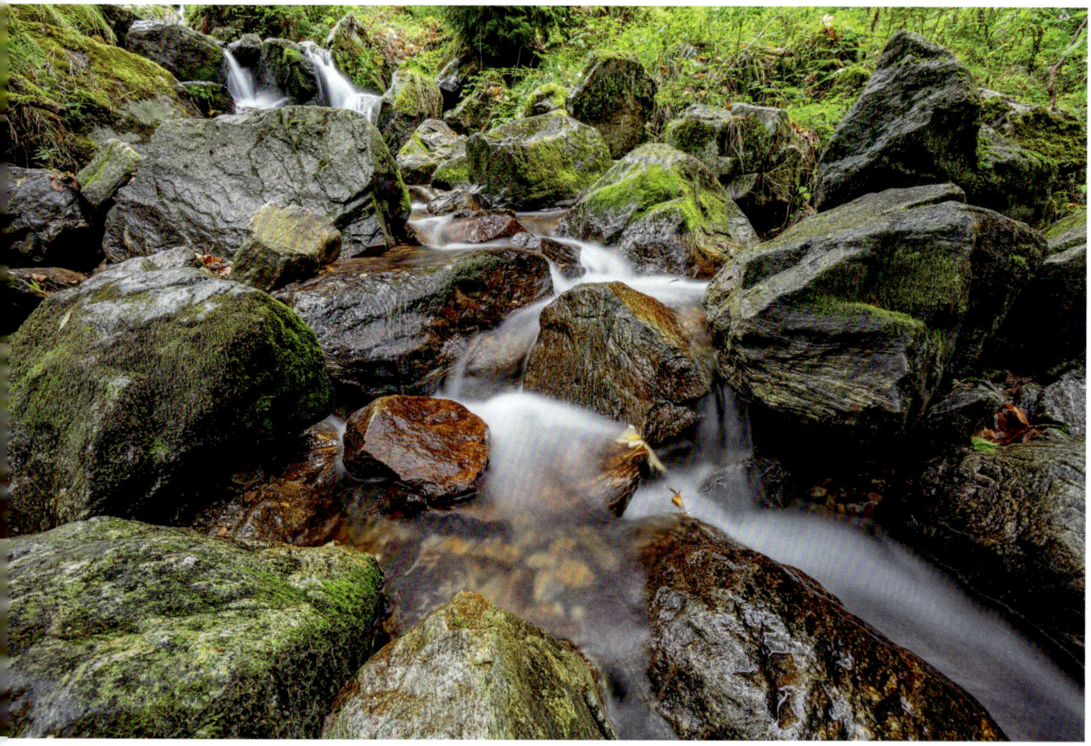

Die Weitwinkelbrennweite und der dichte Aufnahmeabstand ziehen das Auge in die Szene hinein und die lange Belichtungszeit lässt das Wasser weich und verwischt über die harten Steine des Bachlaufs fließen.

Brennweite	Blende
16 mm	f16
Belichtungszeit	**ISO**
5 s	100

Tageszeiten

An sonnigen Tagen gibt es für die Landschaftsfotografie zwei perfekte Fotozeiten: morgens früh kurz vor bis kurz nach Sonnenaufgang und abends zur Zeit des Sonnenuntergangs. Zu guter Letzt liefert uns die Blaue Stunde eine tolle Mischung aus natürlicher und künstlicher Beleuchtung. Im Sommer bedeutet das, dass nach dem letzten Bild in ländlichen Gegenden garantiert kein Gasthof mehr offen hat. Aber die stimmungsvollen Bilder sind es uns wert.

Links oben: Warme Lichtstimmung zur Goldenen Stunde kurz vor Sonnenuntergang oder kurz nach Sonnenaufgang. Links unten: Knalliger Sonnenuntergang über dem Atlantik. Großes Bild: Zur Blauen Stunde kurz nach Sonnenuntergang oder vor Sonnenaufgang wirken beleuchtete Stadtlandschaften besonders attraktiv.

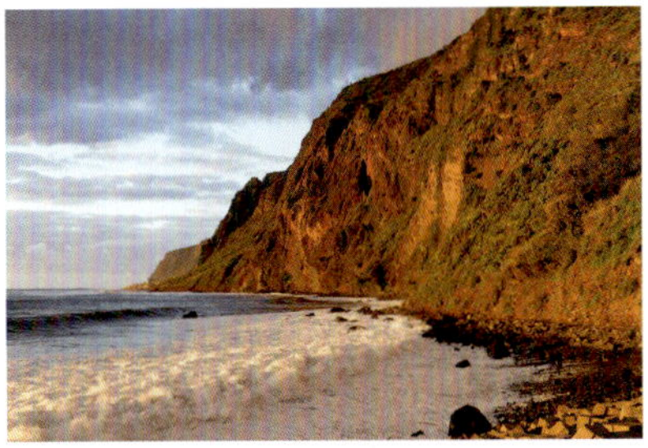

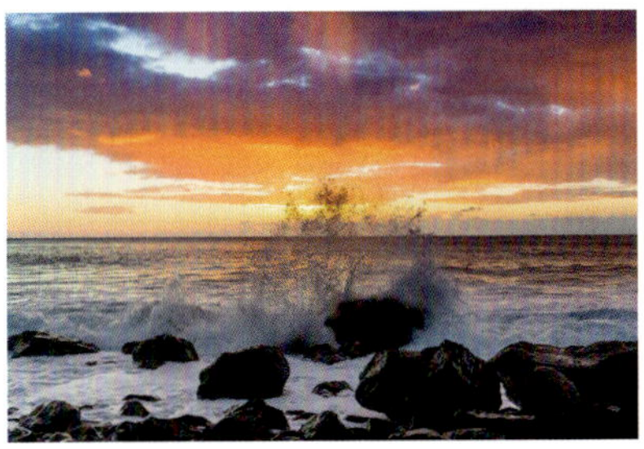

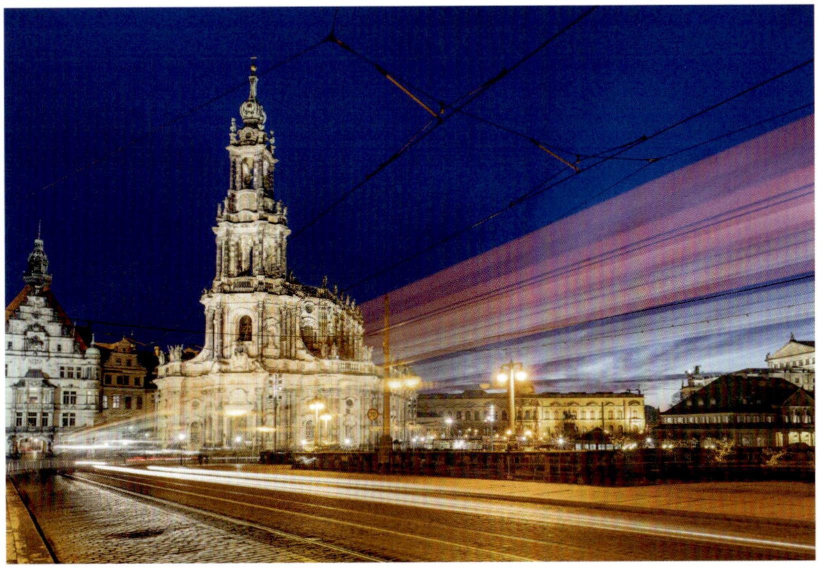

Atmosphäre eines Ortes einfangen

Kennen Sie das auch? Sie sind an einem besonderen Ort, und durch die Verbindung von Landschaft und Wetter entsteht eine sehr spezielle Atmosphäre, die durch jede Pore zu spüren ist? Häufig sind solche Stimmungen bei wechselhaften Wetterverhältnissen anzutreffen, da raten wir dann, dranzubleiben und nicht ins Trockene zu flüchten. Für den Notfall haben wir immer eine Plastiktüte dabei, die sich über Kamera und Objektiv stülpen lässt.

Aufkommender Regen und doppelter Regenbogen – nach der Aufnahme waren wir klatschnass ...

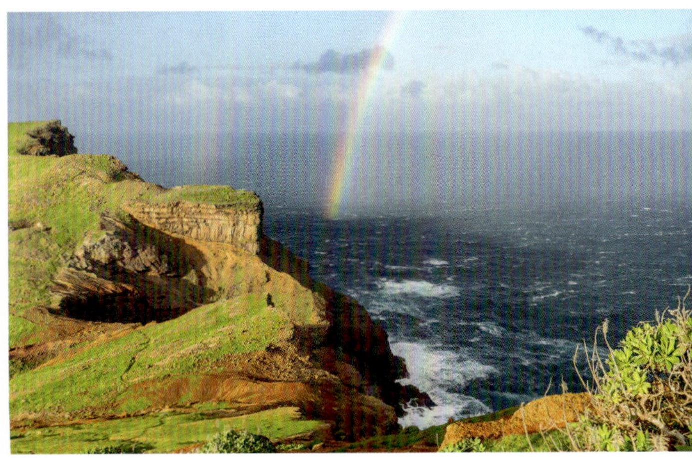

			ISO
35 mm	f8	1/160 s	400

Panoramafotografie

Eine für Landschaften perfekt geeignete Darstellungsweise ist das Panorama. Dabei werden aus der Drehung um einen fixen Punkt mehrere sich überlappende Aufnahmen angefertigt, die später miteinander verschmolzen werden (z. B. mit Photoshop/Photoshop Elements, Panorama Studio, PTGui). Manche Kameras besitzen auch eine Panoramafunktion, bei der die Bilder schon während der Aufnahme direkt in der Kamera zusammengerechnet werden. Es geht aber auch ohne spezielles Equipment: Drehen Sie sich mit der Kamera im Quer- oder Hochformat um die eigene Achse und nehmen Sie Bild für Bild auf.

Besondere Landschaftsmotive

Uns macht es immer Freude, auch mal untypische Landschaftsaufnahmen zu kreieren, indem wir besondere Motive mit ins Bild nehmen, ungewöhnliche Bildausschnitte wählen oder auch mal einen peppigen Stilbruch begehen. Das kann ein rostiges Fass in der Landschaft sein wie hier rechts, aber auch ein eher abstraktes Foto, wie mit Reif überzogene Bäume im winterlichen Wald, oder ein besonderer Eyecatcher wie Strandgut. Ein sonst eher »normales« Motiv kann so stark an Aussagekraft gewinnen. Der Kreativität sind keine Grenzen gesetzt!

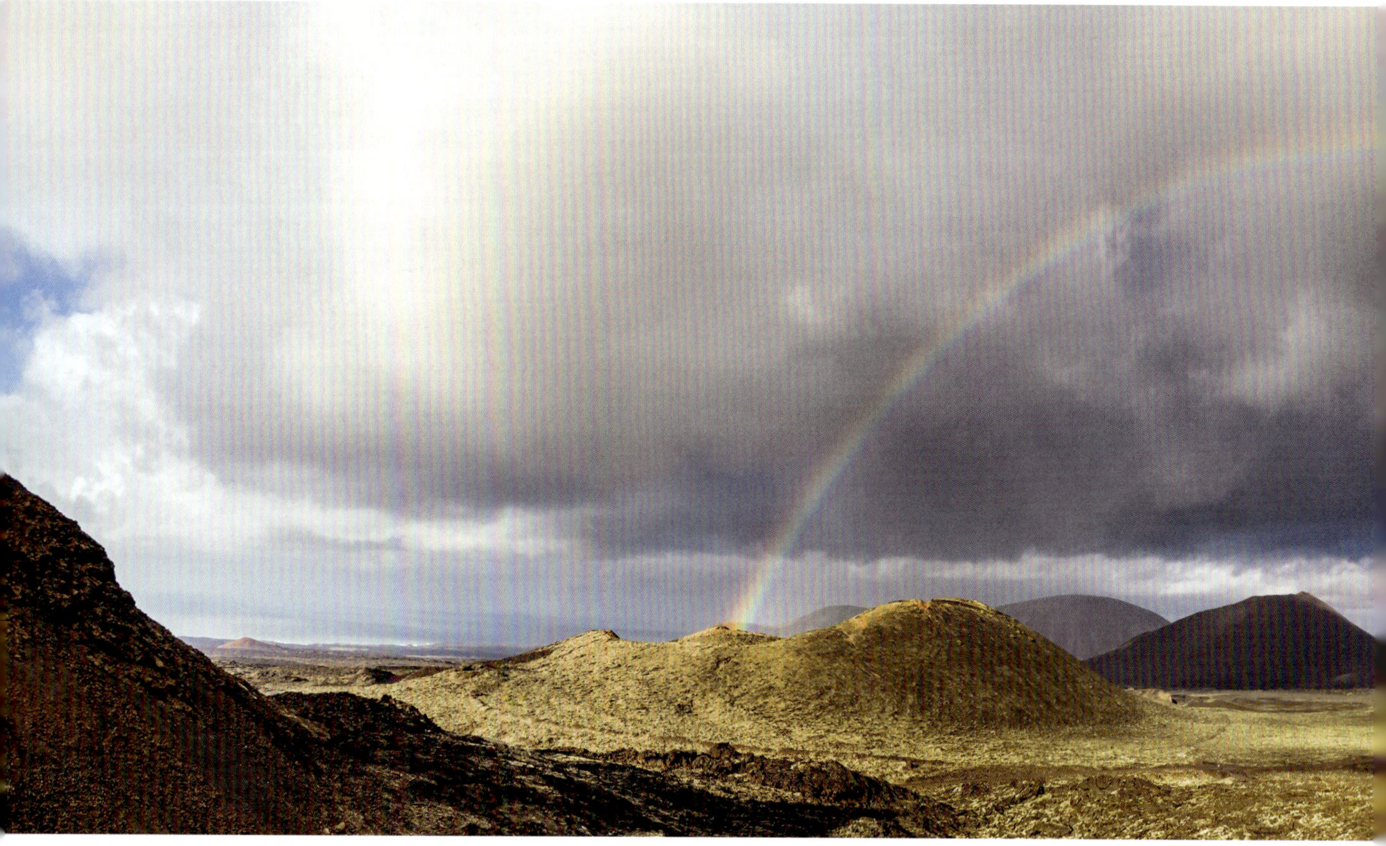

Panorama, zusammengesetzt aus vier Einzelbildern, fusioniert mit PTGui: Die Aufnahmen wurden mit der Kamera im Querformat aus der Hand aufgenommen. Sie überlappten sich jeweils etwa um ein Drittel.

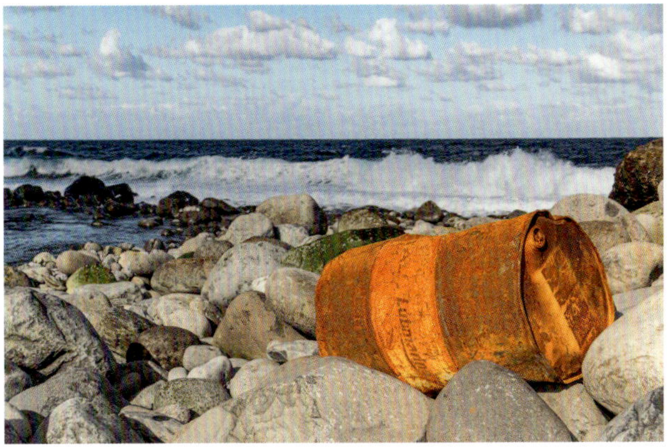

Es ist fast schon verstörend, wie attraktiv das rostige Fass da am Strand herumliegt. Solche Bilder regen auch zum Nachdenken an.

HDR perfekt für Landschaften

Gerade für Landschaftsaufnahmen eignet sich die HDR-Technik besonders gut, bei der sich durch das Verschmelzen verschieden heller Bilder desselben Motivs ein sehr hoher Dynamikumfang im Bild darstellen lässt. Dadurch entsteht ein typischer Stil, der Landschaftsaufnahmen einen besonders expressiven Touch gibt. Wichtig ist es, den Bildausschnitt möglichst identisch aufzunehmen, am besten vom Stativ aus. Es gibt aber auch die Möglichkeit, leicht verschobene Aufnahmen, die aus der freien Hand fotografiert wurden, nachträglich auszurichten und dann zum HDR-Bild zu verarbeiten. Mehr zum Thema HDR finden Sie ab Seite 94.

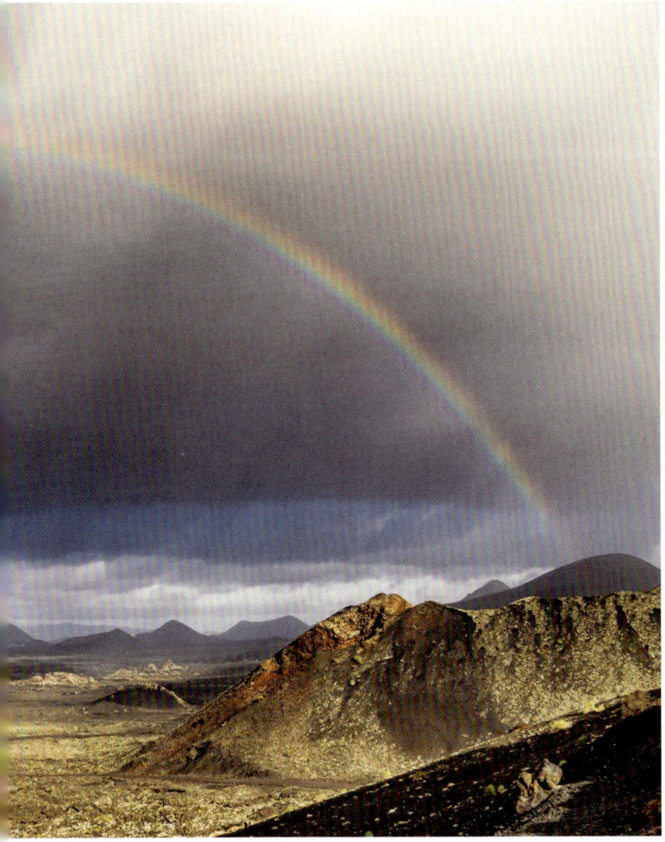

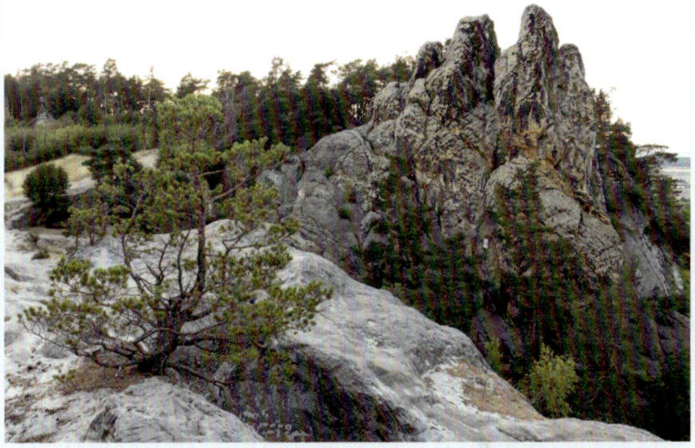

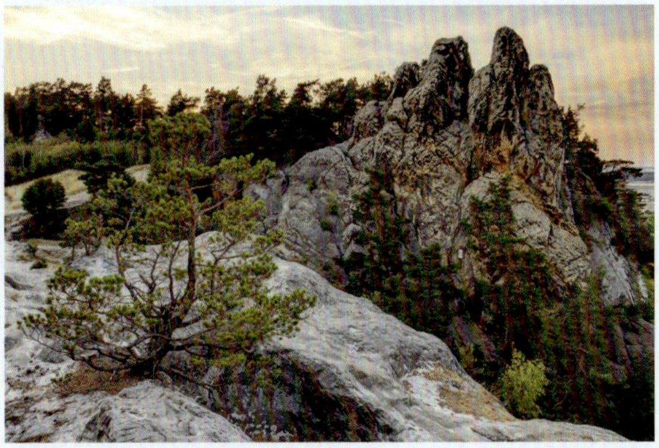

Oben: normal aufgenommenes Bild, unten: HDR-Bild, zusammengesetzt aus drei unterschiedlich hellen Ausgangsfotos

Praxis: Ein Landschafts-foto perfekt gestalten

Landschaftsfotografie lässt sich oft recht gut planen und fasziniert uns deshalb, weil vor Ort jede Menge kreative Gestaltung möglich und häufig sogar erforderlich ist. Bilder lassen sich, sofern das Wetter mitspielt, in Ruhe entwerfen, wobei ein wenig Planung vorab und ein paar Grundregeln für das Erstellen eindrucksvoller Landschaftsaufnahmen vor Ort sehr hilfreich sind.

Die Idee vom Bild

Beim Fotografieren überlegen wir uns meistens vorher schon, wie das fertige Bild aussehen soll. Gerade in der Landschaftsfotografie ist genügend Zeit vorhanden, sich vor Ort mit der Szenerie auseinanderzusetzen und eine spannende Bildidee zu entwickeln. Soll die Aufnahme im Hoch- oder Querformat gemacht werden, welche Perspektive wähle ich, gibt es interessante Elemente, die sich im Vordergrund gut machen würden, friere ich Wasser mit einer kurzen Belichtungszeit ein, oder setze ich eher auf einen stimmungsvollen Wischeffekt, lassen sich interessante Spiegelungen im Wasser nutzen und, und, und. Es gibt so viele verschiedene Gestaltungsmöglichkeiten, dass Sie am Ende ein ganz nach Ihrem Geschmack individuell komponiertes Bild in Händen halten werden.

Unerwünschte Elemente kaschieren

Aus dem Stand heraus fotografiert, ist zwar die Landschaft in ihrer Weite zu sehen, aber der Hintergrund verschmilzt unten zu sehr mit dem Stamm und den Ästen des Apfelbaumes (links). Aus der Hocke heraus fotografiert, wirkt das Bild aufgeräumter, ruhiger und auf das Wesentliche fokussiert (rechts).

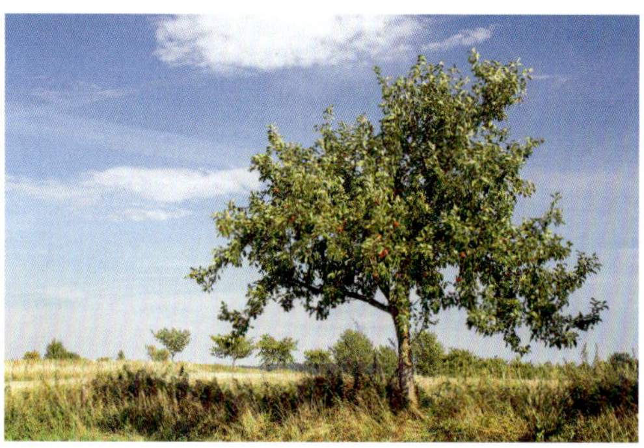

Manchmal reicht eine Kniebeuge aus, um aus einem guten ein noch besseres Bild zu gestalten.

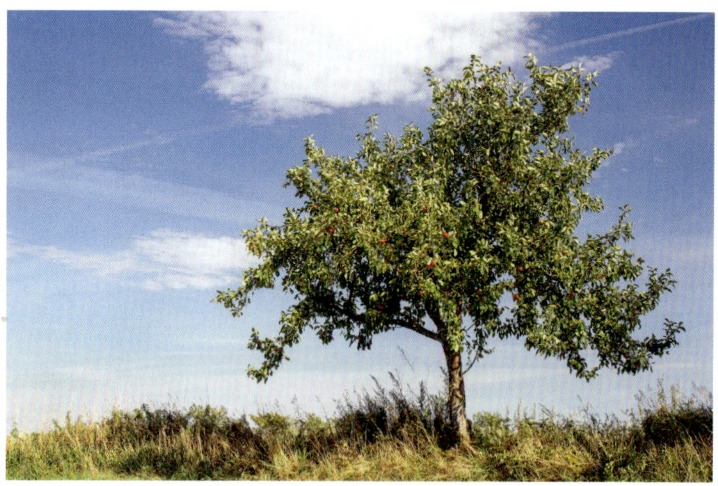

			ISO
37 mm	f 2,8	1/80 s	100

Tiefenwirkung erzeugen

Die Felsenlandschaft auf knapp 3000m Höhe wirkt zwar eindrucksvoll, aber es fehlt dem Foto an Tiefenwirkung (links). Das Einbinden der Steine als Vordergrundobjekt erhöht den räumlichen Bildeindruck. Jetzt kann das Auge den Motivlinien besser folgen und ist weniger schnell gelangweilt (rechts).

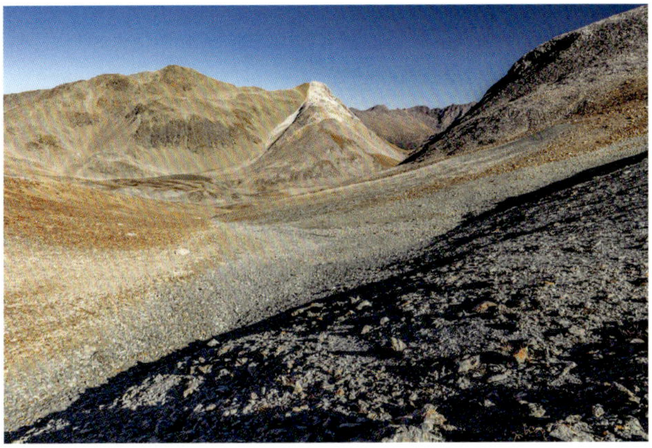

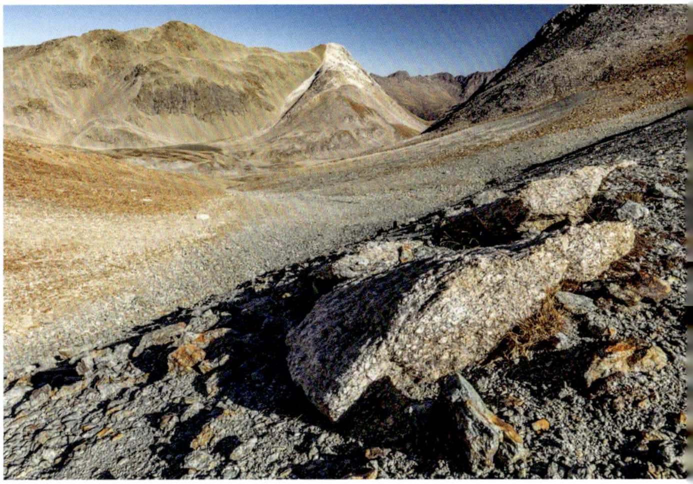

Zwei Interpretationen des gleichen Motivs, die Aufnahmehöhe macht hier den Unterschied.

Die Drittelregel

Die mittige Platzierung des Baumes lässt das Bild recht statisch wirken (links oben). Werden Baum, Mond und Bodenfläche getreu der Drittelregel (links unten) angeordnet, wirkt die Aufteilung spannender (rechts). Die wesentlichen Elemente liegen auf den Kreuzungspunkten und Schnittkanten.

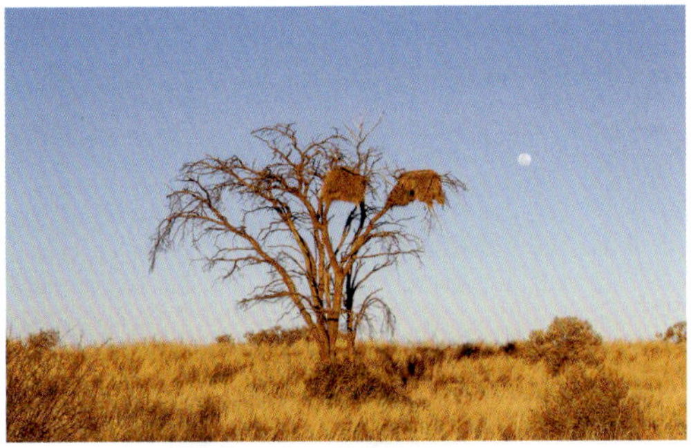

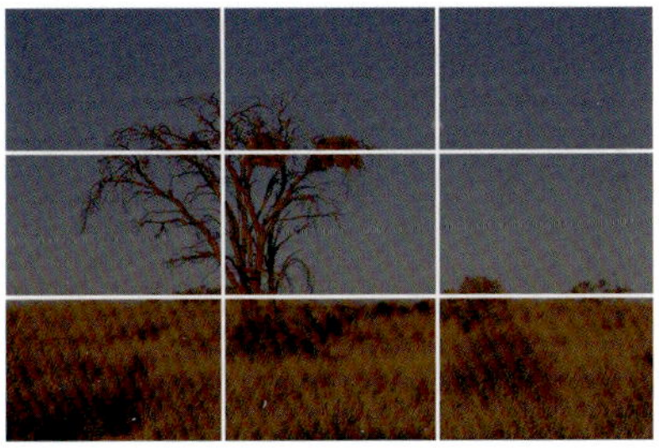

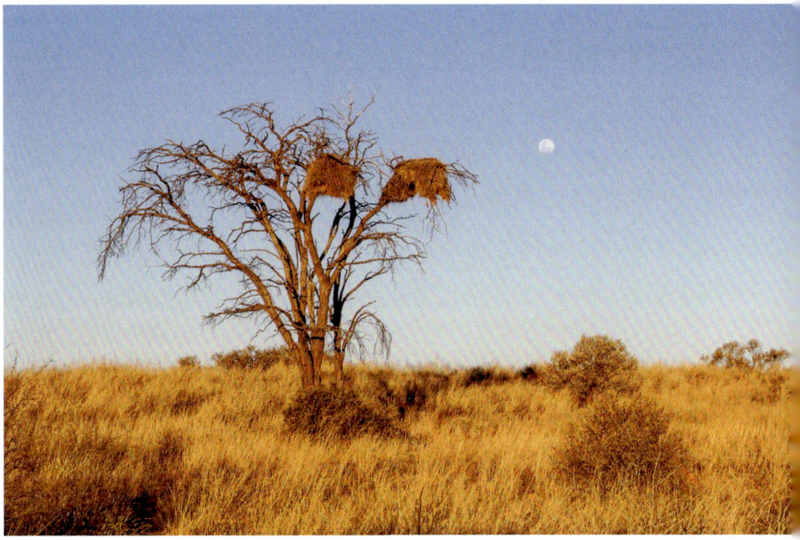

Harmonische Bildwirkung durch Anwendung der Drittelregel

Projekt: Klamm in den Alpen

Landschaften mit fließendem Wasser sind immer etwas Besonderes und bieten die Möglichkeit, zusätzlich spannende Effekte in das Bild zu bringen. Die Wimbach-Klamm mit Ihrem tosenden Bach und den bemosten Felsen bot die perfekte Gelegenheit, mit einer verlängerten Belichtungszeit das Wasser romantisch zu verwischen und dem Bild einen geheimnisvollen Touch zu verpassen. Da es in der Klamm zu hell für lange Belichtungszeiten war, haben wir einen speziellen Trick angewandt.

Langzeitbelichtung mit Graufilter

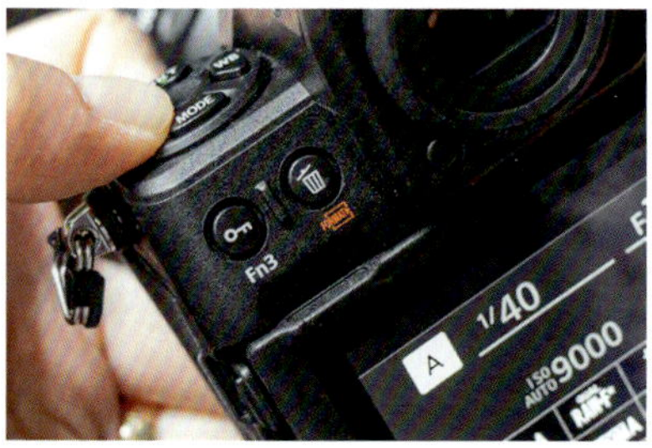

1 Modus wählen

Um die Klamm von vorn bis hinten durchgehend scharf abzubilden, haben wir mit der Blendenvorwahl (A/Av) die Kontrolle über den Blendenwert übernommen.

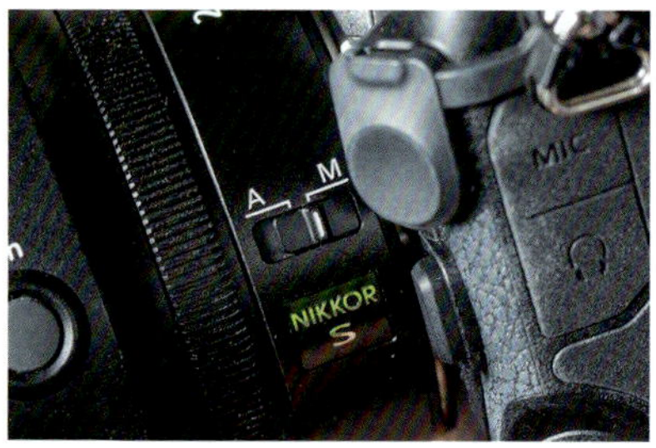

2 Bildstabilisator deaktivieren

Da wir hier ein Stativ und eine lange Belichtungszeit verwendeten, haben wir den Bildstabilisator ausgeschaltet, um Unschärfen zu vermeiden.

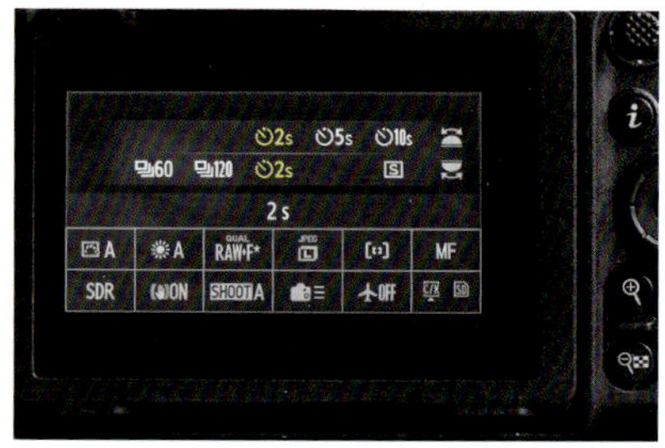

3 Selbstauslöser aktivieren

Eine weitere Maßnahme zur Vermeidung von Unschärfe ist die Verwendung des 2-Sekunden-Selbstauslösers. Oder Sie nutzen eine Fernbedienung.

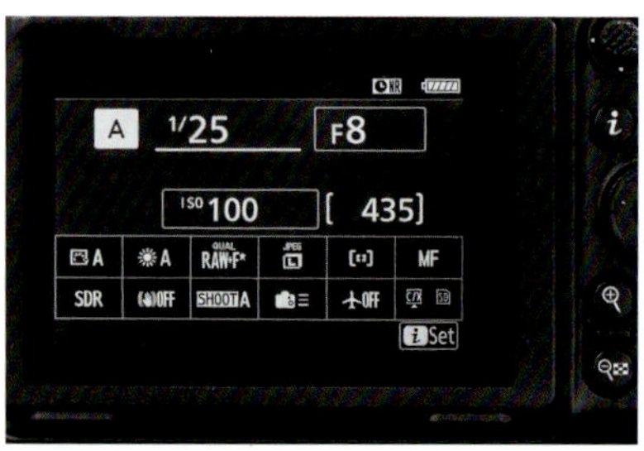

4 Aufnahmeparameter einstellen

Blende f8 gewährleistet genügend Schärfentiefe, ein ISO-Wert von 100 eine exzellente Bildqualität, als Belichtungszeit wurde 1/25 s dazugerechnet.

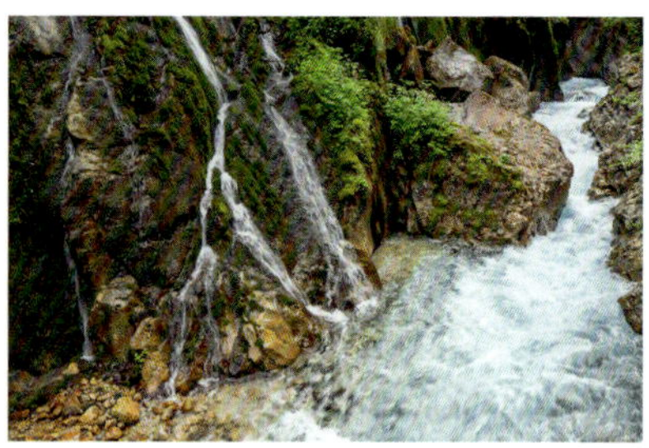

5 Probeaufnahme

Vom Stativ aus wurde der Bildauschnitt gewählt und eine Probeaufnahme angefertigt, die schon mal gar nicht schlecht aussah. Unser Ziel war es aber, das Wasser deutlich verwischter darzustellen.

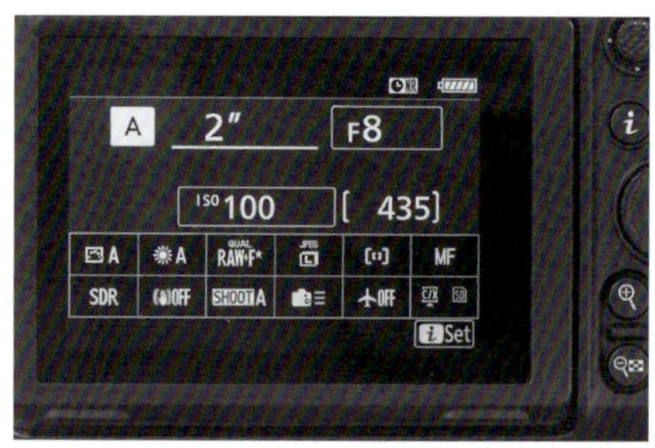

6 Mit Graufilter

Unter Verwendung eines Graufilters der Stärke ND64 verlängerte die Kamera die Belichtungszeit automatisch um etwa sechs Stufen auf 2 s (siehe Seite 37). Perfekt für einen dynamischen Wischeffekt.

Das Ergebnisbild

Die Kombination aus kleinen, den Fels hinabfließenden Wasserfällen, dem tosenden Fluss und dem dazwischen leuchtenden Grün verleiht dem Bild der wildromantischen Wimbach-Klamm seinen speziellen Charakter. Mithilfe des Graufilters konnten wir die Belichtungszeit so einstellen, dass das Wasser zwar mystisch verwischt dargestellt wird, der fließende Charakter aber immer noch schön zu sehen ist.

Der ND-Filter wurde einfach mit einer Hand direkt vor die Linse des Objektivs gehalten.

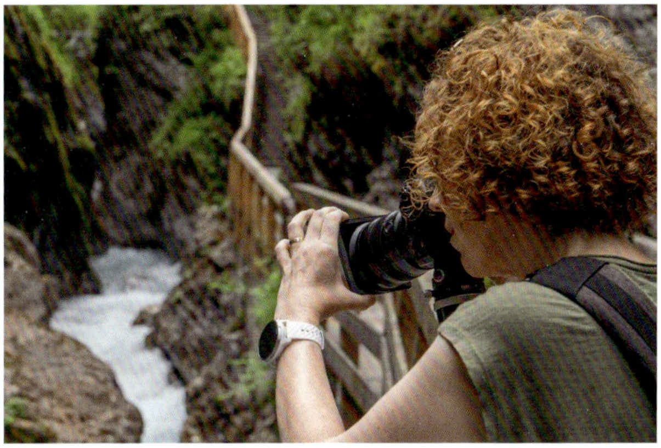

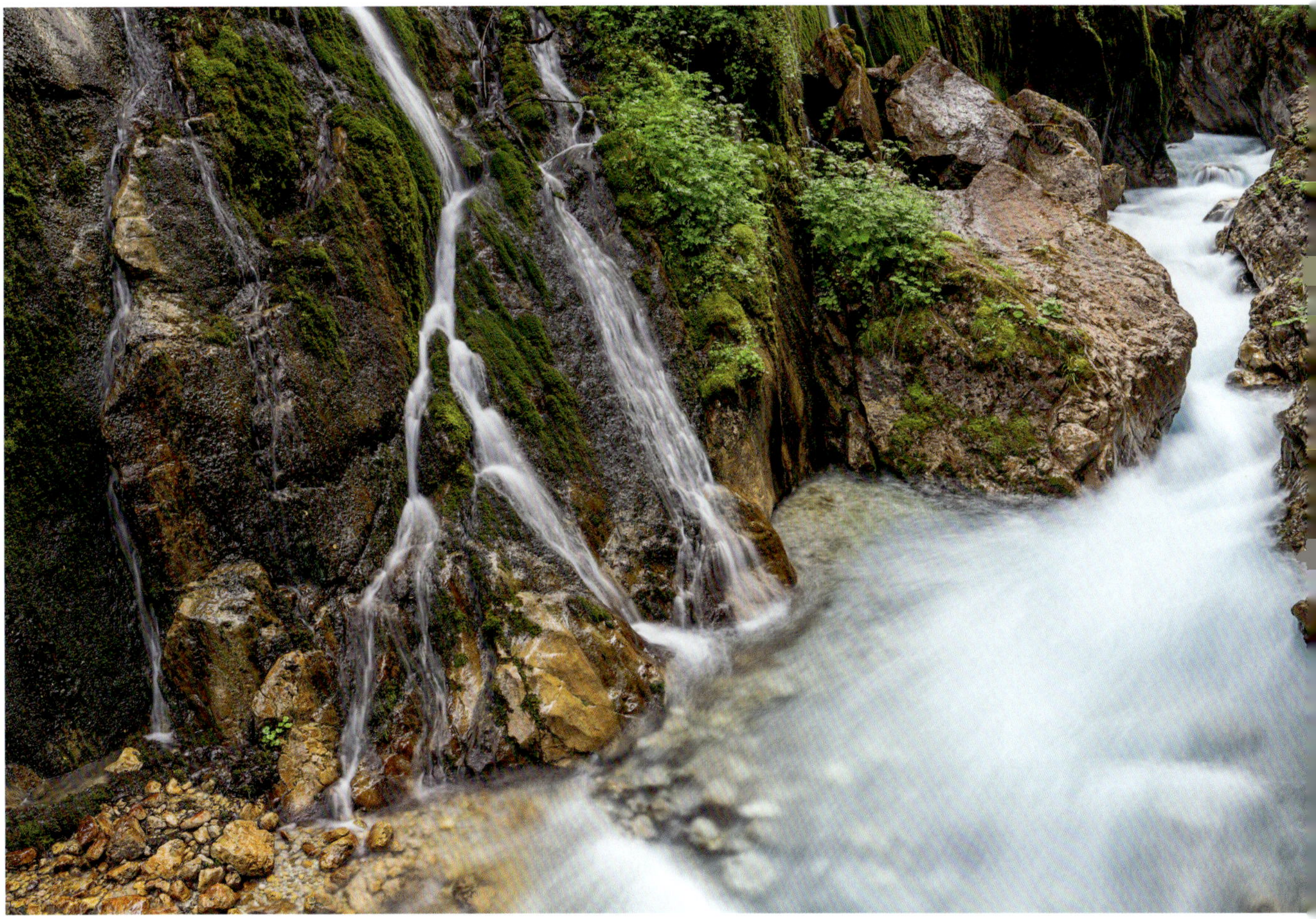

Brennweite	Blende	Belichtungszeit	ISO
32 mm	f 8	2 s	100

Wissen: Tierfotografie

Egal, ob den eigenen Liebling zu Hause oder spannende Wildtiere in ihrer natürlichen Umgebung, Tierfotografie ist eine der faszinierendsten Möglichkeiten, sich fotografisch zu betätigen. Und mit eine der schwierigsten, denn Tiere lassen sich nur in Maßen zur »Mitarbeit« bewegen. Sie müssen schnell und flexibel agieren. Um richtig beeindruckende Bilder zu bekommen, gibt es unterschiedliche Möglichkeiten, die Motive in Szene zu setzen, und mit gut gewählten Einstellungen sind tolle Aufnahmen garantiert.

Objektiv

Je nach Tier und Situation sind ganz unterschiedliche Ansätze gefragt. Haustiere lassen sich im Allgemeinen gut aus der Nähe fotografieren, sodass wir da eher mit Standard- und gemäßigten Telebrennweiten (50–120 mm) arbeiten oder sogar das ein oder andere Spaßbild mit dem Weitwinkelobjektiv (12–24 mm) aufnehmen. Geht es ans Fotografieren von Wildtieren, sind meistens größere Telebrennweiten (>200 mm) vonnöten. In vielen Fällen gilt dann sogar, alles an Brennweite einzusetzen, was die Ausrüstung hergibt. Genauso wichtig sind natürlich der Bildausschnitt und abwechslungsreiche Perspektiven.

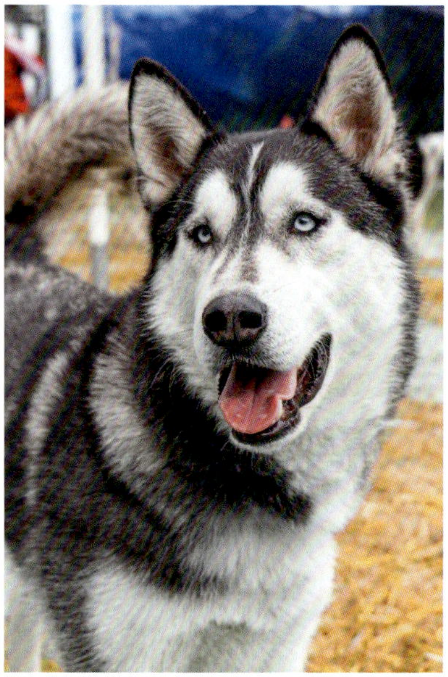

Husky, porträtiert mit dem Standardzoomobjektiv für nahe Distanz und Porträts (33 mm). Für eine unmittelbare Bildwirkung wählten wir eine Perspektive auf Augenhöhe und gingen dafür in die Hocke.

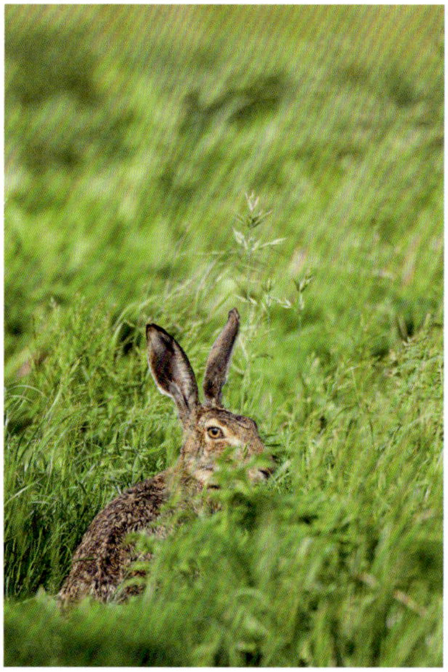

Meister Lampe im grünen Gras, aufgenommen mit dem Superteleobjektiv für weite Entfernung (500 mm + 1,4 × Konverter = 700 mm). Bei solchen Distanzen zum Motiv ist der Schärfentiefebereich gering und exaktes Fokussieren essenziell.

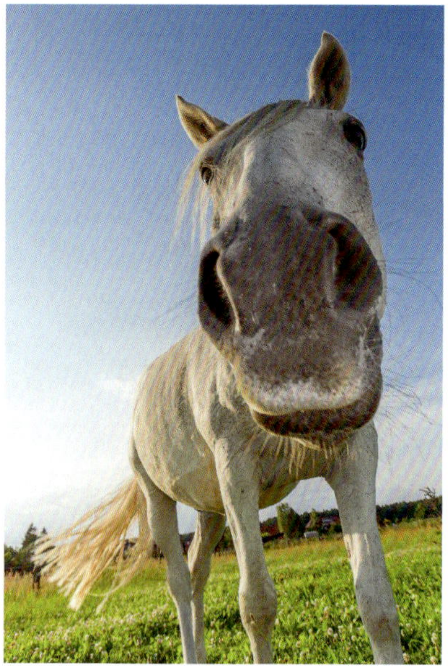

Ulkige Pferdeaufnahme aus besonderer Perspektive, fotografiert mit einem Weitwinkelobjektiv (16 mm). Für die Aufnahme mussten wir uns tief bücken. Ein Schwenkmonitor und das Livebild können dabei sehr hilfreich sein.

Aufnahmeeinstellungen

Tiere sind meist in Aktion, daher empfiehlt sich die Zeitvorwahl (S/Tv) mit Belichtungszeiten von 1/500s oder kürzer. Für eine kurze Belichtungszeit plus mehr Schärfentiefe können Sie die manuelle Belichtung mit ISO-Automatik verwenden. Stellen Sie bei Tierporträts am besten mit dem Einzelfeld-AF und – so vorhanden – zusätzlich der Tieraugen- bzw. Vogelerkennung auf die Augen scharf. Wenn Ihre Kamera einen lautlosen elektronischen Auslöser besitzt, sind Sie bestens präpariert für die Aufnahme scheuer Wildtiere.

Reihenaufnahme richtig verwenden

Mit dem Nachführautofokus (AF-C, Servo-AF) können Sie Tiere in Bewegung konstant im Fokus halten und mit der Reihenaufnahme schnell mehrere Bilder auslösen. Achten Sie aber darauf, dass Sie eine Seriengeschwindigkeit verwenden, bei der der Nachführautofokus auch aktiv ist. Sonst stellt die Kamera nur einmal zu Beginn scharf und behält diese Entfernung über die Serie hinweg bei. Findet die Bewegung auf der Stelle statt, ist das wiederum vernachlässigbar.

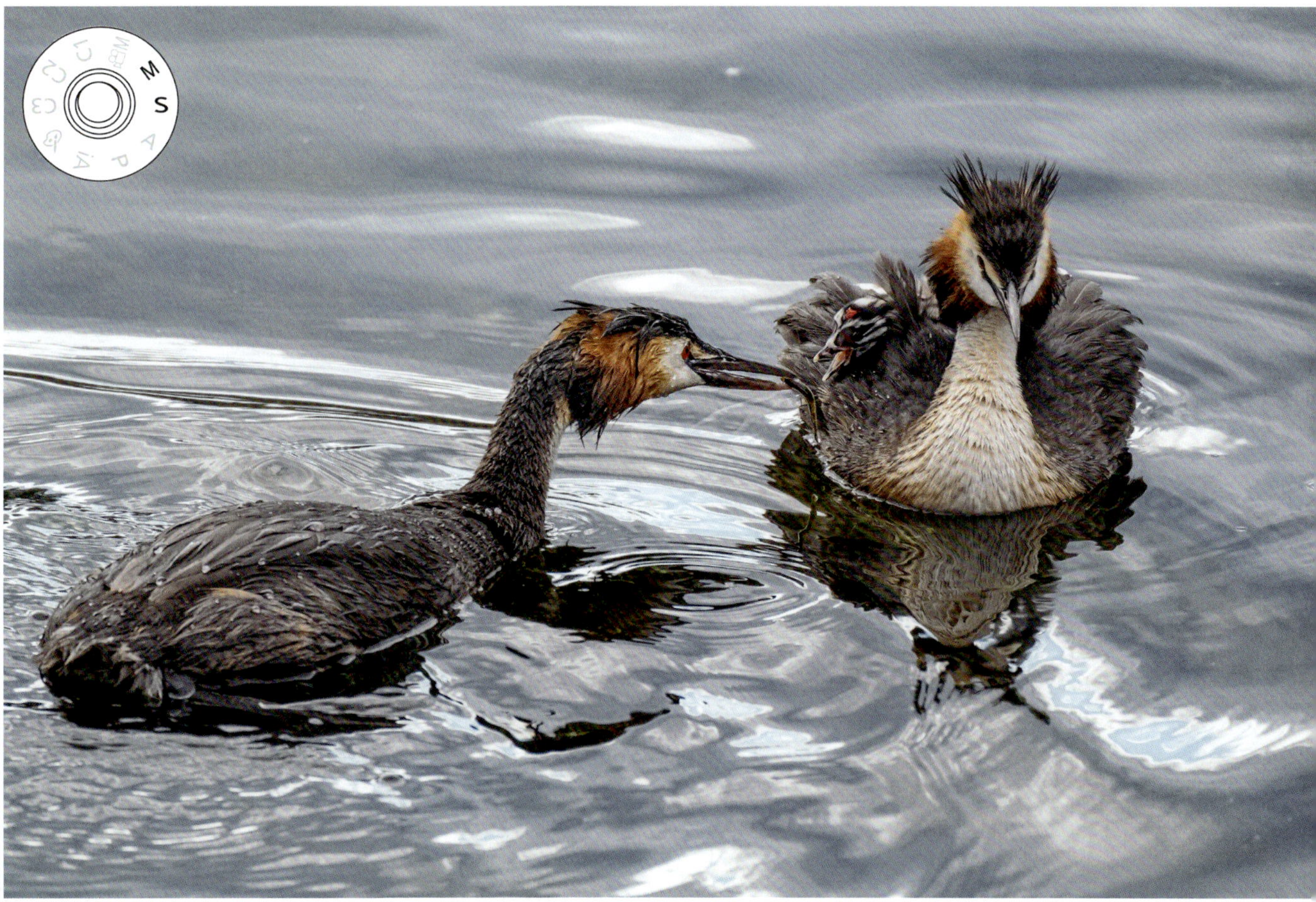

Abendessen bei Familie Haubentaucher, aufgenommen im manuellen Modus M mit kurzer Belichtungszeit, Serienbildaufnahme und Nachführ-AF

			ISO
400 mm	f5,6	1/1000 s	500

Praxis: Tieraufnahmen über das Porträt hinaus

Tiere bieten in ihren Verhaltensweisen so viele Facetten, dass ein schönes Porträt zu fotografieren erst der Anfang ist. Beobachten Sie Ihren Hund oder Ihre Katze doch mal ein Weilchen mit der Kamera, und Sie werden sehen, dass dabei Aufnahmen herauskommen, die Ihren tierischen Mitbewohner ganz besonders in Szene setzen. Und wenn Sie es draußen in der Natur versuchen wollen, bieten sich auch dort zahlreiche Gelegenheiten, Wildtieren so nahe zu kommen, dass sich attraktive Bilder aufnehmen lassen.

Perspektive

Tieraufnahmen wirken besonders eindrücklich, wenn Sie sich beim Fotografieren auf Augenhöhe mit Ihrem Model befinden. Von oben fotografiert, geht häufig etwas der direkte Bezug zum Tier verloren. Scheuen Sie sich also nicht, sich auch mal vor dem Welpen oder der Katze mit der Kamera auf den Boden zu legen. Bei größeren Hunden reicht auch schon ein Kniefall vor des Menschen bestem Freund.

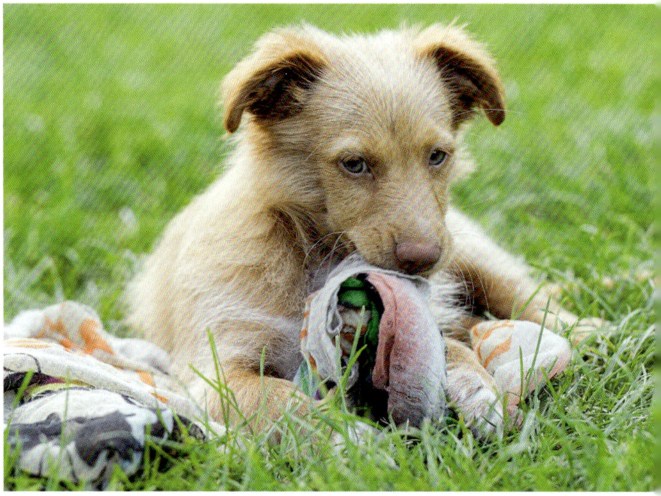

Begeben Sie sich auf Augenhöhe mit den Tieren, so wie wir das hier mit unserem spielenden Hundewelpen gemacht haben.

Verhaltensweise zeigen

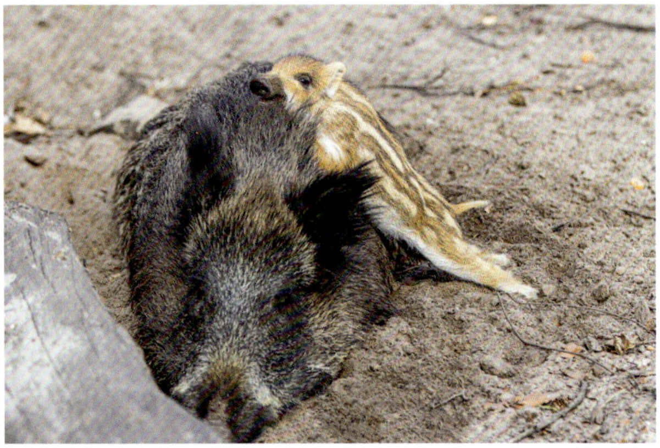

Besonders individuelle Aufnahmen entstehen, wenn Sie Tiere bei Lieblingsbeschäftigungen aufnehmen, z. B. beim Herumtollen mit ihren Geschwistern oder Schmusen mit der Mutter. Wählen Sie eine Belichtungszeit von 1/500 s oder kürzer, um schnelle Bewegungen scharf einzufangen.

Mama ist die Beste! Fotos von Tieren in Aktion unterstreichen die Persönlichkeit oder zeigen charakteristische Verhaltensweisen.

Besitzer miteinbeziehen

Eine weitere Möglichkeit, Haustiere schön in Szene zu setzen, ist, den Besitzer in das Bild miteinzubeziehen. So lässt sich auch sehr schön die Beziehung zwischen Tier und Mensch zum Ausdruck bringen. Egal, ob Model mit Hund oder Rennstallbesitzerin mit ihrem Lieblingsvollblut – solche Aufnahmen sind meistens sehr intensiv und geprägt durch die Zuneigung der Besitzer zum geliebten Tier.

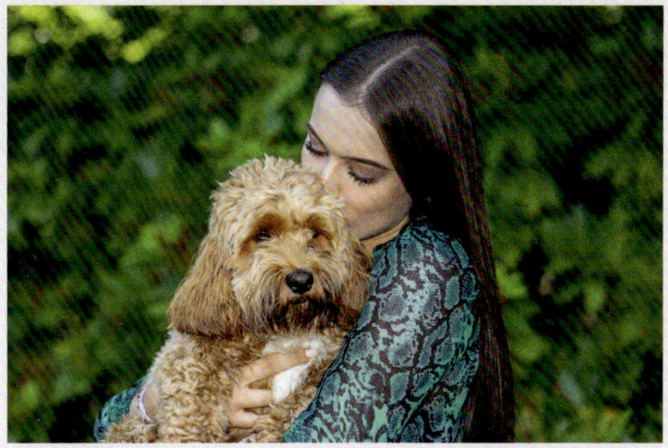

Eng verbunden: Hund mit Besitzerin

Gekonnte Flugaufnahmen

Flugaufnahmen sind die Königsdisziplin der Vogelfotografie. Stellen Sie am besten eine Belichtungszeit von mindestens 1/500s ein. Sehr hilfreich sind auch der Nachführ-AF und die Reihenaufnahmefunktion. Zum Scharfstellen eignet sich die Autofokus-Automatik (bei Himmel, Wasser im Hintergrund) oder der Einzelfeld-AF (bei Büschen, Bäumen im Hintergrund).

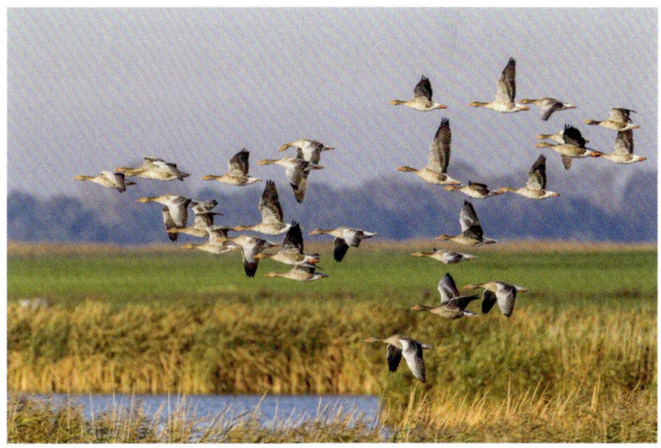

Bei den Graugänsen haben wir links mehr Platz gelassen als rechts, damit die Tiere im Bild in Flugrichtung Raum haben.

Sechs Top-Locations für die Tierfotografie

1. Kegelrobben und Seehunde auf der Düne in Helgoland (vergessen Sie nicht, dort auch mal bei den Basstölpeln am Lummenfelsen vorbeizuschauen)
2. Tierfreigehege Nationalpark Bayerischer Wald (perfekt für naturnahe Aufnahmen von Bären, Luchsen, Wildkatzen, Fischottern und Wölfen)
3. Kraniche am Günzer See in Groß Mohrdorf bei Stralsund (September bis Oktober)
4. Steinböcke in den Allgäuer Alpen (erfordert etwas Sucharbeit)
5. Rothirschbrunft im Duvenstedter Brook bei Hamburg (im Herbst)
6. Murmeltiere an der Franz-Josefs-Höhe, Großglockner Hochalpenstraße (freilebende Murmeltiere, die sich aber an den Menschen gewöhnt haben, geht auch prima ohne Teleobjektiv)

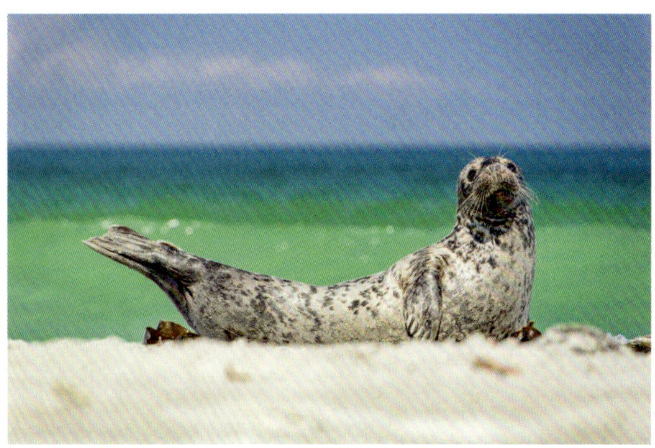

Projekt: Fasanenvögel im Frühling

Eine Gelegenheit, in Deutschland interessante Tiere zu fotografieren, bietet sich im Frühling auf Feldern und Wiesen. Das frische Grün lockt Hasen, Fasane und andere kleinere Tiere aus ihren Verstecken. In dem noch nicht so hochgewachsenen Geflecht aus Gras und Getreide finden sie einerseits Nahrung und andererseits ausreichend Deckung vor Fressfeinden. Im Foto wirken die grünen Halme sehr dekorativ, vor allem, wenn ein kräftig rotbraun gefärbter Jagdfasan darin seinen Balzruf ausstößt. Um die scheuen Vögel zu fotografieren, nähern Sie sich am besten mit einem Auto vorsichtig an und fotografieren mit einem Teleobjektiv aus der heruntergekurbelten Fensterscheibe heraus.

Der Weg zum Fasanenporträt

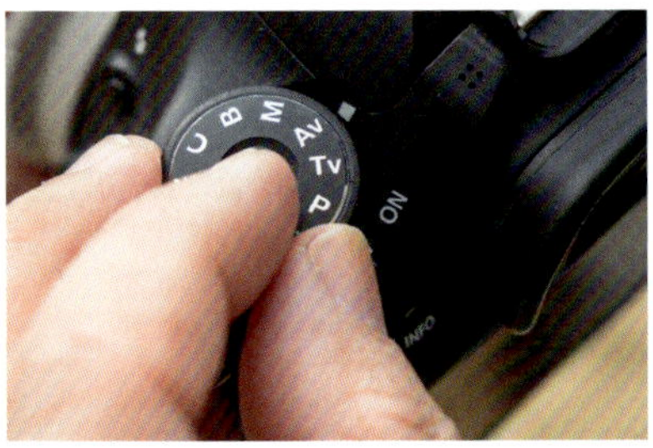

1 Das passende Programm Um den Jagdfasan gut vom Vorder- und Hintergrund freizustellen, verwendeten wir die Blendenvorwahl (A/Av) und fotografierten mit offener Blende f4.

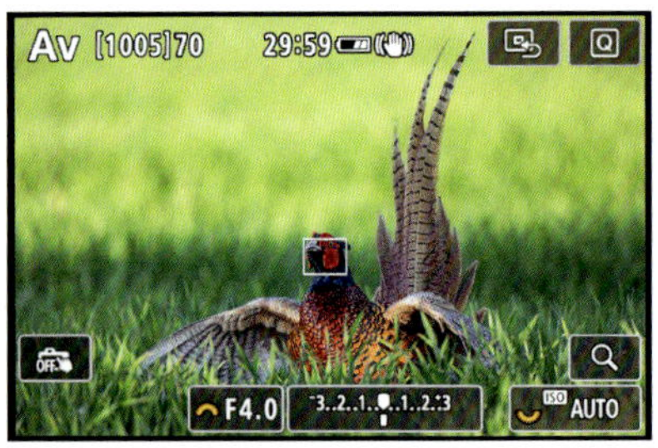

2 Der richtige AF-Modus Die Schärfe sollte exakt auf dem Kopf liegen. Daher nutzten wir ein einzelnes AF-Feld mit zusätzlich aktivierter Vogelerkennung und legten es an eine bildgestalterisch günstige Position im unteren Bilddrittel.

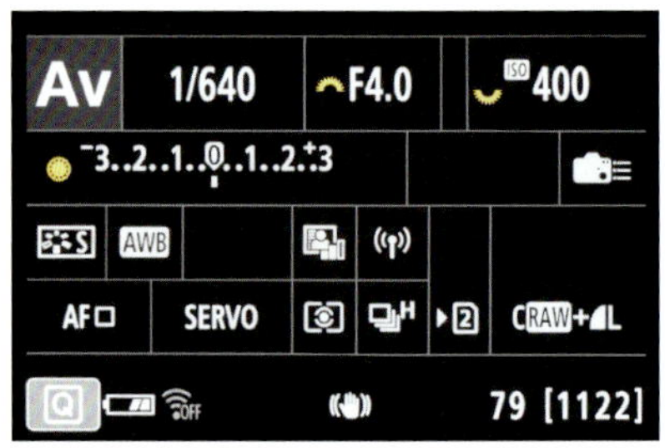

3 Weitere Einstellungen Um die Belichtungszeit so kurz zu halten, dass die Bewegungen größtenteils eingefroren werden, mussten wir den ISO-Wert auf 400 anheben. Die Kamera ermittelte daraufhin eine Belichtungszeit von 1/640 s, die kurz genug war, um den Vogelkörper scharf abzubilden, aber auch ausreichend lang für einen leichten Wischeffekt in den Flügeln. Der Nachführautofokus (AF-C, Servo-AF) verfolgte den Vogelkörper während der Bewegung, und die schnelle Serienaufnahme bescherte uns am Ende eine gut bestückte Bilderreihe, aus der sich die beste Szene auswählen ließ.

Lange Brennweiten bei Kompaktkameras

Tieraufnahmen aus größerer Entfernung sind auch mit Kompaktkameras möglich. Bridgekameras bieten immer große Brennweiten an, und selbst kleinere Kompakte besitzen üblicherweise einen Digitalzoom, der es ermöglicht, weiter entfernte Motive deutlich vergrößert abzubilden. Bis zu einem gewissen Zoomfaktor ist das mit erstaunlich guter Qualität möglich, gehen Sie allerdings bis zum Äußersten, sinkt die Bildqualität meist drastisch.

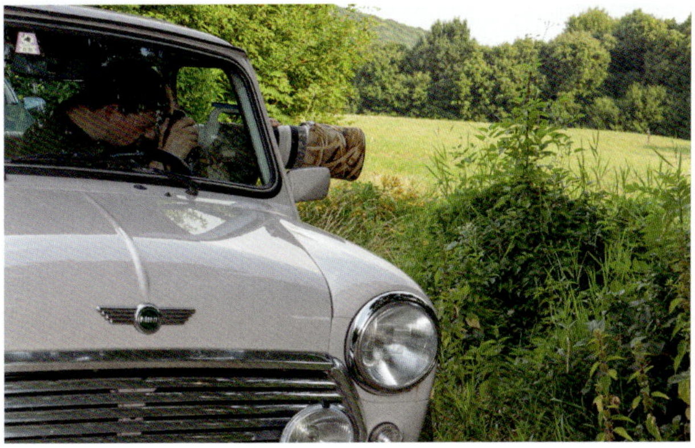

4 **Anpirschen**

Fasanenvögel sind scheu, und um den Balzruf fotografieren zu können, müssen sie sich ungestört fühlen. Getarnt im Auto mit heruntergelassener Seitenscheibe auf einem Feldweg nahmen sie uns kaum wahr, solange wir vorsichtig, schon mit dem Objektiv im Anschlag, heranfuhren, den Motor abstellten und keine hektischen Bewegungen machten. Auf einem Bohnensack abgestützt war das Teleobjektiv gut fixiert. Sobald der Fasan zum Ruf ansetzte, was nach etwas Beobachtung gut vorab zu erahnen war, lösten wir die Serienbilder aus.

Das Ergebnisbild

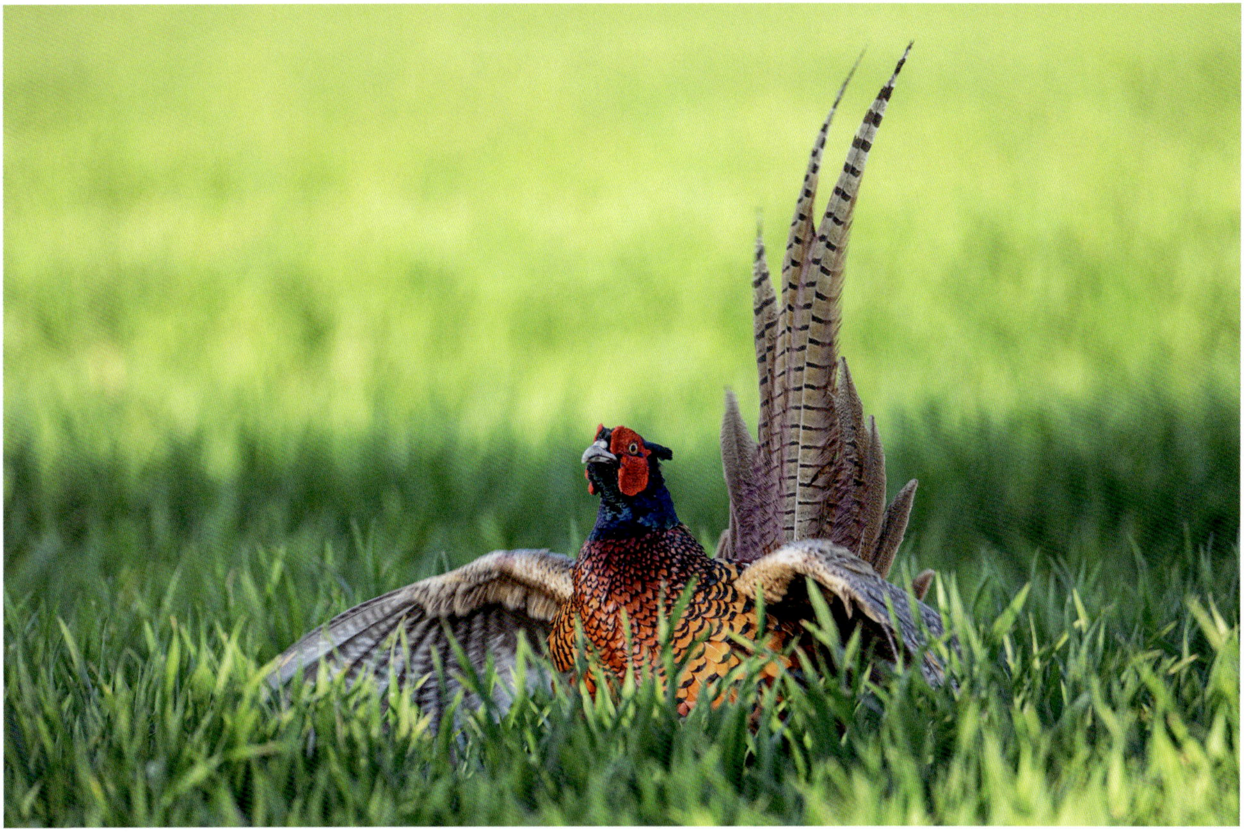

Mit der Serienaufnahme konnten wir den Balzruf eines Jagdfasans in mehreren Bildern einfangen. Hier zu sehen ist die Körperhaltung gegen Ende der Aktion, bei der der Vogel mit den Flügeln schlägt und das Schwanzgefieder in die Höhe streckt. Das wirkt im Bild sehr dynamisch, vor allem auch deshalb, weil die Flügel eine leichte Bewegungsunschärfe aufweisen, der Kopf aber scharf zu sehen ist.

Brennweite	Blende	Belichtungszeit	ISO
500 mm	f4	1/640 s	400

Wissen: Makrofotografie

Die Faszination, mit der Kamera ganz nah heranzugehen, kleinste Dinge, die normalerweise im Verborgenen liegen, aus ihrem Schattendasein herauszuholen und attraktiv in Szene zu setzen, kann sich zur fotografischen Leidenschaft mit Suchtfaktor entwickeln. Mit der Makrofotografie können Sie sich sprichwörtlich eine neue fotografische Welt voller spannender Motive erschließen. Steigen Sie ohne viel Geld mit Nahvorsatzlinsen und Zwischenringen ein, und legen Sie sich, sollten Sie Feuer gefangen haben, ein passendes Objektiv zu. Neben der Ausrüstung schaden allerdings einige theoretische Grundlagen nicht, wenn Sie sich mit der Kamera in die Welt der winzigen Dinge begeben möchten.

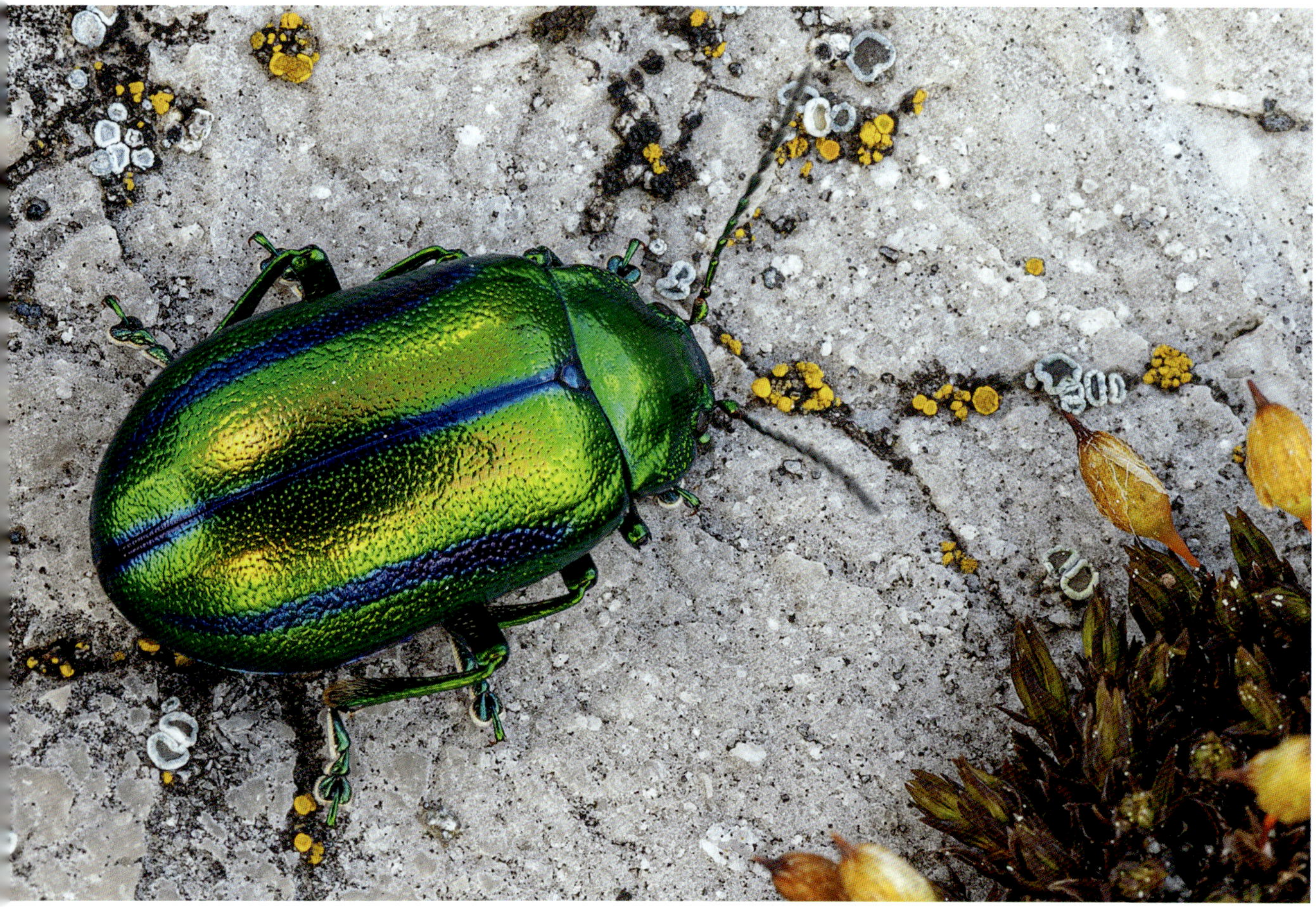

Mit einem hohen Blendenwert wurde der Kreuzkraut-Blattkäfer scharf abgebildet. Die gelben Flechten harmonieren gut mit dem schillernden Chitinpanzer.

			ISO
100 mm	f 18	1/8 s	400

Abbildungsmaßstab

Der sogenannte *Abbildungsmaßstab* ist vor allem in der Nah- und Makrofotografie wichtig. Von echter Makrofotografie wird gesprochen, wenn der Maßstab mindestens ein Verhältnis von 1 : 1 aufweist. Bei dieser Vergrößerung wird das Motiv im Bild genauso groß dargestellt, wie es auch in natura ist. Das können Sie sich so vorstellen, als würden Sie das Motiv direkt auf den Sensor legen. Bei geringeren Vergrößerungen wird eher von Nahfotografie gesprochen. In der Regel bieten nur Makroobjektive die Möglichkeit, ohne weiteres Zubehör bis 1 : 1 zu fotografieren.

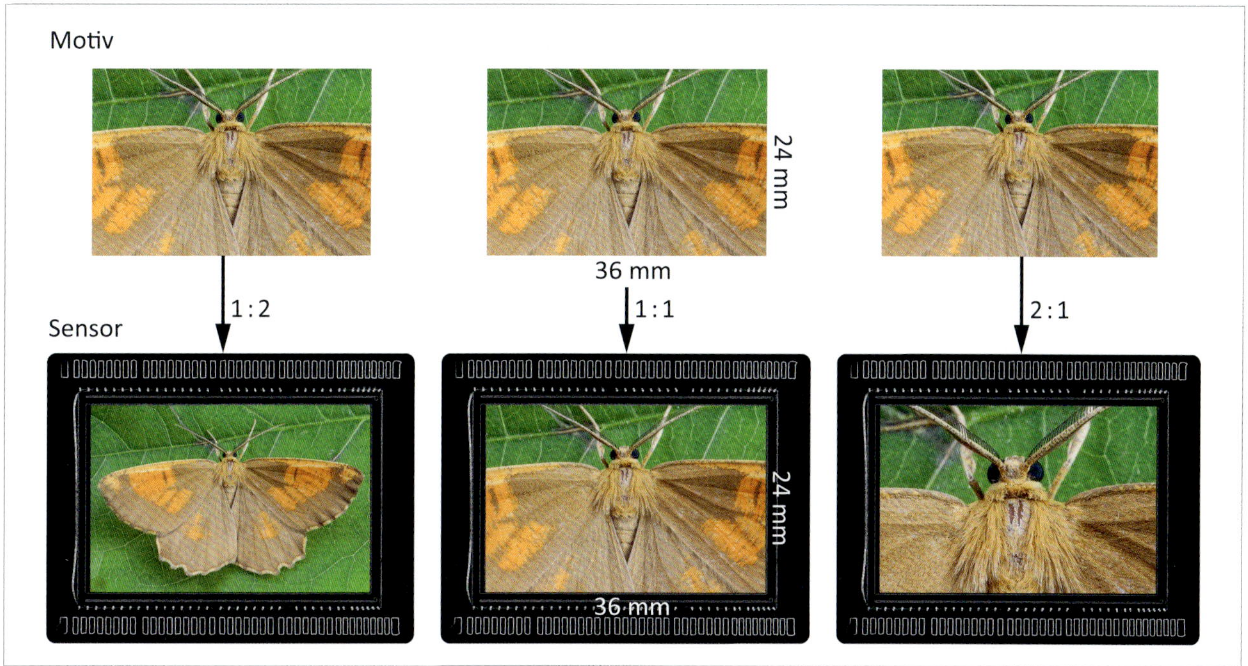

Darstellbare Motivvergrößerung bei unterschiedlichen Abbildungsmaßstäben

Preiswertes Einstiegsequipment

Wenn Sie erst einmal in die Makrofotografie hineinschnuppern möchten, ohne gleich viel Geld für ein Makroobjektiv auszugeben, empfehlen wir Nahvorsatzlinsen oder Zwischenringe. Mit beiden Zubehöroptionen erreichen Sie schon beachtliche Abbildungsvergrößerungen, lediglich die Funktionsprinzipien und die damit verbundenen (leichten) Schwächen unterscheiden sich. Für tiefer gehende Ambitionen wäre dann ein richtiges Makroobjektiv das Mittel der Wahl.

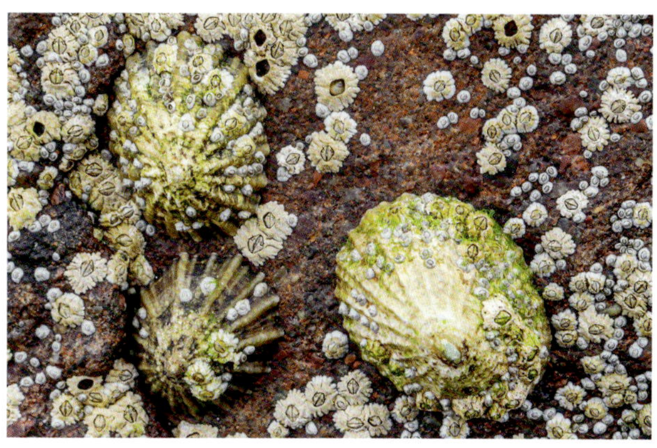

Nahvorsatzlinse oder Achromat

Nahvorsatzlinsen werden vorne in das Objektivgewinde geschraubt und ermöglichen es, dichter an das Motiv heranzurücken, was eine stärkere Vergrößerung zur Folge hat. Es gibt sie in verschiedenen Vergrößerungsleistungen (gemessen in Dioptrien). Das Praktische daran ist, dass sich alle Kamerafunktionen weiterhin voll nutzen lassen. Sogenannte *Achromate* sind teurer, bieten aber durch ihre mehrlinsige Konstruktion gegenüber einlinsigen Vorsatzlinsen eine deutlich bessere Bildqualität. Bei manchen Kompaktkameras benötigen Sie einen Adapter, um die Nahvorsatzlinse anschrauben zu können, bei anderen ist die Verwendung leider nicht möglich. Wichtig ist zu wissen, dass Sie mit angebrachter Vorsatzlinse nicht mehr in die Ferne oder auf Unendlich scharfstellen können, aber die Linse lässt sich ja schnell wieder abdrehen.

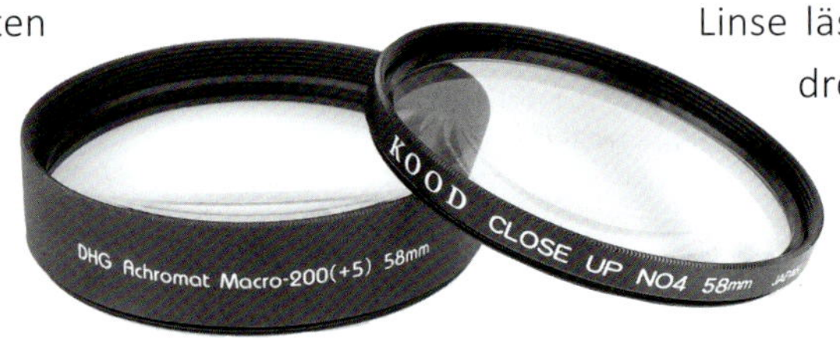

Achromat (links) und einfache Nahvorsatzlinse zur Motivvergrößerung mit jedem Objektiv, das ein Schraubgewinde besitzt

Zwischenring

Zwischenringe werden zwischen Kameragehäuse und Objektiv geschraubt und verringern in Abhängigkeit von der Tubuslänge den Aufnahmeabstand. Gegenüber Nahlinsen besteht der Vorteil, dass keine Linsen die Bildqualität beeinflussen können. Mit zunehmender Tubuslänge gelangt aber weniger Licht auf den Sensor, und es werden längere Belichtungszeiten notwendig – nicht so günstig für agile Insekten. Das Fokussieren in die Ferne ist mit angebrachtem Zwischenring ebenfalls nicht möglich, dazu muss er, etwas umständlicher als die Vorsatzlinsen, wieder abmontiert werden. Am besten geeignet sind Zwischenringe, die die elektronischen Signale von der Kamera auf das Objektiv übertragen, dann funktionieren auch der Autofokus und die Belichtungssteuerung. Vom Koppeln mehrerer Ringe raten wir aus Qualitätsgründen ab.

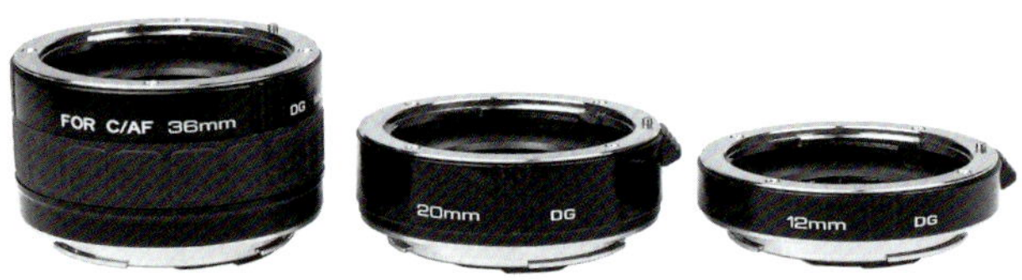

Systemspezifische Zwischenringe mit elektronischer Signalübertragung zwischen Kamera und Objektiv

Makroobjektiv

Makroobjektive sind das Nonplusultra für erstklassige Makrofotografie. Wenn Sie sich langfristig mit dem Aufnehmen von Insekten, Blüten und Wassertropfen beschäftigen, werden Sie sicherlich bald den Wunsch verspüren, das mit einem solchen Spezialobjektiv zu machen. Mehr zum Thema Makroobjektive finden Sie ab Seite 58.

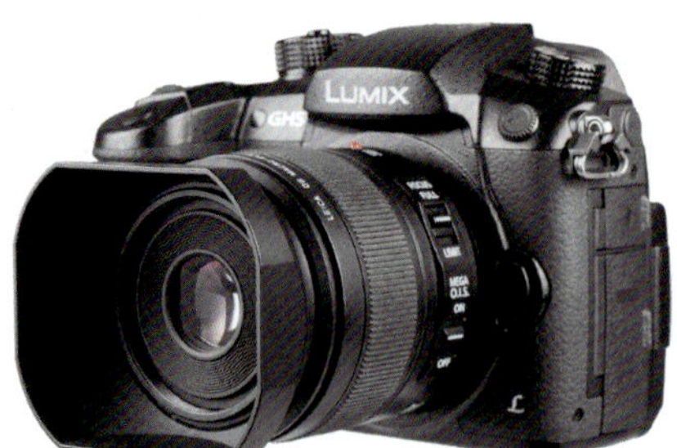

Makroobjektiv für Vergrößerungen bis zum Abbildungsmaßstab 1 : 1

Aufnahmeeinstellungen

In der Makrofotografie ist die Schärfentiefe von besonderer Bedeutung, da diese bei den kurzen Entfernungen zwischen Objektiv und Motiv außerordentlich gering ausfällt. Gerade bei Insekten oder Blüten ist es gar nicht so einfach, möglichst viel Schärfentiefe in das Motiv zu bringen. Darum verwenden wir für die Makrofotografie entweder die Blendenvorwahl (A/Av) oder den manuellen Modus (M). Bei langen Belichtungszeiten kommt das Stativ zum Einsatz, allerdings nur bei unbewegten Objekten. Bei agilen Insekten verringern wir die Belichtungszeit und setzen gegebenenfalls einen Blitz mit einer kleinen Softbox für besseres Licht ein. Oft stellen wir mit dem Einzelfeld- oder Spot-AF scharf. Auch kleine Details lassen sich damit erfassen. Bei besonders feinen Strukturen und vom Stativ aus ist der manuelle Fokus aber immer noch das beste Mittel.

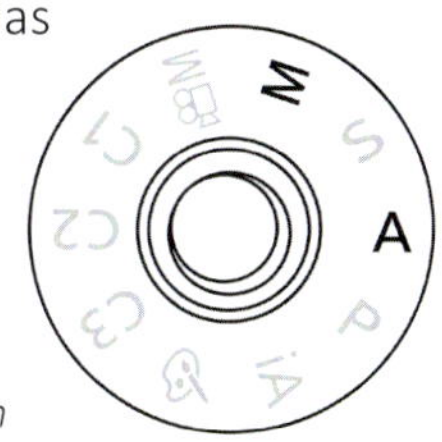

Blendenvorwahl oder manueller Modus, um die Schärfentiefe steuern zu können

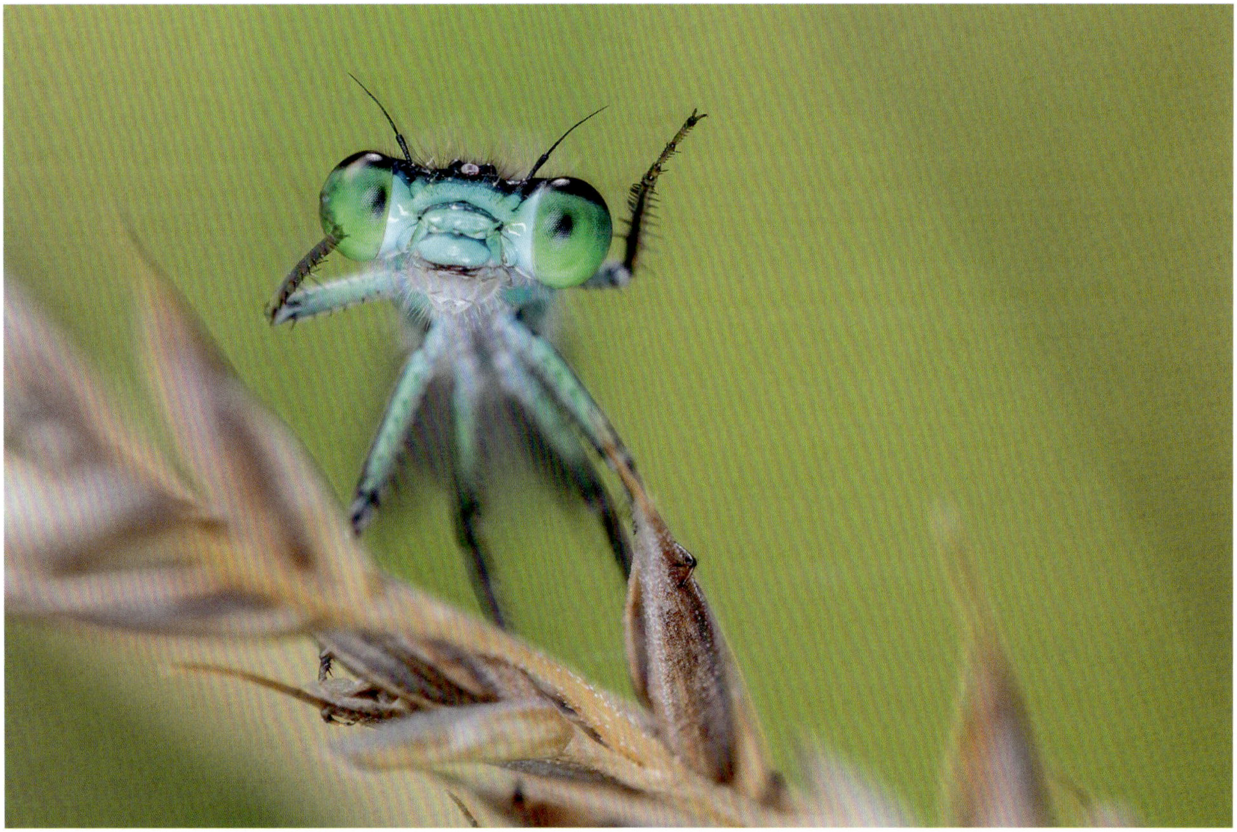

Um das lustige Porträt der Pechlibelle zu erstellen, haben wir die Blende etwas geschlossen, da wir den Kopf komplett scharf abbilden wollten. Der Hintergrund war weit genug entfernt, um trotz etwas größerer Schärfentiefe keine Unruhe aufkommen zu lassen. Um den Kopf exakt zu treffen, haben wir uns mit manuellem Fokus langsam dem Motiv genähert und präzise im richtigen Moment ausgelöst.

			ISO
100 mm	f8	1/30 s	800

Praxis: Makromotive ins beste Licht gerückt

Wenn das Wetter mal wieder mäßig ist und Wolken am Himmel hängen, ist genau der richtige Tag, um sich mit der Makrofotografie zu beschäftigen. Für besonders gute Aufnahmen ist nämlich ein diffuses Licht weit besser geeignet als zu direkte harte Sonneneinstrahlung. Allerdings sind wir natürlich auch lieber bei schönem Wetter unterwegs, dann haben wir aber für gewöhnlich ein paar nützliche Hilfsmittel dabei, um harmonisch wirkende Aufnahmen mit sanfter Beleuchtung zu bekommen.

Diffusor

Ein faltbarer Diffusor besteht aus einem flexiblen Rahmen, der mit lichtdurchlässigem Stoff bespannt ist. Zwischen Lichtstrahlen und Motiv platziert, streut er selbst direktes Sonnenlicht weich auf die Motivstrukturen, und harte Schlagschatten und Kontraste verschwinden im Nu. Diffusoren gibt es in verschiedenen Größen, für die Makrofotografie reichen Modelle mit einem Durchmesser von 30 bis 80 cm völlig aus. Alternativ können Sie für diffuseres Licht auch auf eine Wolke warten, die sich vor die Sonne schiebt, oder das Motiv mit dem eigenen Körper abschatten.

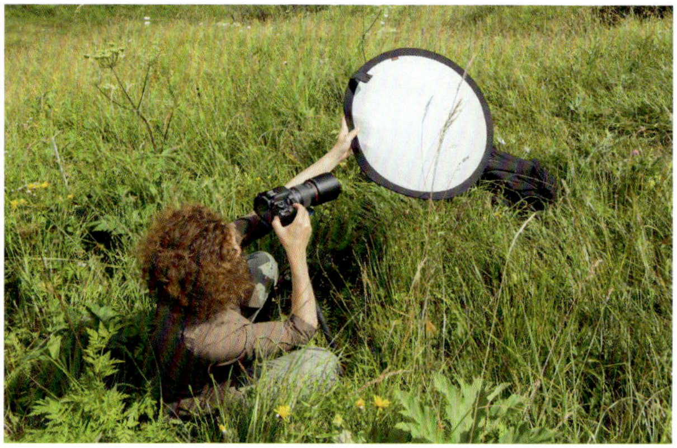

Diffusoreinsatz in der Praxis. Wenn Sie zu zweit sind, drücken Sie den Diffusor am besten Ihrer Begleitung in die Hand.

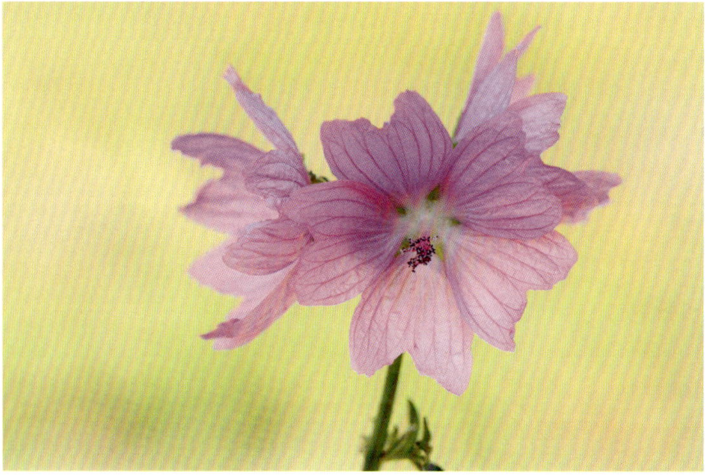

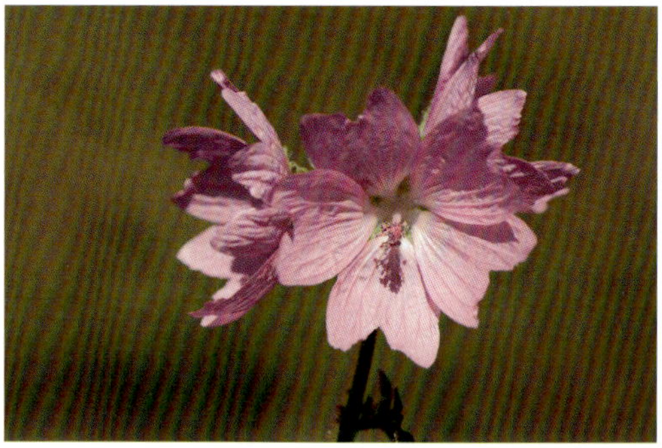

Oben: harte Kontraste ohne Diffusor, links: harmonische Kontraste mit Diffusor

Reflektor

Eine ausgewogenere Beleuchtung können Sie auch durch das Aufhellen von Schatten erzielen. Dafür eignen sich Faltreflektoren; das sind Überzüge für die gerade erwähnten Diffusoren. Sie reflektieren das natürliche Licht unterschiedlich stark. Mit einem weißen Bezug erhalten Sie eine leichte Aufhellung, Silber hellt das Objekt noch stärker auf, und eine Gold- oder Gold-/Silberbeschichtung (Sunflame) erzeugt eine wärmere Farbstimmung, wobei letztere natürlicher wirkt (auch für Porträts geeignet).

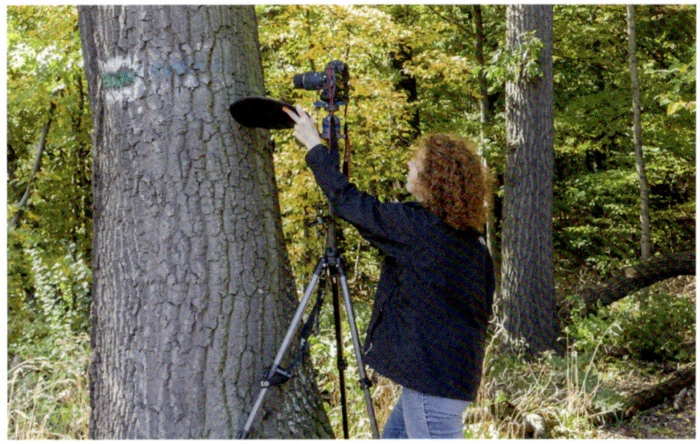

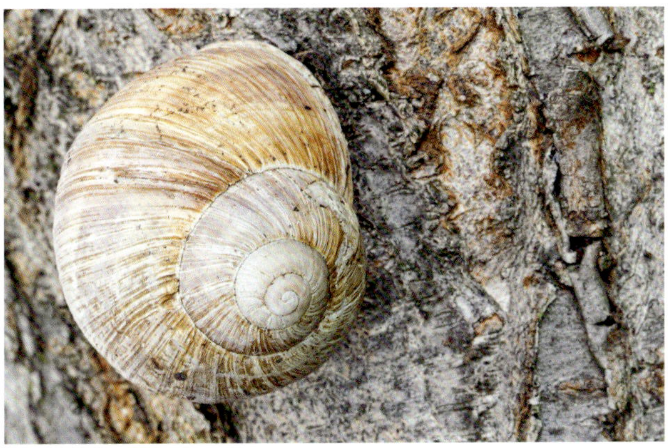

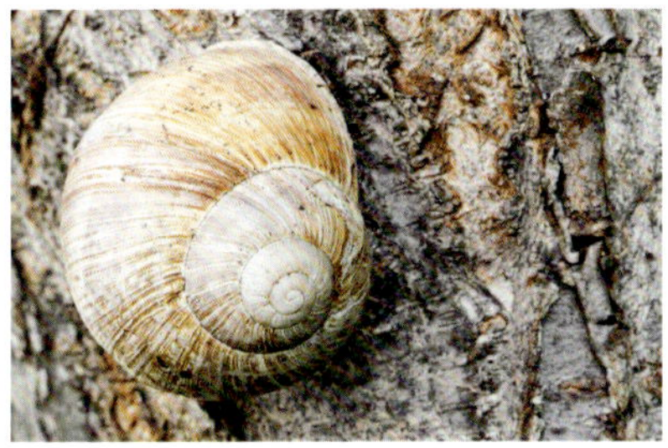

Oben: abgeschattete Unterseite des Schneckenhauses ohne Reflektor, links: Aufhellung mit Silberreflektor

Blitz

Wenn unser Objekt der fotografischen Begierde im Unterholz oder an anderen dunklen Orten lokalisiert ist und eine Aufhellung mit Reflektoren umständehalber nicht gut funktioniert, verwenden wir gerne ein Systemblitzgerät mit Softbox (z. B. Softbox III von LumiQuest) zur Schattenaufhellung. Damit sind bestens ausgeleuchtete, natürlich wirkende Aufnahmen so gut wie garantiert.

Natürlich wirkende Schattenaufhellung mit Blitz und Softbox

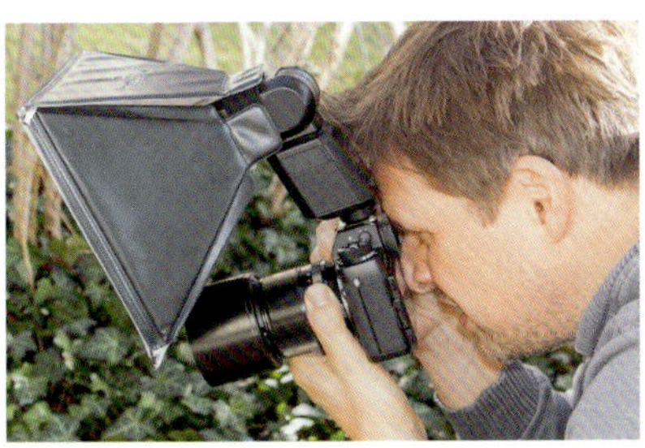

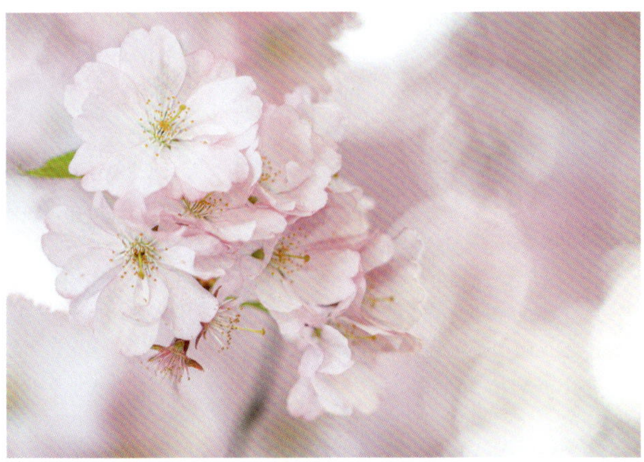

Projekt: Motive im Grünen mal ganz anders

Bunte Blüten sind eines der beliebtesten Motive in der Pflanzenfotografie und bieten eine Unzahl an wunderschönen Motiven. Da Pflanzen üblicherweise nicht weglaufen, haben Sie alle Zeit der Welt, sich mit der Blüte Ihrer Wahl zu beschäftigen. In unserem Beispiel wollten wir eine Fingerhutblüte mit einem kleinen Trick ganz besonders attraktiv in Szene setzen. Sie befand sich im Wald inmitten anderer vornehmlich grüner Pflanzen. Es galt also, die Blüte einerseits schön freizustellen und andererseits eine kreative Darstellungsweise zu finden. Hier zeigen wir Ihnen, wie wir das Ganze angestellt haben.

Kreative Blütenfotografie

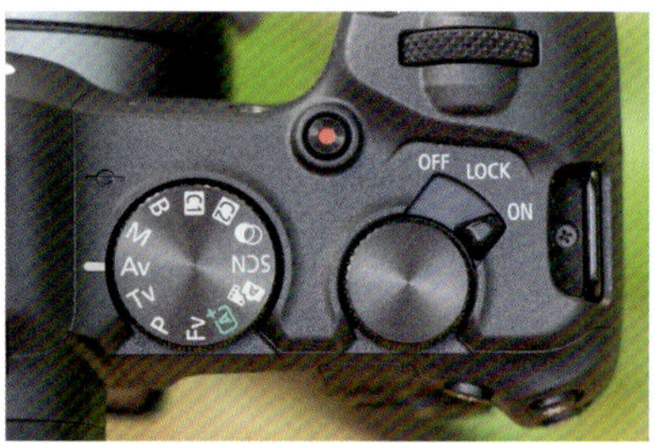

1 Blendenvorwahl für optimale Schärfentiefe

Um die Blende frei wählen zu können, haben wir als Belichtungsprogramm die Blendenvorwahl (A/Av) eingestellt.

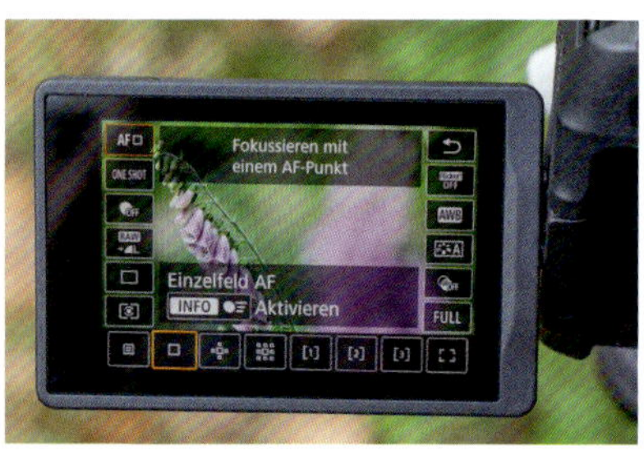

4 Fokus exakt setzen

Um den Fingerhut genau an der richtigen Stelle zu treffen, haben wir den Fokus per Einzelfeld-AF und Fingertouch genau auf eine der mittleren Blüten gelegt.

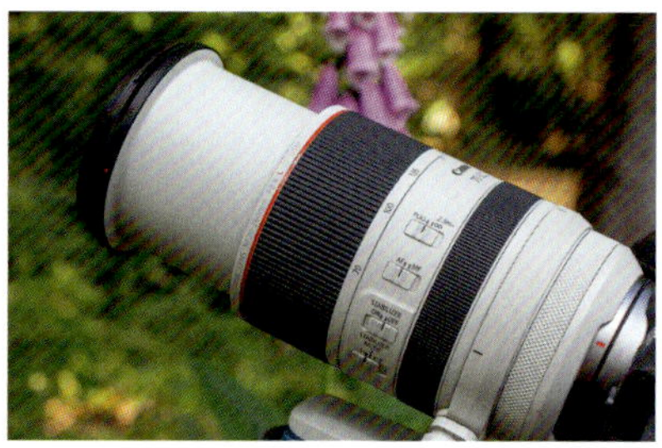

2 Stativ und manueller Fokus

Für einen sicheren Stand und um im Folgenden eine Hand frei zu haben (siehe Schritt 6), wurde die Kamera auf ein Stativ montiert. Am 70–200-mm-Teleobjektiv wurde der Autofokus AF eingestellt und der Bildstabilisator deaktiviert.

5 Perspektive und Bildausschnitt testen

Jetzt muss das Basisbild sitzen. Es galt also, den Bildausschnitt einzurichten und eine Probeaufnahme anzufertigen. Um dem Bild einen besonderen Touch zu verleihen, haben wir eine weiter vorn stehende Fingerhutblüte als unscharfen, magentafarbenen Kontrapunkt mit ins Bild genommen. Das Ergebnis sehen Sie hier rechts.

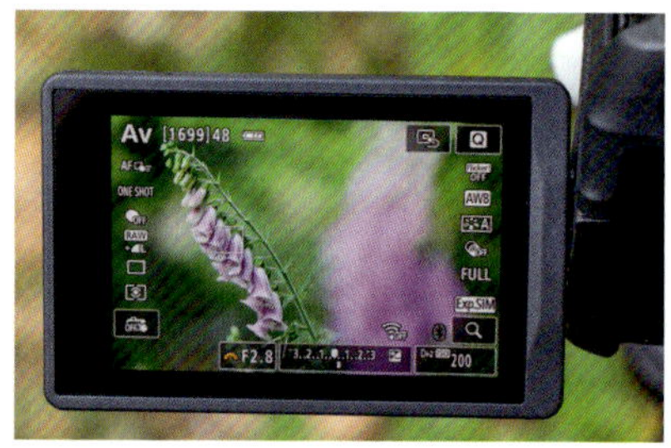

3 Offene Blende für weichen Hintergrund

Um die Blüte vor dem etwas unruhigen Hintergrund möglichst gut freizustellen, haben wir den Blendenwert f2,8 (also eine offene Blende) gewählt und mit einer Telebrennweite von 177 mm Abstand zur Blüte gehalten.

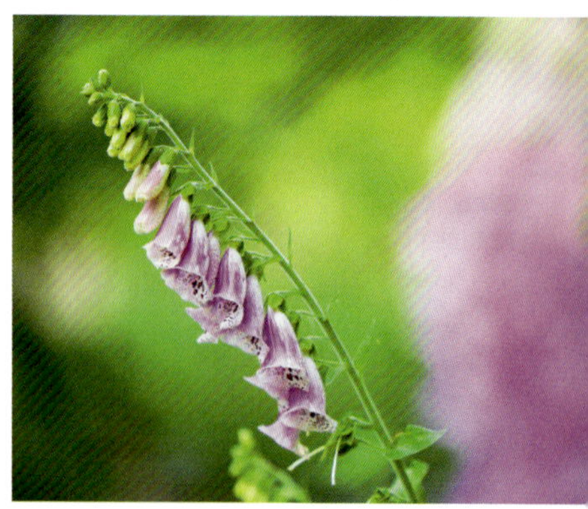

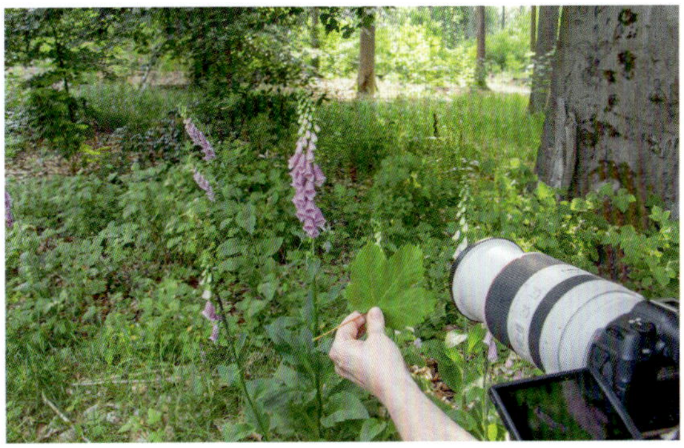

6 Das Basismotiv kreativ aufpeppen

Hier wird klar, was es mit der freien Hand aus Schritt 2 auf sich hat. Mit geschickt im Bild platzierten Blättern lässt sich ein unscharfer Bildrahmen erzielen. Zudem können unschöne Randbereiche damit abgedeckt werden. Hierbei haben Sie viel Gestaltungsspielraum. Variieren Sie den Abstand zwischen den Blättern und der Kamera. Je dichter sie positioniert sind, desto unschärfer werden sie im Bild aussehen. Probieren Sie auch verschiedene Höhen aus, sodass mal weniger, mal mehr vom Hauptmotiv verdeckt wird. Oft sieht es besonders gut aus, wenn der Stängel am Bildrand wie aus einer grünen unscharfen Wolke ins Bild ragt.

Das Ergebnisbild

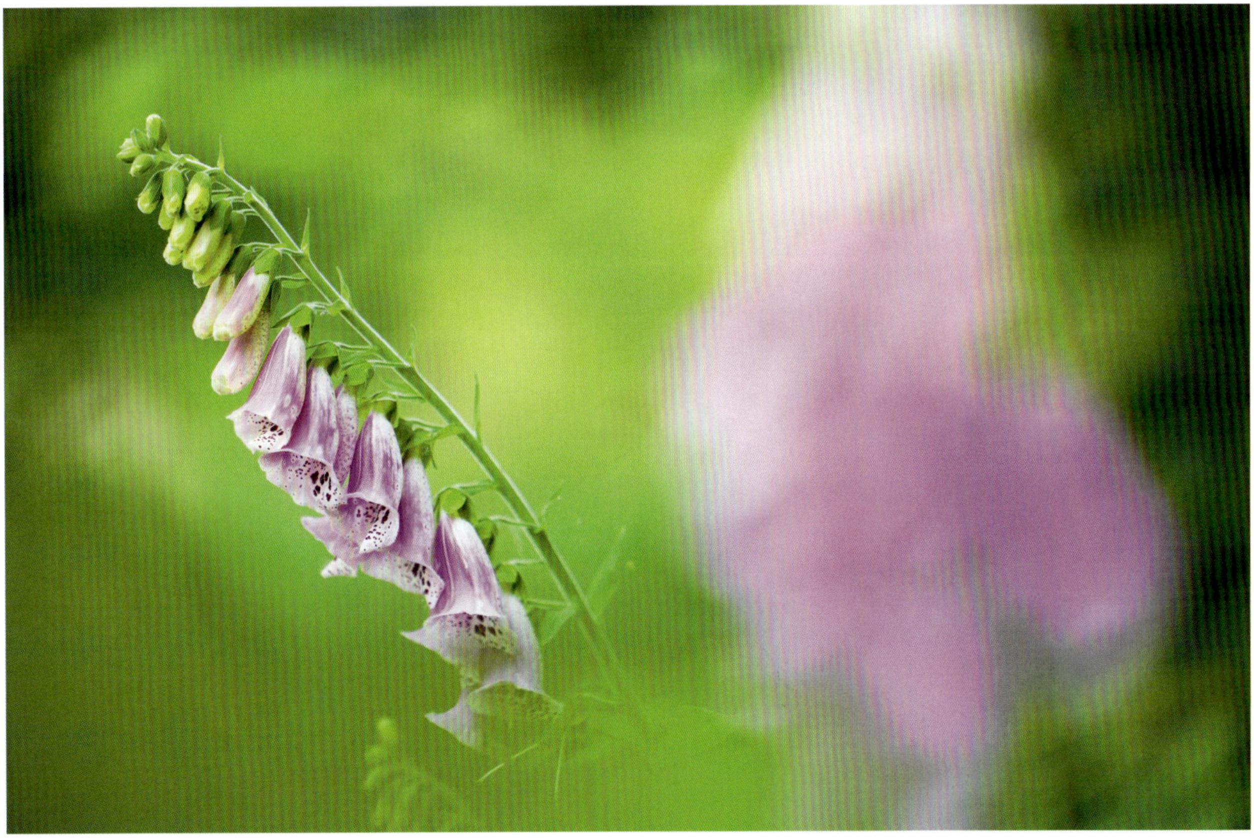

Ergebnis ist ein sehr stimmungsvolles Bild, bei dem die Blüte das gewisse Etwas erhielt, das sie von der »normalen« Aufnahme in Schritt 5 kreativ abhebt. Das gelang durch den in unterschiedlich Grüntönen gehaltenen Rahmen und die Überlagerung des Stängels durch die unscharfe Blüte.

Brennweite	Blende	Belichtungszeit	ISO
177 mm	f 2,8	1/125 s	200

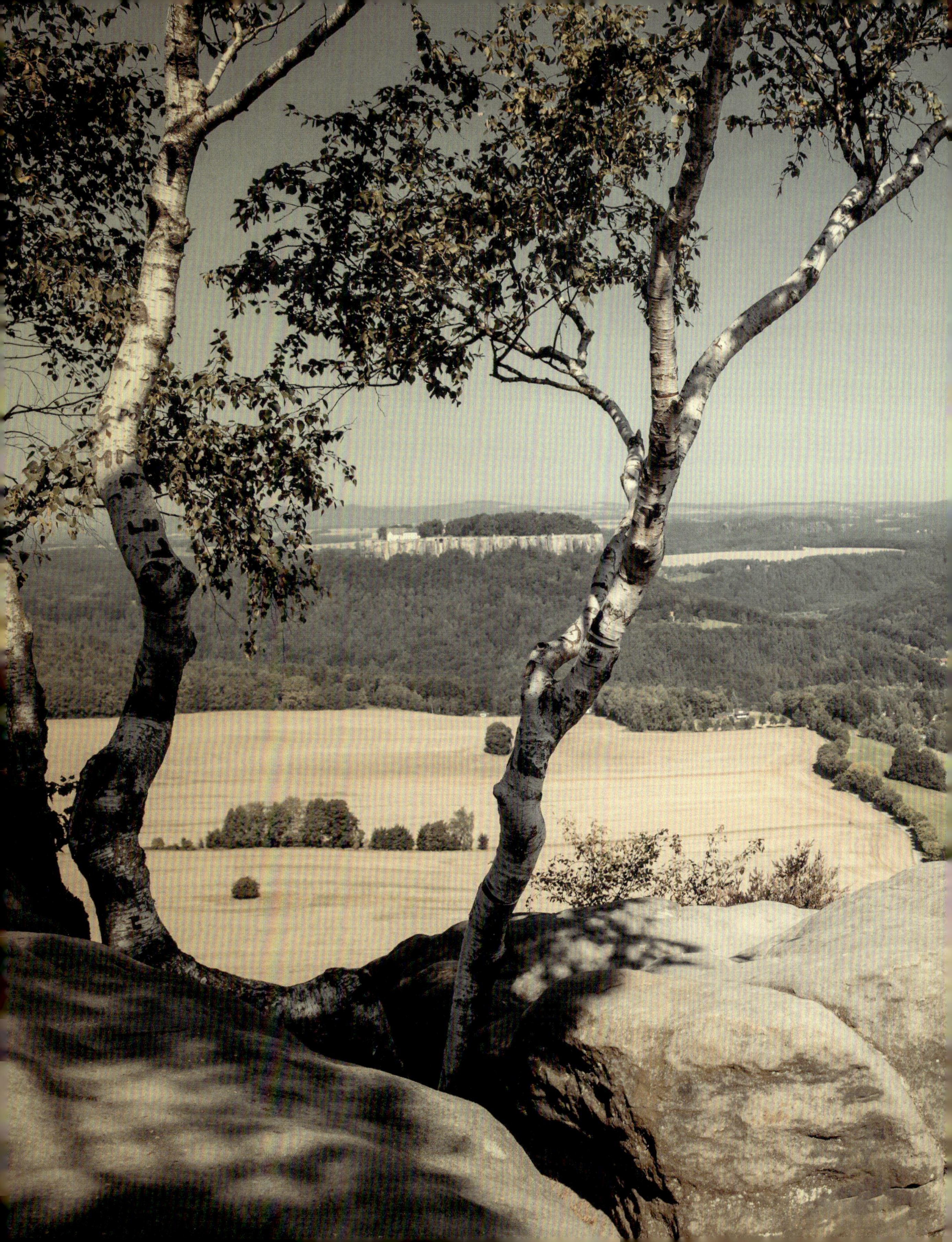

Kapitel 7

Bilder nachbearbeiten

Nachdem die Bilder im Kasten waren, wurden sie früher ganz einfach zum Entwickeln abgegeben, und mit Spannung wurde das Ergebnis erwartet. Heute geht es direkt nach dem Aufnehmen ins digitale Fotolabor. Egal, ob Helligkeit, Kontrast, Farbgebung oder Schärfe, in allen diesen Bereichen lässt sich in der Bildbearbeitung noch etwas verbessern. Wir zeigen Ihnen, wie.

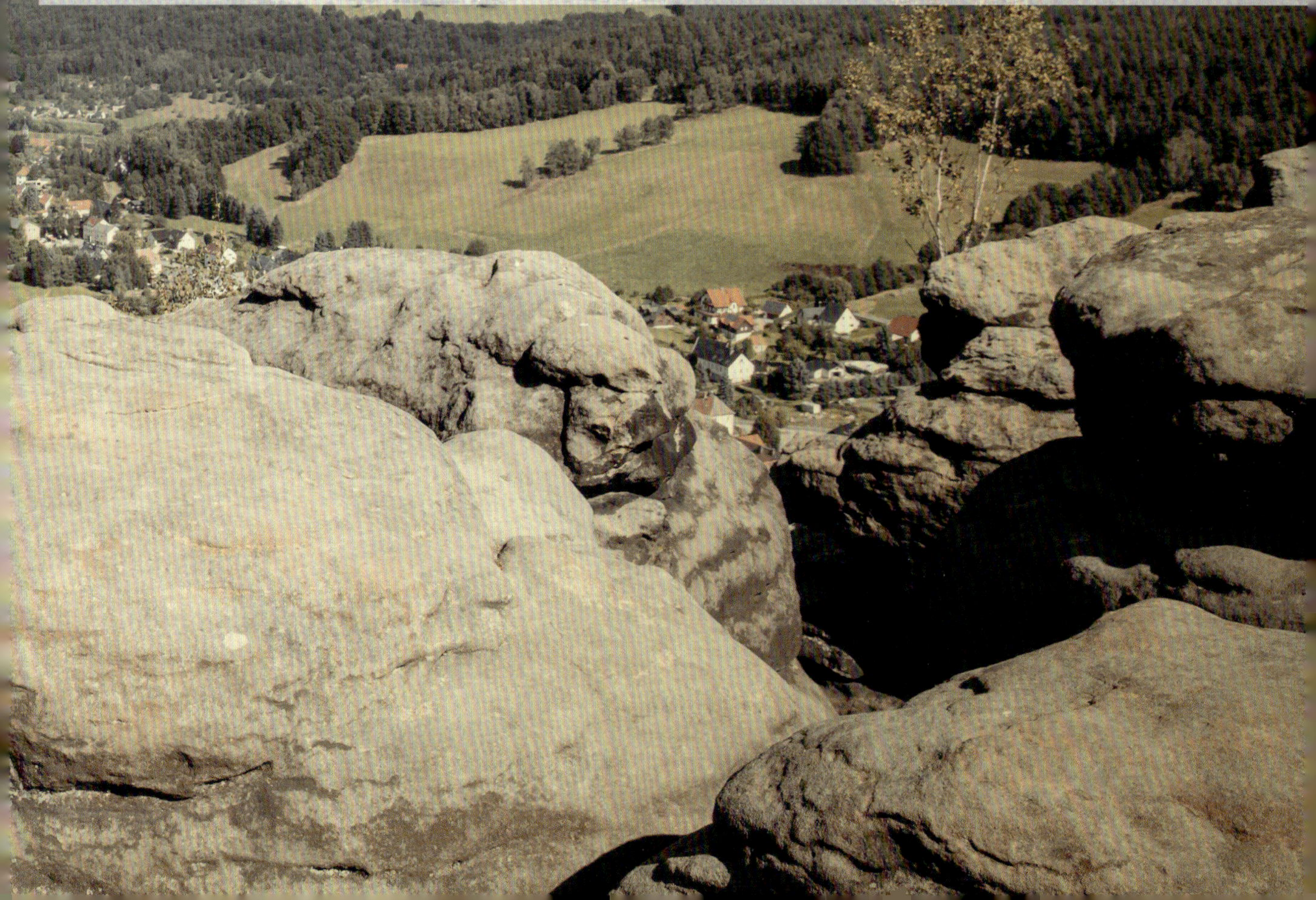

Wissen: Die digitale Dunkelkammer

Digitalbilder können selbstverständlich direkt aus der Kamera kommend gleich weiterverwendet werden. Ein wenig Bildbearbeitung schadet aber in der Regel nicht, um einem an sich schon eindrucksvollen Bild noch einen Tick mehr Brillanz zu verleihen. Manchmal waren die Aufnahmebedingungen auch ungünstig, sodass nachträgliche Korrekturen von Helligkeit, Kontrast oder Farbe notwendig werden.

Bildbearbeitungsprogramme

In den folgenden Abschnitten stellen wir Ihnen ein paar grundlegende Bearbeitungsschritte vor, mit denen Sie Ihre Bilder schnell optimieren können. Als Software haben wir beispielhaft das Bildbearbeitungsprogramm Photoshop Elements verwendet, da es aufgrund seines Funktionsumfangs und der intuitiven Bedienung sehr weit verbreitet ist. Die meisten verwendeten Funktionen finden sich aber in ähnlicher Weise auch in anderen Bildbearbeitungsprogrammen wieder, wie z. B. Affinity Photo oder Gimp (kostenlos).

Von links nach rechts: Photoshop Elements, Affinity Photo, Gimp

Typischer Arbeitsablauf

1. Übertragen und öffnen	2. Ausrichten und beschneiden	3. Helligkeit und Kontrast anpassen
Die Bildbearbeitung beginnt mit dem Öffnen einzelner Dateien im Bildbearbeitungsprogramm. Manche Programme bieten auch eine *Stapelverarbeitung* für das gleichzeitige Anpassen mehrerer Bilder, die aber oft nicht das beste Ergebnis liefert.	Ist der Horizont gerade abgebildet? Stören Motivelemente am Bildrand die Wirkung? Passen Sie beides in einem Schritt an. Aber diese Funktion eignet sich nicht nur zur Fehlerkorrektur. Sie können Ihrem Bild auch einen neuen, kreativen Look verpassen.	Selbst wenn die Bildhelligkeit zum Zeitpunkt der Aufnahme schon gut ausgesehen hat, können ein paar leichte nachträgliche Anpassungen die Wirkung oftmals noch steigern. Sorgen Sie zudem für eine zum Motiv passende Kontrastwirkung.

4. Farben optimieren	5. Nachschärfen	6. Speichern und präsentieren
Von einer realistischen Farbgebung über Farbtonungen bis hin zu Fine-Art-Darstellungen in Schwarzweiß können Sie Ihren Bildern mit einer adäquaten Farbanpassung das besondere Etwas verleihen. Experimentieren Sie nach Ihrem Geschmack.	Durch die Aufnahmebedingungen oder die Nachbearbeitung geht immer ein wenig Schärfe verloren. Den letzten Feinschliff verpassen Sie Ihrem Bild also durch eine angepasste Schärfung – ob für das Internet oder den Druck.	Speichern Sie das Bild am besten im weitverbreiteten JPEG-Format unter einem anderen Namen ab, damit Sie das Originalbild nicht verlieren. Um die Bearbeitungsebenen zu erhalten, eignen sich die Formate TIFF und PSD (= *Photoshop-Datei*).

Der Ebenenvorteil

Das Besondere an den erwähnten Programmen ist auch, dass sie mit Ebenen umgehen können. Ebenen können Sie sich wie einen Bilderstapel vorstellen. Das Original liegt unten, und die bearbeiteten Kopien, Filterfolien oder Textfolien liegen obendrauf. Die Bearbeitung kann also getrennt vom Originalbild stattfinden und daher wieder rückgängig gemacht werden, und sie kann auch nur Teile des Bildes betreffen.

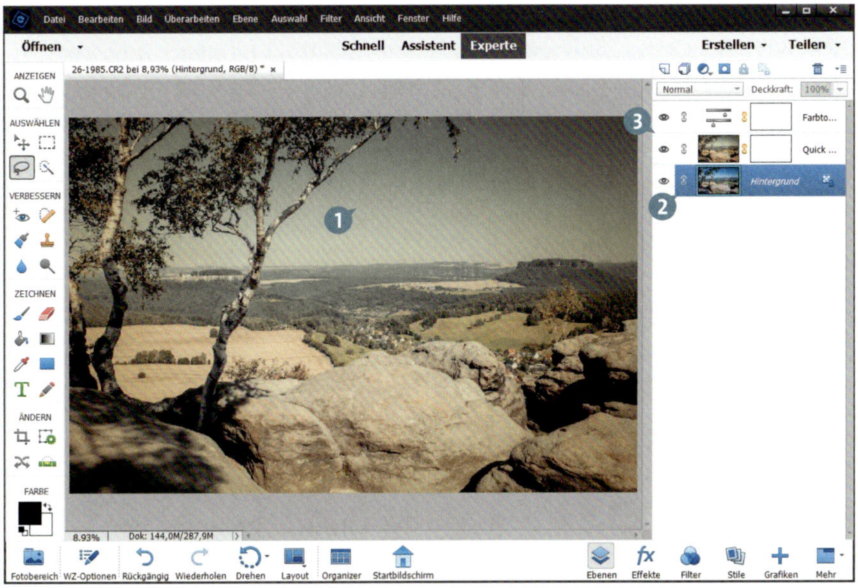

Im großen Fenster sehen Sie das bearbeitete Bild **1** *und rechts in der Ebenenpalette ganz unten das Original* **2** *und darüber die beiden Bearbeitungsebenen* **3**.

Besonderheit: Raw-Dateien

Raw-Dateien müssen zwangsläufig »entwickelt« werden, um sie auf dem Computer anzeigen oder als Papierbild ausdrucken zu können. Das Dateiformat »Raw« ist für die meisten Programme so nicht lesbar. Durchführen lässt sich die Raw-Konvertierung mit der der Kamera beigefügten Software, z. B. Imaging Edge Edit (Sony), Digital Photo Professional (Canon) oder NX Studio (Nikon). Sehr beliebt sind auch Kameratyp-übergreifende Programme wie Adobe Photoshop Lightroom und Capture One Pro, die noch mehr Funktionen bereitstellen, wie z. B. perspektivische Korrekturen oder Objektivkorrekturen für Fremdobjektive. Auch mit Photoshop Elements können Sie Raw-Dateien konvertieren und anschließend weiterbearbeiten. Die Vorteile von Raw liegen in den umfangreicheren Korrekturmöglichkeiten und in der Option, Änderungen jederzeit wieder komplett rückgängig machen zu können. So können Sie Ihre Bilder problemlos in verschiedenen Varianten entwickeln – das Original bleibt Ihnen erhalten. Auch holen Sie mit Raw das Beste aus den Informationen heraus, die Ihnen der Kamerasensor geliefert hat.

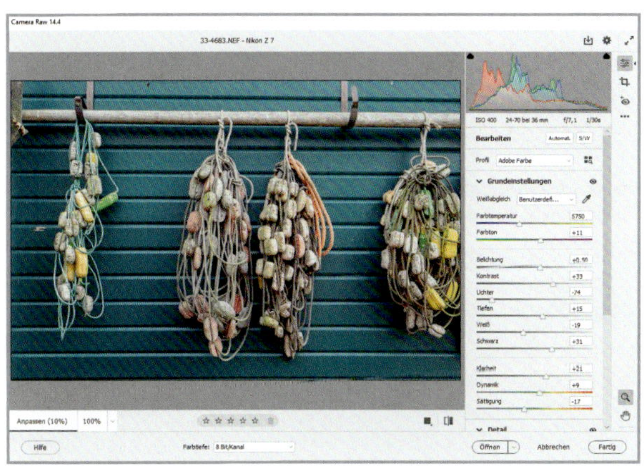

Projekt: Bilder zuschneiden und begradigen

Vor allem bei freihändig fotografierten Motiven liegt es in der Natur der Sache, dass nicht jedes Bild perfekt ausgerichtet ist. Manchmal läuft sprichwörtlich das Meer am Bildrand aus, wie bei der Aufnahme des Steinmännchens mit Brandung. Selbst vom Stativ aus ist es uns schon passiert, dass die Horizontausrichtung irgendwie nicht richtig geklappt hat, weil der Stativkopf nach dem Feststellen nachsackte oder wir wohl zu schief durch den Sucher geblickt haben. Dann wird es Zeit, für ein wenig Ordnung zu sorgen, indem das Bild leicht gedreht wird und die dabei entstehenden überzähligen Ränder abgeschnitten werden.

Bilder ausrichten

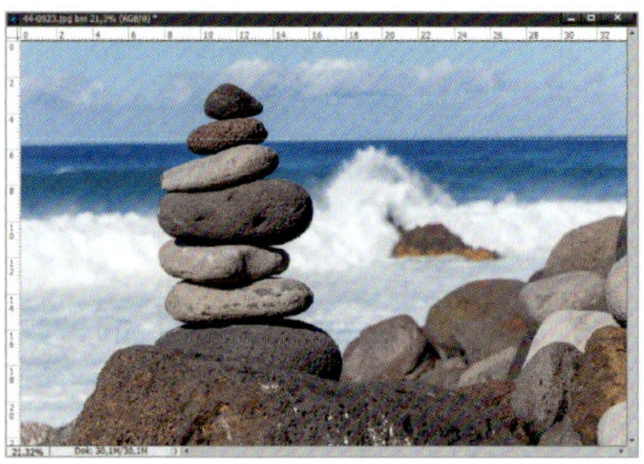

1 Hilfslinien setzen

Hilfslinien, die auf das Bild gezogen werden können, helfen bei der Orientierung, insbesondere wenn das Motiv keine eindeutig erkennbare Horizontlinie hat (*Ansicht/Neue Hilfslinie*). Hier haben wir eine horizontale Linie über dem Bild aufgezogen. Der schiefe Horizont ist durch die gerade Linie nun gut zu erkennen.

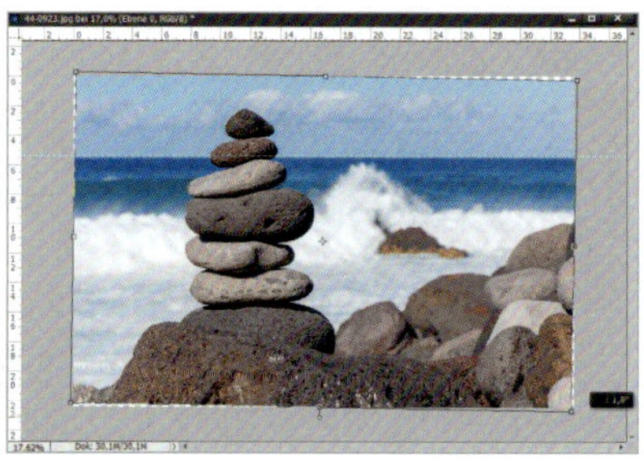

2 Das Bild drehen

Für die Bilddrehung eignet sich die Funktion zum individuellen Drehen in Zehntelgraden (*Bild/Drehen/Ebene frei drehen*). Nach Aufrufen der Funktion können Sie mit der Maus außerhalb des Bildes ansetzen (Doppelpfeil ⤴ erscheint) und die Drehung durch das Ziehen mit der Maus ganz präzise durchführen (hier um +1,0 Grad).

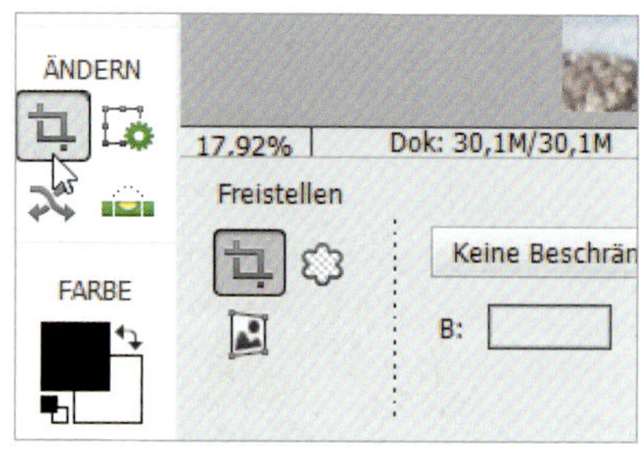

3 Freistellungswerkzeug

Durch die Drehung entstehen schiefe Ränder bzw. leere Flächen am Rand. Diese lassen sich am besten mit dem Freistellungswerkzeug entfernen, das sich mit einem Klick in der Werkzeugpalette aufrufen lässt. Umfahren Sie damit einmal das gesamte Bild inklusive der schiefen Ränder. Die genaue Anpassung nehmen Sie im nächsten Schritt vor.

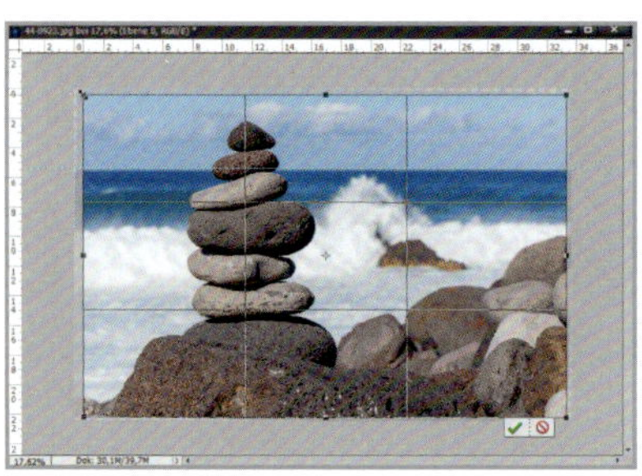

4 Schiefe Ränder abschneiden

Fassen Sie einen Eckpunkt des Freistellungsrahmens nach dem anderen mit der Maus an, und ziehen Sie ihn so weit in Richtung Bildmitte, dass der schiefe Rand außerhalb liegt. Um die Proportion des Bildes dabei nicht zu ändern, halten Sie hierbei gleichzeitig die ⇧-Taste gedrückt. Anschließend lässt sich der gesamte Rahmen mit den Pfeiltasten der Tastatur noch verschieben, um ihn perfekt zu platzieren. Drücken Sie ↵ zur Bestätigung des Beschnitts.

Das Ergebnisbild

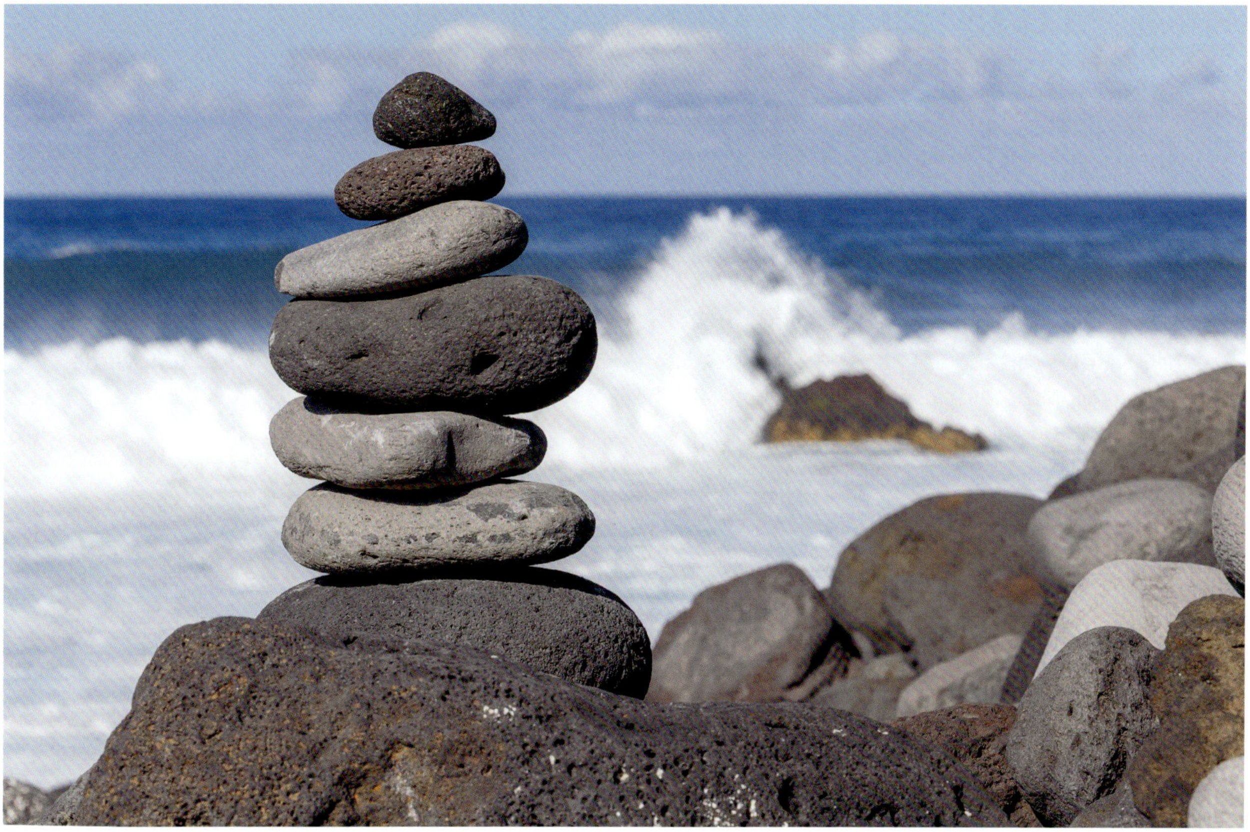

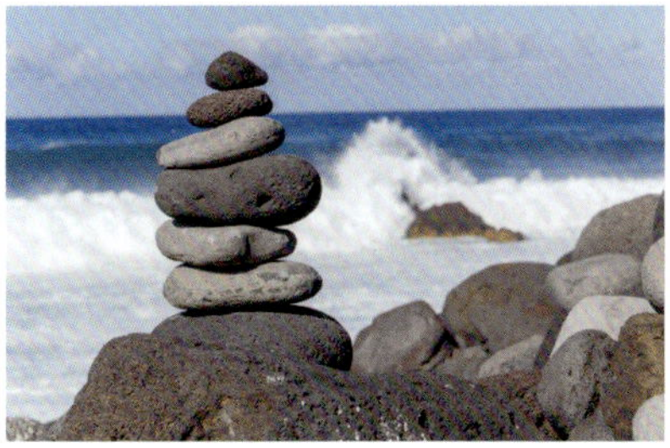

Links: leicht schief geratenes Ausgangsbild, oben: die begradigte Atlantikküstenlandschaft

Brennweite	Blende	Belichtungszeit	ISO
119 mm	f16	1/250 s	200

Weitere Anwendungsmöglichkeiten

Das Beschneiden eines Bildes kann auch nützlich sein, um störende Randbereiche zu entfernen und den Blick damit auf das Wesentliche zu lenken. Manchmal entstehen durch Drehen und Beschneiden nachträglich auch neue, kreative Looks mit absichtlich schiefem Horizont.

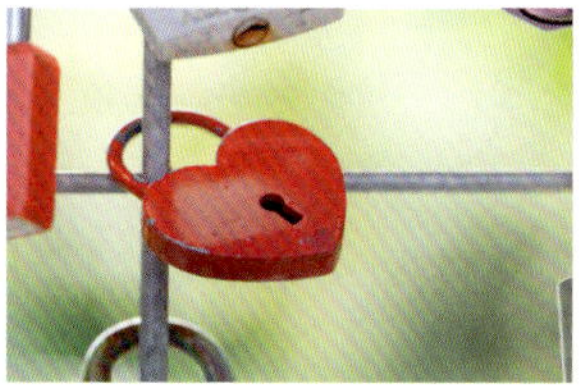

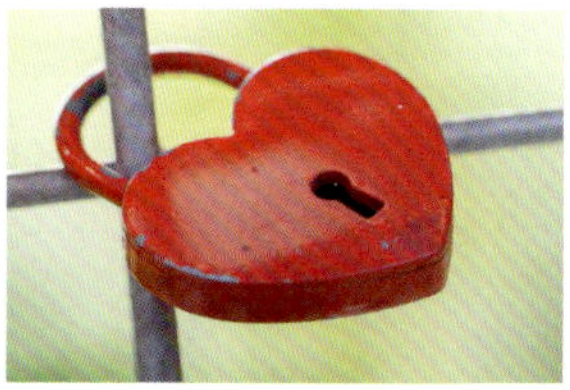

Projekt: Belichtung und Farbe korrigieren

Die Belichtungsautomatiken von Digitalkameras sorgen in der Regel für eine adäquate Bildhelligkeit. Um die Aufnahmen darüber hinaus aber noch ein wenig perfekter zu gestalten, sind oftmals leichte Helligkeits-, Kontrast- und Farbkorrekturen notwendig. Manchmal lag die Belichtung bei der Aufnahme auch stärker daneben, was am Monitor der Kamera oft nicht so auffällt, am Computer aber deutlicher zu sehen ist. Für eine ausgewogene Optimierung der Belichtung und Farbe eignet sich die sogenannte *Tonwertkorrektur* sehr gut. Unser Beispielbild aus der Caldera las Cañadas del Teide ist etwas kontrastarm, zu dunkel und leicht farbverschoben. Das lässt sich aber problemlos retten.

Helligkeits-/Kontrastkorrektur

Bildbearbeitungsprogramme bieten in der Regel auch einfache Regler zur Korrektur der Helligkeit und des Kontrasts (bei Photoshop Elements unter *Überarbeiten/Beleuchtung anpassen/Helligkeit/Kontrast*). Damit werden aber alle Pixel aufgehellt oder abgedunkelt, wodurch schnell unstrukturierte schwarze oder weiße Flecken im Bild entstehen (ähnlich einer Fehlbelichtung beim Fotografieren). Mit den Schritten 2 und 3 der Tonwertkorrektur können Sie Fehlstellen deutlich machen, die durch eine zu starke Helligkeits-/Kontrastkorrektur entstehen. Es machen sich dann größere schwarze oder weiße Pixelflächen breit.

Tonwertkorrektur in sechs Schritten

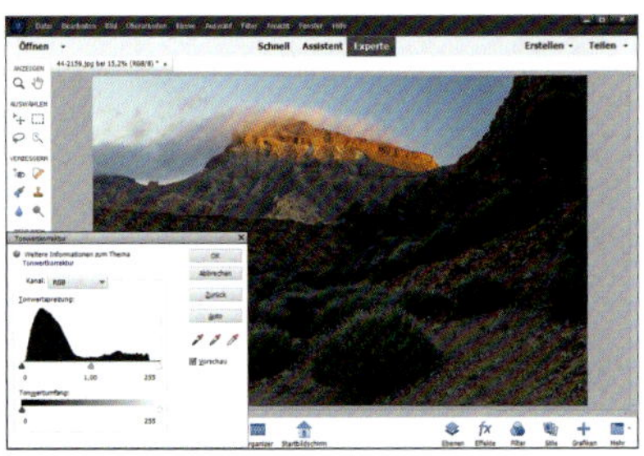

1 Tonwertkorrektur
Rufen Sie die Tonwertkorrektur über das Menü auf (*Überarbeiten/Beleuchtung anpassen/Tonwertkorrektur*). Sie zeigt das Histogramm des Bildes an, hier können Sie die dunklen, mittelhellen und hellen Bildstellen flexibel bearbeiten und sogar Farbkorrekturen durchführen. Die Tonwertkorrektur ist sehr mächtig und kommt daher oft zum Einsatz.

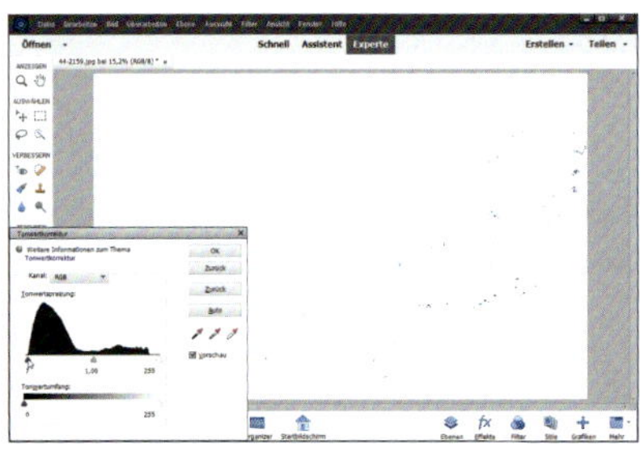

2 Schwarzpunkt einstellen
Legen Sie die dunkelste Bildstelle fest, den Schwarzpunkt. Ziehen Sie den kleinen Pfeil ▲ am Histogramm links unten mit der Maus so weit nach rechts, bis er gerade so am Histogramm anstößt. Drücken Sie gleichzeitig die `Alt`-Taste, um die ersten auftauchenden schwarzen Pixel auf weißem Grund noch besser zu sehen. Es sollten nur wenige sein.

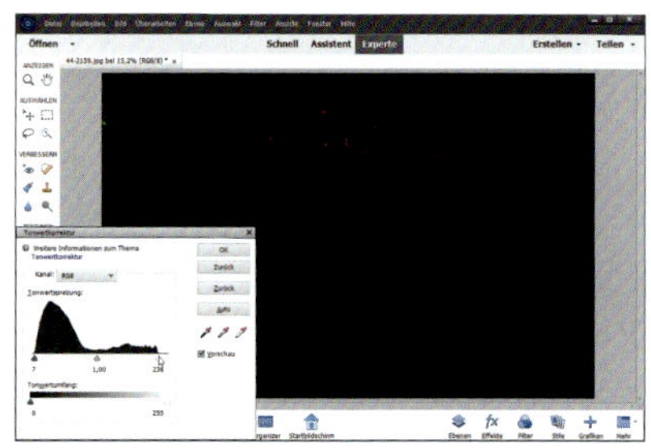

3 Weißpunkt einstellen
Definieren Sie die hellste Bildstelle, den Weißpunkt. Ziehen Sie dazu den kleinen Pfeil △ am Histogramm rechts unten mit der Maus nach links bis an die Grenze des Histogramms. Bei gleichzeitig gedrückter `Alt`-Taste sehen Sie die ersten auftauchenden hellen Pixel auf schwarzem Grund. Es sollten auch nur wenige rein weiße Stellen sein.

Das Ergebnisbild

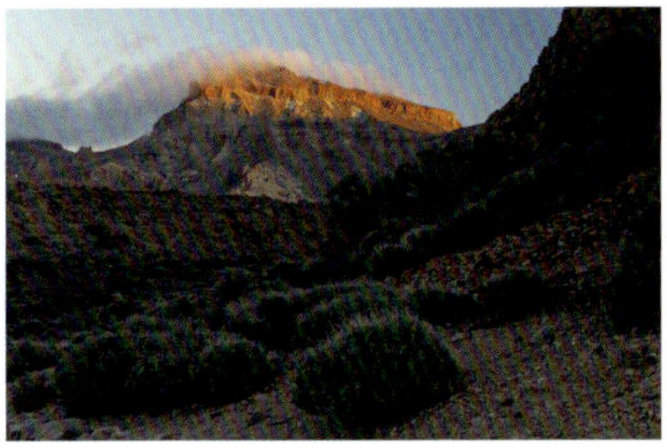

Oben: das zu dunkle und farblich leicht verschobene Ausgangsbild, rechts: verbesserte Helligkeit und Farbe durch die Tonwertkorrektur

			ISO
42 mm	f9	1/13 s	800

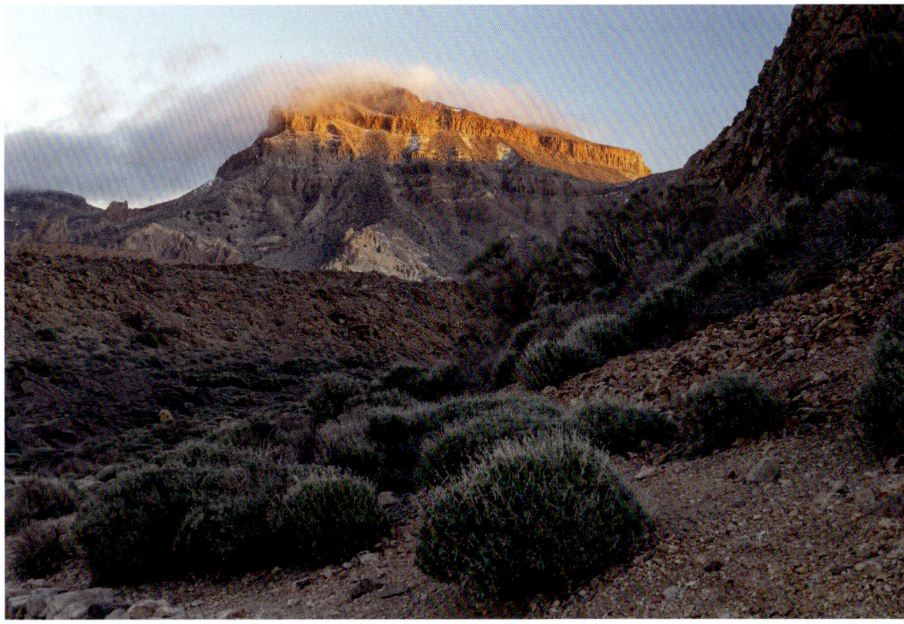

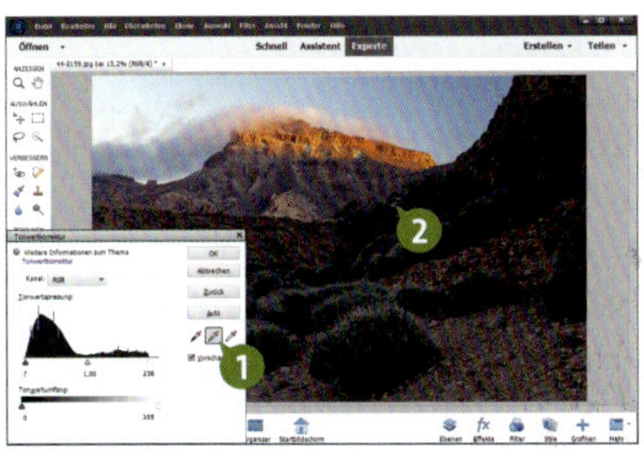

4 Graupunkt definieren

Sollten die Bildfarben nicht optimal erscheinen, können Sie mit der Graupipette eine Farboptimierung durchführen. Wählen Sie die Pipette ❶ aus, und klicken Sie damit auf eine Bildstelle, die neutrale Farbtöne wie Grau, Weiß oder Schwarz enthält ❷. Alle anderen Farben werden angepasst. Hier können Sie nach Augenmaß vorgehen.

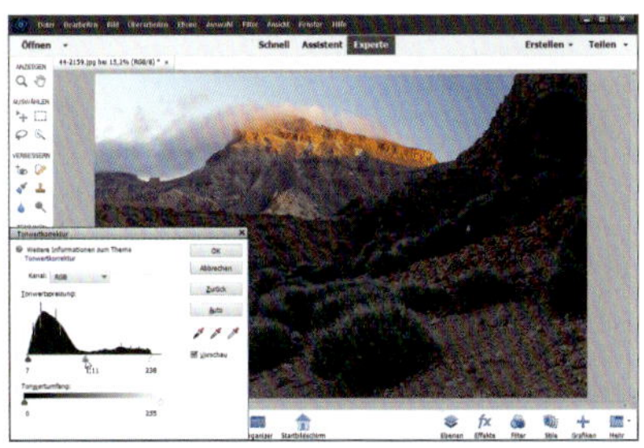

5 Mitteltöne optimieren

Zu guter Letzt können Sie auch noch die Helligkeit aller Farbtöne anpassen, die sich zwischen dem zuvor gewählten Schwarz- und Weißpunkt befinden. Damit wird das Bild insgesamt etwas heller und blasser oder dunkler und intensiver. Ziehen Sie hierfür den mittleren grauen Pfeil unterhalb des Histogramms nach links oder rechts.

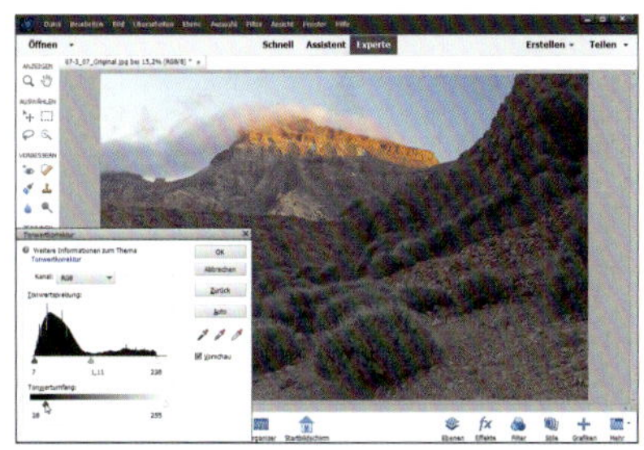

6 Optional: Kontrast senken

Sollte Ihr Bild einen hohen Kontrast haben, können Sie diesen mindern, indem Sie unterhalb des Balkens *Tonwertumfang* den schwarzen Pfeil nach rechts und den weißen nach links ziehen. Diese Bearbeitung kann jedoch unterbelichteten schwarzen oder überbelichteten weißen Bildflecken nachträglich keine Struktur mehr verleihen.

Projekt: Kontrast erhöhen oder senken

Die Aufnahmebedingungen machen es dem Kamerasensor nicht immer leicht, Bilder mit einem ausgewogenen Kontrast zu erstellen. Mal erzeugt die pralle Sonne zu dunkle Schatten und zu helle Glanzstellen, so wie es bei dem in der Sonne dösenden Haussperling zu sehen ist. Mal lässt das diffuse Licht eines bedeckten Himmels die Motive sehr flau erscheinen. Im Gegenlicht können aber auch unter diesen Bedingungen unausgeglichene Kontraste im Bild auftreten. Kontrastanpassungen gehören daher mit zum Standardprogramm einer guten Bildbearbeitung. Dazu zählen Funktionen wie die Tiefen/Lichter-Anpassung und die Gradationskurve. Der zuvor eingestellte Schwarz- und Weißpunkt wird hierbei nicht angetastet.

Tiefen/Lichter-Korrektur

Viele Bildbearbeitungsprogramme bieten Funktionen zur Kontrastkorrektur an. Bei Photoshop Elements können Sie mit *Überarbeiten/Beleuchtung anpassen/Tiefen/Lichter* eine potente Kontrastbearbeitung durchführen. Übertreiben Sie es aber nicht, sonst wirkt das Bild schnell unnatürlich.

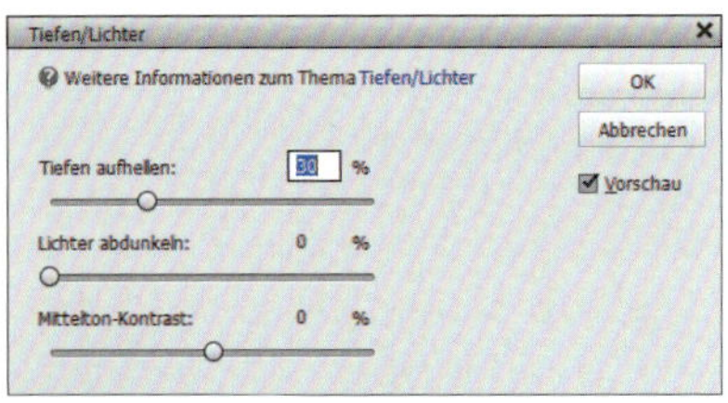

1 Tiefen aufhellen

Mit dem Regler *Tiefen aufhellen* lassen sich die dunklen Bildstellen aufhellen (hier 30%). Achten Sie auf eventuell verstärktes Bildrauschen durch eine zu starke Aufhellung. Vergrößern Sie dafür die Bildansicht.

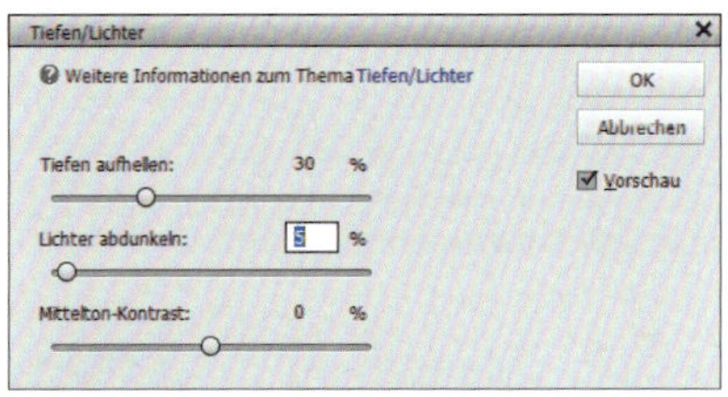

2 Lichter abdunkeln

Der Regler *Lichter abdunkeln* senkt die hellen Bildstellen ab (hier 5%), wird am besten aber nur in Maßen eingesetzt. Achten Sie darauf, dass keine hellen Säume an den Motivkanten entstehen (Halo-Effekt).

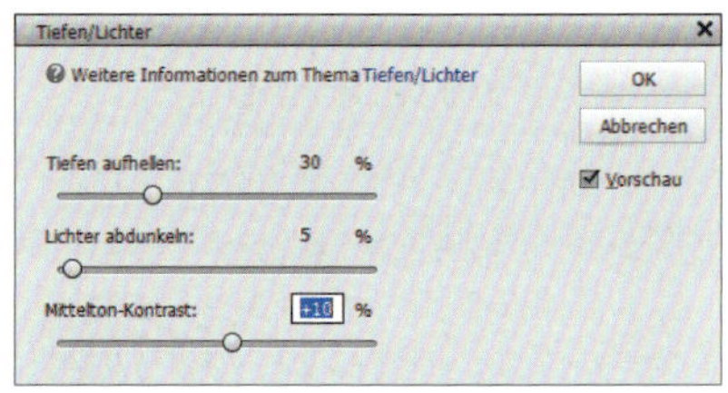

3 Mitteltonkontrast wählen

Der Kontrast lässt sich mit dem Regler *Mittelton-Kontrast* verstärken oder abschwächen. Um die natürliche Wirkung zu erhalten, sind in der Regel nur moderate Anpassungen notwendig (hier +10%).

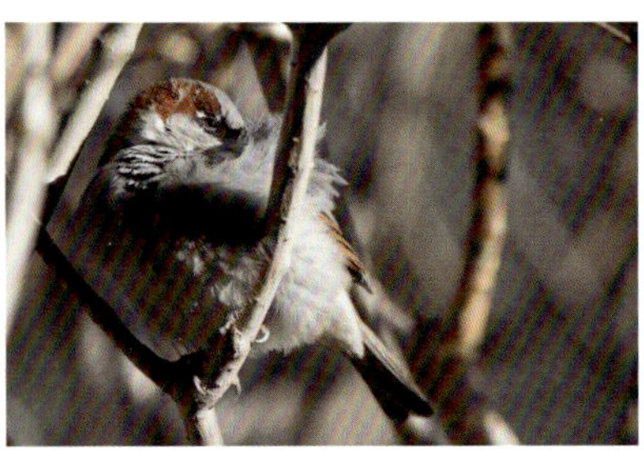

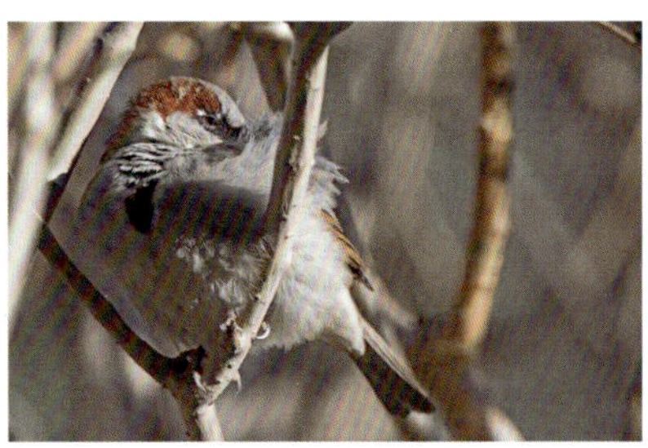

Links: Ausgangsbild mit zu dunklen Schatten und zu hellen Glanzstellen, rechts: verbesserter Bildkontrast nach der Tiefen/Lichter-Korrektur

Gradationskurve anpassen

Eine weitere Möglichkeit zur Kontrastanpassung bietet die sogenannte *Gradationskurve*. In Photoshop Elements finden Sie diese unter *Überarbeiten/Farbe anpassen/Farbkurven anpassen*.

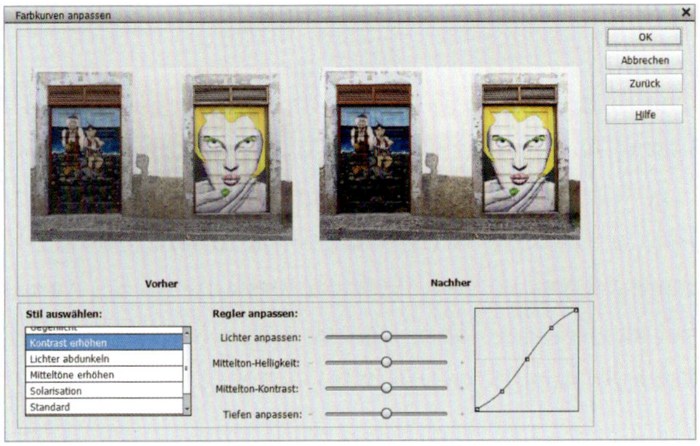

1 Tiefen aufhellen

Wählen Sie links eine Grundbearbeitung aus, indem Sie einen der voreingestellten Stile anklicken, hier z. B. den Stil *Kontrast erhöhen*. Die Kurve rechts wird daraufhin angepasst.

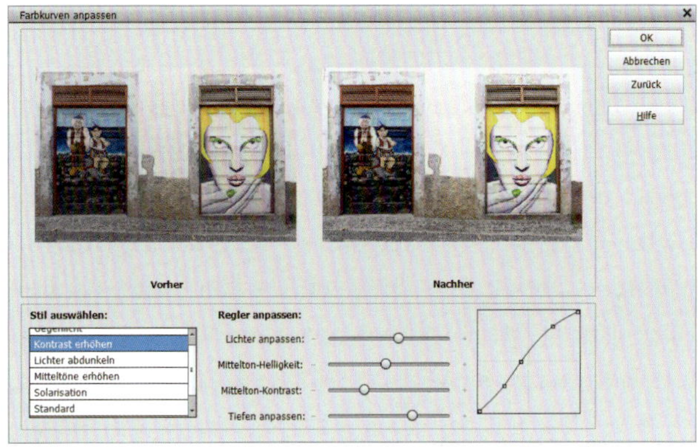

2 Gradationskurve anpassen

Verschieben Sie die Regler, bis Ihnen das Ergebnis zusagt. Hier wurden vor allem der *Mittelton-Kontrast* gesenkt und die Tiefen aufgehellt. Die Kurven sollten unten oder oben nicht anstoßen (Strukturverlust!).

Gradationskurven lesen

Die Gradationskurve startet unten links im Schwarzpunkt des Bildes und endet oben rechts im Weißpunkt. Die Helligkeitsstufen zwischen Schwarz und Weiß verteilen sich über die y- und x-Achse. Mit den vier Reglern werden die verschiedenen Tonwertgruppen getrennt reguliert: *Lichter*, *Mitteltöne*, *Mittelton-Kontrast* und *Tiefen*. Schwarz- und Weißpunkt bleiben hierbei unverändert. Auf diese Weise können Sie verschiedene Kurvenverläufe einstellen. Je stärker die Krümmungen, desto deutlicher ist der Effekt.

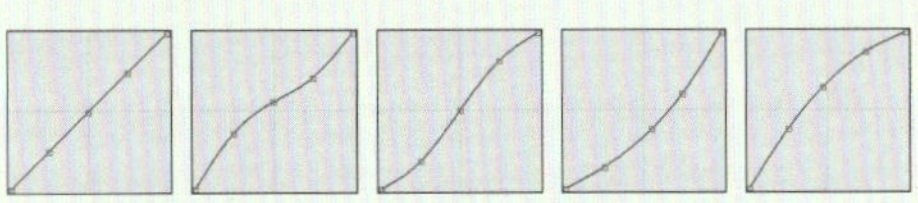

Von links nach rechts: Standard, Kontrast verringert, Kontrast erhöht, dunkleres Bild, helleres Bild

Das Ergebnisbild

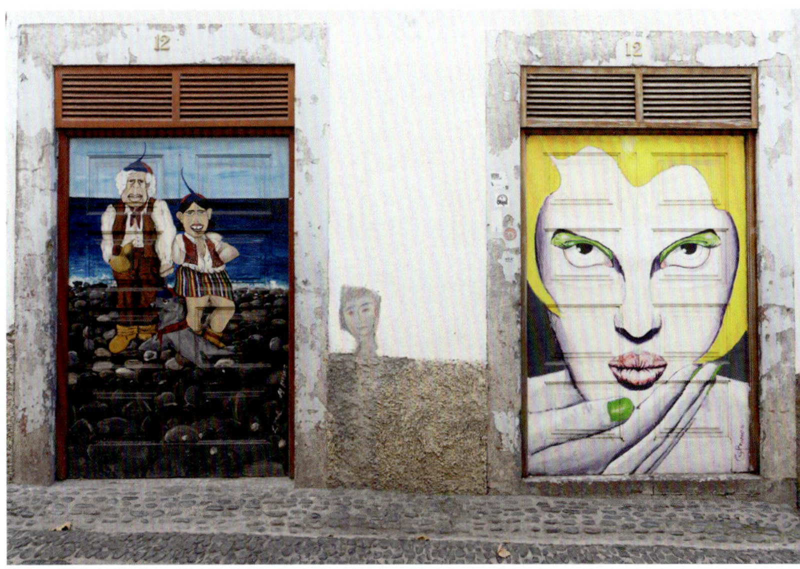

Mit der Gradationskurve ließ sich der Bildkontrast optimal verstärken.

			ISO
24 mm	f6,3	1/60 s	125

Projekt: Farben verbessern

Nachdem die Bildhelligkeit, eventuelle Farbverschiebungen (siehe die Graupipette in Schritt 4 auf Seite 183) und der Kontrast optimiert wurden, geht es an die Anpassung der Bildfarbe. Hier können Sie frei entscheiden: Wirkt Ihr Motiv besser, wenn die Farben kräftig und intensiv dargestellt werden? Das kann z. B. bei abstrakten Details, Blüten & Co. der Fall sein. Oder möchten Sie Ihr Motiv lieber in gedämpften Farben wirken lassen? So eine Bearbeitung eignet sich z. B. für Architektur (Stichwort »Lost Places«). Was immer Sie machen: Zu farbintensiv sollte es nicht werden, denn wenn die Sättigung übertrieben wird, gehen strukturelle Details verloren. Ansonsten gilt aber: Richtig ist, was gefällt.

Farbton/Sättigung anpassen

Für die Farbanpassung bieten die meisten Bildbearbeitungsprogramme eine Funktion zur Korrektur von Farbton und Sättigung an. Mit dieser können Sie auch das gesamte Bild einfärben. Aber Achtung: Durch diese Bearbeitung wird die Sättigung aller Bildfarben angehoben oder abgeschwächt. Die Effekte fallen daher auch bei geringen Änderungen schon recht deutlich ins Gewicht. Übertreiben Sie es nicht. Übersättigte Farben können die Struktur von Bilddetails verringern und im Druck Probleme bereiten.

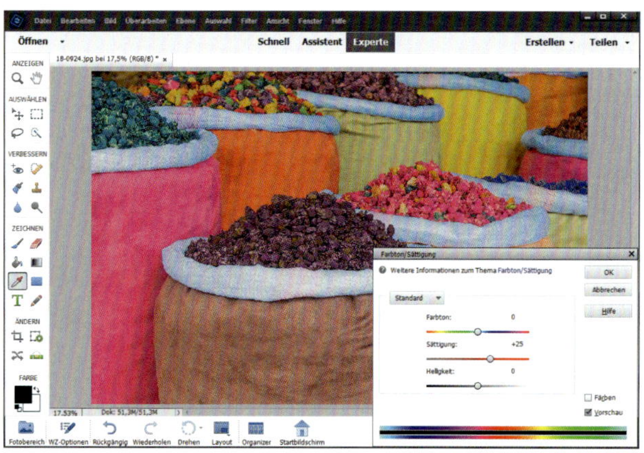

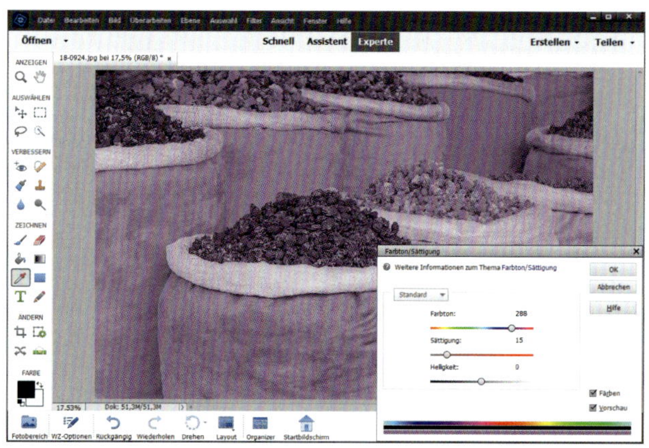

1 Farbsättigung anpassen

Die Funktion zum Anpassen der Sättigung lässt sich bei Photoshop Elements im Menü *Überarbeiten/Farben anpassen/Farbton/Sättigung anpassen* aufrufen. Wählen Sie darin die Vorgabe *Standard* (alle Farben) oder eine Farbgruppe (*Rottöne, Gelbtöne* ...) aus, und stellen Sie die *Sättigung* wie gewünscht ein (hier +25).

2 Bild einfärben

Möglich ist auch, das gesamte Bild einzufärben und z. B. eine Sepiatonung zu erzeugen. So geben Sie Ihrem Bild die Anmutung eines alten, analogen Fotos. Klicken Sie dazu auf die Checkbox *Färben* und wählen Sie anschließend den *Farbton* und die *Sättigung* aus (hier Farbton +288, Sättigung +15).

Nur die schwachen Farben stärken

Motive, die bereits recht farbintensiv sind, können durch das Anheben der Sättigung schnell zu bunt werden. Manche Bildbearbeitungsprogramme haben daher auch eine Funktion an Bord, mit der sich vornehmlich die schwächeren Farben intensivieren lassen. Bei Photoshop Elements heißt die benötigte Funktion *Dynamik*. Sie ist im Arbeitsbereich *Schnell* in der rechts angeordneten Palette *Farbe* zu finden. Mit dem Schieberegler oder durch Anklicken der kleinen Vorschaubilder lässt sich die gewünschte Stärke flink einstellen (hier 40). Ziehen Sie zum Ausprobieren mal die Regler in die Extreme, ganz so bunt und ganz schwarzweiß wie mit dem *Sättigungs-Regler* wird es hier nicht.

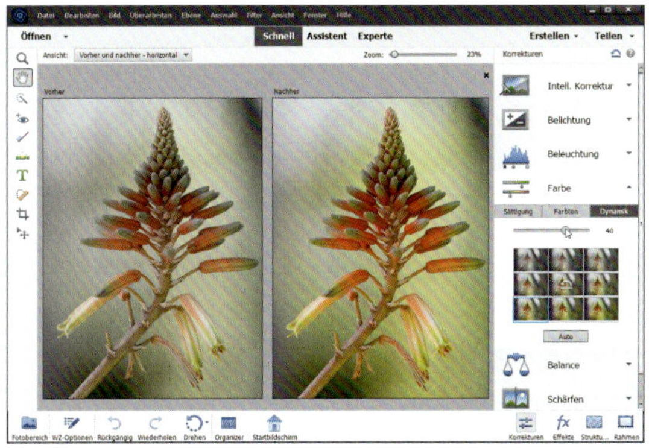

Temperatur und Tonung

Bilder mit bläulicher Farbgebung wirken meist etwas distanzierter, kühler, technischer, während ein erhöhter Gelbanteil im Bild eine wärmere, positive, romantische oder auch sommerliche Atmosphäre erzeugt. Und um die Farbbalance in die gewünschte Richtung zu verschieben, gibt es die Möglichkeit, die Temperatur (bläulich/gelblich) und die Farbtonung (grünlich/rötlich) zu bearbeiten.

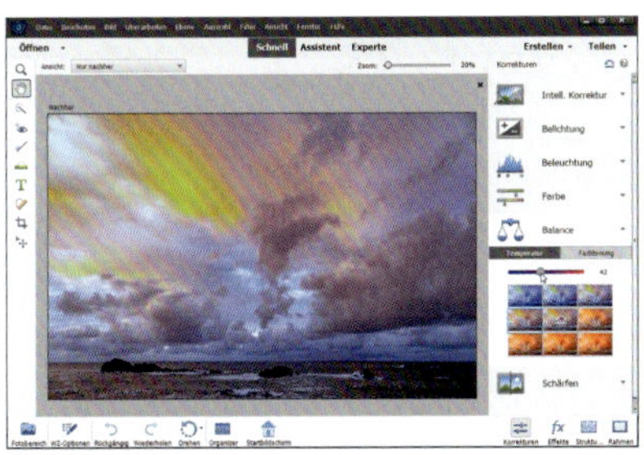

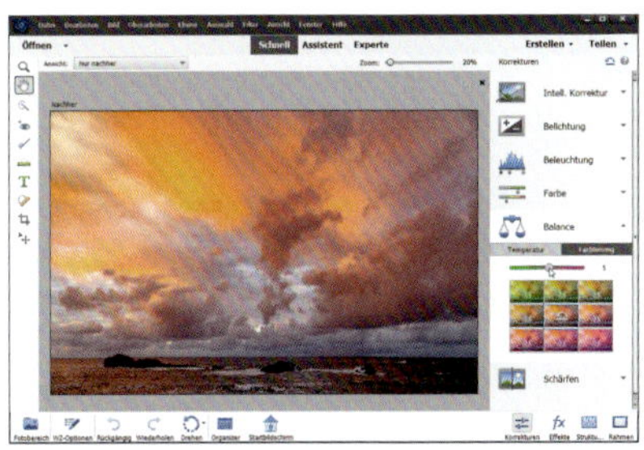

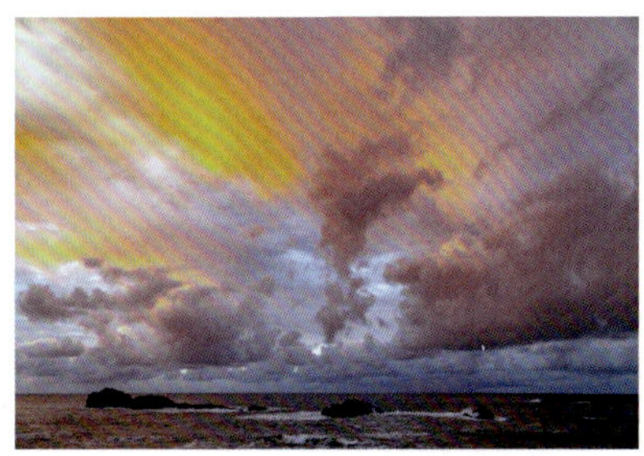

1 Kühlere Farben

Die *Temperatur* lässt sich bei Photoshop Elements im Arbeitsbereich *Schnell* bei *Balance* einstellen. Oft reichen kleinste Änderungen; hier haben wir die Temperatur minimal in Richtung bläulicher Farbtöne (Wert 42) verschoben. So können Sie auch einen bei der Aufnahme nicht optimal eingestellten Weißabgleich korrigieren, wenn das Bild ein wenig zu gelb oder zu blau daherkommt. Bei stark verschobenen Farben gelingt das aber nicht optimal.

2 Wärmere Farben

Bei dieser Darstellung wurde die Temperatur ein wenig in Richtung gelblicher Farbtöne verschoben (Wert 57). Mit dem Regler *Farbtonung* wurden die Rottöne zusätzlich etwas verstärkt (Wert +5).

Rechts oben: Ausgangsbild, rechts: Ergebnis mit Temperatur 57, Farbtonung +5

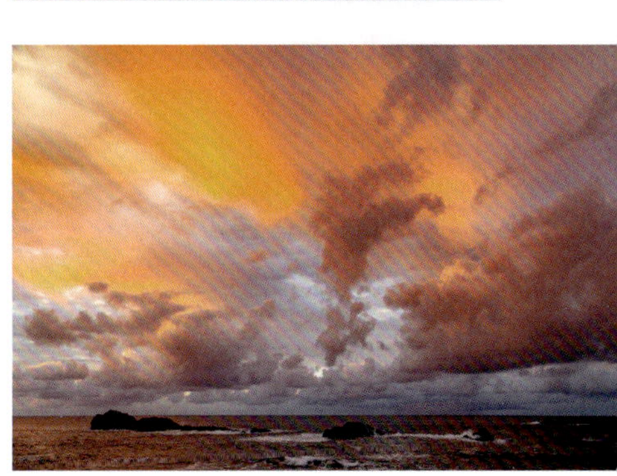

ISO

24 mm | f10 | 1/10 s | 100

Praxis: Bilder in Schwarzweiß umwandeln

Motive in Schwarzweiß sind auch im digitalen Zeitalter en vogue. Ohne Farbe gewinnen die Strukturen an Bedeutung, weil kein Farbton von der Form ablenken kann. Daher ist Schwarzweiß bei Architektur- und Landschaftsfotografen ein sehr beliebtes Stilmittel. Für die Street- und Porträtfotografie ist das Thema Schwarzweiß aber mindestens genauso reizvoll, gewinnen Gesichter durch die Reduktion auf das Wesentliche doch zusätzlich an Ausdrucksstärke. Das Tolle ist, dass monochrome Bilder heutzutage einfach aus einem Farbfoto generiert werden können. Probieren Sie das unbedingt einmal aus, und lassen Sie sich von der neuen Wirkung Ihrer eigenen Bilder überraschen. Allerdings führen die von vielen Bearbeitungsprogrammen angebotenen Funktionen zur Umwandlung eines Bildes in Graustufen dazu, dass zu viele Helligkeitsabstufungen verloren gehen, und Sie haben keine Möglichkeit, die Bildwirkung zu beeinflussen. Bestenfalls besitzt die Software eine Funktion zur Schwarzweißumwandlung, bei der mit Reglern die drei Grundfarben eines Bildes – Rot, Grün und Blau – getrennt bearbeitet werden können.

Beispielhafte Schwarzweißumwandlung mit Photoshop Elements

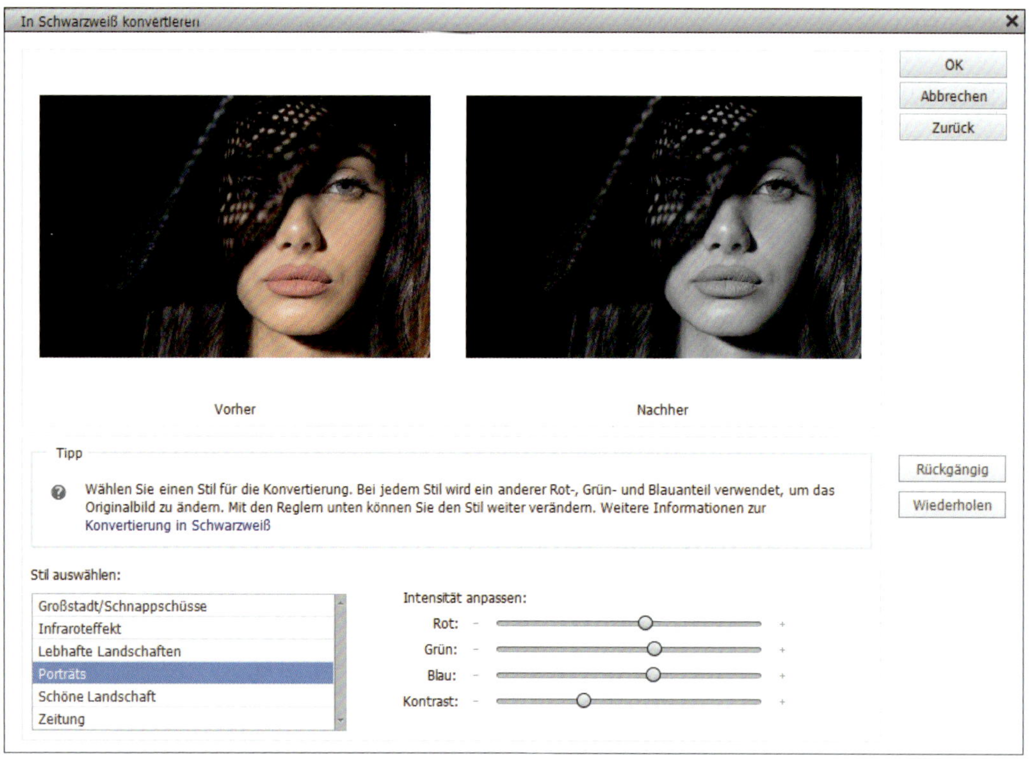

Bei Photoshop Elements eignet sich die Funktion »In Schwarzweiß konvertieren« sehr gut, um monochrome Bilder zu erzeugen. Testen Sie am besten zunächst einmal die verfügbaren Stilvorgaben.

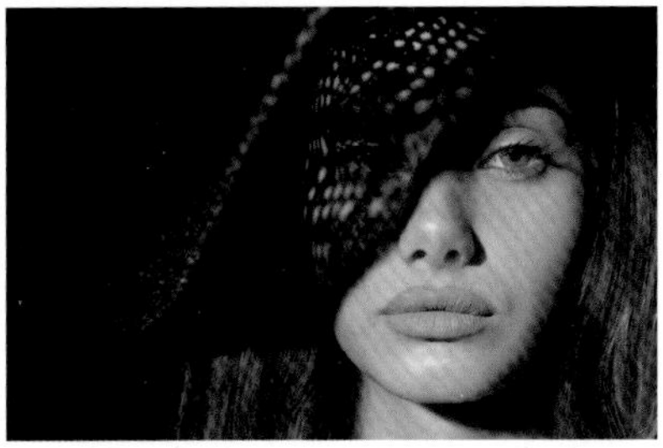

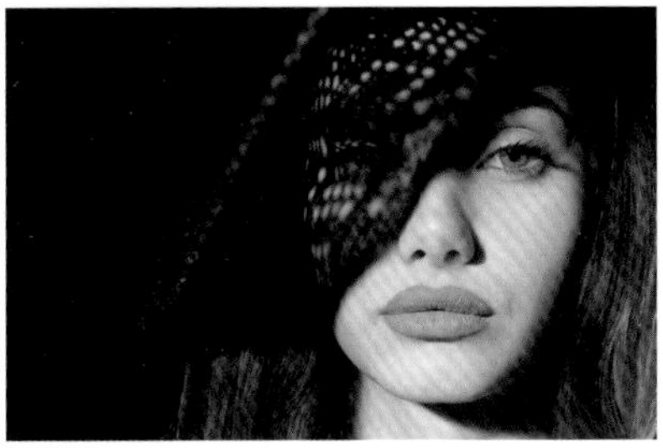

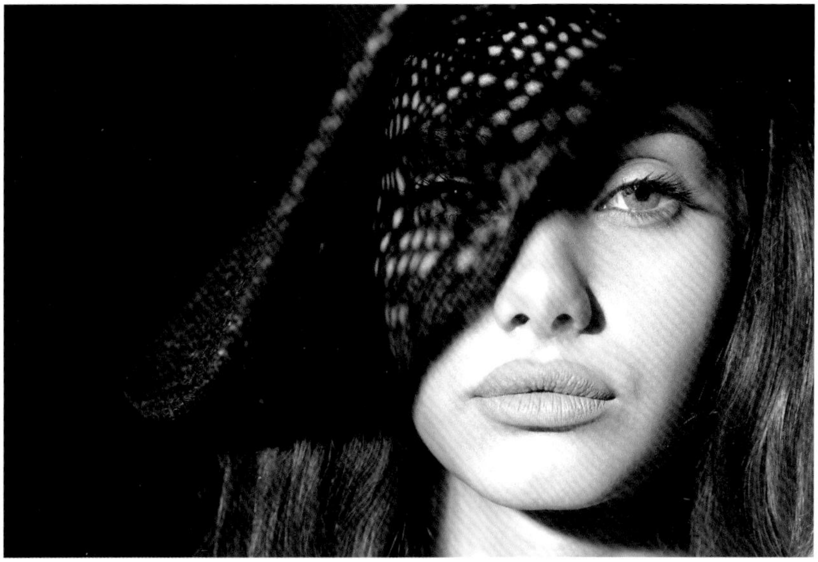

Oben links: Stilvorgabe »Porträts«, unten links: Stilvorgabe »Infraroteffekt«, rechts: Stilvorgabe »Zeitung«

Auf Basis einer Stilvorgabe können Sie anfangen, mit den Reglern die Farbtöne des Bildes gezielt aufzuhellen oder abzudunkeln. Wenn Sie eine Farbgruppe angepasst haben, ist es meist notwendig, bei den anderen beiden ausgleichende Einstellungen vorzunehmen, damit das Bild nicht stellenweise überstrahlte weiße Flecken oder strukturlose schwarze Bereiche erhält. Der *Blau*-Regler intensiviert den Himmel bei Stadt- oder Naturlandschaften. Mit dem *Rot*-Regler kann bei Porträts die Haut präzise aufgehellt oder abgedunkelt werden. Die Bildhelligkeit beeinflussen Sie mit dem *Grün*-Regler.

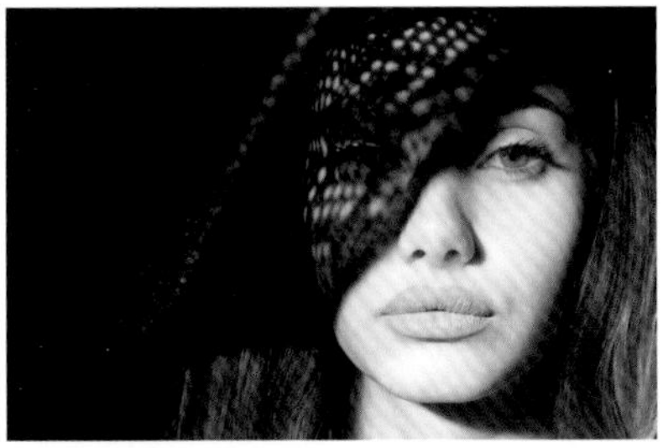

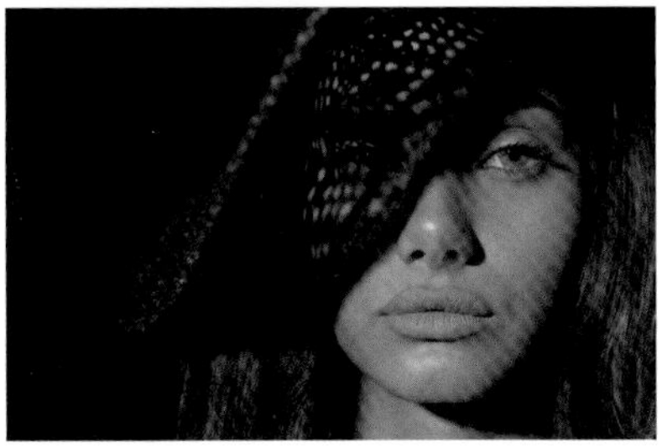

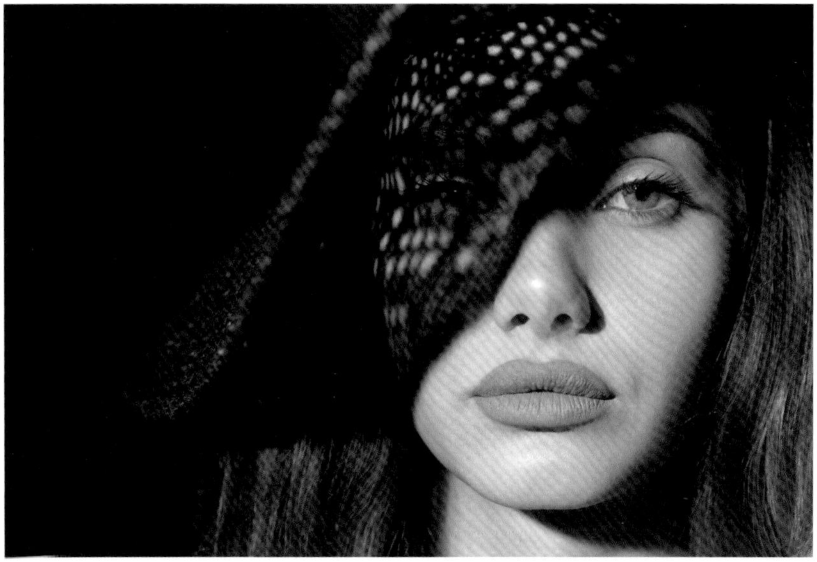

Oben links: Rottöne verstärkt, Blau und Grün entsprechend verringert, unten links: Blautöne verstärkt, Rot und Grün abgeschwächt, rechts: Grüntöne erhöht, Rot und Blau verringert

Das Ergebnisbild

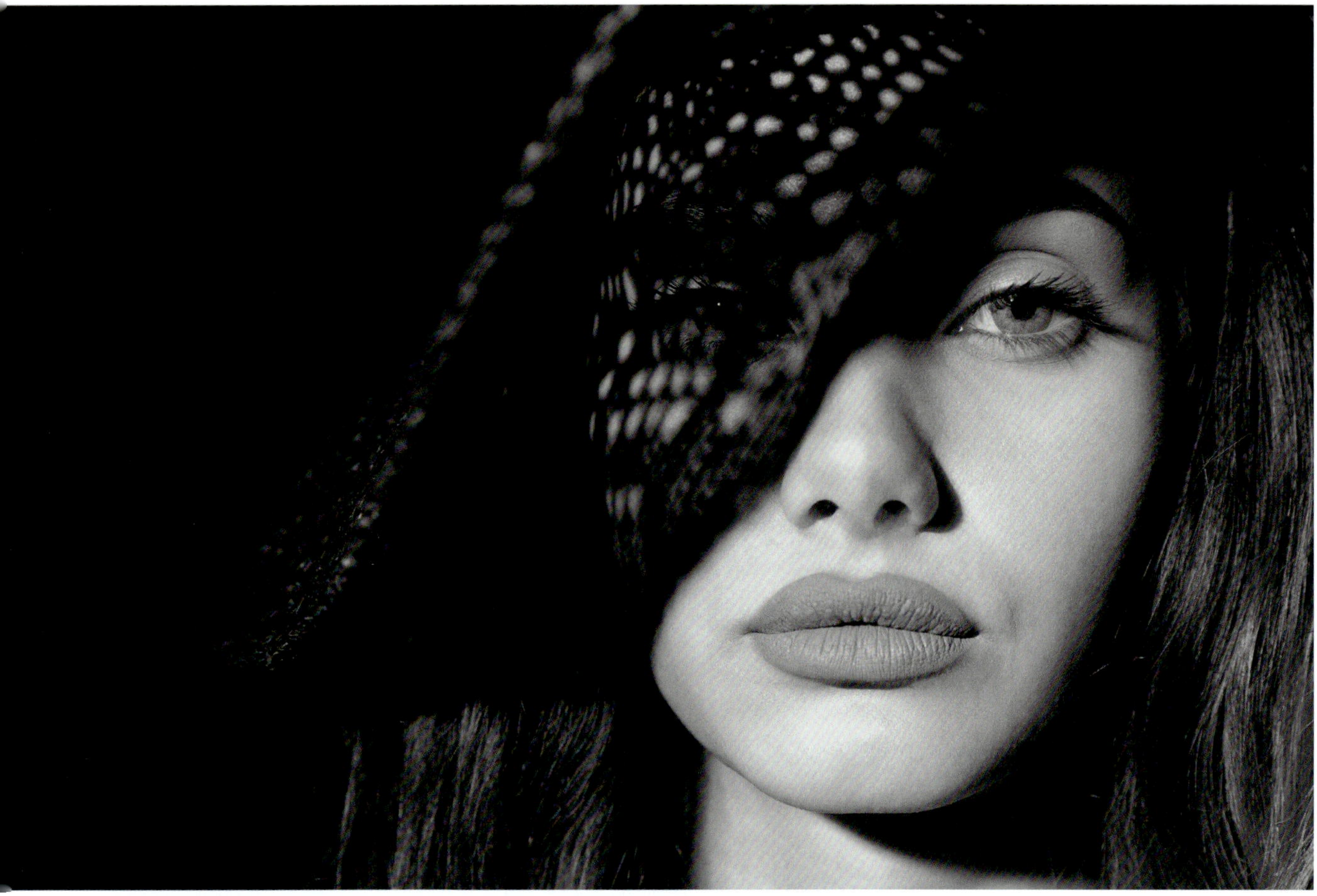

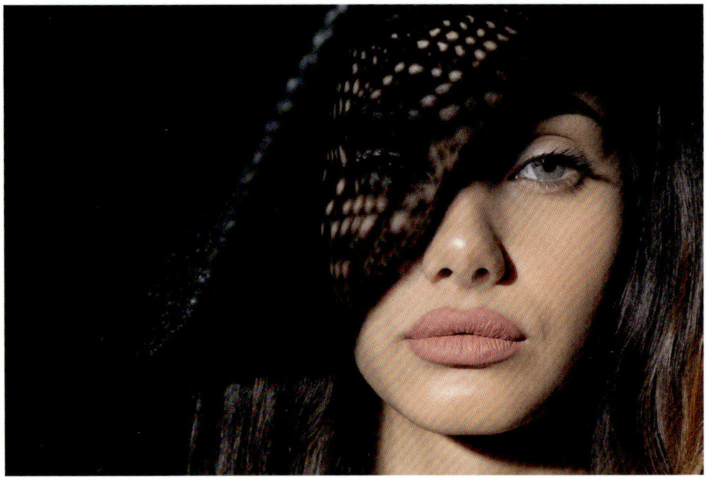

70 mm	f5,6	1/160 s	ISO 125

Oben: das Ergebnis mit moderat angehobenen Rottönen und leicht erhöhtem Kontrast, links: das farbige Ausgangsbild

Schwarzweiß mit Farbton/Sättigung

Mit der Funktion *Farbton/Sättigung* (Seite 186) können Sie nicht nur Farben verbessern, sondern auch Schwarzweißumwandlungen durchführen. Dazu ziehen Sie den Regler *Sättigung* einfach ganz nach links, und die Farbe weicht aus Ihrem Bild. Danach können Sie die verschiedenen Farbtöne aufrufen und aufhellen bzw. abdunkeln oder den Himmel mit den Blau- und Cyantönen bearbeiten.

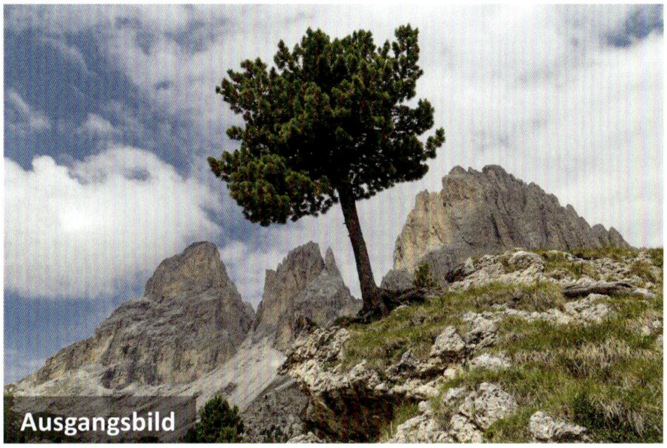

Ausgangsbild

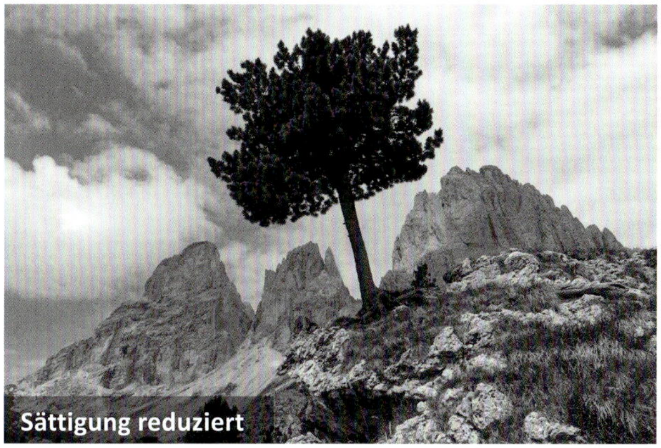

Sättigung reduziert

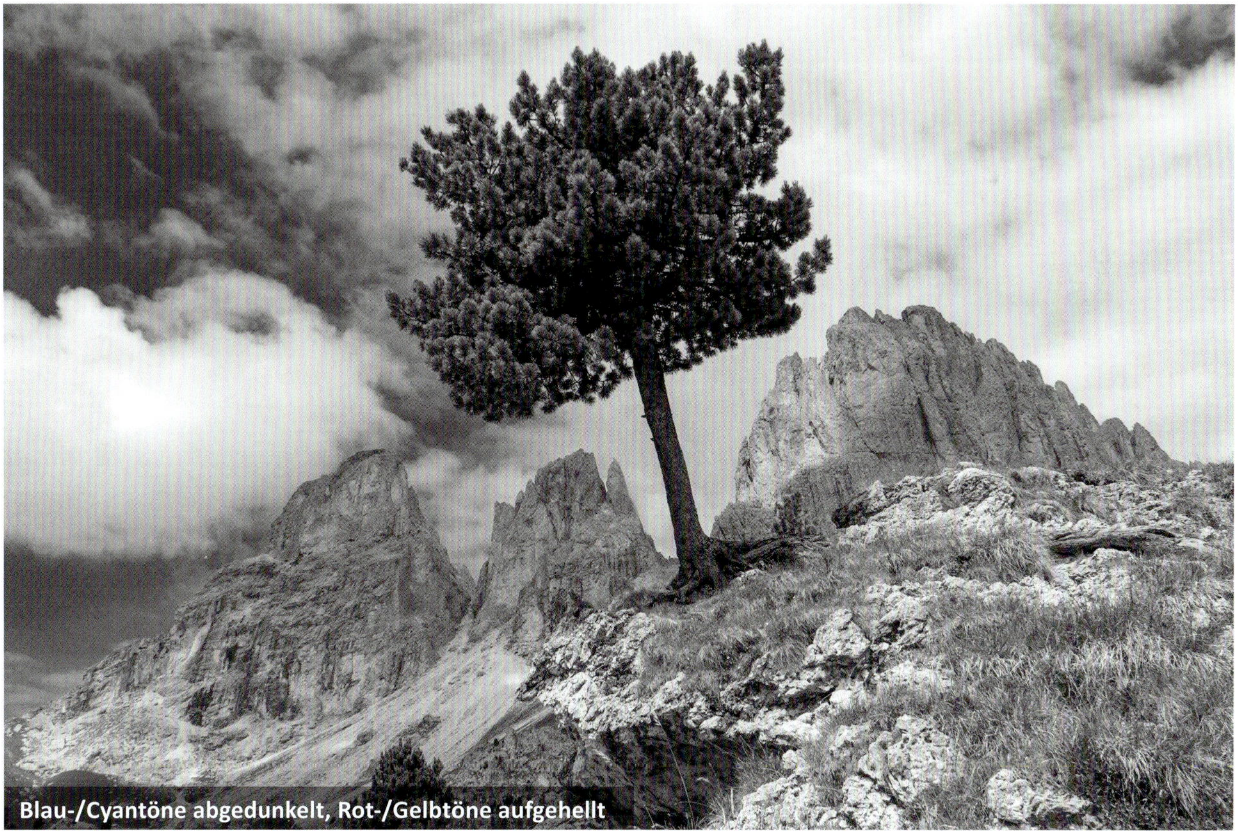

Blau-/Cyantöne abgedunkelt, Rot-/Gelbtöne aufgehellt

Projekt: Richtig schärfen

Die Eigenschaften des Motivs, die Kameraeinstellungen, das verwendete Objektiv und die anschließende Bildbearbeitung wirken sich alle mehr oder weniger auf die Schärfe eines Bildes aus. Daher steht am Ende einer jeden Bildbearbeitung das sogenannte *Scharfzeichnen* auf dem Plan. Das heißt nicht, dass das Bild ohne zusätzliche Schärfung schlecht aussehen würde, manch einem Foto verleiht dieser Arbeitsschritt aber noch einen Tick mehr Brillanz und Qualität. Nur übertrieben werden darf die Aktion nicht, sonst handeln Sie sich unnötig Bildfehler ein. Es gilt also, den richtigen Schärfegrad zu treffen.

Scharfzeichnungsfilter

Es gibt verschiedene Funktionen zum Scharfzeichnen. Manche arbeiten vollautomatisch, ohne Eingreifmöglichkeiten. Zum Standard gehört die an das Motiv anpassbare Funktion *Unscharf maskieren*. Damit lassen sich die Motivkanten schärfen, während größere glatte Flächen, z. B. ein blauer Himmel, weitestgehend unbehelligt bleiben. Die *Stärke* bestimmt den Grad der Scharfzeichnung, und der *Radius* legt fest, wie viele Pixel um die Kante herum noch mitgeschärft werden. Mit dem *Schwellenwert* lässt sich die Schärfung nachjustieren. *Unscharf maskieren* ist übrigens einer Methode aus der Analogfotografie nachempfunden, bei der Masken der Motivkanten aus einer scharfen und einer unscharfen Bildversion erstellt und in einem zusätzlichen Belichtungsschritt zur Kantenbetonung eingesetzt werden.

Ungeschärftes Originalbild

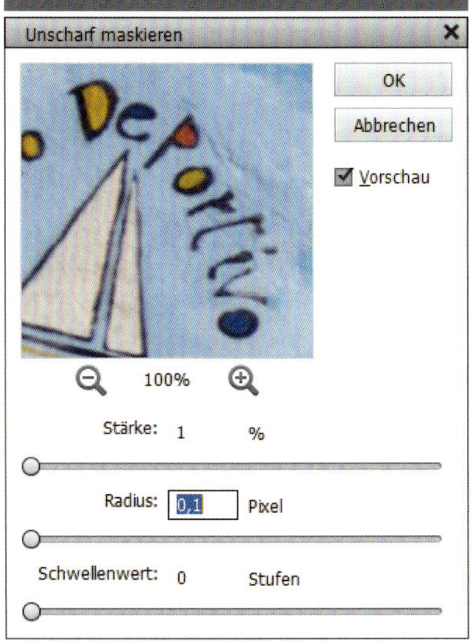

Adäquate Schärfung (Stärke 110 %, Radius 1,8, Schwellenwert 1)

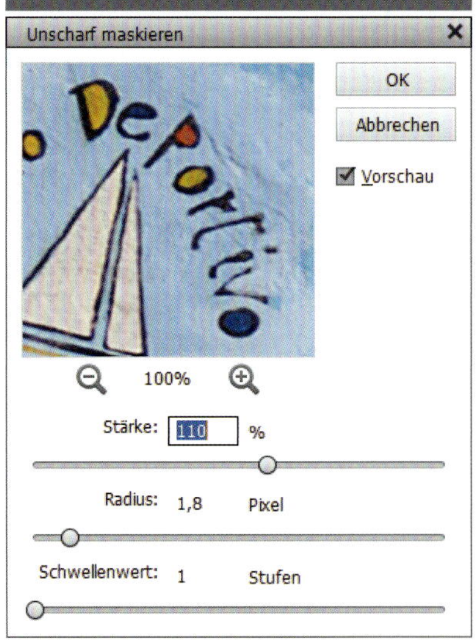

Überschärfung mit hellen Farbsäumen an den Motivkanten (Halo-Effekt)

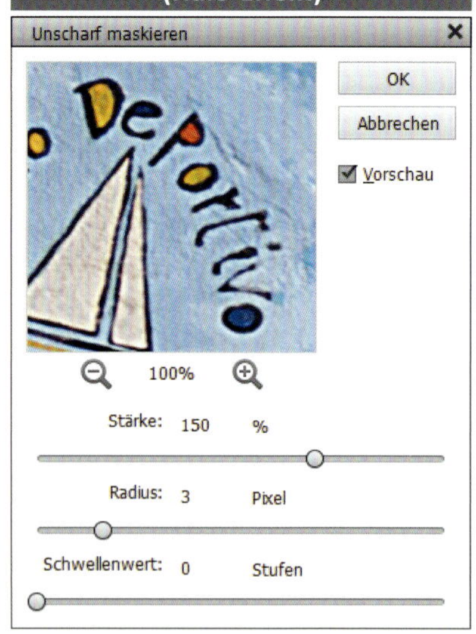

Mit Ebenen schärfen

Eine weitere beliebte Schärfungsmethode ist die Anwendung des sogenannten *Hochpass-Filters*. Er hebt die Motivkanten stark hervor und lässt die Flächen weitestgehend in Ruhe. Setzen Sie ihn aber moderat ein, denn ein zu hoher Wert führt später zu sichtbaren weißen Säumen an den Kanten.

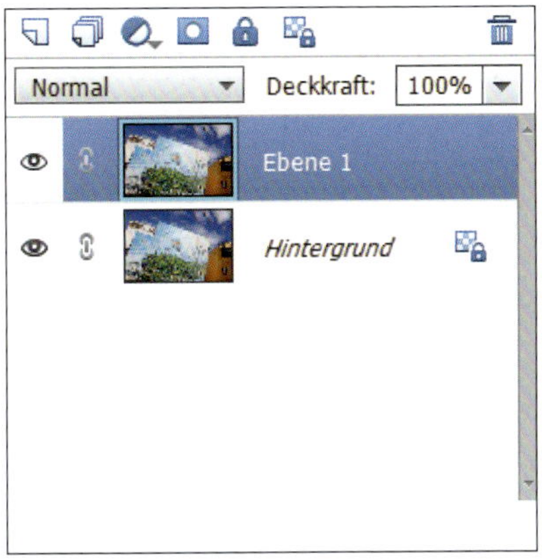

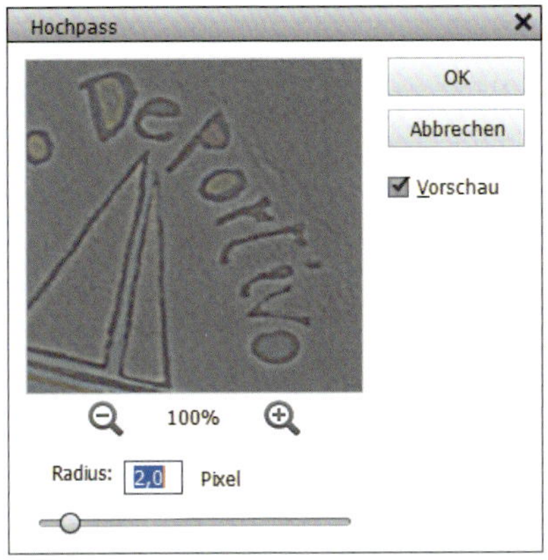

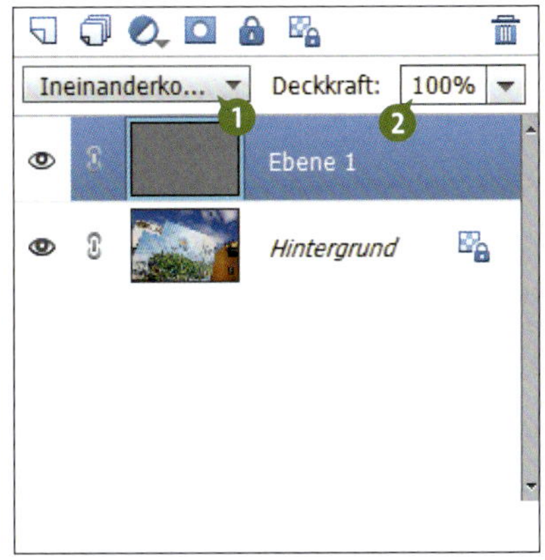

1 Ebene duplizieren

Um den Hochpass-Filter anwenden zu können, müssen Sie eine virtuelle Kopie des Bildes anlegen, die als neue Ebene über dem Originalbild schwebt. Wählen Sie bei Photoshop Elements dazu *Ebene/Neu/Ebene durch Kopie* (Strg/Cmd + J).

2 Hochpass-Filter anwenden

Wählen Sie nun *Filter/Sonstige Filter/Hochpass*, um den Filter anzuwenden. Die Stärke der Kantenbetonung wird nun mit dem *Radius* festgelegt, wobei Werte zwischen 0,5 und 1 Pixel (schon recht scharfes Bild) oder zwischen 2 und 5 Pixel (leicht unscharfes Bild) passend sind.

3 Ebenen mischen

Verschmelzen Sie nun die Hochpass-Ebene mit dem Hintergrund, indem Sie den Mischmodus *Ineinanderkopieren* ❶ (stärkerer Effekt) oder *Weiches Licht* (schwächerer Effekt) anwenden. Über den *Deckkraft*-Regler ❷ lässt sich die Intensität abschwächen.

Verwacklung reduzieren

Wenn das Bild leicht verwackelt aufgenommen wurde, kann ein Anti-Verwacklungs-Filter hilfreich sein, um mehr Schärfe ins Bild zu bekommen – bei Photoshop Elements zu finden unter *Überarbeiten/Verwacklung reduzieren*.

37 mm	f5	1/800 s	ISO 125

Das Ergebnisbild

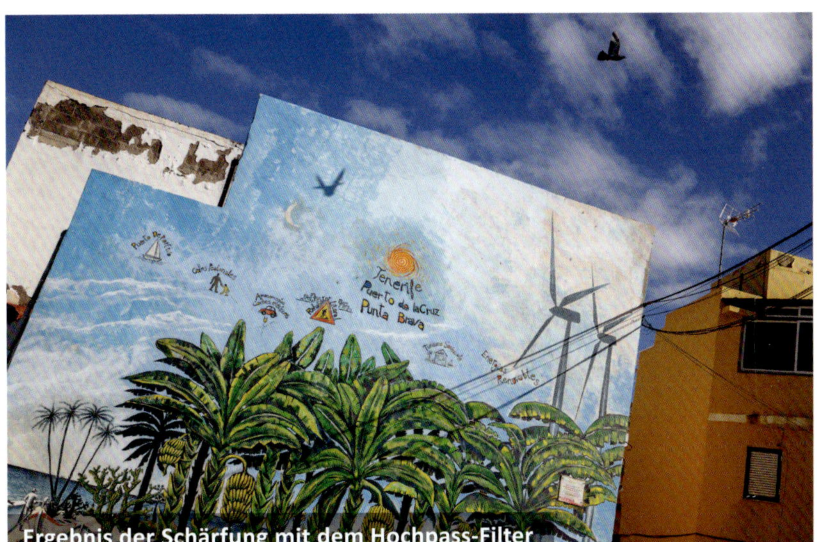

Ergebnis der Schärfung mit dem Hochpass-Filter

Glossar

A/Av → *Blendenvorwahl*

Abbildungsmaßstab
Maß für die Vergrößerung eines Objekts: Bei einem Maßstab von 1:1 sind das Objekt und die Abbildungsgröße auf dem Sensor identisch, ganz so, als würden Sie den Sensor auf das Objekt kleben und einen Abdruck davon nehmen. Bei einem Abbildungsmaßstab von 2:1 wird das Objekt doppelt so groß abgebildet und bei 1:2 nur halb so groß, wie es in Wirklichkeit ist.

APS-C
Verbreitetes Sensorformat. Bei Canon-Kameras mit einem Cropfaktor von 1,6, bei Fujifilm, Nikon, Sony und anderen Herstellern liegt dieser hingegen bei 1,5.

Artefakt
Bildstörung, durch die das Motiv nicht exakt wiedergegeben wird. Die Störung kann durch die gewählten Aufnahmeeinstellungen hervorgerufen werden, wie z. B. Bildrauschen bei hohem ISO-Wert oder einen Farbstich bei falschem Weißabgleich. Artefakte entstehen auch bei zu aggressiver Bildbearbeitung, z. B. Bildrauschen beim Aufhellen dunkler Bereiche oder helle Säume durch zu starkes Nachschärfen.

Autofokus
Automatische Steuerung des Scharfstellvorgangs, bei dem die Objektivlinsen so verstellt werden, dass die anvisierten Motivstrukturen möglichst kontrastreich abgebildet werden, sodass sie als scharf empfunden werden. Je heller die Umgebung und je deutlicher die Motivstrukturen, desto schneller und zuverlässiger kann der Autofokus arbeiten.

Bajonett
Herstellerspezifisches Verbindungselement zwischen Objektiv und Kameragehäuse, über das die Wechselobjektive angebracht werden. Das Bajonett besitzt elektronische Kontakte für die Datenübertragung, wie z. B. für die Übermittlung des Blendenwertes oder der Abstandsinformation.

Belichtungskorrektur
Funktion, die es dem Fotografen erlaubt, die von der Kamera ermittelten Belichtungswerte manuell in beide Richtungen zu korrigieren. So kann das Bild heller oder dunkler aufgenommen werden, als es die Kameraautomatik vorgibt. Eventuelle Belichtungskorrekturen sind in diesem Buch in ganzen oder in Drittelstufen (LW/EV) bei den Aufnahmedaten der Bilder stets mit angegeben, z. B. +1 oder −0,3.

Belichtungsreihe
Bilderserie desselben Motivs, bei der die Einzelfotos unterschiedlich belichtet werden. Aus den unterbelichteten, normal belichteten und überbelichteten Bildern kann man sich das beste Ergebnis heraussuchen oder die Bilder zum Erhöhen des → *Dynamikumfangs* mittels → *HDR* fusionieren. Die Belichtungsreihe kann manuell gesteuert werden, indem z. B. die Belichtungszeit bei gleichbleibendem Blenden- und ISO-Wert verändert wird. Einige Kameras bieten auch eine Belichtungsreihenautomatik an.

Belichtungszeit
Zeitspanne, in der während der Bildaufnahme Licht durch das Objektiv auf den Sensor fällt. Die Belichtungszeit wird häufig auch als *Verschlusszeit* bezeichnet. Für Belichtungszeiten unter 1 Sekunde werden Bruchzahlen verwendet (z. B. 1/60 s), Belichtungszeiten im Bereich zwischen 1/4 und 1 Sekunde werden je nach Kameramodell mit Bruchzahlen oder ganzen Zahlen angegeben (z. B. 1/2 s oder 0,5 s). Bei Belichtungszeiten von

1 Sekunde und länger werden ganze Zahlen verwendet (z. B. 2 s).

Beugungsunschärfe
Die Beugungsunschärfe wird durch Lichtstrahlen verursacht, die ungerichtet an der Blende abgelenkt werden und die Bildqualität verschlechtern. Die Ablenkung der Lichtstrahlen wird auch als Lichtbeugung bezeichnet. Das gesamte Bild wird dadurch leicht unscharf. Zu beobachten ist das Phänomen bei hohen Blendenwerten und wird meist ab f22 deutlich sichtbar, bei starken Vergrößerungen aber auch früher.

Bildrauschen
Ungleichmäßige Bildkörnung, die durch eine hohe Lichtempfindlichkeit (ISO) des Sensors hervorgerufen wird und bei ISO-Werten ab 1600 sichtbar wird. Das Bildrauschen kann durch kamerainterne Rauschunterdrückungsfunktionen abgemildert werden – allerdings auf Kosten der Detailauflösung.

Bildstabilisator
Beweglich gelagertes Linsenelement im Objektiv (verfügbar bei den meisten Kamera- und Objektivherstellern) oder beweglich gelagerter Sensor im Kameragehäuse (Canon, Fujifilm, Nikon, Olympus, Panasonic, Sony), mit dem das Wackeln beim Halten der Kamera teilweise ausgeglichen wird. Damit werden scharfe Aufnahmen auch bei längeren Belichtungszeiten aus freier Hand möglich.

Blende
Die Blende befindet sich im Objektiv. Sie setzt sich zusammen aus ineinander verschiebbaren Lamellen, die in der Mitte eine mehr oder weniger große Öffnung bilden, durch die das Licht zum Sensor gelangt. Reguliert wird die Blendenöffnung über den Blendenwert. Es gilt: je kleiner der Blendenwert, desto größer die Öffnung, desto kürzer die Belichtungszeit, desto geringer die Schärfentiefe – und umgekehrt. Bei der Beschreibung der Vorgehensweise beim Belichten eines Bildes wird der Begriff Blende häufig stellvertretend für den Blendenwert verwendet, z. B. Blende 8 bzw. f8 statt Blendenwert f8.

Blendenautomatik → *Zeitvorwahl*

Blendenvorwahl (A/Av)
Belichtungsprogramm, bei dem der Blendenwert manuell festgelegt wird und die Kamera automatisch eine passende Belichtungszeit bestimmt, sodass das Bild korrekt belichtet wird. Mit der Blendenvorwahl lässt sich die Schärfentiefe des Bildes individuell dem Motiv anpassen.

Blendenwert
Die Größe der Blendenöffnung wird mit dem Blendenwert (z. B. f8) angegeben. Je höher der Blendenwert steigt, desto kleiner wird die Blendenöffnung. Der Blendenwert berechnet sich aus dem Verhältnis der Brennweite zum Öffnungsdurchmesser der Blende. Bei f8 entspricht der Blendendurchmesser somit einem Achtel der Brennweite. Die folgenden Stufen beschreiben jeweils einen ganzen Blendenschritt: f2,8 ▸ f4 ▸ f5,6 ▸ f8 ▸ f11 ▸ f16 ▸ f22.

Blitzsynchronzeit
Kürzestmögliche Belichtungszeit, in welcher der Kameraverschluss zur Belichtung vollständig geöffnet wird und der Blitz das Bild aufhellen kann. Kürzere Belichtungszeiten sind mit Blitz ohne → *Kurzzeitsynchronisation* nicht nutzbar.

Bokeh
Beschreibt die Güte der Hintergrundunschärfe. Ein schönes Bokeh liegt vor, wenn unscharf abge-

bildete Reflexionslichter im Hintergrund kreisrund und gleichmäßig hell erscheinen. Förderlich dafür ist, wenn sich die Blende weit öffnen lässt (hohe → *Lichtstärke*) und das Objektiv eine möglichst runde Blendenöffnung besitzt.

Brennweite
Treffen Lichtstrahlen parallel auf eine Objektivlinse, werden sie abgelenkt und kreuzen sich an einem Punkt hinter der Linse, dem sogenannten *Brennpunkt*. Die Brennweite beschreibt den Abstand zwischen der Objektivlinse und ihrem Brennpunkt in Millimetern. Bei einfach aufgebauten Objektiven entspricht die Brennweite der Objektivlänge: Ein Objektiv mit 50 mm Brennweite ist demnach 5 cm lang. Bei mehrlinsigen (Zoom-)Objektiven moderner Bauart trifft das allerdings meist nicht mehr zu.

Chromatische Aberration
Objektivbedingte Farbsäume an den Motivkanten, meist cyan- oder magentafarben, die sich vor allem an den Bildrändern bemerkbar machen. Diese Abbildungsfehler lassen sich softwaregestützt recht gut aus den Bildern herausrechnen.

Cropfaktor
Faktor, um den ein Sensor in seiner breiteren Kantenlänge kleiner ist als das Kleinbild- oder Vollformat von 24 × 36 mm

Diffusor
dünnes, halb lichtdurchlässiges Stoff- oder Kunststoffmaterial, das verwendet wird, um direktes Sonnenlicht oder Licht aus Lampen und Blitzgeräten abzumildern

---

Dynamikumfang
Der Dynamikumfang wird in Blendenstufen angegeben und beschreibt die Spanne an Helligkeitsstufen, die der Sensor aufnehmen und gut abgestuft wiedergeben kann. Je höher der Dynamikumfang, desto besser lassen sich kontrastreiche Motive durchzeichnet abbilden. Bei den meisten aktuellen Kameras liegt der Dynamikumfang bei ISO 100 zwischen 10 und 14 Blendenstufen. Mit der → *HDR-Technik* kann der Dynamikumfang erhöht werden.

EVF (Electronic View Finder)
elektronischer Sucher, bei dem das vom Sensor generierte Bild im Sucher zu sehen ist, zu finden bei Kompakt- und Systemkameras

---

Exposure Value (EV) → *Lichtwert (LW)*

Farbraum
Definiert die maximale Anzahl unterschiedlicher Farben, die im Bild vorkommen können, wobei nicht alle davon auch tatsächlich vertreten sind. Der Farbraum wird von Monitoren und Druckern genutzt, um die Bilder farblich konsistent wiederzugeben. Wählen können Sie bei den meisten Kameras zwischen dem Farbraum *sRGB* (empfohlener Standard) und dem etwas erweiterten Farbraum *AdobeRGB*.

Farbtemperatur
Beschreibt die Farbeigenschaft von Licht und wird mit der Einheit → *Kelvin* gemessen. Der → *Weißabgleich* der meisten modernen Digitalkameras stimmt die Bildfarben auf die vorhandene Farbtemperatur automatisch oder anhand bestimmter Vorgaben ab, sodass die Farben im Bild, z. B. eine weiße Blüte, ohne Farbstich wiedergegeben werden.

Farbtiefe
Anzahl an Farbabstufungen, die in einem Bild vorkommen können. Das → Raw-Format vieler Kameras liefert eine Farbtiefe von 12 oder 14 Bit, während Aufnahmen im → *JPEG-Format* nur 8 Bit Farbtiefe besitzen. Der geringere Informationsgehalt ist auch der Grund dafür, warum JPEG-Fotos bei der Bildbearbeitung schneller an Qualität verlieren.

Fokusmessfeld
Punktueller Bildbereich, über den die Scharfstellung des Bildes erfolgt. Aktuelle DSLRs besitzen mindestens neun, mitunter aber auch bis zu 61 Messfelder. Bei Kompakt-

und Systemkameras sind ein oder mehrere AF-Rahmen für die Scharfstellung nutzbar.

Fokusmodus
Legt fest, ob die Schärfe nach dem Fokussieren auf dem Motivbereich (*Einzelbild-Autofokus*) bleibt oder dem Motiv folgt (*kontinuierlicher AF* oder *permanenter AF*) oder ob das Scharfstellen manuell durch Drehen am Fokussierring des Objektivs erfolgen soll (*manuelle Fokussierung*).

Formatfaktor → *Cropfaktor*

Graufilter
Ein Graufilter, auch genannt *Neutraldichtefilter* oder kurz *ND-Filter*, ist ein abgedunkelter Glas- oder Kunststofffilter, der wie eine Art Sonnenbrille den Lichteinfall ins Objektiv schwächt und längere Belichtungszeiten ermöglicht. Graufilter sind geeignet für Aufnahmen von verwischtem Wasser, Blitzaufnahmen bei Gegenlicht oder Filmaufnahmen mit geringer Schärfentiefe in heller Umgebung.

Graukarte
Wird verwendet, um den Weißabgleich manuell einzustellen. Hierbei werden die Bildfarben so abgestimmt, dass die graue Farbe der Karte im Bild ohne Farbstich wiedergegeben wird. Die Nutzung empfiehlt sich in Situationen mit künstlicher Beleuchtung, bei Aufnahmen im Schatten, im Fotostudio oder bei Mischlicht aus künstlichem und natürlichem Licht.

HDR
Die Abkürzung HDR steht für *High Dynamic Range*, also hoher → *Dynamikumfang*, und bezeichnet eine Methode, bei der unterschiedlich helle Bilder zu einem Foto verschmolzen werden. Dabei werden alle Helligkeitswerte des Motivs durchzeichnet wiedergegeben. Die Darstellung ähnelt dem natürlichen Sehempfinden oder übersteigt dieses sogar, wobei die Bildwirkung dadurch künstlich sein kann. Einige Kameras sind in der Lage, HDR-Bilder automatisch zu generieren.

High Key
Bildstil, bei dem sich die Bilder durch besonders helle Farbtöne, weiches Licht und geringe Kontraste auszeichnen

---

High-Speed-Synchronisation → *Kurzzeitsynchronisation*

Histogramm
Diagramm, in dem alle Bildpunkte von den dunkelsten (→ *Tiefen*) bis zu den hellsten (→ *Lichter*) dargestellt werden. Die Höhe der Säulen zeigt an, wie viele Pixel den jeweiligen Helligkeitswert besitzen. Am Histogramm können Fehlbelichtungen erkannt werden.

ISO-Wert
Maß für die *Lichtempfindlichkeit* des Sensors, die durch eine nachgeschaltete Verstärkung der von den Sensordioden gesammelten Signale erzielt wird. Je geringer der ISO-Wert, desto weniger → *Bildrauschen* tritt auf, desto länger wird aber auch die benötigte Belichtungszeit. Geringe ISO-Werte eignen sich für Aufnahmen in heller Umgebung oder vom Stativ aus, hohe ISO-Werte sind in dunkler Umgebung hilfreich, um verwacklungsfrei aus der Hand fotografieren zu können.

JPEG
Dieses Format wurde 1993 von der *Joint Photographic Experts Group* als Standard für eine möglichst verlustfreie Bildkompression definiert. Es liefert kleinere Dateigrößen als die Formate → *Raw* und → *TIFF* und wird vorwiegend zur Archivierung, für die Internetpräsentation oder für den E-Mail-Versand verwendet. Für die Bildbearbeitung sind JPEG-Fotos weniger gut geeignet, da sie weniger Farbinformationen besitzen, die Bildqualität bei der Bearbeitung daher schneller sinkt, und mehrfaches Abspeichern die Qualität der Fotos weiter verschlechtern kann.

Kamerablitz
In der Kamera verbauter Blitz mit verhältnismäßig geringer Leistung

Kehrwertregel

Hilfestellung zum Abschätzen der Belichtungszeit, mit der bei der jeweils gewählten Objektivbrennweite verwacklungsfreie Aufnahmen aus der Hand möglich sind. Ganz allgemein gilt die Gleichung: 1/(Objektivbrennweite × Cropfaktor) = längstmögliche Belichtungszeit für Aufnahmen aus der Hand.

Kelvin

Maßeinheit für die Farbtemperatur, mit der der Farbeindruck einer Lichtquelle beschrieben wird. Ist die Farbtemperatur einer Lichtquelle bekannt, wie z. B. das Sonnenlicht an einem klaren Vormittag (5500 Kelvin), kann der Weißabgleich der Kamera mit der entsprechenden Vorgabe (z. B. *Tageslicht*) genau auf diese Lichtart abgestimmt werden. Die Farben entsprechen dann dem natürlichen Sehempfinden, und die neutralen Farben Weiß und Grau werden ohne Farbstich wiedergegeben.

Kontrastumfang

Beschreibt die Helligkeitsspanne aufseiten des Motivs. Bei hohen Kontrasten besitzt das abzubildende Szenario sowohl sehr helle als auch sehr dunkle Bereiche, die es dem Sensor der Digitalkamera schwerer machen, alles durchzeichnet aufzunehmen, z. B. ein Porträt im Gegenlicht. Bei einem geringen Kontrast sind Unterschiede zwischen hellen und dunklen Motivpartien weniger stark ausgeprägt, etwa eine Nebellandschaft.

Kurzzeitsynchronisation

Blitzmodus, bei dem kürzere Belichtungszeiten als die → *Blitzsynchronzeit* der Kamera verwendet werden können. Hierbei sendet der Systemblitz nicht nur einen Blitzimpuls aus, sondern feuert während der gesamten Belichtungszeit ultrakurze Lichtblitze ab. Wird auch als *High-Speed-Synchronisation* (Canon) oder *FP-Kurzzeitsynchronisation* (Nikon) bezeichnet.

Leitzahl

Beschreibt die Stärke eines Blitzgeräts, also die Lichtenergie, die das Gerät maximal aussenden kann: Je höher die Leitzahl, desto höher ist auch die Reichweite des Blitzlichts.

Lichtbeugung → *Beugungsunschärfe*

Lichtempfindlichkeit → *ISO-Wert*

Lichter

Bezeichnet die hellsten Bildstellen im Foto, also alle weißen oder fast weißen Bereiche. Wenn die Lichter durch eine Überbelichtung beschnitten werden, entstehen unschöne weiße Areale ohne Detailstrukturen, die durch eine → *Belichtungskorrektur* vermieden werden können.

Lichtstärke

Wert, der die maximale Blendenöffnung, also den niedrigsten Blendenwert des Objektivs, angibt, die → *Offenblende*. Je höher die Lichtstärke, desto geringer ist der niedrigste verfügbare Blendenwert, desto mehr Licht gelangt durchs Objektiv, desto geringer ist die Schärfentiefe und desto kürzer ist die Belichtungszeit.

Lichtwert (LW)

Auch engl. *Exposure Value (EV)*, beschreibt eine Kombination aus Belichtungszeit und Blendenwert, bei der eine bestimmte Lichtmenge auf den Sensor durchgelassen wird. Die Lichtmenge ist z. B. bei folgenden Kombinationen gleich: 1/60 s | f4 oder 1/30 s | f5,6. Wird ein Wert um eine ganze Lichtwert- oder EV-Stufe verändert (1/60 s auf 1/30 s), muss der andere Wert entgegengesetzt angepasst werden, damit die Lichtmenge, konstant bleibt (f4 auf f5,6). Findet die Anpassung nicht statt, erhöht oder verringert sich die Lichtmenge, und es liegt eine → *Belichtungskorrektur* vor, wobei eine ganze Lichtwertstufe eine Verdopplung (+1 EV) bzw. eine Halbierung (–1 EV) der Lichtmenge bedeutet. Um die Bildhelligkeit aus dem Lichtwert ableiten zu können, muss auch der ISO-Wert bekannt sein.

Livebild
vom Sensor erzeugtes Bild, das bereits vor der Aufnahme am rückseitigen Bildschirm oder im elektronischen Sucher betrachtet werden kann und das Motiv mit simulierter Belichtung, Farbgebung etc. darstellt

---

Low Key
Gestalterischer Stil, bei dem die Bilder besonders viele dunkle Farbtöne aufweisen und bei dem die Lichtquellen nur zum selektiven Aufhellen bestimmter Partien verwendet werden, um beispielsweise Konturen zu modellieren oder den Blick der Betrachtenden auf die zentralen Elemente der Aufnahme zu lenken. Wird häufig in der Schwarzweißfotografie verwendet.

Makroobjektiv
Objektiv, mit dem in kurzem Abstand zum Motiv Vergrößerungen bis zum Abbildungsmaßstab 1:1 erzielt werden

---

Matrix- oder Mehrfeldmessung
Allround-Methode zur Belichtungsmessung, bei der nahezu das gesamte Bildfeld für die Belichtungsmessung herangezogen wird

---

Metadaten
in die Bilddatei eingebettete Bildinformationen wie Zeit, Ort und verschiedene Aufnahmeparameter, die auch nachträglich am Computer ausgelesen werden können

Micro Four Thirds (MFT)
Digitalstandard mit einer Sensorgröße von 17,3 × 13 mm, was einem Cropfaktor von 2 entspricht. Entwickelt und verwendet von Panasonic und Olympus.

Mittenbetonte Integralmessung
Belichtungsmessmethode, bei der die Bildmitte stärker gewichtet wird als der Bildrand

---

Naheinstellgrenze
Kürzeste Entfernung zwischen Sensorebene und Motiv, mit der ein Objektiv noch in der Lage ist, korrekt zu fokussieren

---

Neutraldichtefilter (ND-Filter) → *Graufilter*

Offenblende
Größtmögliche Blendenöffnung eines Objektivs. Sie definiert die → *Lichtstärke* des Objektivs. Bei Offenblende wird mit dem geringstmöglichen Blendenwert fotografiert, der bei der gewählten Brennweite verfügbar ist, und somit auch die geringstmögliche Schärfentiefe erzeugt. Objektivschwächen wie → *Chromatische Aberration* oder → *Vignettierung* treten bei Offenblende am deutlichsten auf.

Polfilter → *Zirkularpolfilter*

Rauschen → *Bildrauschen*

Raw-Format
Kameraspezifisches Rohdatenformat, das die Information jedes einzelnen Sensorpixels speichert. Um die Bilder am Computer anzeigen oder sie ausdrucken zu können, müssen Raw-Bilder mit einem speziellen Raw-Konverter (z. B. Lightroom) in gängige Speicherformate wie → *JPEG* oder → *TIFF* umgewandelt werden. Der Vorteil des Raw-Formats ist, dass es nahezu verlustfrei bearbeitet werden kann. Es gehen keine Bildinformationen verloren, und das Foto kann immer wieder aufs Neue angepasst werden. Viele Funktionen sind hierbei variabel, wie z. B. der → *Weißabgleich*, die Belichtung, der → *Farbraum* und die Scharfzeichnung. Raw-Bilder bieten somit die höchstmögliche Bildqualität, die der Kamerasensor aufbringt.

Reflektor
Silbrige, goldfarbene oder weiße Reflexionsfläche, mit der sich Sonnenlicht, Lampenlicht oder Blitzlicht auf das Motiv umleiten lässt und die die Schatten aufhellt. Faltbare Reflektoren bestehen aus einem biegsamen Rahmen mit einem Stoffüberzug. Es können aber beispielsweise auch Styroporplatten als Reflexionsfläche verwendet werden.

S → *Zeitvorwahl*

Schärfentiefe

Im Bild scharf erkennbarer Bereich vor und hinter der fokussierten Schärfeebene. Die Schärfentiefe nimmt mit dem Erhöhen des Blendenwertes, also dem Schließen der Blende, zu.

Sensor

Die Bildpunkte eines Sensors nehmen das eintreffende Licht auf und wandeln es in elektrische Impulse um. Dabei reagiert der Sensor in erster Linie auf Helligkeit. Jedes Bildpixel speichert einen bestimmten Helligkeitswert. Das Farbsehen wird dem Sensor der meisten Kameras durch einen vorgelagerten Farbfilter ermöglicht, der ein spezifisches Muster aus grünen, roten und blauen Bildpunkten auf die Sensorpixel projiziert (Bayer-Filter). Die eigentlichen Farben entstehen daher erst durch die softwaregestützte Berechnung (Interpolation) bei der kamerainternen Bildverarbeitung oder der Raw-Konvertierung von Raw-Bildern.

Softbox

Semitransparente Fläche aus Stoff oder Plastik, die vor dem Blitzgerät angebracht wird. Die Softbox streut das Blitzlicht und vergrößert die Leuchtfläche, sodass eine diffuse Ausleuchtung mit natürlich wirkenden weichen Schattenkanten erzeugt wird.

Spiegelvorauslösung

Die Spiegelvorauslösung, auch *Spiegelverriegelung* genannt, bezeichnet die Möglichkeit, bei einer DSLR den Schwingspiegel zeitlich versetzt vor der eigentlichen Aufnahme hochzuklappen, um Verwacklungsunschärfe durch den Spiegelschlag zu vermeiden.

Spotmessung

Sehr genaue Belichtungsmessmethode, bei der ein sehr kleines Messfeld zur Bestimmung der richtigen Belichtung verwendet wird. Sie ist besonders geeignet für schwierige Lichtsituationen, wie z. B. Gegenlicht, oder zum Ausmessen des Kontrastumfangs einer Szene.

Stativ

Stabilisierungseinheit, standardmäßig bestehend aus drei ausziehbaren Stativbeinen und einem Stativkopf, an dem die Kamera mithilfe einer Stativplatte befestigt wird

---

Systemblitz

Externes Blitzgerät zum Anbringen am Blitzschuh einer Kamera. Systemblitze sind meist leistungsstärker als Kamerablitze und bieten einen erweiterten Funktionsumfang.

Telekonverter

Linsenelement, das zwischen Kamera und Objektiv eingesetzt wird und die Brennweite je nach Modell bis auf den doppelten Wert verlängert, sodass eine stärkere Motivvergrößerung entsteht

---

Teleobjektiv

Objektive mit Brennweiten von mehr als 50 mm bezogen auf das Kleinbildformat

---

Tiefen

Mit Tiefen sind die dunkelsten Bildfarben gemeint, also alles, was schwarz oder fast schwarz ist. Bei einer Unterbelichtung werden die Tiefen beschnitten, sodass zeichnungslose schwarze Bildflächen entstehen. Mit einer → *Belichtungskorrektur* können Sie gegensteuern.

TIFF

Das *Tagged Image File Format* speichert die Bilder ohne Informationsverlust ab, daher sind die Dateien wesentlich größer als im Format → *JPEG*. Konvertieren Sie Raw-Bilder am besten ins TIFF-Format mit 16 Bit → *Farbtiefe*, um bei der Bearbeitung die Bildqualität möglichst gut zu erhalten.

TTL

Blitzbelichtungssteuerung, die für die richtige Dosis Blitzlicht im Bild sorgt. Wie der englische Name *Through The Lens* (= durch die Linse) verrät, wird hierbei das durch das Objektiv auf den Sensor auftreffende Blitz- und Umgebungslicht von der Kamera gemessen und aufeinander abgestimmt, wobei die Blitzwirkung maßgeblich vom Aufnahmeprogramm bzw. vom gewählten Blitzmodus abhängt.

Tv → *Zeitvorwahl*

Verschlusszeit → *Belichtungszeit*

Vignettierung
Erzeugt unnatürlich abgedunkelte Bildecken. Diese können durch die Bauweise des Objektivs entstehen oder durch einen Filter, der mit einem zu dicken Rahmen den Objektivrand abschattet. Bei Blendenwerten von f8 und höher tritt die Vignettierung meist reduzierter zutage. Auch lässt sie sich in der nachträglichen Bildbearbeitung gut entfernen.

Vollformat
Sensorgröße mit den Abmessungen 36 × 24 mm. Das Vollformat entspricht dem Format analoger Dia- oder Negativfilme, das auch als *Kleinbildformat* bezeichnet wird. Gegenüber Sensoren mit Cropfaktor liefern Digitalkameras mit Vollformatsensor bei gleichem Blendenwert eine geringere Schärfentiefe. Außerdem tritt bei höherer Lichtempfindlichkeit weniger schnell Bildrauschen auf.

Vorfokussieren
Voreinstellung des Fokus auf eine bestimmte Ebene, in der das Auftauchen eines sich bewegenden Motivs erwartet wird

---

Weißabgleich
Jedes Foto hängt vom richtigen Weißabgleich ab, denn darüber wird die Farbgebung der vorhandenen Lichtstimmung an die Kamera übermittelt. Der Weißabgleich erfolgt bei den meisten Kameras automatisch, nach bestimmten Vorgaben (z. B. *Sonnenlicht*, *Glühlampe*, *Schatten* etc.) oder manuell und wird in → *Kelvin* angegeben.

Zeichnung
Ein Bild hat eine gute Zeichnung oder Durchzeichnung, wenn alle darin enthaltenen Farbabstufungen sichtbar sind. Unterbelichtete Bilder haben beispielsweise in den → *Tiefen* keine Zeichnung mehr, und überbelichtete Bilder sind in den → *Lichtern* zeichnungslos. Es können aber auch bestimmte Farben, vorwiegend Rot- und Blautöne, durch zu viel Farbsättigung an Zeichnung verlieren.

Zeitautomatik → *Blendenvorwahl*

Zeitvorwahl (S/Tv)
Belichtungsprogramm, bei dem die Belichtungszeit manuell eingestellt wird und die Kamera den Blendenwert automatisch bestimmt, um ein richtig belichtetes Bild zu erzeugen. Die Zeitvorwahl ist geeignet, um schnelle Bewegungsabläufe durch die Wahl einer kurzen Belichtungszeit (z. B. 1/500 s) scharf abzubilden oder durch die Wahl einer langen Belichtungszeit (z. B. 1 s) Bewegungsunschärfe im Bild sichtbar zu machen.

Zirkularpolfilter
Zirkularpolfilter – kurz für *zirkuläre Polarisationsfilter* – können Reflexionen mindern, Farben verstärken und den Kontrast verbessern, indem sie nur Licht einer bestimmten Schwingungsrichtung ins Kamerainnere lassen und den Rest blockieren. Polfilter sind drehbar und können der jeweiligen Situation angepasst werden. Allerdings ist die Wirkung sehr schwach, wenn das Licht nahezu frontal von vorne einfällt.

Zoomobjektiv
Objektiv, bei dem sich innerhalb eines bestimmten Bereichs stufenlos die Brennweiten einstellen lassen

Index

C

D

E

F

G

H

I

J

K

L

M

N

O

P

R

S

T

U

V

W

Z

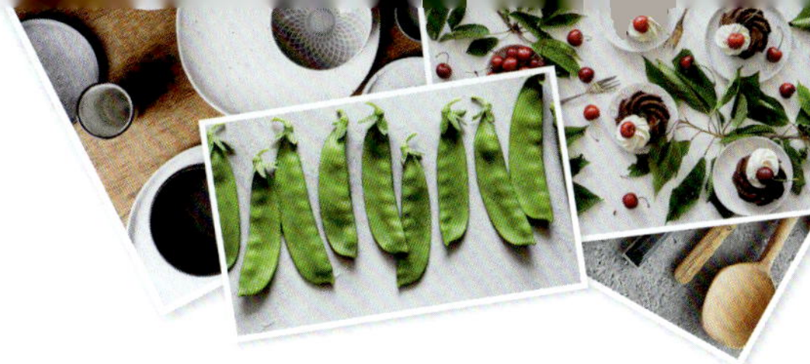

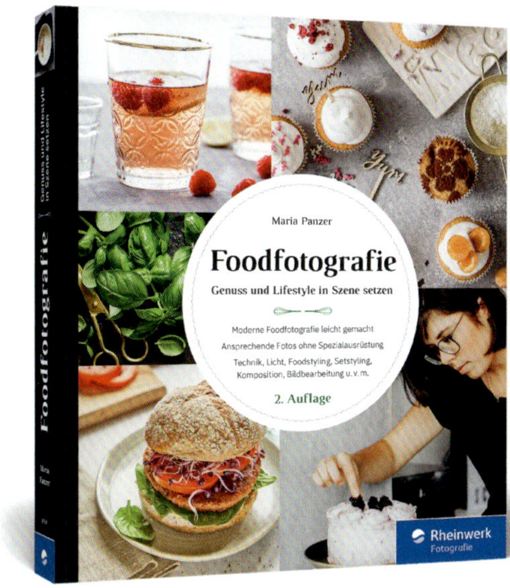

Maria Panzer

Foodfotografie

Genuss und Lifestyle in Szene setzen

Hier ist Ihre moderne und unkomplizierte Anleitung zur Foodfotografie: Ohne Spezialausrüstung und ohne unappetitliche Tricksereien, aber mit praktischen Hinweisen und Kniffen für Licht, Komposition und (Food-)Styling lernen Sie, wie Sie in Ihren eigenen vier Wänden attraktive und überzeugende Foodfotos machen.

352 Seiten, gebunden, 39,90 Euro, ISBN 978-3-8362-8554-4
www.rheinwerk-verlag.de/5375

Licht, Komposition, Styling, Bildbearbeitung und vieles mehr!

André Bauer, Diana Jill Mehner, Sarah Stangl

Hundefotografie

So setzt du deine Fellnase liebevoll in Szene

Du willst keine zufälligen Schnappschüsse mehr von deinem Vierbeiner machen, sondern echte Porträts mit Ausdruck und Witz? André Bauer, Diana Mehner und Sarah Stangl zeigen dir, wie das geht. In diesem Buch nehmen sie dich mit an verschiedene Locations und zeigen dir, wie du deinen Hund bei jedem Licht und Wetter zum Foto-Star machst.

350 Seiten, gebunden, 39,90 Euro, ISBN 978-3-8362-9054-8
www.rheinwerk-verlag.de/5545

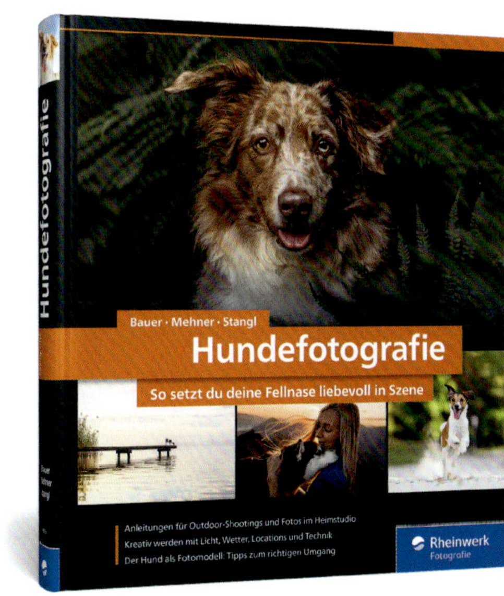